도덕지귀

성리학자 서명응의 열린 노자 읽기

이 책은 서울대학교 규장각본 『道德指歸』를 완역한 것이다.

원전총서
도덕지귀 — 성리학자 서명응의 열린 노자 읽기

지은이 서명응
역주자 조민환 · 장원목 · 김경수
펴낸이 오정혜
펴낸곳 예문서원

편 집 김병훈
인 쇄 상지사
제 책 상지사

초판 1쇄 2008년 5월 26일

주   소 서울시 동대문구 용두2동 764-1 송현빌딩 302호
출판등록 1993. 1. 7 제6-0130호
전화번호 925-5913~4 · 929-2284 / 팩시밀리 929-2285
Homepage http://www.yemoon.com
E-mail yemoonsw@empal.com

ISBN 89-7646-238-1 93150

YEMOONSEOWON 764-1 Yongdu 2-Dong, Dongdaemun-Gu Seoul KOREA 130-824
Tel) 02-925-5914, 02-929-2284 Fax) 02-929-2285

값 27,000원

이 책은 한국학술진흥재단의 인문사회분야지원사업(국학고전번역: KRF-2002-071-AS1008)의 연구결과물로서, 동 재단의 출판비지원에 의해 출간되었다.

원전총서

도덕지귀

성리학자 서명응의 열린 노자 읽기

조민환 · 장원목 · 김경수 역주

예문서원

책머리에

유학자의 학문은 본래 이치에 합당하고자 하고 하늘에 합치하고자 함에 있다. 만약 어떤 말이 이치에 합당하고 하늘에 합치한다면 아녀자와 어린아이의 말이라도 오히려 또한 취해야 하거늘, 하물며 노자가 한 말에 있어서랴.

위의 말은 영·정조 시기의 소론 경화사족이었던 보만재保晚齋 서명응徐命膺의 말로, 당시 유학자들에게 진리일원주의적 아집에서 벗어나 진리에 대한 열린 시각을 지닐 것을 부르짖고 있다. 서명응은 이러한 열린 진리관에 입각하여 『노자』 주석서인 『도덕지귀』를 썼다. 이 책은 『도덕지귀』를 번역하고 해설을 단 것이다.

다시 순정한 문체로 돌아갈 것을 요구하는 '문체반정'은 역설적으로 영·정조대의 변화된 시대상황을 드러내고 있다. 그 변화해 가는 시대에서 서명응은 새로운 지식을 보았고, 시대를 이끌어 가는 위정자로서 변화된 상황에 대응해 갈 수 있는 새로운 의식이 필요함을 절실하게 느꼈다. 즉 서명응에게는 인간과 세계, 그 새로운 관계 속에서 새롭게 포착되고 있는 지식들에 대한 철학적 기초를 마련할 것과, 이들 지식들을 일목요연하게 담아 낼 수 있는 근원적 본체의 이론을 정립할 것이 요구되었다. 서명응의 학문은 일찍부터 북학北學적 성향을 띠는데, 그것은 박학적 관심으로 나타난다. 박학적 학문 태도는 정통과 이단이라는 흑백논리로 접근하는 학문 태도를 비판한다. 서명응의 이단에 관한 적극적 관심이 담겨 있는 『도덕지귀』에는 근원적 본체에 관한 그의 관심이 강하게 표출되어 있다.

이러한 서명응의 학문 태도는 벽이단의식에 투철했던 조선 초기의 정도전,

권근 등이 『노자』를 원론적으로 이단시하거나 기氣의 측면으로만 『노자』를 이해한 것 등과는 분명하게 구별되며, 아울러 박세당이나 홍석주 등 여타 『노자』 주석가들과도 차별성이 있다. 이런 점과 관련해서 서명응 이전에 행해진 유학자들의 『노자』에 대한 이해와 주석을 시대적 상황과 관련지어 짧게나마 개괄적으로 살펴보기로 하겠다.

한국사상사에서 볼 때 고려시대까지는 일정 정도 노장사상을 개방적이고 긍정적으로 여기면서 그것을 통해 문화를 향유하기도 하였다. 심지어 노장의 경전이 지식인의 독서의 대상이 되어 처신과 처세의 귀감 역할을 수행한 흔적도 많이 발견할 수 있다. 하지만 이 시기에는 노장에 대한 주석을 통해 자신들이 처한 사회의 문제의식을 체계화한 학문적 업적이 전무하다. 특이하게도 한국사상사에서 노장에 대한 학문적 관심과 업적이 집중된 시기는 오히려 조선시대였다. 노장사상을 사상적으로 이단시한 조선시대에, 특히 그 가운데서도 중기 이후에 노장사상과 노장의 경전에 대한 학문적 성과들이 배출되는 특이한 현상이 벌어지게 된 것이다.

일반적으로 숭유억불정책을 펴고 유교를 국시로 한 조선조는 유가의 강상윤리에 어긋난 가르침을 말하는 불교나 노장을 이교 혹은 이단으로 보고 무조건 배척한 것으로 이해하곤 한다. 단순하게 조선조 500백 년이 주자학 일색이었다는 규정을 받아들이기로 한다면 이러한 이해는 무리가 아닐 성싶기도 하다. 하지만 반드시 그렇다고만 말할 수는 없다. 조선조에는 비록 노장에 대한 저작이 많지 않고 영향도 그리 크지 않았지만 그럼에도 많은 유학자들의 실제적인 삶에서는 노장적 삶이 공존하고 있었다. 당시의 많은 사대부들의 모습에서 일종의 이중적 심리상태가 발견되는 것이다. 큰 유학자들은 종종 겉으로는 노장을 이단이라 배척하면서도 내적으로는 「귀거래사」를 쓰고 자연으로 돌아가서 현실과 일정한 거리를 두었던 도연명의 도가적 삶의 방식과 유사한 삶을 살고자 하였고, 실제로 조선조 유학자들이 그런 삶을 살았던 인물들을 높인 경우도 많이 발견할 수 있다.

노장을 이단으로 배척하면서도 정치적 이해관계에 얽매인 삶에서 벗어나 신선되기를 꿈꾸며 신퇴身退를 말하였던 퇴계 이황의 삶은 아이러니컬하게도 그런 점을 잘 보여 준다. 물론 그렇다고 이황이 도가는 아니다. 다만 일종의 노장적 삶이라 할 수 있는 측면이 눈에 띈다는 것이다. 이황과 쌍벽을 이루는 유학자인 율곡 이이의 경우도 마찬가지이다. 그가 선조에게 올린 『성학집요』에서는 사마천이 『사기』에서 말한 "노자를 배우는 이는 유학을 배척하고 유학은 역시 노자를 배척하니, 도가 같지 않으면 서로 꾀하지 못한다"라는 말을 인용하고 있지만, 이것은 원론적인 견해이다. 흥미롭게도 이이는 조선조에서 최초로 『노자』에 대해 적극적인 관심을 가지고 여러 가지 관점에서 분석함으로써 노자사상을 긍정적으로 이해한 『순언醇言』이란 저술을 남겼다. 사실 오늘날의 관점에서 보면 '리와 기의 묘한 관계'(理氣之妙)를 주장한 이이에게 이런 학적 편력은 크게 문제시되지 않는다. 오히려 사고의 유연한 폭에 더 가치를 부여해야 할 것임에도, 과거의 유학자들은 이러한 노장 관련 저술을 그의 문집에 집어넣지도 않았던 것이다. 그리고 그 영향 아래 우리는 그동안 한 사상가의 표면만을 보고 그 사상의 전체를 이해해 왔다. 노장에 대한 주석서·주해서 중 활자화된 것은 박세당의 『신주도덕경新註道德經』, 『남화경주해산보南華經註解刪補』 정도를 들 수 있을 뿐이다.

조선조에 행해진 노자에 대한 이해는 세 가지 틀에서 분석할 수 있다.

첫째, 성리학적 리기론의 차원에서 리理우월주의를 강조하면서 노자사상을 기氣적인 차원으로만 이해하거나, 혹은 일방적으로 이단으로 규정하고 배척하는 입장이다. 삼봉 정도전, 회재 이언적, 퇴계 이황, 남당 한원진, 옥동 이서 등이 이런 입장을 취한다. 이들은 주로 성리학의 리기론을 적용하여 노장사상을 이해하면서 리우월주의적 입장에서 노장을 비판한다. 이러한 비판의 특징은 주로 노장사상이 우주론과 윤리론의 측면에서 유가와 '차이점'을 보인다는 점에 초점이 맞추어져 있다는 사실이다. 이들은 특히 유가사상의 핵심이라 할 수 있는 수기나 치인 같은 학문의 사회적 기능이나 실용성 등을 이단 배척의 기준으로 삼는다. 이와 같은 일종의 벽이단적 입장은 성리학의 정체성과 사회적 안정을 확보하기 위한 차원에서 노장사상을 비판하고 배척한 것이라 할 수 있는데, 이런 사유는 기본적으로 노장사상의 역기능에 대한 착안과 그것에 대한 비판이라는 점에서 일정 정도 자기한계를 지니고 있다.

둘째, 유가와 도가의 차이점보다는 '같은 점'에 주목하는 경우이다. 흔히 말하는 '유가의 입장에서 『노자』를 이해한다'(以儒釋老)는 입장이 바로 이 경우에 속하는데, 율곡 이이가 대표적이다. 이전의 유학자들에 비해 보다 개방적인 진리관을 지니고 융통성과 종합성을 갖추었던 이이의 생각은 앞서 거론된 『노자』를 이단으로 배척한 인물들과 달랐다. 유가에서 노장사상을 폄하하는 가장 대표적인 예는 노장사상의 중심 개념인 '허虛'와 '무無'는 치세治世의 원리로 응용될 수 없다는 것이다. 이 때문에 유학자들은 자신들의 학문을 실학이라 하면서 노장의 학문을 허학으로 공격한다. 따라서 유학자들이 이단을 배척하는 우선적 기준은 그것들이 치세에 얼마나 응용될 수 있는가 하는 점에 달려 있다고 할 수 있는데, 여기서 관점을 달리해서 보면 역설적이게도 치세의 원리라는 기준은 한편으로는 이단인 노장학을 배척하는 근거가 되면서도 이해의 정도에 따라 다른 한편으로는 '노장을 수용하는 관점'으로 작용할 수도 있게 된다. 이러한 '이유석노'적 이해는 유가와 도가의 사상적 공유 지점, 곧 노장사상의 실용성과 사회성에 대한 재발견이라는 차원에서 논의될 수 있는데, 이런 점을 이이는 『순언』을 통하여 말하고 있다.

셋째, 유가의 입장에서 『노자』를 이해하되 유가와의 '차이점'과 '같은 점'을 동시에 거론하면서 보다 객관적으로 『노자』를 이해하는 입장이다. 서계 박세당, 연천 홍석주, 보만재 서명응 등이 이런 입장에 속한다. 이들은 무조건 노자사상과 유가사상의 같은 점이나 차이점을 찾는 것이 아니라, 객관적인 입장에서 유가사상과 노자사상의 동이점을 분명하게 드러낸다. 비록 이런 입장도 여전히 유가적 입장에서 행해진 것이어서 일정 정도 유가우월주의적인 사유가 있기는 하지만, 이전에 비해 노자사상 이해에 있어서 최대한의 객관성을 확보하고 있으며 또 노자사상을 폄하하는 데 대한 재인식의 과정 및 변화된 시대에 맞는 사상의 탐구라는 점을 담고 있다는 특징이 있다.

서명응은 『노자』 주석서인 『도덕지귀』를 통하여 기본적으로 『노자』를 조화造化, 양생養生, 처세處世라는 세 가지 입장에서 이해하고 있는데, 이것은 도가 사상이 유가사상과 어떤 동이점이 있는가 하는 탐구로 이어진다. 아울러 서명응은 『도덕지귀』를 통하여 원형으로의 복귀를 강조하고 유有보다는 무無를 중시하는 사유를 보이면서 '무로써 유를 제어하는 것'(以無制有)을 말한다. 이런 사유는 일종의 '무로부터 다시 시작하라'는 것이다. '무로부터 다시 시작하기'는 기존 사유에 대한 회의와 반성이 담겨 있는 것으로, 이는 바로 그가 새로운 시대에 걸맞은 새로운 철학을 모색하고 있다는 증거가 된다. 서명응 시대의 진리관은 성리학 성립기의 진리관이나 조선 전기의 진리관과 달라져 가고 있었다. 기성의 진리가 아닌 새롭게 살아 있는 진리에 대한 열망은 이윽고 서명응으로 하여금 성리학적 진리관을 대신할 새로운 진리관을 모색하게 하였고, 그 결과물로 나타난 것이 바로 『도덕지귀』였던 것이다.

이 책의 특징이라면 단순 번역에서 벗어나 『도덕지귀』의 원문 한 구절 한 구절을 모두 주석하고 그 구절들이 갖는 의미를 하나하나 밝혀 보았다는 점이다. 사실 이런 작업은 쉽지 않았다. 『도덕지귀』에 담긴 사유가 살아 있는 사유가 되게 하려면 『도덕지귀』의 각 구절이 지니고 있는 『노자』에 대한 철학사적 의미는 물론 개인 서명응의 삶과 서명응 당대의 역사적 상황에 대해서도 알아야만 했기 때문이다.

이 책은 조민환·장원목·김경수 등이 책임을 맡아 일을 진행하였고, 이봉호·조한석·권종욱 등이 실질적으로 관련 작업을 도와주었다. 특히 『도덕지귀』의 도교 관련 부분은 서명응의 도교사상에 관한 연구로 박사학위를 취득한 이봉호가 많은 도움을 주었다. 이 책을 번역하는 데 있어서는 '올바른 동양고전의 번역이란 이런 것이어야 하지 않을까' 하는 마음에서 출발하여 번역·주석·해설 등을 충실히 하고자 노력하였다. 그러한 초심이 얼마나 반영되고 유지되어 있을지, 미진한 점에 대한 것은 강호제현의 질정을 바란다.

이 책은 기본적으로 학술진흥재단의 국학고전번역사업으로 시작한 것이지만, 실질적으로는 역학易學의 대가이신 대산大山 김석진金錫鎭 선생님의 가르침 및 일산 선생님을 비롯한 동방문화진흥회와 홍역사상연구회 여러분의 전폭적인 지원이 없었다면 나올 수 없었을 것이다. 이 자리를 빌려 동방문화진흥회와 홍역사상연구회의 모든 분들에게 진심으로 감사를 드린다. 그리고 동양학 관련 전문출판사답게 조악한 원고를 꼼꼼히 정리해 준 예문서원의 모든 분들에게도 깊은 감사를 드린다.

역자를 대표하여 조민환 謹識

차례 도덕지귀

책머리에   5

해제: 보만재 서명응의 사상과 『도덕지귀』   15
　1. 서명응의 생애와 학문적 배경   16
　2. 서명응 학문의 특징과 문제의식   24
　3. 『도덕지귀』의 성격과 분장체제   41

도덕지귀서   51

도덕지귀후서   58

노자본전   63

도덕경고정목록   70

도덕지귀 권상 도경
　【제1장】 76　　【제2장】 91　　【제3장】 98　　【제4장】 103
　【제5장】 109　【제6장】 114　【제7장】 119　【제8장】 122
　【제9장】 126　【제10장】 131　【제11장】 142　【제12장】 147
　【제13장】 153　【제14장】 158　【제15장】 164　【제16장】 170
　【제17장】 176　【제18장】 182　【제19장】 187　【제20장】 191
　【제21장】 200　【제22장】 205　【제23장】 212　【제24장】 217
　【제25장】 225　【제26장】 229　【제27장】 234　【제28장】 241
　【제29장】 247　【제30장】 252　【제31장】 257　【제32장】 265
　【제33장】 270　【제34장】 275　【제35장】 279　【제36장】 284

도덕지귀 권하 덕경

【제37장】 291	【제38장】 296	【제39장】 306	【제40장】 312
【제41장】 317	【제42장】 323	【제43장】 328	【제44장】 332
【제45장】 337	【제46장】 342	【제47장】 345	【제48장】 349
【제49장】 354	【제50장】 359	【제51장】 363	【제52장】 368
【제53장】 375	【제54장】 379	【제55장】 383	【제56장】 390
【제57장】 393	【제58장】 397	【제59장】 402	【제60장】 408
【제61장】 412	【제62장】 417	【제63장】 423	【제64장】 428
【제65장】 433	【제66장】 438	【제67장】 442	【제68장】 447
【제69장】 452	【제70장】 456	【제71장】 459	【제72장】 462
【제73장】 466	【제74장】 470	【제75장】 474	【제76장】 478
【제77장】 481	【제78장】 485	【제79장】 488	【제80장】 493
【제81장】 498			

발문 1   505

발문 2   508

도덕경고이   511

해제 : 보만재 서명응의 사상과 『도덕지귀』

이 글은 영·정조 시기의 대표적 지성인으로 소론少論 경화사족京華士族이었던 보만재保晩齋 서명응徐命膺(1716~1787)의 생애와 그의 철학적 문제의식, 그리고 『노자』 주석서인 『도덕지귀道德指歸』를 쓰게 된 배경과 『도덕지귀』의 성격을 밝힌 것이다.[1]

---

* 이 글은 『한국사상과 문화』 22집(2003. 12)에 수록된 장원목의 「보만재 서명응의 생애와 학문」에다가 이후의 연구 결과를 참조한 내용을 보태어 고쳐 쓴 것이다.
1) 서명응은 1980년대 이후 점차 학계의 주목을 받고 있다. 송일기, 이임기, 임유경 등이 서지학적 연구를 진행한 데 이어 이강수, 송항용, 유성태, 김윤수, 조민환, 김경수, 이봉호 등이 서명응의 내단사상 및 도가사상을 조망하였고, 박권수는 서명응의 천문학을, 송지원이 서명응의 음악학을 연구했다. 맹천술은 서명응의 『先天四演』을 번역했으며, 김문식, 유봉학 같은 역사학자들도 꾸준히 서명응에 대해 관심을 보이고 있다. 최근에는 서명응을 연구한 학위논문도 나왔다(이봉호). 이들 논저의 자세한 내용은 다음과 같다.

○ 김경수, 「『道德指歸』를 통해서 본 徐命膺의 『道德經』 이해」, 『韓國思想과 文化』 22집(2003. 12).
○ 김문식, 「徐命膺 著述의 種類와 特徵」, 『韓國의 經學과 漢文學』(李箎衡停年論叢, 太學社, 1996); 「18세기 후반 徐命膺의 箕子 認識」, 『韓國史學史硏究』(趙東杰停年論叢, 나남출판, 1997); 「徐命膺의 易學世界地理觀」, 『國際儒學硏究』 5(中國社會科學出版社, 1998); 「서명응의 생애와 규장각 활동」, 『정신문화연구』 75(한국정신문화연구원, 1999).
○ 김윤수, 「徐命膺의 『參同攷』와 『易參同契詳釋』」, 『韓國道敎와 道家思想』(한국도교사상연구회 편, 亞細亞文化社, 1991).
○ 맹천술, 『易理의 새로운 解釋원제: 先天四演』(중앙대 인문과학연구소, 1987).
○ 박권수, 「徐命膺(1716~1787)의 易學的 天文觀」(서울대 대학원 과학사 및 과학철학 협동과정, 1996).
○ 송일기, 「奎章總目考 — 특히 徐命膺, 徐浩修 父子의 活動을 中心으로」(중앙대 도서관학과 석사학위논문, 1982).
○ 송지원, 「서명응의 '원음약'」, 『문헌과 해석』 4(1998); 「서명응의 '국조시악'」, 『문헌과 해석』 5(1998); 「서명응의 '시악묘계'」, 『문헌과 해석』 8(1999); 「일무, 그 상징과 함의 — 서명응의

1. 서명응의 생애와 학문적 배경

서명응 가의 인물들은 국왕의 측근관료로 활동하면서 당대의 학문·정치를 주도했다. 영조대 전반기의 서종옥徐宗玉(서명응의 아버지), 영조대 후반 및 정조대 전반기의 서명응과 서명선徐命善(서명응의 동생), 정조대 후반기의 서호수徐浩修(서명응의 아들)와 서형수徐瀅修(서명응의 아들), 조금 후의 서유구徐有榘(서명응의 손자) 등이 그러한 인물들이다. 이처럼 서명응은 조선 후기 경화사족이라는 특수한 입장에 서서 왕의 신임을 받는 충복으로서, 더구나 소론 계열의 다소 자유로운 학문적 분위기 속에서 누구보다도 강한 사회적 책임감과 자부심을 바탕으로 그의 독특한 학문을 형성시켜 나갔고, 아들과 손자에 의해 그의 학풍은 계승되어 갔다. 그는 영·정조의 강한 신뢰에 힘입어 다양한 국가적 편찬사업에 참여하였으며 개인적으로도 방대한 저술을 남겼다.[2] 따라서 서명응의 생애와 학문의 전모를 파악하기 위해서는 18세기 조선사상계의 전반적 흐름을 염두에 두면서 그가 속했던 소론에 대한 이해 및 숙종 말부터 서서히

해석을 중심으로」, 『문헌과 해석』 11(2000).
- 송항용, 「保晚齋 徐命膺의 老子硏究와 道家哲學」, 『韓國道敎哲學史』(성균관대 대동문화연구원, 1987).
- 유성태, 「서명응의 도가사상」, 『한국사상사』(원광대학교 출판국, 1991).
- 이강수, 「徐命膺의 老子理解」, 『동방학지』 62(연세대학교 국학연구원, 1989).
- 이봉호, 「徐命膺의『道德指歸』에 나타난 易理와 內丹思想의 일치」, 『韓國思想과 文化』 22집(2003. 12); 「徐命膺의『참동고』에 나타난 선천역을 중심으로 한 단역참동론」, 『도교문화연구』 20집(2004. 4); 「保晚齋 徐命膺(1716~1787)의 先天學 體系와『老子』이해」, 『도교문화연구』 22집(2005. 4); 「서명응의 선천학적 체계와 서학 해석에 관한 연구」(성균관대학교 박사학위논문, 2005. 8).
- 이임기, 「『보만재총서』 편성체제고 — 서명응의 사분법시원론을 중심으로」(중앙대학교 석사학위논문, 1986); 「『보만재총서』에 나타난 서명응의 사분법시원론」, 『서지학연구』 2(서지학회, 1987).
- 임유경, 「『보만재총서』에 대하여」, 『서지학보』 9(1993).
- 조민환, 「徐命膺『道德指歸』 1장에 관한 연구」, 『韓國思想과 文化』 22집(2003. 12); 「『道德指歸』에 나타난 처세술에 관한 연구」, 『도가사상연구』 제6집(2005. 6).

2) 김문식, 「서명응의 생애와 규장각 활동」, 『정신문화연구』 75, 164쪽 참조

조선사상계의 주도권을 장악해 나갔던 경화학인京華學人 혹은 경화사족에 대한 이해를 갖추는 것이 필수적이다.3)

경화사족들은 산림山林의 주자주의朱子主義적 의리지학義理之學의 고수에서 벗어나 경세지학經濟之學과 사장지학詞章之學, 때로는 명물도수지학名物度數之學의 박학풍博學風으로까지 관심의 범위를 넓혀 나가고 있었는데, 이러한 경향은 전시대와 달라진 사회현실을 직시하고 스스로 사회적 지도층 즉 '사士'로서의 사회적 책임을 각성함에 따라 더욱 촉진되었다.4) 서명응 일가는 바로 이들 경화사족, 좀더 정확히 말하면 경화거족京華巨族에 속했던 것이다. 경화거족으로서의 서명응은 당파적 정국 구도보다는 탕평蕩平적 정국 구도에 더욱 영향을 받았을 것이고, 학파적 소속감보다는 국왕의 측근관료 즉 관학자로서의 자기정체성을 추구했을 것이다.5) 실제로 그는 국가의 각종 편찬사업에도 참여하여 자신의 학문을 개진하였는데, 이는 그의 학문이 순수한 학문적 관심에 의해 촉발된 것이라기보다는 학문정치를 표방한 영·정조의 정치적 실용주의와도 무관하지 않은 것이었음을 말해 준다.

이처럼 서명응은 이전의 재야사림들이 처했던 것과는 질적으로 다른 학문풍토 속에서, 또 과거를 통해 비로소 두각을 드러낼 수밖에 없는 일반 사대부와도 다른 입장에서 학문 활동을 했다. 그의 도도한 학문적 자존심, 당파에

---

3) 경화사족의 다양한 활동에 관해서는 최완수 외, 『진경시대 I·II』(돌베게, 1998) 참조. 필자는 특히 『진경시대 I』에 실려 있는 유봉학의 「경화사족의 사상과 진경문화」를 많이 참조하였다.
4) 유봉학, 「경화사족의 사상과 진경문화」, 『진경시대 I: 사상과 문화』, 94쪽 참조.
5) 영조가 노론 주도의 탕평정국을 성립시켰을 때 서명응은 영조의 탕평책에 협조하는 緩論으로서의 태도를 정한 이후 노론과 밀접한 관계를 유지하면서 정치적·학문적 성취를 이루어 갔다. 특히 그는 次子 徐瀅修를 노론의 洛下山林이었던 洪啓能에게 보내어 수학시키는 등 노론이 결정적으로 우세하였던 영조 이후 정국에서 노론과 이해관계를 거의 같이하였다. 그리고 정조 치세에서는 정조의 특별한 지원 아래 소론 가문으로서는 최고의 성세를 자랑하였다. 유봉학, 「18~19세기 연암일파 북학사상의 연구」(서울대 국사학과 박사학위논문, 1992), 186쪽 이하 참조.

구애되지 않는 자신만만함, 박학적 관심, 실용학문에 대한 폭넓은 관심 등은 그의 이러한 처지와 무관하지 않았을 것이다.

문제는 그럼에도 불구하고 서명응 시대는 국왕의 탕평이 강력히 요청될 수밖에 없을 정도로 심각한 당파정국이었다는 점이다. 서명응 역시 자신의 당파에 초연할 수만은 없었을 것이다. 당시의 일반 사대부와 마찬가지로 그 또한 사대부의 교양이자 과거시험 교과서였던 성리학 중심의 학습을 해야만 했고, 비록 뚜렷한 사승관계는 없었다 할지라도 자신의 가문이 학문적·정치적으로 속해 있던 소론적 분위기 속에서 성장할 수밖에 없었다. 따라서 서명응 학문의 특질을 이해하기 위해서는 먼저 그의 가문이 속해 있던 소론의 학문적 경향에 대한 이해가 선행되어야만 할 것이다.

소론은 우계尤溪 성혼成渾(1535~1598)의 내외손을 포섭하여 성혼을 이 학파의 상징적 인물로 내세우면서[6] 윤증尹拯 이래의 주자학풍을 윤동원尹東源·윤동수尹東洙-윤광소尹光紹-강필효姜必孝-성근묵成近默으로 이어감으로써 소론 주자학의 학통을 정립하였다. 그런 가운데 소론 일각에서는 노론 주자학자들의 경직된 주자주의와 의리지학일변도에 이의를 제기하며 주자학의 자유로운 연구를 추구해 나감으로써 탈주자적 경학풍經學風을 보이기도 한다. 윤증과 함께 소론의 영수였던 서계西溪 박세당朴世堂(1629~1703)의 『사변록思辨錄』이나, 윤증의 제자 하곡霞谷 정제두鄭齊斗(1649~1736)의 양명학 수용은 이러한 경향을 대변하고 있다. 이처럼 소론의 주자학 연구는 노론에 비해 훨씬 자유로운 분위기였다.[7]

대체로 서명응의 학문은 성리학과 탈성리학, 정통의식과 친이단의식, 당파적 분위기와 탕평적 분위기, 송학宋學과 한학漢學, 수양론 및 예설을 중심으로

---

[6] 소론에 대한 포괄적인 이해를 위해서는 강신화, 『朝鮮後期 少論 硏究』(鳳鳴, 2003) 참조
[7] 유봉학, 『조선후기 학계와 지식인』(신구문화사, 1998), 104쪽 이하 및 123쪽 이하 참조 서명응 家 및 소론 경화사족의 학풍계승 연원에 대해서는 『조선후기 학계와 지식인』, 124쪽에 있는 <표5> 참조

하는 인문학적 관심과 실용을 중시하는 자연학적 관심, 당파주의적 폐쇄성과 국가주의적 포용성, 국왕의 측근으로서의 자부심과 정치적 약자로서의 소론적 자기한계 등과 같은 긴장구도 속에서 비로소 규명될 수 있다. 그의 폭넓은 학문적 관심 속에는 그러한 양극성 혹은 이중성이 동시에 포착될 수 있기 때문이다. 이런 까닭에 그의 학문을 한마디로 포괄해 내기는 매우 어려우므로 다방면의 체계적이고 전략적인 접근이 요구된다.

서명응의 생애를 알 수 있는 자료로는 먼저 그의 손자 서유구徐有榘의 6권 3책으로 된 필사본 『보만재연보保晚齋年譜』가 있다. 이 밖에 큰아들 서호수徐浩修가 쓴 「선고문정공행장先考文靖公行狀」 및 「묘표추기墓表追記」(『私稿』), 둘째아들 서형수徐瀅修가 쓴 「본생선고문정공부군행장本生先考文靖公府君行狀」(『明皐全集』 권15) 등이 있으며, 『영조실록』과 『정조실록』에도 서명응과 관련된 기사가 많이 나온다. 이들 자료에 따르면, 서명응은 1716년 이조판서를 지낸 서종옥徐宗玉(1688~1745)의 둘째아들로 태어났다.[8] 그는 영조와 정조 2대에 걸쳐 소론계 실무관료로 발탁되어 40여 년 동안 사환仕宦생활을 하면서 중앙정계의 고위관직을 두루 역임하였고, 정조 즉위 초에는 규장각의 창설에 간여하는 등 문사文事에 관한 일을 주로 담당하였다.

김문식은 서명응의 생애를 크게 성장기(1716~1746), 사환기(1747~1780), 은퇴기(1780~1787)의 셋으로 나누어 고찰하였다.[9]

사환기 초기(1747~1753)에 서명응은 선기옥형璇璣玉衡을 제작하여 교재로 사용하는 등 지방의 학정學政을 크게 일으켰으며, 『가례家禮』의 핵심 구절에 주석을 단 『가례집해家禮集解』와 경전에서 악樂을 언급한 구절을 가려 뽑은 『대악원류大樂源流』를 저술하였다. 선기옥형의 제작에서는 천문학에 대한 깊

---

8) 서명응의 家系에 관한 자세한 내용은 김문식, 「서명응의 생애와 규장각 활동」,(『정신문화연구』 75, 158쪽)에 있는 '그림 1 : 서명응의 家系圖' 참조
9) 김문식, 「서명응의 생애와 규장각 활동」,『정신문화연구』 75, 152쪽 이하 참조 이하 서명응의 생애에 관한 기술은 김문식의 글을 주로 참조했다.

은 관심을, 그리고 『가례집해』와 『대악원류』의 저술에서는 예와 악에 대한 유가학자로서의 보편적 관심을 읽을 수 있다.

사환기 중기(1754~1771)는 문과(增廣文科)에 급제하여(1754년 4월, 영조 30년)[10] 내외 관직을 두루 거치면서 고급관리로 활약하던 시기이다.

그는 과거합격 후 곧바로 병조좌랑兵曹佐郞이 되었다가 이어 사간원정원司諫院正言이 되었는데, 이때(1754년 7월) 대리청정을 하던 사도세자에게 학문과 정치의 방책을 일강팔목一綱八目으로 제시한 「진치법서陳治法書」 일만여 언을 상서上書하였다.[11] '일강팔목'이란 곧 분예지奮睿志의 '일강一綱'과 명강학明講學, 무성실務誠實, 계일욕戒逸慾, 회청납恢聽納의 사체四體 및 정사전正祀典, 홍학교興學校, 개공거改貢擧, 장무략壯武略의 사용四用으로 된 '팔목八目'으로, 그는 '사용'보다 '사체'를 먼저 실행하면 명체달용明體達用하게 된다고 밝힌다. 그의 기본적인 사유구조가 전통적인 체용론에 기반하고 있음을 보여 주는 대목이다. 이 글은 실록에 그 전문이 실릴 정도로 명문으로 평가받았다.

이후 서명응은 관각館閣의 당하관을 거쳐 대사성, 예조참의, 이조참의, 좌승지, 대사헌, 도승지, 예조참판, 형조참판, 형조판서, 예조판서, 이조판서, 대제학 등의 내직과 황해감사, 충청수사, 경기감사 등의 외직을 역임하였다. 대체로 순탄한 벼슬길이었다. 중간에 조재호趙載浩·조재홍趙載洪 형제의 공격을 받아 서강西江 별장(龍山)에 기거하기도 하고(1758~1759) 수유촌水踰村에 머무르기도 했으며(1763) 또 갑산甲山에 유배되기도 했지만, 각각의 기간은 대개 수개월씩에 불과했다. 1755~1756년에 그는 사은사謝恩使의 서장관書狀官으로 청나라에 다녀왔다. 계속해서 대사간, 성균관대사성, 대사헌 등을 역임하였고 1762년에는 황해감사를 지냈다. 1763년에는 통신정사通信正使로 임명되어 일본을 방

---

10) 이는 그가 생원이 된(1735) 지 약 20년 후가 된다. 당시 시험관은 南有容(1698~1773)이었고, 문제는 渾天의 제도를 묻는 책문이었다. 김문식, 「서명응의 생애와 규장각 활동」의 주 5(『정신문화연구』 75, 154쪽) 참조.
11) 『保晚齋集』(奎章閣本), 권3, 「陳治法書」; 『英祖實錄』, 권82, 30년 7월 庚辰(3일).

문할 예정이었지만 조엄趙曮으로 교체되는 바람에 가지 못하였다. 1765년 도승지 겸 홍문관제학사역제조弘文館提學司譯提調가 되었고, 1769~1770년에는 동지정사冬至正使로 중국을 방문하여 청의 문물을 깊이 있게 접하였다.12) 청에서 돌아온 후 문헌비고편집당상文獻備考編輯堂上이 되었는데, 이때『악고樂考』를 편찬하면서 종묘속악宗廟俗樂이 세조 때에 정제定制한 것임을 알아내어『악고』에다 그 사실을 실었다.

이 시기부터 서명응은 본격적인 저술 활동을 시작하였다.『천의소감闡義昭鑑』,『어제훈서御製訓書』,『어제소학지남御製小學指南』,『동국문헌비고東國文獻備考』등 국가적 편찬사업에 참여하는 한편 왕세자의 입학의入學儀나 국왕의 친경의親耕儀 같은 국가 전례典禮를 정리하였으며, 개인저술로는『양한사명兩漢詞命』,『대학상설大學詳說』,『중용미언中庸微言』,『상서일지尙書逸旨』,『시악요결詩樂要訣』,『역선천학易先天學』,『이경통해二經通解』13),『대악전후보大樂前後譜』등을 편찬하였다. 이 가운데『양한사명兩漢詞命』은 1761년(영조 37) 9월 왕명으로 편찬되어 영남감영에서 간행되었다.

사환기 후기(1772~1776)는 정조의 사부師傅로 활동하면서 정조와의 만남이 본격화된 시기이다. 이미 서명응은 영조의 배려 하에 1761년(영조 37) 3월 왕세손(나중의 정조)의 성균관입학식을 주관하면서 정조를 대면한 바 있고 또 영조가 왕세손을 교육시키는 자리에 배석하여 가르친 경우도 여러 번 있었지만,14) 그가 정조의 교육을 전담하게 된 것은 1772년 3월 세손우빈객世孫右賓客을 겸

---

12) 이때 그는 청으로부터 500여권에 달하는 天文, 曆法 서적을 구입했는데, 이는 향후 그와 그의 후손들의 학문에 큰 영향을 미친다. 당시 구입한 서적 중에는『數理精蘊』,『對數表』,『八線表』,『易象考成後篇』등이 포함되어 있다. 黃胤錫,『頤齋亂藁』, 권14, 1770년 4월 19일 조 참조
13)『이경통해』는『參同契』와『道德經』을 대상으로 한 것인데, 이는 뒤에 수정되어『參同攷』와『道德指歸』로 편찬되었다. 김문식,「서명응 저술의 종류와 특징」,『한국의 경학과 한문학』, 181~182쪽 참조
14) 김문식,「서명응의 생애와 규장각 활동」,『정신문화연구』75, 155쪽의 주 9, 10 참조

하면서부터이다. 그는 정조를 위하여 『역학계몽집전易學啓蒙集箋』, 『계몽도설啓蒙圖說』, 『자치통감강목삼편資治通鑑綱目三編』, 『주자회선朱子會選』과 같은 교재를 편찬하였는데, 이는 청년기 정조의 학문에 커다란 영향을 끼쳤다. 이 시기에 서명응은 내직으로는 공조, 호조, 병조 및 이조의 판서, 우참찬 등을 거치면서 장악원, 승문원, 예문관, 교서관, 시복시의 제조提調를 겸하였으며 외직으로는 충주목사, 평안감사를 역임하였는데, 영조로부터 남유용南有容의 『명사정강明史正綱』을 수정하라는 명을 받고 『명사강목明史綱目』과 『황극일원도皇極一元圖』를 편찬해 올리기도 했다.

사환기 말기(1776~1780)는 정조의 즉위와 함께 규장각이 건립되어 서명응이 규장각 제학提學을 겸하면서 국가적 편찬사업을 주도한 시기이다. 이 시기 그는 평안감사, 판중추부사, 수어사守禦使, 대제학 등 내외직을 역임하였다.

정조는 즉위 초에 서명응을 좌의정 후보자로 직접 추천할 정도로 그를 신임하였는데,15) 이러한 정조의 신임은 서명응이 죽을 때까지 계속되었다. 1776년 10월 당시 평안감사였던 서명응은 규장각 제학을 겸하였고, 이후 규장각의 최고 책임자로서 창설 초기의 규장각 기구를 정비하고 국가적 편찬사업을 주도하였다. 1778년에는 대제학 겸 지실록사知實錄事가 되어 영조실록을 편찬하고 영조의 행장을 지었으며, 평안감사로 근무할 때에는 『기자외기箕子外記』를 짓고 수어사로 근무할 때에는 『남한지南漢誌』를 편찬하는 등 근무지와 관련이 깊은 저술을 편찬하기도 했다.

정조대 초기에 규장각, 홍문관의 책임자를 겸하면서 절정에 올랐던 서명응의 사환기는 1779년 12월에 결정적인 위기를 맞는다. 그는 1777년에 역모죄로 옥사한 홍계능洪啓能과 내통했다는 혐의를 받고 위기에 빠지는데, 다행히 정조 즉위의 일등공신인 아우 서명선의 공로로 위기를 모면할 수 있었다. 그러나

---

15) 『正祖實錄』, 권1, 즉위년 3월 己亥(28일); 『保晩齋年譜』, 권4, 丙申(1776), 61세; 김문식, 「서명응의 생애와 규장각 활동」, 『정신문화연구』 75, 155쪽 주 11 참조.

홍국영洪國榮과의 심각한 대립관계가 지속되고, 영의정 서명선과 함께 당대의 권력을 독점한다는 불만을 가진 사람들이 늘어났다. 임득호林得浩, 이보행李普行, 윤필동尹弼東, 이의필李義弼, 채제공蔡濟恭으로 이어지는 공격이 해를 넘겨 계속되면서, 결국 홍국영이 정계에서 축출되고 서명응이 치사致仕하는 것으로 마무리되었다.16) 서명응은 자신에 대한 탄핵이 시작되자 서울을 떠나 한강변의 용호龍湖, 과천果川의 만산晩山 등지로 거처를 옮겼는데, 과천에 있을 당시 『아악도서雅樂圖書』를 편찬하였다.

은퇴기(1780~1787)는 벼슬길에서 물러나 자신의 저술을 정리하면서 국가적 편찬사업에도 꾸준히 참여한 시기이다. 이 시기에 서명응은 개인적인 저술로 『보만재집保晩齋集』, 『보만재총서保晩齋叢書』, 『보만재잉간保晩齋剩簡』 등을 완성하였으며, 공적으로는 『국조시악國朝詩樂』, 『시악화성詩樂和聲』, 『천세력千歲歷』을 편찬하고 『국조보감國朝寶鑑』을 교정하였다. 1781년에는 이문원摛文院의 『근사록近思錄』 강의에 원임제학의 자격으로 참여하기도 했다.

1781년 정조는 봉조하奉朝賀 서명응의 공적을 높이 평가하여 '보만保晩'이라는 호를 지어 주었고, 이듬해에는 『보만재집』 24권을 읽고 그 소감을 읊은 어제시御製詩를 하사하였다. 1782년 서명응은 왕명으로 『국조보감』을 편찬하였다. 이제 서명응은 자신의 평생 저술을 정리하기 시작하여 1783년 68세에 『보만재총서』를, 1784년 69세에 『보만재잉간』을 완성하였으며, 『홍범오전洪範五傳』을 새로 편집하였다. 『보만재총서』는 일종의 유서類書로서 그의 이용후생의 학문정신을 대표적으로 반영하고 있는데, 정조로부터 "우리 동쪽에서 400년간에 이런 거편이 없었다"라는 격찬을 받은 바 있다. 『보만재잉간』은 『총서』를 편집하고 남은 것을 따로 모은 것이다. 『보만재집』, 『보만재총서』, 『보만재잉간』 등의 저술은 그의 사후에 서호수와 서유구 등에 의해 거듭 정리되었다. 70세가

---

16) 서명응은 1780년(정조 4) 3월 21일 仁政殿에서 정조의 참석 하에 은퇴식을 가졌다.(『日省錄』, 정조 4년 3월 21일)

되던 1785년에 서명응은 기로소耆老所에 들어갔으나 공적인 활동까지 중단한 것은 아니었다.

서명응은 1787년 12월 서울에서 72세로 생애를 마감했다. 이듬해 3월에 선영이 있던 장단長湍 금릉리金陵里에 묻혔고, 국가에서는 그에게 '문정文靖'이란 시호를 내렸다. 정조는 그의 1주기 때에 어제제문御製祭文을 내리고 규장각의 관리를 파견하여 제사를 올리게 하였다.[17]

2. 서명응 학문의 특징과 문제의식

1) 독창성과 박학성

서명응 당시의 조선 학계는 노론계 주자학자들이 주도권을 쥐고 유학을 주자주의적 의리지학 혹은 심성론 위주로 해석하면서 그 연구 대상도 심성리기心性理氣와 예론禮論을 위주로 하고 있었다. 소론계 학자였던 서명응 역시 이러한 기존의 학풍을 부인하지는 않았다. 그러나 그는 동시에 그것과는 초연하게 박학적인 명물도수지학名物度數之學을 연구했고, 이를 경학 연구의 토대로 삼아 수리천문數理天文 연구, 농학農學 연구, 악률樂律 연구, 행정제도 연구 등을 포괄하는 백과전서적 관심을 보여 주고 있다.[18]

서명응은 특별한 사승관계가 없었는데, 이 때문에 도리어 독특한 학풍을 가질 수 있었던 것 같다. 일찍이 정조는 『국조보감』을 편찬하면서 "서명응의 문체는 다른 사람과 확연히 달라 다른 사람의 글과 합칠 수가 없다"[19]라고 하였다. 서명응의 아들 서호수 또한 다음과 같이 말한 적이 있는데, 역시 서명

---

17) 『弘齋全書』, 「文靖公徐命應致祭文」 참조.
18) 유봉학, 「18~19세기 연암일파 북학사상의 연구」, 1장 1절, 2장 1절 및 194쪽 참조
19) 『國朝寶鑑監印廳儀軌』, 「纂輯事實」, 辛丑(1781), 7월 5일, "上曰, 命廰撰修文字, 必與兩重臣 (金尙喆, 蔡濟恭을 말함), 文體顯異, 似不可合付矣, 使之校正爲好."

웅의 학문이 지닌 독창성과 박학성을 강조하고 있다.

> 부친의 학문은 깊이 자득함을 위주로 하였기 때문에, 그저 남의 글을 이리저리 주위 모으는 식의 학문을 좋아하지 않았다. 부친의 문장은 이치를 정미하게 탐구하는 것을 근본으로 삼았기 때문에, 그저 남을 답습하기를 좋아하지 않았다. 부친께서는 선천역의 이치를 깊이 깨달았을 뿐 아니라 음률音律이나 역법曆法에도 회통하였으며 경전의 종지를 밝히고 훈고나 하는 이들의 진부함을 초연히 뛰어넘었으니, 이로써 문장을 짓게 되면 그 연원이 저절로 드러났다.[20]

서명응은 영조 때에 『고사신서攷事新書』 등 국가적인 편찬사업을 주도하였으며 정조 즉위 이후에는 규장각 사업에 깊이 관여하여 『규장각지奎章閣志』, 『규장운서奎章韻瑞』 등을 찬진撰進함으로써 정조를 학문적으로 보필하였다. 경학 연구에 있어서 그는 당시의 풍조였던 사서四書 중심의 연구에 그치는 것이 아니라 오경에까지 관심의 폭을 넓히고 있다. 실제로 그는 『성리대전』의 연구와 함께 『주역』에도 깊은 관심을 기울였고, 더 나아가 언어나 수학, 천문학, 음악, 국고전장國故典章에 대해서도 많은 관심을 표명하였다. 이처럼 서명응은 일찍부터 북학적 성향을 띠면서 주자학일변도의 학문 풍토를 반성해 가고 있었는데, 이러한 그의 학문은 실용학—훗날 정약용에 의해 경세학으로 특징 지워지는 일련의 개별과학적 성격의 실용학문들—에 대한 폭넓은 관심을 특징으로 하는 박학적 성격을 띤다.

서명응의 이와 같은 박학적 관심은 전 36책의 방대한 저서인 『보만재총서』로 집대성되었다.[21] 68세 때인 1783년에 완성한 『보만재총서』는 경익經翼과

---

20) 徐浩修, 『私稿』, 「先考文靖公行狀」, "公之學, 以深造自得爲主, 而不喜掇搓, 公之文, 以理致精采爲本, 而不喜踏襲. 至於妙契先天, 會通律曆, 以是而推明經旨, 超脫訓詁家陳腐, 以是而發爲詞章, 淵源自露."
21) 『보만재총서』에 대한 서지학적 연구로는 다음과 같은 것이 있다(각주 1 참조) 이임기, 「보만재총서 편성체제고 — 서명응의 사분법시원론을 중심으로」(중앙대 석사학위논문) · 「『보만재총서』에 나타난 서명응의 사분법시원론」(『서지학연구』 2); 임유경, 「『보만재총서』에 대하

사별史別과 자여子餘와 집류集類의 사목四目으로 나뉘는데, 『사고전서』의 분류 방식인 경經·사史·자子·집集을 원용한 것이다. '경익經翼'에는 『선천사연先天四演』, 『상서일지尙書逸旨』, 『시악묘계詩樂妙契』, 『대학직지大學直旨』, 『중용경위中庸經緯』의 다섯 저서를 분류해 넣었고, '사별史別'에는 『주사疇史』, 『위사緯史』, 『본사本史』의 셋을, '자여子餘'에는 『비례준髀禮準』, 『선구제先句齊』, 『원음륜元音錀』, 『참동고參同攷』의 넷을, '집류集類'에는 『고사십이집攷事十二集』하나를 분류해 두고 있다.

'경익'의 『선천사연』은 상수역학 중 특히 선천학을 밝힌 책이고, 『상서일지』는 역사서이자 문장의 본원인 『서경書經』을 다룬 책이며, 『시경묘계』는 『시경』에 대한 주석서이다. 『대학직지』와 『중용경위』는 사서인 『대학』과 『중용』을 해설한 것이다. 그는 "『대학』은 곧 심법心法의 책"이라 하고 시를 심학心學으로 정의함으로써 정통 주자학과 구별되는 상당히 독특한 관점을 드러내고 있다. '사별'에 속하는 『주사』는 기자의 역사를 다루고 있고, 『위사』는 일종의 지리지이며, 『본사』는 농정에 대해 서술하고 있다. '자여'에 속하는 『비례준』, 『선구제』는 천문역학서天文曆學書이고, 『원음륜』은 음악학에 관한 책이며, 『참동고』는 도교의 경전인 『참동계』에 대한 연구서이다. 마지막으로 '집류'에 속하는 『고사십이집』은 종래의 『고사신서』의 규모를 새롭게 한 것으로, 대부분 일상생활에서의 크고 작은 문제를 해결하는 데 도움을 주기 위한 참고서적들을 다루고 있다.

그런데 서명응은 '사별'의 『위사』 서술에서 서양선교사의 저술인 『직방외기職方外記』 등을 두루 참고하고 있고, 역법曆法의 경우에는 당시 쓰던 역법보다 선초에 수입된 아라비아의 회회력回回曆이나 아담 샬의 시헌력時憲曆 같은 서양의 역법이 오히려 낫다는 견해를 왕에게 피력하기도 한다. 이는 그의 실용적

여」(『서지학보』 9). 이하 필자의 『보만재총서』에 관한 개략적 소개는 임유경의 연구를 주로 참조하였다.

인 학문정신을 잘 보여 주고 있다. 그렇다면 그의 이와 같은 박학성—즉 실용학 혹은 개별과학에 대한 적극적 관심—이 지니는 의미는 무엇일까? 서명응은 주자학을 부인하고 있지 않으므로 그를 여전히 주자학자로 보아야 할 것인가? 그는 당대의 노론이 주도하던 주자학이 지닌 약점을 보완함으로써 주자학의 부활을 시도하였던 것일까? 그의 학문적 목표는 과연 무엇일까?

주자학은 도·불교와의 긴장을 통해 자신의 본체론을 성립시키고, 공리功利·사장詞章·훈고訓詁주의와 같은 당대의 실용학과 대결하면서 자신의 정체성을 확보해 갔다. 그런데 주자학은 도교나 불교와의 대결을 거치는 동안 역설적이게도 지극히 도·불교적인 '주자학적 본체론'을 정립시켰고, 공리·사장지학과 대결하면서 이들로부터 흡수한 '주자학적 실용학'을 겸비하고 있었다. 결국 도·불교와 공리·사장학은 성리학의 양극을 형성하는 것이었고, 이 때문에 성리학의 학문적 구도 안에는 도·불교적 요소(형이상학적 인문학의 요소, 修己적 요소)와 공리·사장학적 요소(개별과학적 실용학의 요소, 治人적 요소)가 동시에 포함되어 있었다.

그러나 성리학은 원대와 명대를 거치면서, 또 조선에 토착화되면서 점차 수기치인지학으로서의 그 내부의 활기찬 양극적 긴장구도가 사라지고 수기 중심(형이상학적 인문학 중심: 수양론, 예론)의 학으로 기울어 가게 된다. 서명응 당대의 조선 노론은 바로 그와 같은 무반성적 주자제일주의·예론주의의 입장을 취하고 있었던 것이다. 서명응의 실용학에 대한 관심은 일차적으로 이처럼 활기를 잃어버린 노론식 주자학을 간접적으로 비판하면서 주자학 본래의 균형 잡힌 수기치인지학을 회복하는 것을 목표로 했다고 볼 수 있다. 그러나 이러한 생각은 좀더 검토되어야 한다.

표면적으로는 서명응이 주자학을 반대하지는 않았지만 그가 주자학 자체를 반성하고 있었다는 사실은 분명해 보인다. 주자학이 경학과 경세학에 두루 관심을 가졌던 것은 사실이지만 그 본질이 도덕적 본체의 확립에 따른 수기 중심의 사변철학이라는 점은 서명응도 잘 알고 있었을 것이기 때문이다. 더구나 서명응 당대에는 개별과학적 치인지학(즉 실용지학)이 이미 양과 질에서 모두 주자학적 실용지학의 수준을 훨씬 넘어서고 있었고, 주자학의 본체이론으로는 담아내기 힘든 새로운 사태들이 속속 발생하고 있었다. 주자학의 성립 이후로도 계속 발전해 온 개별과학, 서양과학의 전래22) 등이 그것이다. 서명응 역시 17세기 이후 중국을 거쳐 조선에 소개된 구중천설九重天說 등의 서양천문학 지식을 깊이 있게 소화하고 있는 상태였다.23)

서명응은 당시의 새로운 천문학, 발달된 농학, 새로운 음악학 등 이 모든 실용학을 성공적으로 담아낼 수 있는 본체이론이 필요하였는데, 주자학적 본체이론은 자신의 목표 달성에 그다지 효과적일 수 없었다. 급기야 그는 주자학의 태극설太極說과 인설仁說, 이발미발설已發未發說 등의 틀을 근본적으로 반성하면서 주자학을 회의하게 되고, 이 때문에 초기 성리학 이래 철저히 배제시켜 왔던 이단사상을 재검토하게 된다.

2) 이단사상에 대한 적극적 관심

서명응 당시 노론에 의해 주도되었던 정통 주자학계에서는 이른바 불교, 도교 등 유교 이외의 학문에 대해 매우 비판적이었다. 이러한 정통 주자학자들의 태도는 성리학이 성립된 이후 일관된 것으로, 성립 초기의 성리학자들에게서 분명하게 확인되는 모습이다.24) 성리학은 자체 내에 삼교합일三敎合一적 성격을 지니면서도 특히 도·불교와의 대결을 통해 자기정체성을 성립시켜 왔기

---

22) 조선 후기 지식인들의 서양인식에 관해서는 원재연, 「조선후기 서양인식의 변천과 대외개방론」(서울대학교 박사학위논문, 2000) 참조
23) 박권수, 「서명응의 역학적 천문관」, 8쪽 이하 참조
24) 손영식, 『이성과 현실 — 송대 신유학에서 철학적 쟁점의 연구』(1999) 제3장 및 장원목, 「北宋性理學에서의 有와 無의 문제 — 魏晉玄學과의 관련을 중심으로」, 『철학논구』 25집(서울대학교 철학과, 1997). 장원목, 「성리학 본체론의 형성에 관한 연구 — 張載의 본체론과 二程의 비판을 중심으로」(서울대학교 박사학위논문, 1998) 제1장 참조

때문에 이단사상에 대해 비판적일 수밖에 없었던 것이다. 조선 전기의 성리학자들 역시 한결같이 이단에 대해 비판적인 태도를 취해 왔다. 정도전, 서경덕, 이언적이 그러했고, 이황이나 이이도 역시 마찬가지였다.25) 물론 이이의 경우에는 이단서인 노자서에도 취할 만한 점이 있음을 인정하여 『순언醇言』을 저술하기도 했지만,26) 이것은 서명응이 보여 준 이단서에 대한 적극적인 관심과는 분명하게 구분되는 것이었다.

그런데 이이 이후 조선 주자학자들의 이단사상에 대한 입장은 학파에 따라 다소 차이를 드러내고 있다. 이단에 대해 시종 완고한 입장을 취해 온 노론과 달리, 북인이나 남인 계열 혹은 소론의 일각에서는 이단에 대해 훨씬 부드러운 입장을 취했던 것이다. 이러한 분위기 속에서 소론계 서명응은 정통 성리학의 관점에서는 이단이라 여겨져 온 『노자』에 주석을 달았으며(『道德指歸』), 도교 문헌으로 알려진 『참동계參同契』의 주석서 『참동고參同攷』를 짓기도 했다.27) 더구나 『도덕지귀』나 『참동고』는 그의 주저라 할 수 있을 정도로 그의 많은 저술 중에서도 그 비중이 크다. 여기서는 서명응의 『도덕지귀』를 중심으로 그의 문제의식을 검토해 보고자 한다.

서명응은 『참동고』에 앞서 『도덕지귀』를 저술하였는데, 초고는 영조 45년(1769, 54세), 재고再稿는 정조 1년(1777, 62세)에 저술한 것으로 되어 있다.28) 서

---

25) 정도전, 서경덕, 이언적의 이단비판론에 대해서는 장원목, 「조선 전기 성리학 전통에서의 리와 기」, 『한국유학과 리기철학』(예문서원, 2000), 17~124쪽 참조
26) 조선조 『노자』에 관한 주석서로는 서명응의 『도덕지귀』 외에 李珥의 『醇言』, 朴世堂의 『新註道德經』, 洪奭周의 『訂老』, 李忠翊의 『談老』 등이 있다. 김학목, 「조선 유학자들의 『도덕경』 주석과 그 시대상황」, 『동서철학연구』 24호(2002) 참조
27) 『參同攷』는 도교 內丹學의 경전이라 말할 수 있는 『참동계』에 관한 주석서로, 서명응의 양생술에 대한 적극적인 관심이 잘 표명되어 있는 저술이다. 이 책에는 丙午年(1786, 정조 10년, 서명응 71세)에 지은 序文이 붙어 있다. 서명응의 참동계학에 관해서는 김윤수, 「서명응의 『참동고』와 『易參同契詳釋』」(한국도교사상연구회 편, 『한국도교와 도가사상』)과 이봉호, 「서명응의 『참동고』에 나타난 선천역을 중심으로 한 단역참동론」(『도교문화연구』 20집, 2004)이 참조할 만하다.
28) 서명응이 『도덕지귀』를 저술한 시기와 배경에 대해서는 그의 「도덕지귀서」 및 「도덕지귀후

명응의 『도덕지귀』에 관한 동양철학계의 연구로는 송항룡, 이강수, 유성태, 조민환, 김경수, 이봉호 등의 연구가 있는데,29) 기존 연구의 대부분은 서명응의 『도덕지귀』에 관해 "유가의 입장에서 노자를 적극적으로 해석했다"거나 "유가 특히 역易의 조화설造化說에 입각하여 노자를 이해했다", "노자 연구를 통해 처세와 양생의 방법을 모색하려 했다"는 등의 지적을 하고 있다. 이러한 지적들은 대체로 서명응이 쓴 「도덕지귀서道德指歸序」 및 「도덕지귀후서道德指歸後序」에 근거한 것이다. 이 중에서 우선 『도덕지귀』가 "유가 특히 '역'의 조화설에 입각하여 노자를 이해했다"는 점에 대해 생각해 보자.

송대의 정대창程大昌은 "노자의 말은 모두 '역'에서 나온 것이다"라고 한 적이 있다.30) 이는 『노자』를 유가의 역학적 시각에 포섭시켜 이해하고자 한 것인데, 서명응의 『도덕지귀』 역시 넓은 의미에서 그러한 『노자』 이해의 범주 속에 포함시킬 수 있다. 서명응 역시 노자학의 조화설이 역학과 일치한다31)는 주장을 하고 있기 때문이다. 문제는 서명응이 말하는 역리易理의 내용이 무엇인가 하는 점이다.

김경수는 『도덕지귀』가 비록 유가적 관점을 견지하고 있지만 여타의 유가적 해석에서는 찾아볼 수 없는 나름의 독특한 관점 즉 "정이천이나 주자의 역리보다는 '선천역학先天易學'이라는 독특한 역리를 따르고 있다"는 점을 강

서」에 비교적 자세히 설명되어 있다.
29) 송항룡, 「보만재 서명응의 노자연구와 도가철학」,(『韓國道敎哲學史』); 이강수, 「서명응의 노자이해」,(『동방학지』 62); 유성태, 「서명응의 도가사상」, 『한국사상사』; 조민환, 「서명응의 『도덕지귀』에 관한 연구」,(『동양철학』 16집)・「서명응『도덕지귀』 1장에 관한 연구」,(『한국사상과 문화』 22집)・「『도덕지귀』에 나타난 처세술에 관한 연구」,(『도가철학』 제6집); 김경수, 「『도덕지귀』를 통해서 본 서명응의 『도덕경』 이해」,(『한국사상과 문화』 22집); 이봉호, 「서명응의 『도덕지귀』에 나타난 易理와 內丹思想의 일치」,(『한국사상과 문화』 22집)・「보만재 서명응(1716~1787)의 先天學 체계와 『노자』 이해」,(『도교문화연구』 22집)・「서명응의 선천학적 체계와 서학 해석에 관한 연구」,(성균관대 박사학위논문). 이상 각주 1) 참조
30) 程大昌, 『易老通言』(明正統道藏本), 「意總・本易」.
31) 『道德指歸』(奎章閣本), 「道德指歸序」 참조.

조하고 있다. 이는 서명응의 독특한 점이 유가의 '역'에 의거하여 『도덕경』을 풀이했다는 데 있음을 밝히는 정도에 머물러 있던 기존의 연구에서 한층 더 진전된 것이다. 김경수가 지적하고 있듯이 "『역』은 비록 유가 텍스트로 분류되지만, 도교道敎 · 의서醫書 · 천문天文 등 다방면의 분야에서 『역』을 수용하고 있기 때문"에 "서명응이 『역』에 의거하여 『도덕경』을 주해하였다고 해서 곧바로 유가적 입장을 견지했다고 미리 간주한다면 이것은 곧 섣부른 판단이 될 것"이기 때문이다.32) 이러한 김경수의 관점은 『도덕지귀』를 『참동고』나 『선천사연』 등 서명응의 다른 저서들과 연관시켜 연구하게 됨에 따라 밝혀진 것이다. 조민환은 『도덕지귀』 1장을 심도 있게 분석함으로써 서명응이 말하는 '역리' 혹은 '역의 조화'가 하도河圖 · 낙서洛書에 기반한 상수역학이며, 주돈이의 「태극도설太極圖說」에서 철학적으로 도식화된 무극태극설 혹은 태극음양설을 가리킨다는 점을 밝혔다.33) 이봉호는 서명응이 노자 연구를 통해서 조화의 실체를 밝히고자 했으며, 이 과정에서 선천역과 내단사상의 원리들을 탐구함으로써 급기야 선천역과 내단사상의 일치점들을 규명하게 되었다고 말하고 있다.34) 이봉호에 따르면 서명응이 말하는 노자의 조화설 즉 '역리'란 복희역伏羲易에 입각하여 소옹邵雍이 확립한 선천역으로, 서명응이 『참동고』를 통해 연구한 내단사상과 무관한 것이 아니라는 것이다.

이렇게 본다면 서명응의 일련의 학문적 기획은 선천학을 그 최종 목표로 하여 매우 치밀하게 의도된 것이라고 말할 수 있다. 서명응은 그의 『도덕지귀』를 통해 개인의 양생(내단학), 사회철학(처세학), 본체이론(선천학)이 밀접하게 연

---

32) 김경수, 「『도덕지귀』를 통해서 본 서명응의 『도덕경』 이해」, 『韓國思想과 文化』 22집, 69쪽 이하 참조.
33) 조민환, 「徐命膺 『道德指歸』 1장에 관한 연구」, 『韓國思想과 文化』 22집, 38·63쪽 등 참조.
34) 이봉호, 「서명응의 『도덕지귀』에 나타난 역리와 내단사상의 일치」, 『韓國思想과 文化』 22집, 107쪽 이하 참조. 이후 이봉호는 일련의 논문들(「서명응의 『참동고』에 나타난 선천역을 중심으로 한 단역참론」, 「보만재 서명응의 선천학 체계와 『노자』 이해」, 「서명응의 선천학적 체계와 서학 해석에 관한 연구」)을 제출하여 자신의 주장을 입증하려 노력하고 있다.

관되어 있음을 확인하고자 한 셈인데, 이는 결국 당대의 노론 주자학자들과는 전혀 다른 자신만의 학문적 기획을 구체화하려 한 것이라고 이해할 수 있다. 이 때문에 그는 이단서적인 『도덕경』과 『참동계』에 대해 그처럼 적극적인 관심을 표명했던 것이다. 여기서는 '개인의 양생(내단학)과 사회철학(처세학)과 우주론(무극태극론, 태극음양론) 혹은 본체이론(선천학)이 과연 의미 있는 관련을 맺을 수 있는가', '만일 가능하다면 그것은 어떤 방식으로 연관을 맺을 수 있는가' 등등의, 이 문제와 관련한 전문적이고 자세한 논의[35]는 보류해 두고, 우선 서명응이 노자적 처세나 도교적 양생에 대해 적극적으로 의미를 부여하고 있는 점에 관해 언급하고자 한다.[36]

서명응이 개인의 처세나 양생에 적극적인 관심을 표명하고 있는 것은 개체 생명을 중시하고 있음을 보여 주는 것이라고 생각된다. 이러한 그의 문제의식은 기존의 주자학이 금욕주의적 색채를 띠면서 사회적 생명(윤리적 생명, 정치적 생명, 大我論적 생명)을 특히 강조해 온 점과 좋은 대조를 보인다. 서명응은 당시 핵심 지배그룹에 속해 있었다. 그럼에도 불구하고 그가 개체 혹은 개인의 생명을 중시한 것은 어떤 이유에서일까?

여기서 필자는 춘추시대 공자에 의해 확립된 중국적 전통주의(혹은 중국적 상식주의)의 지배이데올로기적 속성을 간파하여 철저히 반성하면서 진정한 중국철학의 시작을 알린 것이 양주楊朱의 '경물중생輕物重生사상'이었음을 상기하고 싶다.[37] 양주의 '경물중생사상' 즉 개체 생명이 지닌 중요성에 대한 자각

---

35) 김윤수, 김경수, 조민환, 이봉호 등이 이 문제를 다루고 있다. 여기서는 다만 서명응의 학문적 문제의식과 그의 선천학이 지닌 문제점을 가볍게 지적하는 데 그치고자 한다.
36) 처세술, 양생술로서의 『노자』 독해에 관해서는 서명응의 「도덕지귀후서」 참조. 양생술에 대한 서명응의 적극적인 관심은 『참동고』 저술로 더욱 구체화된다. 김윤수, 「徐命膺의 『參同攷』와 『易參同契詳釋』」(한국도교사상연구회 편, 『韓國道敎와 道家思想』) 및 조민환, 「서명응 『도덕지귀』 1장에 관한 연구」(『韓國思想과 文化』 22집) 참조
37) 楊朱에 관해서는 한경덕, 「양주의 대안 — 양주학파 사상의 종합적 재구성을 위한 시론」(『태동고전연구』 9집) 참조

은 기존의 지배이데올로기에 대한 전면적 검토, '무無로부터 다시 시작하기'라 표현할 수 있는 정도의 회의와 반성을 통해 나온 것이다. 주지하다시피 유교는 '인간은 사회적 동물이다'라는 사실을 철학의 대전제로 삼고 있다. 그런데 서명응은 유교를 국시로 삼는 조선 사회의 핵심 관료였다. 그는 관학자로서 학문정치를 표방하는 영·정조의 측근 관료였기에, 표면적으로는 지극히 유교적인 삶을 살며 사회적 생명을 개체적 생명보다 우선시해야만 하는 입장에 처해 있었다. 그럼에도 불구하고 그가 양생과 처세라는 지극히 양주적인 사유—후세의 도교적 사유—에 적극적인 관심을 표명하였다는 점은 적어도 그의 정신이 성리학적 세계관을 반성하기 시작했음을 보여 준다.

기실 서명응이 도교나 도가와 같은 이단사상을 대하는 태도는 성리학자 이이와 같은 여유로움과는 거리가 있다. 또한 전형적인 도교 도사들이 지녔던 '장생불로에 대한 적극적 관심'에만 머물고 있는 것 같지도 않다. 나아가 이 방면에 대한 서명응의 관심이 그의 박학적 관심의 일부를 이루는 호사가적 취미로 치부될 수는 더더욱 없다. 그의 시대와 그가 누린 지위, 그의 자존심과 재능 등을 고려할 때, 이 문제는 보다 깊이 있게 접근해야 할 것이다. 서명응은 분명 새로운 대안을 모색하고 있었던 것 같다.

서명응의 『노자』에 대한 기본 이해는 노자학과 유학이 그 근본에 있어서는 다를 것이 없다고 보는 데 있다. 그는 "노자의 학문은 유학과 매우 가까우니 그가 조화를 논하고 사물의 실정을 논한 것에 대해서는 비록 유학일지라도 바꿀 수 없다"[38]라고 하여 노자의 조화설이 유교와 동일하다고 본다. 유도동원론儒道同源論 혹은 유선일치론儒仙一致論을 표방하고 있는 셈인데, 그의 '유선일치론'은 이전에 궁지에 몰린 불가나 도가에서 소극적인 자구책의 한 방편으로 내세웠던 논리와는 전혀 다르다.

---

38) 「道德指歸序」 참조.

서명응의 '유도일치론'은 유가와 도가(도교)가 나뉘기 이전의 그 근원 어디엔가 분명 이들 모두가 만날 수 있는 지점—이것은 아마도 서명응이 찾고자 했던 새로운 본체론 즉 선천학이 될 것이다—이 있으리라는 어떤 절박한 바람을 안고 있다. 그는 새로운 지식을 보았고, 이 새로운 지식들을 의미 있게 체계화함으로써 새로운 상황에 대응해 갈 수 있게 해 줄 새로운 의식(철학·세계관)을 필요로 했다. 인간과 세계, 그 새로운 관계 속에서 새롭게 포착되고 있는 지식들의 철학적 기초를 마련하고 이들 지식을 일목요연하게 담아낼 수 있는 근원적 본체이론이 요구되었던 것이다. 그의 이단에 관한 적극적인 관심은 곧 근원적 본체에 관한 적극적 관심의 표출이라고 이해할 수 있다.

서명응 시대의 진리관은 성리학 성립기의 진리관이나 조선 전기의 진리관과는 달라져 가고 있었으니, 기성의 진리 아닌 새롭게 살아 있는 진리에 대한 열망이 서명응으로 하여금 이단에 대한 적극적인 관심을 불러일으키게 했던 것이다. 이단에 대한 적극적 관심은 성리학적 진리관에 대한 소극적 저항이요, 성리학적 진리관을 대신할 새로운 진리관의 모색이다. 이러한 그의 철학적 문제의식은 그의 박학적 관심과 표리를 이루고 있음에 틀림없다.

3) 선천학을 통한 철학하기

서명응은 당시 유행하던 성리학의 심성논쟁에는 그다지 관심을 보이지 않았다. 그는 주자학과 노골적으로 대결하지는 않았지만 그의 학풍은 여러 모로 노론의 정통 주자학풍과는 차이를 드러낸다. 그는 정통 주자학자들과 달리 사서보다는 오경에 더욱 관심을 가졌으며, 『주자대전朱子大全』이나 『주자어류朱子語類』보다는 『성리대전性理大全』을 더 중시하였다. 서명응의 철학적 문제의식을 특히 잘 보여 주는 것은 그의 역학易學이다. 이단에 대한 적극적 관심이 새로운 철학에 대한 그의 진지한 모색과 반성의 단계를 보여 준다면, 역학에 관한 그의 저서 『선천사연先天四演』은 그러한 철학적 관심을 더욱 적극적으로 드러내고 있다. 서명응은 상수역학의 전통을 수용하여 자신이 직면했던 철학적 문제의식을 돌파해 보려 했던 것이다.

서명응은 정이程頤의 의리역학보다는 의리역과 상수역을 종합한 주희의 역학에 치중했으며, 나아가 소옹邵雍의 선천상수역학을 더욱 중시했다. 그의 선천학은 주희의 『역학계몽』을 기본 교과서로 하되 소옹의 선천상수역학에로 천착해 들어가서 그것을 더욱 부연해 나가는 과정에서 형성된 것으로 보인다. 김윤수는 "『선천사연』은 선천사상, 『도덕지귀』는 도가사상, 『참동고』는 내단사상의 보고이다"라고 하여 이를 서명응의 삼대사상이라 부르자고 제안한 데 이어, "선천사상이 그(서명응)의 대표사상인 동시에 최전방의 사상이다"라고 말함으로써 서명응 사상에 있어서 선천학의 중요성을 확인하고 있다.[39]

서명응은 소옹을 따라 역을 선천역과 후천역으로 나눈다.[40] 그는 이 점에 대해 "복희의 역은 선천이고, 문왕의 역은 후천이다. 후천의 역은 공문孔門에서 상구商瞿, 교비驕庇에게 전해지고 전하田何에 이르러 마침내 세상에 성행하였다. 선천사도先天四圖는 공문에서 은일가隱逸家로 전해진 지 1500년 뒤에 희이希夷선생 진단陳摶(圖南)이 진인 위백양魏伯陽에게서 얻어 강절康節선생 소옹邵雍(堯夫)에게 전했다"[41]라고 말한다. 이처럼 그는 선천역과 후천역을 나란히 인정하였지만, 그의 주된 관심은 선천역에 있었다.[42] 서명응의 아들 서형수는

---

39) 김윤수, 「徐命膺의 『參同攷』와 『易參同契詳釋』」, 『韓國道敎와 道家思想』(한국도교사상연구회 편), 471쪽 참조
40) 소옹의 선후천 개념에 관해서는 蓼名春 외, 『주역철학사』(심경호 옮김, 예문서원, 1994), 405쪽 이하 참조
41) 『先天四演』, 「箋演·先後天箋」, "伏羲之易, 謂之先天. 文王之易, 謂之後天. 後天之易, 自孔門傳于商瞿驕庇, 以及田何, 遂盛行於世, 而其先天四圖, 則自孔門傳于隱逸家千五百年之後, 希夷先生陳摶圖南, 得之於魏眞人伯陽, 以傳于康節先生邵雍堯夫."
42) 이봉호는 서명응의 사상은 선천학으로 일관되고 있다고 본다. 즉 서명응의 선천학이란 하도를 중심으로 하고, 하도의 내용들을 철학적으로 계승한 주돈이의 「태극도설」과 소옹의 『황극경세서』의 논리를 포괄하는 일관된 체계이며, 주돈이의 「태극도설」, 소옹의 상수론과 心

서명응의 행장行狀에서 "(선천의 학문은) 의리에 근본을 두고 명물名物을 참작하였으며, 더욱이 선천학에 깊은 조예가 있었다"43)라고 요약하고 있다.

『선천사연』은 선천사도의 의미를 설명한 '전연箋演'과 그림으로 그 의미를 나타낸 '도연圖演'의 상하 2편으로 나뉘어 있다. '전연'은 「선후천전先後天箋」 등 모두 42편으로 구성되어 있고, '도연'은 「하도양의河圖兩儀」 1·2 등 모두 25편으로 구성되어 있다. 『선천사연』에서 서명응은 하도河圖44)로부터 복희伏羲의 선천사도 즉 「팔괘도八卦圖」, 「방위도方位圖」, 「차서도次序圖」, 「방원도方圓圖」의 네 선천도를 연역해 낸다. 그런 후, 그는 언言·상象·수數·의意의 사도四道를 설정하여 이것으로써 선천사도先天四圖를 부연설명한다.45) 이러한 선천사도는 모두 소옹에 의해 성립되어 주희에게 받아들여진 것들인데,46) 서명응은 이를 더욱 정밀하게 부연 발전시키는 과정에서 천문학, 역학曆學 등의 자연학에 역학적 해석을 가했던 것이다.47)

『선천사연』에서 나타나듯이 서명응은 소옹류의 사분법을 대단히 중요시하였다. 『보만재총서』 앞부분의 「범례凡例」에서 그는 『보만재총서』를 경·사·자·집의 사목四目(經翼, 史別, 子餘, 集類)으로 나눈 것과 관련하여 다음과 같이 말한다.

法으로 전개되어 온 것이라고 한다. 이봉호, 「서명응의 선천학적 체계와 서학 해석에 관한 연구」(성균관대학교 박사학위논문, 2005), '머리말' 참조
43) 『明皐全集』, 권15, 「本生先考文靖公府君行狀」, "其爲學, 本之義理, 參之名物, 而尤深於先天易."
44) 하도와 낙서에 관한 개괄적인 이해를 위해서는 蓼名春 외, 『주역철학사』(심경호 옮김), 35~46쪽, 369쪽 이하 및 377쪽 이하 참조
45) 『先天四演』, 「序文」 참조 선천사도에 대한 전통적 해설에 대해서는 朱熹, 『역학계몽』(김상섭 역, 예문서원, 1994) 및 대산 김석진 역해, 『周易傳義大全譯解』 상(대유학당, 1996), '권수' 부분 참조
46) 주희의 하도낙서론에 관해서는 양재학, 「주자의 역학사상에 관한 연구 ― 하락상수론을 중심으로」(충남대학교 박사학위논문, 1992) 참조
47) 박권수, 「서명응의 역학적 천문관」, 28쪽 이하 참조

그(四目) 내용은 곧 선천의 사상四象이다. 선천의 사상은 '하늘'에 있어서는 일월성신日月星辰이 되고, '땅'에서는 수화토석水火土石이 되고, '때'에 있어서는 온열냉한溫熱冷寒이 되고, '사람'에 있어서는 예악정교禮樂政教가 되고, '책'에 있어서는 경사자집經史子集이 되니, 그 원리는 하나이다.48)

여기에서는 소옹의 경우에서와 마찬가지로 그의 사분법이 왜 굳이 그러한 모습을 지녀야 하는지, 또 소옹의 사분법이 오행론과는 어떤 관련이 있는지 등이 분명하게 드러나 있지 않지만, 그가 이와 같은 단순한 숫자 맞추기에 열을 올리고 있는 근본적인 이유는 바로 그의 철학이 전제하고 있는 유기체적 형이상학과 깊이 연관되어 있으리라 생각된다.

한편 『선천사연』을 중심으로 조직된 그의 학문론은 전통적인 체용론 혹은 본말론에 근거해 있음을 보여 주고 있다. 다음의 말 역시 『보망재총서』「범례」에 실려 있는 내용이다.

옛사람이 책을 편찬함에 반드시 강기綱紀를 주재하는 것이 있으니, 『역易』의 강기를 주재하는 것은 음양이고, 『서書』의 강기를 주재하는 것은 도법道法이며, 『시詩』의 강기를 주재하는 것은 성정性情이고, 『예禮』의 강기를 주재하는 것은 공양恭讓이다. 이 책은 13종으로 비록 각기 한 책을 이루고 있어 문호가 다르지만 모두가 선천으로 강기를 주재하는 까닭에 『선천사연』을 머리에 두니, 선천은 '하나의 본'(一本)이고 12종은 '만 가지 다른 것'(萬殊)이다. '하나의 본'이 '만 가지 다른 것'을 꿰는 까닭에 선천을 12종의 머리에 두었다.49)

따라서 그의 학문론을 깊이 연구하기 위해서는 무엇보다도 체용론 혹은 본말론에 대한 연구가 선행되어야 할 것이다.50)

---

48) 『保晚齋叢書』(奎章閣本),「凡例」.
49) 『保晚齋叢書』,「凡例」.
50) 체용론에 대해서는 장원목, 「성리학 본체론의 형성에 관한 연구」, 제1장 참조

앞에서 살펴보았듯이, 『선천사연』을 통해 확립하고자 했던 서명응의 선천학은 자신의 모든 개별과학적 실용학에 이론적 근거를 제공하고자 하는 철학적 관심과 연결되어 있다.51) 그는 자신이 펼치고자 하는 학문론의 궁극적 근거를 하도河圖와 낙서洛書, 그 가운데서도 특히 하도에서 찾는다. 더 정확히 말하자면 하도의 중연수中衍數 혹은 중궁수中宮數이다. 『보만재총서』의 「범례」에서 그는 다음과 같이 말한다.

포희씨가 준 하도의 문文은 곧 만세 인문人文의 유래이기 때문에 기이함을 좋아하는 사람들은 문사文事와 아무 상관이 없는 일에도 반드시 하도의 수법數法을 취하여 펼쳐서 진도陣圖를 만들거늘, 하물며 이 책은 선천의 전서全書임에랴. 또한 선천학은 실제로 하도 중연中衍에서 일어난 것이 아닌가? 경서經書가 모두 다섯인 것은 중연의 전체가 5점이기 때문이다. 사서史書가 셋인 것은 중연의 경위經緯가 각각 3점이기 때문이다. 자서子書가 넷인 것은 중연의 외곽이 4점임을 가리킨다. 집서集書가 하나인 것은 중연의 중심이 1점이기 때문이다. 이로써 본다면 중연수법中衍數法의 미묘정밀함은 또한 얼음이 있다 할 것이다.52)

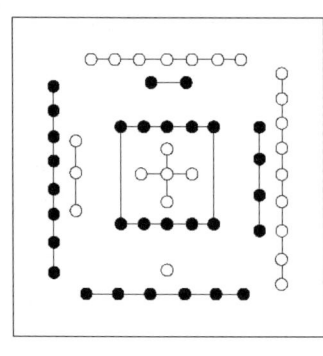
河圖

그의 수에 관한 관심이 어떤 정당성을 지니고 있는지 여전히 이해하기 힘들다. 서명응 자신도 이 점을 어느 정도는 인식하고 있기는 하였지만, 그는 수에

---

51) 서명응은 선천상수역학을 통해 天文學, 曆學, 律學 등 개별과학을 해석하고 있다. 박권수, 「서명응의 역학적 천문관」, 28쪽 이하 및 58쪽 이하 참조. 그러나 한대 이후의 개별과학을 이처럼 주역과 연관시키는 전통에 대해 부정적인 시각을 보여 주는 연구도 있다. 李申, 『주역 ― 주역의 강은 어디로 흘러갈 것인가?』(이주행 옮김, 인간사랑, 1995) 참조.
52) 『保晚齋叢書』, 「凡例」.

대한 관심을 결코 포기하지 않았다.

    편제篇第를 나누고 합하는 것은 비록 책 가운데 말하고 있는 리理와는 관계가 없으나 고서를 살펴보면 또한 리에 뜻을 두었으니, 후천역서後天易書의 상하上下 이경二經은 음양을 본뜬 것이고 이경십익二經十翼은 12월을 본뜬 것과 같은 경우이다. 이 책에서 2권으로 나눈 것은 음양을 본뜬 것이고, 4권으로 나눈 것은 사상四象을 본뜬 것이다. 6권으로 나눈 것은 육효六爻를 본뜬 것이고 12권으로 나눈 것은 열두 달을 본뜬 것이다. 모두 60권이 되는 것은 또한 율력律曆의 60조調, 60갑자甲子가 모두 60으로 펼쳐지기 때문이다.[53]

    여기서 서명응은 자신의 책이 결국은 상수적 질서에 의해 구성되어 있음을 밝히고 있다.
    서명응은 소옹, 주희로 이어지는 송대 상수역학의 전통 속에서 새로운 형이상학의 가능성을 탐색하고 있다. 소옹이나 주희가 관심을 가졌던 하도·낙서에 대해서는 서명응 이전에 이미 황종희黃宗羲, 호위胡渭 등이 비판을 가한 바 있다.[54] 그럼에도 불구하고 서명응이 하도와 낙서, 특히 하도의 가치를 신봉하였던 이유는 무엇일까?
    선천상수학에서의 주요개념은 수와 상이다. 서명응은 『보만재집』의 「여측편蠡測篇」에서 "천지만물은 리理와 기氣와 수數의 셋을 벗어나지 않는다. 태극太極이 바로 리이고, 음양오행陰陽五行이 바로 기이며, (하도의) 일삼오칠구一三五七九와 이사육팔십二四六八十이 바로 수이다"[55]라고 말함으로써 일반적인 주자학의 리기 도식과는 다른 리기수의 도식을 제시한다. 또한 『참동고』와 『선천사연』에서도 그는 "수가 존재하는 곳이면 언제나 상이 깃들어 있다"(數之所在,

---

53) 『保晚齋叢書』, 「凡例」.
54) 蓼名春 외, 『주역철학사』(심경호 옮김), 650쪽 이하 참조.
55) 『保晚齋集』, 「蠡測篇」, "天地萬物, 不越乎理氣數三者, 太極理也, 陰陽五行氣也, 一三五七九二四六八十數也."

象必寓[隨]焉)56)라고 하여 상象과 수數를 연관시키고 있다.

서명응의 상수학의 본질적 면모에 대해서는 좀더 많은 논의가 필요하다. 그가 낙서가 아닌 하도에 관심을 기울이게 된 것은 그의 폭넓은 자연학적 관심과도 무관하지 않다고 생각된다. 한대 상수학은 '신비화된 자연학' 혹은 '자연학적 요소를 지닌 술수학'이었고, 송대에 일어난 도서圖書상수학은 한대 상수학을 계승하는 측면도 있기는 하지만 다분히 사변적·철학적인 성격을 띠면서 전대에 비해 한층 더 인문학적 관심이 증대된 것이었다. 이에 비해 서명응의 선천학이 지향하는 것은 자연학적 관심, 즉 사실세계로부터의 지식(사실중심적 지식 : 見聞知)을 보다 객관적으로 탐구하려는 정신과 연관된 것이었다.57) 그렇기 때문에 자연히 서명응의 선천학은 낙서에 비해 그 괘도掛圖의 배열이 더욱 규칙적인 하도에 근거하게 되었던 것이다. 인도人道 즉 인문학에서는 자유의지에 입각한 당위론을 중시하지만, 천도天道 즉 자연학에서는 그 학문적 관심이 자연현상의 규칙성과 필연성의 설명에 있는 만큼 규칙성을 중시할 수밖에 없기 때문이다.

서명응은 인도보다는 천도(자연학)에 대해 더욱 적극적인 관심을 보였다. 탈이데올로기적 지향성을 지닌 자연학에 대한 관심은 그로 하여금 가치론에 채색된 성리학(주자학)적 '리' 대신 '수'를 주목하게 만들었는데, 이러한 서명응의 입장은 성리학의 가치중심적 사유와는 뚜렷한 차이가 있다. 물론 이정二程의 윤리학적 관심을 더욱 확장시켜 자연과 인간을 아우르는 거대 존재론(본체론)을 건립하려 했던 주희의 철학이 인문학적 관심에 국한된 것은 아니었으며,

---

56) 김윤수, 「徐命膺의 『參同攷』와 『易參同契詳釋』」, 『韓國道敎와 道家思想』(한국도교사상연구회 편), 469쪽 주 147에서 재인용.
57) 박권수는 서명응이 서양천문학에 자극받아 역학에 입각한 새로운 천문학을 전개하려 했음을 지적한 바 있는데(「서명응의 역학적 천문관」 참조), 후에 이봉호는 서명응의 선천학은 "당시에 전래된 서양 천문학과 기하학에 대한 대응의 논리로 확립된 것"이라 말한다. 이봉호, 「서명응의 선천학적 체계와 서학 해석에 관한 연구」 참조

주희가 소옹을 이어 후천역보다 선천역을 더욱 중시했던 것도 사실이다.[58] 그러나 성리학의 최종적 관심은 역시 자연학보다는 윤리학에 있었다고 보는 것이 합당하다. 적어도 서명응 당시의 예학 혹은 심성론 위주의 주자학의 경우는 확실히 그러하다. 서명응은 성리학 전통 내에 잔존해 있던 선천역학의 전통을 잇되, 성립기 성리학의 문제의식과는 다른 입장에서 그것을 부활시키고자 했던 것이다. 따라서 그의 선천학의 주된 관심은 천문학, 역학曆學, 농학農學 등의 자연학에 철학적 정당성을 확보하는 것이었다고 보는 것이 옳을 것이다. 굳이 서명응과 주희의 선천역에 공통의 문제의식이 있다면, 그것은 바로 존재론 혹은 본체론적인 관심이라고 말할 수 있다. 다만, 주희의 존재론이 윤리학을 모델로 하는 것이라면 서명응의 존재론은 자연학을 모델로 하는 것이라는 점은 지적할 수 있을 것이다.

3. 『도덕지귀』의 성격과 분장체제

서명응은 노자가 『도덕경』의 장절을 구분한 것에 대해 '역수로써 상을 세웠다'(以易數立象)고 하면서 "(노자가) 역의 이치를 깊이 이해하고 있다"[59]라고 평가한다. 또 "노자는 대역大易에서 음양은 말하되 오행은 말하지 않았음을 보았다"[60]라 하고 "(『참동계』에서는 인간 신체의 정기를) 모두 오행으로 말했으니,

---

58) 박권수는 김문식의 연구에 근거하여 서명응의 학풍은 기본적으로 주자학적인 義理之學을 체로 삼고 기타 名物, 訓詁, 詞章의 학문을 용으로 삼은 '漢宋折衷論'적인 것이라고 이해하였지만(박권수, 「서명응의 역학적 천문관」, 9쪽, 김문식, 「19세기 전반 京畿學人의 경학사상과 경세론 — 成海應·洪奭周·丁若鏞을 중심으로」[서울대학교 박사학위논문, 1995], 17~23쪽 참조), 이러한 이해는 치밀하지 못한 점이 다소 있다. 서명응과 주자학 사이에 깔려 있는 팽팽한 긴장과 그것이 지닌 의미에 대해서는 더욱 엄밀한 분석과 천착이 필요하다고 생각한다.
59) 『道德指歸』, 1장 주, "其於易理則看得深切."
60) 『道德指歸』, 1장 주, "盖老子見大易專言陰陽, 不言五行."

이것에서 보면 도가와 선가의 나뉨을 알 수 있다"[61]라고 말하기도 한다. 그런가 하면 그는 『도덕경』 상·하편을 지신론知信論으로 나누고 있으며,[62] 또 『노자』의 도道를 '태극'으로 보면서 태극의 '일一'로부터 모든 수를 연역해 낸다.[63] 이러한 언명들을 주의 깊게 살피면 서명응이 『도덕지귀』에서 말한 태극음양론이 결국은 선천역을 해명한 것임을 알 수 있고, 그 밖의 정精·기氣·신神에 관한 여러 언명들을 통해서는 그가 『노자』를 통해 내단사상의 양생론을 밝혀 그것이 선천역과 일치함을 말하려 한 것임을 확인할 수 있다. 이와 같은 문제를 일단 『노자』 장구에 대한 분절을 통해 살펴보자.[64]

서명응은 『노자』 81장을 몇 개의 절로 나누어 이해한다. 이것은 『노자』를 역수易數의 상象을 세워서 이해한 것이다.[65] 그는 『노자』 1장의 주에서는 "무릇 1장을 한 절로 삼아 태극의 일一을 형상하였다"(凡一章爲一節而象太極之一)라고 하고, 10장의 주에서는 "2장에서부터 여기까지는 정精과 기氣와 신神을 연마하는 공용을 말한 것"(自第二章至此, 言煉精煉氣煉神之功用)이라고 하였다. 16장의 주에서는 "11장에서부터 여기까지의 여섯 장이 한 절이 되니, 태극이 6을 포함하고 있음을 형상한 것"(自第十一章至此, 凡六章, 爲一節, 而象太極之含六)이라 하였고, 23장의 주에서는 "17장에서부터 여기까지의 일곱 장이 한 절이 되니, 소양이 7을 포함하고 있음을 형상한 것"(自第十七章至此, 凡七章爲一節而象少陽之含七)이라 하였다. 31장에서는 "24장에서부터 여기까지 여덟 장이 한 절이 되니, 소음이 8을 포함하고 있음을 형상한 것"(自第二十四[66]章至此, 凡八章爲一節而象少陰

---

61) 『道德指歸』, 52장 주, "皆以五行言之. 觀于此, 則道家仙家之所由分可知也."
62) 『道德指歸』, 81장 주, "然上篇, 則知信居五土之始終, 而下篇, 則知信并爲一書之終."
63) 『道德指歸』에서 태극 혹은 무극을 언급한 곳은 최소한 50회가 넘는다.
64) 이 부분은 이봉호의 「서명응의 『도덕지귀』에 나타난 역리와 내단사상의 일치」(한국사상과 문화학회 편, 『한국사상과 문화』 22집)를 참조하였다.
65) 『道德指歸』, 1장 주, "其爲此書, 自以其言侔擬造化, 且凡分章作節, 皆以易數立象."
66) 원래는 '25장부터'라고 되어 있는데 24장이어야 옳다. 24장의 오자라고 보고 여기서는 24장으로 바꾼다.

之含八)이라 주석하고 있다. 이와 같은 방식으로 장절을 나눈 것은 『노자』를 선천역의 상수론과 연계하여 이해한 것인데, 이를 알기 쉽게 표로 그려서 살펴보면 다음과 같다.

	『노자』의 장	분절의 이유
1절	제1장	一章爲一節, 而象太極之一
2절	2장에서 10장까지	自第二章至此, 言煉精煉氣煉神之功用, 爲詩語首尾叶一韻.
3절	11장에서 16장까지	自第十一章至此, 凡六章, 爲一節, 而象太極之含六. 故卽夫一節之終.
4절	17장에서 23장까지	自第十七章至此, 凡七章爲一節, 而象少陽之含七
5절	24장에서 31장까지	自第二十四章至此, 凡八章爲一節, 而象少陰之含八
6절	32장에서 36장까지	도경의 마지막 부분. 별도의 설명은 없다.
7절	37장에서 51장까지	自第三十七章至此 凡十五章章爲一節.
8절	52장에서 66장까지	自第五十二章至此, 凡十五章爲一節.
9절	67장에서 81장까지	自第六十七章至此, 凡十五章爲一節, 而以知信結之於終焉.

이상과 같은 분류는 결국 선천학의 체계 속에서 주석하였음을 의미한다. 이제 아래에서는 절을 구분한 내용들을 선천의 상수象數로 설명해 보기로 하겠다. 여기서 선천의 상수란 하도河圖의 상과 수를 의미한다.

서명응은 『노자』 1장을 하나의 절로 삼으면서, '태극의 일'(太極之一)을 형상한 것이라고 했다. 『노자』 1장은 태극이 음양으로 나뉘기 이전의 혼일한 전체성[67]을 형상한 것으로, 선천역리先天易理로 보더라도 상과 수에서 하도는 '태극의 일'이 되어 불변한다는 것이다. 서명응은 『선천사연』에서 '일一은 변할 수 없는 태극'[68]이라고 하는데, 이것은 태극의 전체성과 혼일성을 의미한다.

---

67) 『周易』, 「繫辭傳上」, 11장, "是故易有太極, 是生兩儀, 兩儀生四象, 四象生八卦" 참조
68) 『先天四演』, 「方圓意箋」 5, "盖河圖於象數之中, 實爲太極之一……一不可變之太極."

서명응은 또 『선천사연』에서 시초점을 칠 때 시초 50개 중에서 먼저 한 개를 떼어 내어 손가락 사이에 끼우는 것을 태극의 '일'을 상징하는 것[69]으로 설명하기도 한다. 따라서 『노자』 1장이 '태극의 일'을 형상한 것이라는 말은 노자의 도가 전체성과 혼일성을 가지고 있다는 의미이다. 『노자』 2장에서 10장까지를 제2절로 삼아 연정・연기・연신의 공용을 말한 것이라고 주석한 것은 『노자』를 내단사상과 연관지어 설명한 것이다. 그리고 16장(제3절)의 '태극이 6을 포함하고 있음'이라는 주석과 23장(제4절)의 '소양이 7을 포함하고 있음', 31장(제5절)의 '소음이 8을 포함하고 있음'이라는 주석들은 모두 선천역의 상과 수의 측면에서 이해한 것이다. 논의의 편의상 4절과 5절을 먼저 설명하고 이어서 3절을 설명하기로 하겠다.

제4절의 주석에서는 『노자』 17장에서 23장까지의 일곱 장은 "소양인 7을 포함하고 있는 것을 본뜬 것"이라고 한다. 이를 후천역으로 보면 소양의 수는 오행의 원리에 따라 3과 8이 되므로 7의 의미가 없다. 그런데 하도의 논리로 이해하면 소양은 음양의 원리에 따라 생수生數 3과 성수成數 7이 된다. 따라서 성수로써 사상四象을 표현하는 기준으로 보면 소양수는 7이 되는 것이다. 제5절의 "소음이 8을 포함한다"는 것 역시 마찬가지이다. 후천역의 소음은 수의 조합이 2와 7이 되므로 8이라는 수의 의미를 찾을 수 없지만, 하도에서의 소음은 수의 조합이 2와 8이므로 소음수 8을 포함하고 있는 것으로 설명할 수 있다. 후천역은 오행의 사상인 태양 1・6, 소음 2・7, 소양 3・8, 태음 4・9로 구성되는 데 비해 선천역은 음양의 사상인 태양 1・9, 소음 2・8, 소양 3・7, 태음 4・6으로 구성되기 때문이다.[70] 그리고 양의를 포함하고 있는 수 가운데 9와 1 즉 태양은 밖에서 둘러싼 곳에 위치하고 3과 7 즉 소양은 가운데에 위치하며,

---

69) 『先天四演』, 「河圖意箋」 5, "用以求卦, 卦一, 太極也."
70) 『先天四演』, 「後天象箋」 3, "盖先天之太陽, 少陰, 少陽, 太陰, 乃陰陽之太陽, 少陰, 少陽, 太陰也. 後天之太陽, 少陰, 少陽, 太陰, 乃五行之太陽, 少陰, 少陽, 太陰也."

음의를 포함하고 있는 수 가운데 2와 8 즉 소양은 밖에서 둘러싼 곳에 위치하고 4와 6 즉 태음은 가운데에 위치한다. 이것은 무엇 때문인가? 2태太는 주로 변화하고 2소少는 변하지 않기 때문이다. 서명응은 이상과 같이 선천역의 사상에서 출발하여 성수成數로써 상을 세우고 있다.

서명응은 『도덕지귀』의 덕경에 해당하는 문장 전체 45장도 3절로 나누되, 각각 15장을 하나의 절로 하여 모두 3절로 나누어 이해한다. 즉 37장에서 51장까지의 총 15장을 한 절(제7절)로, 52장에서 66장까지의 총 15장을 한 절(제8절)로, 67장에서 81장까지의 총 15장을 한 절(제9절)로 구분하는 것이다. 이 역시 하도 중궁의 수 5와 10을 합한 수 15로써 상을 세운 것이다. 또한 『노자』 11장에서 16장까지의 6장을 한 절(제3절)로 구분한 것도 마찬가지로 하도의 논리로 설명할 수 있다. 하도에서의 태음은 그 수가 4와 6으로서 가운데 거처하면서 불변하는 것이며, 후천의 태음 수水는 선천의 태양 1과 태음 6이 묘하게 합해진 것이다.[71]

서명응은 선천역과 내단사상을 일치시키는 다른 근거로 지신론知信論을 든다. 지신론은 오행五行과 오상五常이 결합된 논리이다. 즉, 오행의 수水는 오상의 지知이고 화火는 예禮이며 목木은 인仁이고 금金은 의義이며 토土는 신信이라는 것이다. 그리고 이를 계절과 연관시키면, 수는 겨울이고 화는 여름이며 목은 봄이고 금은 가을이며 토는 네 계절에 고루 나뉘어 있다. 서명응은 이러한 지신론을 선천역과 내단사상의 교차점으로 이해하여, 『선천사연』에서와 동일하게 『도덕지귀』의 마지막에 지신론을 서술하면서 조화는 둘(『노자』의 경우는 '知'와 '信')을 취한다는 사실을 강조한다.[72] 특히 그가 노자의 도는 중궁中宮인 태극이고 심心이고 중中이고 극極이고 혼일한 것이며 전체성을 가진 것임을

---

[71] 『先天四演』, 「後天象箋」 3, "以其後天之太陰水, 卽先天之太陽一, 太陰六之所妙合"
[72] 『도덕지귀』 81장 주의 '지신론'에 대한 서술 내용과 『선천사연』의 「方圓意」에 있는 지신론 서술 내용이 글자 하나 틀리지 않는 것을 참조

말하고 또 오행 중에서 土를 취하여 조화를 추구함을 말하는 것은 내단사상과의 접점으로 자연스럽게 이어진다.73)

이상에서 확인할 수 있는 것은 서명응이 『노자』를 철저하게 하도의 수로써 상을 세웠다는 점이다. 하도의 수로써 상을 세운 것은 『노자』를 선천역의 논리를 간직한 것으로 이해하고 있는 그의 논리 때문이다. 노자가 대역을 절실히 얻었다고 한 서명응의 평가에서도 알 수 있듯이 그는 『노자』를 통해 선천역을 밝히려 하였는데, 선천역을 밝히는 과정에서 다시 내단사상의 논리를 끌어들이게 된다. 그리하여 선천역과 내단사상의 일치점을 태극음양론과 지신론으로 잡게 되었던 것이다. 결국 그가 『도덕지귀』에서 말한 태극음양론은 선천역에 대한 해명이었으며, 정·기·신에 관한 그의 여러 언명들은 『노자』를 통해 내단사상의 양생론을 밝혀 그것이 선천역과 일치함을 말하려 한 것이었다.

---

73) 서명응의 이러한 태극음양론과 내단사상의 일치는 『도덕지귀』뿐만 아니라 선천역에 관한 연구서인 『선천사연』과 내단사상에 관한 연구서인 『참동고』 등을 아울러 살펴야만 해명될 수 있다.

『도덕지귀』와 현행본 『노자』의 분장체제 비교

■ 부분은 『도덕지귀』와 현행본 『노자』의 장이 일치하지 않는 경우

	『도덕지귀』		현행본 『노자』			『도덕지귀』		현행본 『노자』	
도경	제1절 태극의 1을 형상함	1장	1장		덕경 세 개의 절은 하도 중궁의 수를 형상하여 각각 15개의 장들로 구성됨	제7절	37장	21장	도경
							38장	38장	덕경
							39장	39장	
							40장	40장	
							41장	41장	
	제2절 정·기·신 연마의 공용을 말함	2장	2장				42장	42장	
		3장	3장				43장	43장	
		4장	4장				44장	44장	
		5장	5장				45장	45장	
		6장	6장				46장	46장	
		7장	7장				47장	47장	
		8장	8장				48장	48장	
		9장	9장				49장	49장	
		10장	10장				50장	50장	
	제3절 태극이 6을 포함함을 형상함	11장	11장				51장	51장	
		12장	12장				52장	52장	
		13장	13장				53장	53장	
		14장	14장				54장	54장	
		15장	15장				55장	55장	
		16장	16장				56장	56장	
	제4절 소양이 7을 포함함을 형상함	17장	17장			제8절	57장	57장	
		18장	18장				58장	58장	
		19장	19장				59장	59장	
		20장	20장				60장	60장	
		21장	22장				61장	61장	
		22장	23장				62장	62장	
		23장	24장				63장	63장	
	제5절 소음이 8을 포함함을 형상함	24장	25장				64장	64장	
		25장	26장				65장	65장	
		26장	27장				66장	66장	
		27장	28장				67장	67장	
		28장	29장				68장	68장	
		29장	30장				69장	69장	
		30장	31장				70장	70장	
		31장	32장				71장	71장	
	제6절 (별도의 설명이 없음)	32장	33장				72장	72장	
		33장	34장			제9절	73장	73장	
		34장	35장				74장	74장	
		35장	36장				75장	75장	
		36장	37장				76장	76장	
							77장	77장	
							78장	78장	
							79장	79장	
							80장	80장	
							81장	81장	

도덕지귀서 道德指歸序

 군자의 마음은 넓고 크며 공평하여[1] 비록 자기를 해치는 소인에 대해서조차 일찍이 사실이 아닌 말로 공격하지 아니하였는데, 어찌 그 배움이 같지 않다는 이유로 사실이 아닌 말로 공격하겠는가? 노자의 학은 유학에 매우 가까우니, 노자가 조화를 말하고[2] 일의 실정을 말한 것[3]은 유학이라 하더라도 고칠 수 없다. 그러나 '도덕道德'과 '인의仁義'를 둘로 나누어 버리고[4] 인의 이하를 도와 무관한 것으로 여겨 취급하지 않은 점[5]이 유학과 다른 이유가 된다. 이 때문에 유학은 노자를 물리치니, 이를 옳지 않다고 할 사람은 없다. (그런데) 지금은 이와는 사정이 달라서, 말류의 폐단을 들어서 그 스승의 죄로 삼거나[6] 또 "우리 선사先師이신 공자와 맹자도 일찍이 배척하였다"라는 말을 하여 트집을 잡곤 한다. 그러나 노자의 학을 하지 않는 내가 보기에도 (공자와

---

1) 군자의……공평하여 : 이것은 서명응이 『도덕지귀』를 짓게 된 근본동기라고 할 수 있다. 진리에 대한 서명응의 열린 시각을 엿볼 수 있는 대표적인 말 중의 하나이다.
2) 노자가……말하고 : 이 말은 서명응이 『노자』를 조화를 말한 책으로 이해한 것의 복선이 된다.
3) 일의……말한 것 : 이 말은 서명응이 『노자』를 통하여 처세와 양생을 얻었다는 것의 복선이 된다.
4) 도덕과……버리고 : 도와 덕을 별개의 것으로 보지 않는 유학자의 입장에서 『노자』를 비판하는 경우 보통 이런 견해를 보인다.
5) 인의 이하를……않은 점 : 이것도 앞의 내용과 마찬가지로 유학의 시각에서 『노자』를 비판할 때 흔히 하는 말이다. 즉 노자는 仁義 등과 관련된 현실세계를 넘어선 형이상학(上達處)을 전개했고, 이런 점에서 '下學而上達'을 말하는 유학과 다르다는 것이다.
6) 말류의……삼거나 : 이것은 서명응 당시 文體反正을 꾀한 正祖가 보여 준 "노・불이 이단이라고 하는 것은 진실로 그 말류의 폐를 말하는 것이지 처음 입각처에 있는 것이 아니다"(『弘齋全書』, 권162, 「日得錄・文學」, "老佛爲異端云者, 正指末流之弊, 不在初入脚處")라는 이단에 대한 개방적 태도를 받아들인 사유라고 할 수 있다.

맹자가) 그처럼 노자를 배척했다는 사실을 확인하지 못하고 있는데, 하물며 노자의 학을 하는 자에 있어서랴.

君子之心, 廣大公平, 雖於害己之小人, 未嘗以不情之說加之, 豈以其學之不同, 而加之以不情之說哉. 老子之學, 切近儒學, 其說造化. 說事情, 雖儒學不能易也.但以道德仁義分而爲二, 自仁義以下, 不使與於道, 此其所以與儒學異也.儒學以是絀老子. 夫誰曰不可. 今乃不然, 而執末流之弊, 以爲其師之罪, 且曰, 吾先師孔孟, 亦嘗斥之也.以余之不爲老子者, 亦未見其然, 況爲老子者乎.

태사공太史公 사마천司馬遷7)은 "노자를 배우는 사람들은 유학을 배척하고, 유학(을 배우는 자)도 노자를 배척한다"8)라고 했는데, 이는 그 배우는 자들끼리 서로 비방하는 것을 말한 것이다. 세상에는 간혹 사마천의 이 말에 근거하여 공자와 맹자 역시 노자를 배척했다고 말하기도 한다. 그러나 지금 공자의 저서를 고찰해 보면 『노자』책에 대해 한마디도 언급한 것이 없으니, 『역경』, 『시경』, 『서경』, 『춘추』에서부터 『논어』와 『예기』에 이르기까지 모두 그러하다. 또 맹자 같은 경우는 '치우친 말'(詖辭)을 배척하고 '사악한 말'(邪辭)을 그치게 하는 것을 자신의 임무로 삼았는데, 맹자는 정녕코 반복하여 '치우친 말'과 '사악한 말' 등의 폐단을 최선을 다해 배척하였지만9) 아무리 살펴보아도 한마디도 노자를 비난한 말을 들을 수 없었다. 아마도 공자와 맹자는 『노자』라는 책을 보지 않았다는 생각이 들 정도이다. 그런데 요사이 공자 · 맹자의 말에 근거하여 노자를 배척하는 증거로 삼으니, 어찌 그것이 사실 그대로겠는가? 이것은 노자를 배우다 보니 잘못이 있게 된 것이지 노자학 그 자체가

---

7) 태사공 사마천 : 사마천이 그의 저서 『사기』에서 '太史公曰'이라 하여 자신의 견해를 밝히고 있어, 흔히 사마천을 '태사공'이라고 부른다. 사마천의 자는 子長이며, 夏陽인이다. 130권의 『사기』를 완성하였다.
8) 노자의……배척한다 : 『史記』「老子韓非列傳」의 "世之學老者, 則絀儒學, 儒學亦絀老子"를 인용한 것이다.
9) 정녕코……배척하였지만 : 『孟子』「藤文公下」 9장에서 맹자가 楊朱와 墨翟을 無君과 無父라고 비판한 것이 대표적이다.

잘못된 것은 아니다. 학을 하는 사람이 그 본뜻을 잃은 것이다.

大10)史公稱學老子者, 絀儒學, 儒學亦絀老子, 言其學之者相訾謷也. 世或因此謂孔孟亦絀老子, 今考孔子之書, 無一言及於老子. 自易詩書春秋, 以至論語禮記, 皆然. 且如孟子以拒跛11)息邪爲己任, 其言丁寧反復闢之不遺餘力. 然雖尋常語言, 一未聞譏誚老子, 似若不見其書者. 今以孔孟之言, 而爲斥老子之證, 夫豈其情乎. 學之有獎, 非其學之罪也. 學之者失其傳也.

장생莊生(장자)12) 학설의 황당함, 법가法家인 신불해申不害와 한비韓非 학설의 참혹하고 각박함,13) 동진東晉 시기에 유행한 맑고 허한 학풍14) 등을 숭상한 자들은 모두 노자에 의탁하여 그 도를 팔아먹은 경우들인데, 기상과 규모가 애초부터 노자와 비슷하지 않았다. 한나라 초기에 장자방張子房15)은 황석黃石16)의 지결旨訣을 받고 노자의 유풍을 잘 배워 한나라 말기까지 전해지게

---

10) 大 : 이 글자는 '太'자의 오자라고 할 수 있다. 일반적으로 사마천을 太史公이라고 하기 때문이다. 물론 '大'자로 쓰고 '태'라고 읽는 경우도 있다.
11) 跛 : 이 글자는 '詖'자의 오자로 보인다. 『孟子』「公孫丑上」 2장에는 "무엇을 일러 '말을 안다'고 하는가? 말하기를, 치우친 말은 그 가리는 것을 알고, 지나친 말은 그 빠진 것을 알고, 사악한 말은 그 떨어진 바를 안다"(何謂知言, 曰, 詖辭知其蔽, 淫辭知其陷, 邪辭知其離)라는 말이 있는데, 여기에는 '跛'자가 없다. 이렇게 보면 전후문맥상 서명응이 쓴 '跛'자는 '詖'자의 오자라고 본다.
12) 장생 : 흔히 유학자들이 장자를 낮추어 말할 때 '莊生'이라고 한다. 이런 표현을 통해 서명응의 장자에 대한 시각을 엿볼 수 있다. 사실 서명응은 장자에 대해서는 부정적으로 보아 노자와 차별한다.
13) 신불해······각박함 : 법가가 그 사상을 현실에 적용하였을 때 인정을 봐주지 않고 참혹하고 각박하였기에 이처럼 말한 것이다. 사마천은 『사기』「노자한비열전」에서 "한비자는 승묵을 끌어대어 일의 실정을 절박하게 하고 시비를 분명하게 밝히니, 그는 참혹하고 각박하며 온정을 베품이 적다"(韓非引繩墨, 切事情, 明是非, 其極慘礉少恩)라 하여 한비는 가혹하고 인간미가 적다고 평가하고 있다.
14) 동진······학풍 : 東晉 시기의 玄學的 사유를 가지고 노장을 좋아한 인물들의 행태를 말한 것이다. 貴無論을 주장했다고 평가되는 王弼이나 阮籍·嵇康 같은 竹林七賢 등이 그 하나의 예가 될 것이다.
15) 장자방 : 張良을 말한다. 장량의 호가 子房이다. 한고조 劉邦을 도와 한나라를 세운 인물로, 어려서 黃老의 책을 힘써 읽었다고 한다.
16) 황석 : 黃石은 秦의 隱士이다. 장량이 下邳圯上에서 놀 때 노인을 만나는데, 이 노인이

하였다. 그 결과 마침내 한나라 말기에 효문제孝文帝17), 조참曹參18), 가의賈誼19), 급암汲黯20) 등은 모두 품행을 맑게 하여 자신을 닦는 것(淸修)21)과 조용히 어떤 말도 하지 않는 것(玄默)22)을 정사와 법도의 근간으로 삼았다. 그리하

바로 황석이다. 황석은 장량에게 한 권의 책을 주면서 "이 책을 읽으면 왕의 스승이 될 수 있다"고 말한다. 흔히 이 책을 『太公兵法』이라고 한다. 장량은 이 책을 읽고 한고조를 도와 한의 건국을 돕는다. 『史記』 「留候世家」에 관련 내용이 나온다. 그리고 『黃石素書』라는 책이 있는데, 그 책이 황석이 지었는지는 확실치 않다. 『朱子語類』 권125 「老氏」에서는 장량에 대해 "자방의 학은 모두 노자의 학이다"(子房皆老氏之學)라 하고 "장자방과 제갈공명의 인품에 대해 묻자 답하기를, '장량은 온전히 황로로서, 그의 학설은 모두 『황석』 한 편 속에서 온 것이다' 하였다"(問子房孔明人品, 曰子房全是黃老, 皆自黃石一編中來)라고 하여 장량을 黃老사상 및 『黃石』과 결부지어 이해하고 있다.

17) 효문제 : 한의 文帝인 劉恒을 말한다. 한고조의 中子이다. 誹謗, 妖言의 법을 없애고 肉刑을 제거하였다. 오로지 덕으로써 백성을 교화시키는 것을 일삼았다. 『朱子語類』 권135 「歷代」에서는 삼대 이하에 대해 "한나라 문제는 공손하고 검소한 군주였다고 말할 만하다"(漢之文帝, 可謂恭儉之主)라 하여 문제를 높이고 있다. 그리고 "한나라 문제는 신불해와 한비자의 형명술, 황노의 청정을 배워 또한 매우 잡박하였지만 타고난 자질은 평소에 높아 행한 것은 두터운 것에 가까운 것이 많았다"(文帝學申韓刑名, 黃老淸靜, 亦甚雜, 但是天資素高, 所爲多近厚)라고 하여 문제가 황로를 배웠음도 말하고 있다.

18) 조참 : 한의 沛人, 시호는 懿. 秦의 獄掾. 蕭何와 함께 일어나 한고조를 도와 천하를 평정하였다. 소하가 죽으면서 조참을 추천함으로써 소하의 뒤를 이어 재상이 되었다. 소하의 정치를 잘 답습하였다. 주희는 "장량은 노자의 학에 깊었고 조참은 그것을 배웠으나, 그것은 체만 있고 용은 없다"(『性理大全』 권57 「諸子」1, "子房深於老子之學, 曹參學之, 有體而無用")라고 하였고, 또 『朱子語類』 권125 「老氏」에서는 "한나라 문제와 조참은 곧 노자의 효험을 사용하기는 했지만 또 노자의 피상적인 측면만 사용했을 뿐이다"(如漢文帝曹參, 便是用老氏之效. 然又只用得老子皮膚)라고 하여 한나라 문제와 조참은 노자의 피상적인 측면만 사용했다고 평가한다.

19) 가의 : 한의 洛陽人. 李斯의 학문이 吳公에게 전해지고, 오공이 그것을 賈誼에게 전했다. 어려서부터 총명하여, 나이 20에 文帝가 불러 博士로 삼았다. 正朔을 고치고 禮樂을 일으킬 것을 청하였다. 長沙王의 太傅가 되었다. 후에 梁 懷王의 태부가 되었다. 저서에 『新書』, 『賈長沙集』이 있다. 문장으로는 「治安策」, 「過秦論」이 유명하다. 흔히 賈太傅, 賈長沙라고 부른다.

20) 급암 : 한의 洛陽人으로, 자는 長孺. 游俠을 좋아하였고 氣節을 높였다. 黃老의 학을 배워 그의 정치는 淸靜으로써 이름을 날렸다. 급암이 정부의 곡식 창고를 독단으로 열어 가난한 사람을 구제하고 스스로 죄를 청했다는 '汲黯開倉'이 유명하다.

21) 품행을……닦는 것 : 淸修는 淸脩와 같다. 『後漢書』 「宋漢傳」에는 "품행을 맑게 하여 자신을 닦고 마음 속에 있는 욕망을 깨끗하게 씻어내어 바르고 곧고 사특함이 없다"(淸修雪白, 正直無邪)라는 말이 나온다.

22) 조용히……않는 것 : 『漢書』 「古今人表」 주에는 "장안이 말하기를 '노자의 조용히 어떤 말도 하지 않음을 공자는 스승으로 삼았다' 하였다"(張晏曰, 老子玄默, 孔子所師)라는 말이

여 드디어 유향劉向[23])으로 하여금 노자사상을 군인남면君人南面의 술수[24])로 일컫게 하였고, 사마담司馬談[25])으로 하여금 그것이 '일은 적게 하지만 얻어지는 공이 많은 이로운 것'이라 찬미하게 하였다. 지금 말류의 폐단으로 노자를 배척하는 공안公案으로 삼는다면 또 어찌 실정에 맞는 것이겠는가?

莊生之荒唐, 申韓之慘刻, 東晉之淸虛 皆自托老子以售其道, 而氣象規模, 初不髣髴於老子. 漢初張子房受黃石旨訣, 善學老子流風, 傳襲終漢之世. 孝文帝曹參賈誼汲黯, 皆以淸修玄黙爲幹於政事法度. 遂使劉向稱其君人南面之術, 司馬談贊其事少功多之利. 今以末流之獘, 而爲斥老子之案, 則又豈其情乎.

대저 정자程子와 주자朱子의 시대를 당하여 노자와 불가의 학문이 날마다 새로워지고 달마다 융성해져서, 천하의 학문이 불가에 들어가지 않으면 반드시 노자에 들어가게 되니 유도에 장애가 됨이 아주 심하였다.[26]) 그러므로 (정자

있다. 『漢書』 「揚雄傳下」에는 "또한 군주는 조용히 어떤 말도 하지 않음을 신묘함으로 여기고, 담박함을 덕스러움으로 여긴다"(且人君以玄黙爲神, 澹泊爲德)라는 말이 나온다.
23) 유향 : 한대인. 자는 子政, 본명은 更生. 經學에 깊이가 있었다. 낮에는 『書傳』을 암송하고 밤에는 星宿를 관찰하여 陰陽의 休咎로써 정치의 득실을 논했다고 한다. 저서에는 『洪範五行傳』, 『烈女傳』, 『列仙傳』, 『說苑』 등이 있다. 劉歆의 아버지이다.
24) 군인남면의 술수 : 君人南面之術은 人君南面之術이다. 옛날에는 군주가 북쪽에 앉아 남쪽을 바라보고 정치를 하였기 때문에 '남면'이라는 말이 나왔다. 남쪽은 陽으로서, 양을 향하는 것은 인군의 위치이다. 『漢書』 「藝文志」에서는 도가에 대해 "도가라는 부류는 모두 사관에서 나왔는데, 두루 역사의 성패와 존망, 화복과 고금의 도를 하나하나 기록하였다. 그런 뒤에 요점을 잡고 근본을 잡아 깨끗하게 비우는 것으로 자신을 지키니, 낮추고 약하게 하여 스스로를 유지하는 것을 아는 사람들이다. 이것은 군주가 남쪽을 면하여 정치를 하는 기술이다"(道家者流, 蓋出於史官, 歷記成敗存亡禍福古今之道, 然後知秉要執本, 淸虛以自守, 卑弱以自持, 此君人南面之術也)라고 하여 '군인남면지술'과 관련지어 말하고 있다.
25) 사마담 : 한의 夏陽人. 사마천의 아버지로서 역사가이면서 사상가이다. 음양가, 유가, 묵가, 법가, 명가, 도가의 득실을 논한 「論六家要旨」가 유명하다. 이 글에서는 유가를 낮추고 도가를 높이고 있는데, 이것은 당시 漢武帝의 유교를 獨尊하는 정책에 비판적 입장을 보인다는 점에서 주목할 만하다.
26) 정자와……심하였다 : 이런 점을 주희는 「中庸章句序」에서 "이로부터 또다시 전하여 맹자를 얻어, 맹자가 이 책을 미루어 밝혀서 성인의 도통을 계승하더니, 그가 돌아가심에 마침내 그 전해짐을 잃게 되었다. 이렇게 되자 우리의 도가 기탁한 것은 말씀과 문자 사이에 지나지

와 주자는) 어쩔 수 없이 비판하고 물리쳐서 노불老佛에 향하는 것을 경시하게 하고 유가에 향하는 것을 중시하게 하였으니, 이것은 성현이 시대를 구하고 폐단을 바로잡으려는 뜻이었을 뿐 노자의 아름다운 것을 아름답게 여기지 않은 적은 없다.27) 채계통蔡季通28)은 "노자는 대체로 사람을 고무시키고 움직이게 한다"고 하였는데, 주자도 옳다고 하고 또 그 공부가 지극히 어렵다고 하였으니, 채계통과 주자의 마음을 돌아보건대 또한 넓고 크며 공평하지 아니한가?

大抵當程朱之時, 老佛之學日新月盛, 天下之學, 不入於佛, 必入於老, 其爲儒道之障礙極矣. 故不得不辭而闢之, 使向於彼者輕則向於此者重, 此聖賢救時矯弊之意也. 然其美者未嘗不美之. 蔡季通謂老子大段鼓動人, 而朱子是之, 又稱其工夫極難, 顧其心, 不亦廣大公平也乎.

그런데 후세의 유자들은 한갓 전해들은 바에 따라 노자를 배척하는 것을 나름의 계책으로 삼아 반드시 그에게 추악한 욕설을 제멋대로 내뱉으면서 사실이 아닌 말로 더 보태곤 한다. 나는 배척당하는 자가 그 공평함을 문제시삼아 복종하지 않을까 두렵다. 그리고 배척을 당하는 자가 공평함을 문제시삼아

않게 되고 이단의 말은 날로 새롭고 달로 성하니, 노자와 불가의 무리가 나와 더욱 이치에 가까운 듯하면서 크게 참된 것을 어지럽히게 되었다"(自是又再傳以得孟氏, 爲能推明是書, 以承先聖之統, 及其沒而遂失其傳焉, 則吾道之所寄, 不越乎言語文字之間, 而異端之說日新月盛, 以至於佛老之徒出, 則彌近理而大亂眞矣)라고 하여 압축적으로 설명하고 있다.
27) 노자의……적은 없다 : 이것은 송대의 邵雍, 程頤나 주희가 『노자』에서의 장점을 말한 것을 말한다. 예를 들면 서명응이 인용한 것을 보면 『도덕지귀』 1장에서 "그러므로 소옹은 '노자는 역의 체를 얻었다'고 하였고, 주희는 '노자가 이 도리를 이해하였다'고 하였다. 또 말하기를 '지극히 묘한 이치에는 생생의 뜻이 있다'고 한 것은 정자가 노씨에게서 취한 설이라고 했는데, 이처럼 (선유들이) 노자를 인정한 점이 이미 많다"(故邵子曰, 老子得易之體, 朱子曰 老子見得此箇道理. 又曰至妙之理, 有生生之意, 程子所取老氏之說者也. 其許與老子亦已多矣)라 하는 것이 그것이다.
28) 채계통 : 蔡元定을 말한다. 季通은 그의 자로, 西山先生이라 불렸다. 주희의 高弟이다. 天文, 地理, 樂律, 曆數 등에 밝았고, 術數의 학에도 뛰어났다. 저서로는 유명한 『律呂新書』와, 그 밖에 『八陣圖說』, 『皇極經世』 등이 있다.

복종하지 않을 뿐만 아니라, 나에게도 참으로 공평하지 않음이 있을까 두렵다. 그러나 (노자 비평가가) 공평하지 않은 것은 그가 노자의 실정을 터득하지 못했기 때문이며, 노자의 실정을 터득하지 못한 것은 노자가 한 말을 터득할 수 없었기 때문이다. 그러므로 나는 노자의 『도덕경』 오천언에 대해 장마다 해석하고 절마다 풀이하여 그 귀결처를 밝히려 하였으니, 이는 대개 노자를 위함이 아니라 우리 유학이 노자를 공격하는 것이 그 실정에 맞게 하고자 함이다.

乃後之儒者徒襲傳聞, 以絀老爲家計, 必肆其醜詆加之以不情之說. 吾恐見絀者之未能服其平也. 非惟見絀者之未能服其平, 在我誠有不平者存也. 然其不平者, 由不得老子之情也. 不得老子之情者, 由不得老子之言也. 余故於老子之道德五千言, 章解句釋, 明其指歸, 蓋非爲老子也, 爲吾儒之攻老子者平其情也.

기축년[29] 청명일에 달성[30] 사람 서명응이 쓰다.

己丑淸明日, 達城徐命膺書.

---

29) 기축년 : 영조 45년 1769년, 서명응의 나이 54세 때이다.
30) 달성 : 서명응의 본관이 달성이다.

도덕지귀후서 道德指歸後序

『노자도덕경』 상하 두 편은 내가 1769년(己丑)¹⁾에 교외에서 특별한 일이 없이 기거할 적에 주해했던 것이다. 이로부터 7~8년 동안 동분서주하였기에 이 책이 있었는지조차 잊은 지가 까마득히 오래되었다. 1777년(丁酉) 겨울에 일에 연루되어 염주鹽州에 귀양을 간 적²⁾이 있었는데, 궤짝 안을 뒤져 살펴보던 중에 다시금 이 책을 얻었다. 아마도 나의 아들 호수浩修가 귀양 중에 소요거리로 삼으라고 이 책을 넣었던 것 같다. 이에 아침 일찍부터 늦은 밤까지 손수 책을 펼치는 동안에 또 지금까지 보지 못한 점들을 보게 되고 지금까지 듣지 못한 부분을 듣게 되니, 마음속에 나름대로 깨친 말들이 날이 더욱 많아졌다. 마침내 이전에 주해한 것에 나아가서 질타 받을 부분은 바로잡고 대충한 부분은 보충하며 모르는 곳은 분명히 밝혀『도덕경해道德經解』라고 이름 붙였다. 혹자는 내가 귀양 중에 이 책에 주석을 단 것이 혹시 한문공韓文

---

1) 1769년(己丑) : 영조 45년. 서명응의 나이 54세를 말한다.
2) 1777년(丁酉)……귀향을 간 적 : 서명응의 나이 61세 때의 일이다. 정조대 초기에 규장각, 홍문관의 책임자를 겸하면서 절정에 올랐던 서명응의 사환기는 1779년 12월에 결정적 위기를 맞는다. 역모죄로 옥사한 洪啓能과 내통했다는 혐의로 위기에 빠지게 된 것이다. 이때 그는 정조 즉위의 일등공신인 아우 徐命善의 공로로 위기를 모면한다. 원래 서명응의 집안은 대대로 소론 계통이었으나 그는 노론 僻派와 가까웠으며, 특히 벽파의 홍계능과 친하였다. 홍계능은 정조가 즉위한 직후 벽파의 숙청이 단행될 때 사사되었는데, 이 과정에서 홍계능과의 돈독한 관계가 문제시되었던 것이다. 이에 앞서 서명응은 사도세자사건 이후 벼슬을 마다하고 소명에 불응하여 귀양가기도 하였다. 영조 45년 江郊에 있으면서 소명에 불응하여 忠淸水使에 좌천되었는바, 그 이전의 郊居無事時에 이미『도덕지귀』 초고를 지었다. 정조 1년 평안도관찰사 시절 還穀 처분을 잘못한 것으로 推罪되어 削職되고 延安府에 付處되었다. 귀양살이 중에 아들 徐浩修가 소일하라고 보내 준 초고를 刪整하여 定本을 만들었고, 석방되어 귀가한 후 동짓달에 「도덕지귀후서」를 지었다.

公3)이 조주자사潮州刺史로 좌천되었을 때4) 태전太顚선사에게 미혹당한 것5)
과 같은 것이 아닌가 의심하기도 하나, 어찌 대저 그러한 것이겠는가?

老子道德經上下二篇, 余於己丑年因郊居, 無事爲之註解. 自是七八年間, 奔馳
東西, 不復知有此書久矣. 及丁酉冬, 以事謫鹽州, 搜檢箱篋中, 復得此書. 蓋吾
兒浩修爲余謫中逍適之資, 而內此書也. 於是蚤夜手披, 又見其所未見, 聞其所
未聞, 則胸中之言, 日益多. 遂就前日所註解, 叱者正之, 疎者補之, 晦者明之, 名
曰道德經解. 有疑余謫中註此書, 或如韓文公之貶潮州, 惑太顚云爾, 則夫豈其
然乎.

나는 선배 중에서 순수한 유자라고 일컬어지는 송의 속수사마씨涑水司馬氏6),
원의 임천오씨臨川吳氏7), 우리 동방의 율곡이씨栗谷李氏8) 같은 분들이 모두

---

3) 한문공 : 당대의 韓愈를 가리킨다. 자는 退之로, 세상에서는 韓昌黎라고 일컫는다. 문학가이
면서 고문운동가이다. 맹자의 벽이단사상을 그대로 이어받아 「原道」,「原人」,「原性」 등을
써서 노·불을 이단으로 강력히 비판하였다.
4) 조주자사로 좌천되었을 때 : 한유는 元和 14년(819) 정월에 憲宗에게 「論佛骨表」를 올린
것이 문제가 되어 廣東省 潮州刺史로 좌천되었다.
5) 태전선사에게 미혹당한 것 : 太顚은 한유 당시 潮州 靈山에 있던 선승이다. 大顚이라고도
한다. 한유가 42일 만에 조주에 도착한 뒤 바로 영산에 올라 대전선사를 만나서 문답을
나눈 것을 말한다. 한유는 「原道」와 「論佛骨表」에서 불교를 공격한 문구를 가지고 대전에
게 질문하였지만, 대전이 하나하나 축조 반박함과 동시에 불교의 要綱을 말하자 마침내
한마디 말도 못하고 굴복하였다는 것이다.
6) 속수사마씨 : 司馬光을 말한다. 북송대의 정치가이자 사상가이며 사학자로, 자는 君實이다.
陝州 夏縣(山西 夏縣)의 涑水鄕人이기에 세칭 涑水선생이라 하였고, 司馬溫公이라고도 일
컬어졌다. 시호는 文正이다. 神宗 때 '조종의 법은 변할 수 없음'(祖宗之法不可變)을 주장하
며 왕안석의 新法에 반대하다가 실각되기도 하였으나, 哲宗 때 정승이 되어 신법을 모두
폐지시켰다. 주저로는 『자치통감』이 있다. 『道德眞經』이라는 『도덕경』 주석서를 썼는데,
여기서 그는 『노자』 1장의 '道可道, 非常道'에 대하여 "세속에서 도를 말하는 자들은 모두
한결같이 '道體는 미묘하여서 이름 붙여 말할 수가 없다'라고 말하였다. 노자는 그렇지 않다
고 여겨 '도 역시 말할 수 있는 도일 뿐이다'라고 하였으니, 일반 사람들이 소위 말하는
그러한 도가 아니다"(世俗之談道者, 皆曰, 道體微妙不可名言. 老子以爲不然, 曰道亦可言
道耳. 然非常人之所謂道也)라고 하였다.
7) 임천오씨 : 원대의 대학자 吳澄을 許衡과 더불어 원대의 2대 유로 불린다. 자는 幼淸,
만년에는 伯淸이라고 일컬었다. 호는 草廬, 江西省 崇仁 사람이다. 몽고 지배하의 남송에서

『노자』를 주해하였음을 알고 있다. 그런데도 강절康節선생9), 구산龜山선생10), 회암晦庵선생11) 같은 분들이 모두 유가문하의 정통으로서 유가의 도를 지키는 것을 자기의 소임으로 여겨 노자의 말에 대해서는 입에 담는 것조차 허용치 않았다는 듯이 말하는 것은 또한 무엇 때문인가? 유자의 학은 본래 이치에 합당하고 하늘에 합치되고자 함에 있다. 만약 그 말이 이치에 합당하고 하늘에 합치되는 것이라면 비록 아녀자와 어린아이의 말일지라도 오히려 또한 취해야 하는 법인데,12) 하물며 노자에 있어서랴?

余見前輩號稱醇儒者,如宋之涑水司馬氏,元之臨川吳氏,我東之栗谷李氏,皆註解老子. 至於康節邵子,龜山楊子,晦庵朱子,皆儒門正脈,以衛道作爲己任,而其於老子之言,若不容口, 又何也. 儒者之學,本欲當於理合於天而已. 苟其言當於理合於天也, 則雖婦孺之言猶且取之, 況老子乎.

태어난 程文海에게 주자학을 배웠으며, 53세에 원나라 조정에 出仕하였다. 陸九淵의 心學의 장점을 적극적으로 도입하여 주자학의 활성화를 기도하였다. 蘇轍과 더불어 宋元의 가장 대표적인 『노자』 주석가로 꼽힌다. 『道德眞經注』가 있다.

8) 율곡이씨 : 李珥를 말한다. 조선조의 대유학자로 호는 栗谷이다. 유가적인 관점에서 노자사상 가운데 유가에 부합하는 것만을 취사선택하여 『노자』 주해서인 『醇言』을 썼다.
9) 강절선생 : 북송의 邵雍을 말한다. 자는 堯夫이며 시호는 康節이다. 圖象과 象數에 의한 易의 해석을 중시하여 先天易學이라 일컬어지는 자기의 철학을 수립하였다. 주저로는 『皇極經世書』가 있다. 서명응은 소옹 역학의 영향을 많이 받았다.
10) 구산선생 : 楊時를 가리킨다. 자는 中立이고 호는 龜山이다. 정호 · 정이 형제에게 사사했다. 그의 학은 제자 羅從彦에서 李侗을 거쳐 주희에게 이른다. 만년에 자주 徽宗에게 상소하여 민족주의의 입장에서 시사를 논하였다. 『龜山先生集』이 있다.
11) 회암선생 : 朱熹를 말한다. 자는 元晦, 호는 晦庵이며 시호는 文公이다. 福建省에서 태어났다. 주저로는 『四書集注』, 『近思錄』, 『詩集傳』, 『周易本義』, 『楚辭集註』, 『儀禮經傳通解』, 『文公家禮』, 『資治通鑑綱目』, 『小學書』 등이 있고, 그의 시문을 모은 『朱文公文集』과 문인과의 좌담필기집인 『朱子語類』 등이 전한다. 도가와 도교에도 밝았다. 『朱子語類』 권125에 그의 노자 및 장자에 대한 이해를 보여 주는 「老氏」가 수록되어 있으며, 『周易參同契考異』, 『陰符經註』 같은 도교 관련 주석서를 남기기도 했다. 도가와 도교에 대한 이러한 이해는 이후 많은 유학자들의 도교 · 도가관에 영향을 준다.
12) 그 말이……법인데 : 『朱文公全集』, 권36, 「答陸子靜」의 "옛날의 성현은 오직 이치만을 살피니, 말이 이치에 합당하다면 비록 부녀자와 어린아이 말일지라도 버리지 않음이 있다"(古之聖賢, 惟理是視. 言當於理, 雖婦人孺子, 有所不棄)라는 대목 참조.

나의 기질은 마음을 밖으로 드러내는 일이 많고 마음속에 담아 두는 일이 적었다. 처세에 있어서도 말조심을 하지 않은 까닭에 다른 사람에게서 자주 미움을 받아 어려운 지경에 빠진 적이 여러 번 있었다. 그런데 이 책을 깊게 연구한 이래로 반성하고 깨달은 것이 많았다. 이제부터는 충허冲虛와 겸하謙下의 도를 아울러 취하여 이로써 양생과 처세의 바탕으로 삼고자 한다.[13]

余之氣質,多暴露少含蓄.其於處世亦以尙口,屢憎於人,幾陷顚躓者數矣.自繙理此書,多有省悟.欲自今兼取其冲虛謙下之道,以資於養生處世之方.

대저 남의 물건을 강탈하고 그 사람을 내쫓는 자들을 오히려 '도적'이라 말한다. 하물며 마음으로 노자의 좋은 점을 알고 취하여 내 자신의 부족한 점을 보충하였으면서도 그를 배척하여 끊어버리고 꺼리면서 비밀로 하여, 마치 양주楊朱[14]·묵적墨翟[15]·신불해申不害·한비韓非·석가의 부류와 똑같이 여겨 집안에 들어오지도 못하도록 하는 일임에랴?[16] 이러한 처사는 결코 인자한 행동이 아니며 예에 맞는 행위가 아니다. 인자한 행동이 아니고 예에 맞는 행위가 아니라면 군자는 처하지 않는 법이다.

夫攘人之物而逐其人,尙謂之盜.況心知其美,取補吾身,而斥之絶之諱之秘之,使不在門墻,如楊墨申韓釋佛之類乎.非仁也.非禮也.非仁非禮,君子不居矣.

---

13) 충허와……한다 : 여기서 冲虛·謙下의 도와 養生·處世의 방법이 결국 둘이 아님을 알 수 있다.
14) 양주 : 맹자는 『맹자』 「등문공상」 9장에서 양주에 대해 "양주는 나를 위하니, 이것은 군주를 무시하는 것이다"(楊氏爲我, 是無君也)라고 비판한다.
15) 묵적 : 『孟子』 「滕文公上」 9장에서 맹자는 묵적에 대해 "부모를 무시한다"(無父)라고 비판한다.
16) 마치……일임에랴 : 이는 유가가 노자를 양주, 묵적, 신불해, 한비, 석가 등과 똑같은 이단으로 여겨 배척하는 것을 비판한 말이다. 즉 노자는 양주, 묵적 등과 다른 유가에서 취할 점이 있는데도 불구하고 무조건 이단이라고 배척하는 것을 비판하는 것이다. 노자를 다른 차원에서 이해하는 내용이다.

죄를 사면 받아 집으로 돌아와서 아들 호수浩修로 하여금 고치고 베껴서 하나의 책으로 엮게 하였으니, 이제 늙어 황혼기에 접어들었기에(桑楡暮境)17) 팽팽한 시위와 무두질한 부드러운 가죽으로 만들어 차고 다니고자(絃韋之佩)18) 하기 위해서이다. 이에 다시 서문을 쓴다.

蒙宥還家, 令吾兒浩修繕寫一通, 欲於桑楡暮境, 作爲絃韋之佩, 而復爲之序.

정유년19) 동짓달(南至)20) 초순에 달성 사람 서명응이 쓰다.

歲丁酉南至月上澣, 達城徐命膺書.

---

17) 이제……접어들었기에 : 桑楡란 뽕나무와 느릅나무 위에 해가 걸려 있음을 가리키고 暮境이란 저녁 무렵 서쪽의 해지는 곳을 말한다. 모두 晚年을 비유하는 말이다.
18) 팽팽한……다니고자 : 스스로 경계하여 마음을 다스린다는 뜻. 춘추시대 晉나라 董安于는 자신의 느린 마음을 고치기 위해 항상 시위를 팽팽하게 맨 활을 차고 다녔으며, 전국시대 魏나라 西門豹는 자신의 성급한 마음을 고치기 위해 항상 무두질한 가죽을 차고 다니며 자신을 반성하였다.
19) 정유년 : 정조 재위 1년, 서명응 나이 62세인 1777년을 말한다.
20) 동짓달 : 태양이 남의 극점에 시기이다. 『춘추좌씨전』 희왕 5년조에 "춘왕정월 신해 초하루에 해가 남지하였다"(春王正月辛亥朔, 日南至)라는 기록이 있는데, 그 주석에서는 "주나라 정월은 지금의 11월이다. 동짓날에 해가 남극하였다"(周正月, 今十一月, 冬至之日, 日南極)라고 주하고 있다.

노자본전 老子本傳

노자의 성은 이李이며, 초나라 고현苦縣1)의 뇌향瀨鄕 곡인리曲仁里 사람이다.2) 혹자가 말하기를, "노자 어머니가 임신한 지 81년째 되던 어느 날 자두나무 아래를 거닐었는데, 노자가 왼쪽 겨드랑이를 찢고 태어나 자두나무를 가리키니 성으로 삼았다"3)라고 하였다. 혹자는 말하기를, "어머니의 꿈에 유성流星이 입으로 들어와 회임하였고, 72년 만에 노자를 낳았으므로 '늙은 자식'(老子)이라 하였다"4)라고 한다. 이름은 '이耳'로서, 일명 '중이重耳'라고도 한다. 자는 '백양伯陽'이고 시호는 '담聃'이다. '담'이란 귀가 늘어져 귓바퀴가 없음을 일컬은 것이라고 하는데, 어찌 노자의 귀가 축 늘어져 귓바퀴가 없었겠는가?

老子, 姓李, 楚之苦縣瀨5)鄕曲仁里人也. 或云母懷胎八十一載, 逍遙李樹下, 老子割左腋而生, 指李樹以爲姓. 或云母夢流星入口而有脈6), 七十二年生老子,

---

1) 고현 : 『地理志』에 "고현은 진나라에 속한다"(苦縣屬陳國)라고 되어 있는데, 『史記索隱』에서는 "'지리지'가 틀린 것이다. 고현은 본래 진나라에 속했는데, 춘추시기에 초나라가 진나라를 멸망시키면서 苦 땅도 초에 속하게 되었다. 그러므로 초나라 고현이라고 한 것이다"(地理志誤也. 苦縣本屬陳, 春秋時楚滅陳, 而苦又屬楚, 故云楚苦縣)라고 적고 있다.
2) 뇌향……사람이다 : 『史記』「老子韓非列傳」에 나오는 말이다.
3) 노자……삼았다 : 『玄妙內篇』의 말이다.
4) 어머니의……하였다 : 『玄妙內篇』의 말이다.
5) 瀨 : 『史記』「老子韓非列傳」에는 "초나라 고현 여향 곡인리 사람이다"(楚苦縣厲鄕曲仁里人也)라고 하여 '瀨'자 대신 '厲'자로 되어 있다. 『史記正義』에는 "'厲'는 음이 뢰[賴]이다. 『太康地記』에서 말하기를, '고현성 동쪽에 뢰향사가 있는데, 노자가 태어난 곳이다"(厲音賴, 太康地記云, 苦縣城東有瀨鄕祠, 老子所生地也)라 되어 있다. 일반적으로는 '厲'자를 많이 쓴다.
6) 脈 : '娠'의 오자로 보인다. 『玄妙內篇』에는 "玄母王女, 夢流星入口而有娠"이라는 말이 있는데, '脈'자는 제사에 쓰이는 날고기를 말하는 것이므로 전후문맥상 '娠'자가 옳다고 본다.

故曰,老子.名耳,一名重耳.字伯陽,諡曰聃,聃者.耳漫無輪之稱,豈老子耳漫無輪歟.

노자는 신장이 8척 8촌이며, 누런색의 얼굴에 아름다운 눈썹을 가졌고, 눈은 컸고, 치아는 드문드문 있고, 입은 네모난 형이고, 입술은 두터웠고, 넓은 이마에는 15개의 긴 주름이 있고, 이마 중앙은 불룩 튀어나와 해와 달이 걸린 것 같고,7) 긴 귀에는 세 구멍이 있으며,8) 코에는 한 쌍의 기둥이 있고, 손에는 열 개의 무늬가 있고, 발로는 열 발을 뛰었다.9)

老子身長八尺八寸,黃色美眉,大目,疎齒,方口,厚脣,廣額有三五達理,日角月縣,長耳有三門,鼻有雙柱,手把十文,足踊10)二五.

주周나라 경왕景王 때에 나이 160여 세11)로 도서관을 관리하는 사관이었다.12) 이때에 나이가 30세였던 공자는, 노자가 장서를 관장하는 일을 맡아 옛일을 많이 안다는 말을 듣고 주나라로 가서 노자에게 예禮를 물었다.13) 노자는 (공

---

7) 이마……것 같고 : 이마 중앙의 뼈가 일월의 모양으로 튀어나온 모양을 말하는 것으로, 高貴한 相이다.
8) 긴 귀에는……있으며 : 『神仙傳』「老子」에는 '三漏門'으로 되어 있다. 三漏란 세 개의 구멍(穴)을 말한다. 夏나라 禹왕도 귀에 세 개의 구멍이 있었다고 한다.
9) 코에는……뛰었다 : 이상은 주로 『神仙傳』「老子」에서 인용한 것이다.
10) 踊 : 『神仙傳』에는 '蹈'로 되어 있다.
11) 160여 세 : 『史記』「老子韓非列傳」에는 "노자 나이는 160여 세인데, 어떤 경우는 200여 세라고 말한다"(老子百有六十餘歲, 或言二百餘歲)라고 되어 있다.
12) 도서관을……사관이었다 : 『史記索隱』에서는 "생각건대, 藏室史는 주나라 장서실의 사서관이다"(按藏室史, 乃周藏書室之史也)라고 하였다. 오늘날 도서실을 관리하는 사서관에 해당한다. 『張湯傳』에서는 "노자는 주하사가 되었는데, 즉 장실의 주하였다. 이로 인하여 관직명을 삼은 것이다"(老子爲柱下史, 卽藏室之柱下, 因以爲官名)라 하고 있다.
13) 공자는……물었다 : 『孔子世家』에서는 "공자가 노자에게 예를 물은 것은 주나라 경왕의 때로서, 그때 공자 나이는 30이었을 것이다"(孔子問禮於老子, 周景王時, 孔子蓋年三十也)라 하고 있다.

자에게) 옛일에 대해 상세히 말하고, 또 이렇게 말하였다. "그대가 말하고 있는 그 사람(聖人)은 뼈와 함께 이미 썩어 없어져 버렸고, 유독 그의 말만이 남아 있을 따름이오. 또한 군자란 때를 만나면 수레를 타고 벼슬에 나아가지만, 때를 얻지 못한다면 이리저리 바람에 나부끼듯 떠도는 것이오. 내가 듣건대, 장사를 잘하는 상인은 물건을 깊숙한 곳에 간직하여 없는 듯이 하고, 군자는 성대한 덕이 있을지라도 용모는 마치 어리석은 듯이 한다고 했소. 따라서 그대의 거만한 기운과 많은 욕심을 버리시오. 간사스러운 낯빛과 음란한 뜻은 모두 그대 자신에게 무익한 것들이오." 공자는 떠나면서 제자들에게 "나는 새에 대해서는 그것이 난다는 것을 알고, 물고기에 대해서는 그것이 헤엄쳐 노닌다는 것을 알고, 짐승에 대해서는 그것이 달릴 수 있다는 것을 안다. 그러므로 달리는 것은 그물질하여 잡을 수 있고, 헤엄쳐 노니는 것은 낚시하여 잡을 수 있으며, 날아가는 것은 주살로 쏘아 잡을 수 있다. 그러나 용龍[14]에 대해서는 나는 그것이 어떻게 바람과 구름을 타고 하늘을 나는지에 대하여 알 수가 없다. 내가 오늘 노자를 보니, 용과 같구나!"[15]라고 말하였다. 후일에 공자가 제후의 나라에 갔을 때 어떤 사람이 예에 관해서 묻자, 공자는 노자의 말을 들어 "나는 노자에게서 '천자가 붕어崩御하고 제후국의 임금이 훙거薨去하면 축관祝官이 여러 사당의 신주를 모아 조묘祖廟에 간직하는 것이 예이며, 곡을 마치고 상사가 일단락되면 신주를 각각 그 사당에다 되돌린다'[16]라고 말하는 것을 들은 적이 있다" 하고 대답하였다.

周景王時, 年百有六十餘歲爲守藏室史. 當是時孔子方三十歲, 聞老子典藏書多識古事, 乃適周問禮於老子. 老子具語之故. 且曰, 子所言者, 其人與骨, 皆已

---

14) 龍 : '용'은 변화를 상징한다. 『周易』 乾卦 初九의 효사는 "초구는 물에 잠긴 용이므로 사용하지 말라"(初九, 潛龍勿用)라고 되어 있는데, 程頤는 『易傳』에서 이를 풀이하여 "건은 용으로 상징을 삼는다. 용은 변화가 무쌍하여 그 변화를 헤아릴 수 없다. 그러므로 건도의 변화를 상징한다"(乾, 以龍爲象, 龍之爲物, 靈變不測, 故以象乾道變化)라고 하여 용은 신령스럽게 변화하여 그 변화를 헤아릴 수 없음을 상징한다고 설명하고 있다.
15) 새에……용과 같구나 : 이상의 내용은 『史記』 「老子韓非列傳」에 나오는 말이다.
16) 천자가……되돌린다 : 이것은 『禮記』 「曾子問」의 말을 인용한 것이다. 서명응은 『사기』에서 공자가 노자로부터 예를 물었다는 내용에 근거하여 『예기』에서 공자가 老聃의 말을 인용한 것을 결부시켰다.

朽矣.獨其言在耳.且君子得其時則駕,不得其時則蓬累而行.吾聞之,良賈深藏若虛,君子盛德,容貌若愚,去子之驕氣與多慾,態色與淫志,是皆無益於子之身.孔子去,謂弟子曰,鳥,吾知其能飛,魚,吾知其能游,獸,吾知其能走.走者,可以爲罔,游者,可以爲綸,飛者,可以爲矰,至於龍,吾不能知其乘風雲而上天,吾今日見老子,其猶龍邪.其後,孔子適諸侯之國,答人問禮,擧老子之言曰,吾聞諸老聃曰,天子崩國君薨,則祝取羣廟之主,而藏諸祖廟,禮也. 卒哭成事而後,主各反其廟.

노자는 주나라에 오랜 시간 동안 거주하였다가 주나라가 쇠퇴한 것을 보고 마침내 길을 떠나 서쪽의 기주岐州로 가다가 산관散關에 이르렀다. 산관의 관령關令 윤희尹喜는 주나라의 대부였는데, 별자리의 운행을 공부하고 만물의 정수를 복용하며 덕을 숨긴 채 낮은 지위에 있었다.[17] 노자가 이르자 자줏빛 기운이 관문에 떠올랐는데, 이를 본 윤희는 진인眞人이 지나갈 것임을 알아차리고 칙사勅使인 손경孫景에게 이상한 기운을 찾게 하였다.[18] 이때 노자는 푸른 소(靑牛)[19]를 타고 서갑徐甲[20]으로 하여금 소를 몰게 하면서 관문을 지나가는 중이었는데, 윤희는 예로써 맞이하고 정성을 다하여 도를 구하였다. 노자는 그의 뜻이 비범함을 알고 자신의 사상을 알려 주었다. 장차 떠나려 하자 윤희가 청하기를 "선생께서 장차 숨으려고 하시는데, 힘들더라도 저를

---

[17] 윤희는……있었다 : 『列仙傳』에는 "관령 윤희는 주나라 대부였는데, 안으로 별자리의 운행을 잘 공부하고, 만물의 정수를 복용하며, 덕을 숨긴 채 인을 닦았다"(關令尹喜者, 周大夫也. 善內學星宿, 服精華, 隱德修仁)라 되어 있다.
[18] 이상한……하였다 : 『史記索隱』에서는 "'物色而迹'이란 기운이 이상한 색이 있음을 보고, 그것을 찾아 쫓았음을 말한 것이다"(物色而迹, 謂視其氣物有異色, 而尋迹之)고 말하였다. 『列仙傳』에는 "노자가 서쪽으로 떠나자 윤희가 먼저 그 기운을 보고 진인이 막 지나갈 것을 알고서 물색을 살펴 그것을 찾아 쫓아가 지나가는 노자를 만났다"(老子西遊, 喜先見其氣, 知眞人當過, 候物色而迹之, 過得老子)라 되어 있다.
[19] 푸른 소 : 『列異傳』에서는 "노자가 서쪽으로 떠나자 관령 윤희가 멀리서 보니 상서로운 기운이 관에 떠 있었는데, 이에 노자가 과연 푸른 소를 타고 지나가고 있었다"(老子西遊, 關令尹喜望見, 有紫氣浮關, 而老子果乘靑牛而過也)라 하고 있다.
[20] 서갑 : 서갑은 노자의 하인이었다고 한다.

위하여 글을 지어 주십시오"라고 하였다. 이에 노자는 『도덕경』 상·하편의 글을 지어 '도'와 '덕'에 관한 오천여 말을 하고 마침내 떠났다. 노자의 수명은 대단히 길어서 사람들은 그가 죽은 때를 알지 못하였다. 그러므로 세상 사람들 중 견강부회하여 이런저런 말을 지어내는 경우가 많았다.

老子居周久之, 見周衰, 遂西遊岐州至散關[21]. 關令尹喜, 周大夫也, 學星宿, 服精華, 隱德下位. 至是, 見紫氣浮關, 知眞人當過, 勅吏孫景, 物色迹之. 老子乘靑牛, 使徐甲爲御而過關, 喜禮迎之, 積誠求道. 老子奇其志, 告語之. 將別, 喜請曰, "子將隱矣. 彊爲我著書." 於是老子著書上下篇, 言道德五千餘言, 遂去. 老子壽極長, 不知所終. 故世多傳會爲說.

노래자老萊子[22])도 초나라 사람이었는데, 그는 난리를 피해 몽산蒙山의 남쪽에서 밭을 갈면서 우거진 갈대로 담장을 만들고 쑥으로 집을 만들며 산을 개간하고 씨를 뿌려 식량으로 삼았다. 초나라 왕이 찾아와 그를 영입하려 했지만 (그것을 거부한 채) 마침내 떠나 강남에 이르렀다.[23]) 15편의 책을 지었으며 공자와 동시대 사람이었는데, 사람들은 이 사람이 '노담老聃'이라고 여

---

21) 至散關 : 『史記』에는 "이에 마침내 관에 도착하였다"(迺遂去至關)라 하여 '至關'으로만 되어 있는데, 여기서의 '관'을 '散關'으로 보는 견해와 '函谷關'으로 보는 두 견해가 있다. 『抱朴子』에는 "노자가 서쪽으로 떠나자 '산관'에 있던 관령인 윤희가 노자를 만났을 때 윤희 자신을 위하여 『도덕경』 1권을 지어 달라고 하였고, 그렇게 해서 지은 책을 『노자』라고 한다. 어떤 경우는 '함곡관'이라고 한다"(老子西遊, 關令喜於散關, 爲喜著道德經一卷, 謂之老子. 或以爲函谷關)라고 적고 있다. 『括地志』에서는 "'산관'은 기주 진창현 동남쪽 52리에 있고, '함곡관'은 섬주 도림현 서남쪽 20리에 있다"(散關, 在岐州陳倉縣東南五十二里, 函谷關在陝州桃林縣西南二十里)라고 말한다.
22) 노래자 : 『史記』 「老子韓非列傳」에서는 "어떤 이는 말하기를, '노래자'는 또한 초나라 사람이다"(或曰, 老萊子, 亦楚人也)라 하고 있다.
23) 노래자도……강남에 이르렀다 : 『열선전』에서는 "노래자는 초나라 사람인데, 세상이 어지러운 것을 만나 세상을 피하여 몽산의 남쪽에서 밭을 갈면서 우거진 갈대를 담장으로 하고, 쑥을 집으로 하고…… 산을 개간하고 오곡의 씨를 뿌려 농사를 지었다. 초나라 왕이 찾아와 그를 영입하려 했지만 (그것을 거부한 채) 마침내 떠나 강남에 이르러 정착하였다"(老萊子楚人, 當時世亂, 逃世耕於蒙山之陽. 莞葭爲牆, 蓬蒿爲室……墾山播種五穀, 楚王至門迎之, 遂去至於江南而止)라 하고 있다.

졌다. 또한 주나라 태사인 '담儋'이 있었는데, 진秦나라 헌공獻公을 뵙고[24] "처음 진나라는 주나라에 합병되었다가 500년 뒤에 갈라졌으며, 갈라진 지 500년 만에 다시 합해졌습니다.[25] 합한 지 70년 만에 패왕이 나왔습니다"라고 말하였다. 당시는 공자가 죽은 지 129년이란 시간적 거리가 있는데, 사람들 중에는 이 태사 담이 또한 '노담'이라고 여긴 사람도 있었다.[26]

老萊子者, 亦楚人也. 逃亂耕於蒙山之陽, 莞葭爲墻, 蓬蒿爲室, 墾山播穀以爲食, 楚王至門迎之, 遂去至江南. 著書十五篇, 與孔子同時, 人以爲老聃也. 又有周太史儋, 見秦獻公曰, 始秦與周合而離, 離五百歲而復合, 合七十歲而霸王者出焉. 時去孔子卒, 百有二十有九年, 人亦以爲老聃也.

『열선전列仙傳』에서는 "노자는 은나라 양갑陽甲 때에 하강하여 무정武丁 때에 승천하였다. 신주辛紂[27] 때에 또 하강하여 주나라 문왕文王 때에 도서관을 지키는 관리가 되었고, 무왕武王 때 주하사柱下史[28]로 옮겼다. 성왕成王 때에는 서쪽으로 대진大秦[29], 축건竺乾[30] 등 여러 나라를 떠돌아다녀 '옛 선생'으

---

24) 진나라……뵙고 : 주나라 태사담이 秦獻公을 만났다는 것은 『周本紀』에 자세히 나와 있다.
25) 처음……합해졌습니다 : 중국에는 역사가 500년을 주기로 합해지고 갈라진다거나 500세를 주기로 성인이 출현한다거나, 혹은 '한 번은 다스려지고 한 번은 어지러워진다'(一治一亂)는 등의 사유가 있었다. 오백세를 주기로 성인이 출현하는 것에 대해 『孟子』「盡心下」 38장에서는 "맹자가 말하였다. '요순에서 탕에 이르는 500여 세의 정상에 대해 우와 고요모의 경우는 보고서 알았고 탕의 경우는 듣고서 알았다. 탕에서 문왕에 이르는 500여 세의 정상에 대해 이윤과 내주의 경우는 보고서 알았고 문왕의 경우는 듣고서 알았다. 문왕에서 공자에 이르는 500여 세의 정상에 대해 태공망과 산의생의 경우는 보고서 알았고 공자의 경우는 듣고서 알았다.'"(孟子曰, 由堯舜至於湯, 五百有餘歲. 若禹皐陶則見而知之. 若湯則聞而知之. 由湯至於文王, 五百有餘歲. 若伊尹萊朱則見而知之, 若文王則聞而知之. 由文王至於孔子, 五百有餘歲. 若太公望散宜生則見而知之, 若孔子則聞而知之)라고 적고 있다.
26) 또한……있었다 : 이 내용은 『史記』「老子韓非列傳」에 근거하고 있다.
27) 신주 : 은나라 마지막 왕인 紂이다. 중국역사에서 夏의 桀과 병칭되는 폭군이다.
28) 주하사 : 한대에 侍御史라 불렸던 관직으로 법률, 官印, 祭祀 등을 관장하였다. 지금의 서기관에 해당한다. 궁전의 기둥 아래에서 일했기 때문에 그런 이름이 붙었다고 한다.
29) 대진 : 로마제국을 지칭한다.
30) 축건 : 인도를 지칭한다.

로 불렸으며,31) 강왕康王 때에는 주나라로 되돌아와 도서관을 담당하는 관리가 되었다. 소왕昭王 때에 관직을 버리고 박亳 땅으로 돌아갔다"라고 말하였다. 대저 노자가 도서관을 담당하는 관리로 있던 15년 동안 주공周公 같은 성인이 문왕 때 같은 조정에 있으면서 어찌 윤희가 보았던 자줏빛 기운을 알아보지 못하였겠는가? 알고도 말하지 않았다면 주공답지 못한 것이고, 그에 대해 말하고서도 등용하지 않았다면 노자의 지식에 대해 거론할 만한 것이 없었기 때문일 터인데, 어찌 이런 경우가 있을 수 있겠는가?

列仙傳云, 老子殷陽甲時下降, 武丁時昇天, 辛紂時又降, 爲周文王守藏史, 武王時遷柱下史, 成王時西遊大秦竺乾等國, 號古先生. 康王時, 還周復爲柱下史, 昭王時, 去官歸亳32). 夫以周公之聖, 其於文王之守藏史半世同朝, 豈不見尹喜所見之紫氣乎. 不知而不語, 匪周公也. 語之而不見用, 老子之識, 又無足稱也, 豈其然哉.

(노자의) 아들 종宗은 위魏나라의 장수가 되어 단간段干에 봉해졌다. 종의 아들은 주注이며, 주의 아들은 궁宮이다. 궁의 현손은 가假로서 한나라 효문제孝文帝 시대에 벼슬을 하였고, 그 아들인 해解는 교동왕膠東王 앙卬의 태부太傅가 되어 제齊나라에 정착하였다.33)

子宗爲魏將封於段干. 宗子注, 注子宮. 宮玄孫假, 任漢孝文帝時, 其子解爲膠東王34)卬太傅, 家于齊.

---

31) 축건……불렸으며 : 이것은 '老子化胡說'에 입각한 것이다. 여기서 '胡'란 외국을 말하는 것으로, '화호설'이란 노자가 외국인으로 화했다는 것을 말한다. 西漢 말기 인도불교가 유입된 지 오래지 않은 무렵에 '노자가 인도로 가서 석가모니가 되었다'는 설이 나오는데, 이것이 바로 노자화호설이다.
32) 亳 : 이는 은나라 湯王이 도읍한 '亳'자의 오자로 보인다.
33) 아들인……정착하였다 : 이 내용은 『史記』 「老子韓非列傳」에도 거의 비슷하게 나와 있다.
34) 膠東王 : 『史記』 「老子韓非列傳」에는 '膠西王'으로 되어 있다.

도덕경고정목록 道德經考定目錄

상편은 도경 36장이다.
上篇, 道經三十六章.

하편은 덕경 45장이다.
下篇, 德經四十五章.

【교감 및 주해】

『도덕지귀』의 장수와 그 내용을 보면 '도경'과 '덕경'의 구성이 일반 통행본과 차이가 나는 것을 발견할 수 있다. 현행본에서는 『노자』 1장(道可道, 非常道)에서 37장(道常無爲而無不爲)까지가 '도경道經'으로 되어 있고 38장(上德不德)에서 81장(小國寡民)까지가 '덕경德經'으로 되어 있는 데 비해, 『도덕지귀』의 '도경은 1장에서 36장까지이고 '덕경'은 37장에서 81장까지이다. '도경'은 현행본 『노자』와 마찬가지로 제1장 "도가도道可道, 비상도非常道"로 시작한다. 그러나 '덕경'은 다르다. 현행본 '덕경'의 시작이 38장 '상덕부덕上德不德'인 데 비하여 『도덕지귀』의 '덕경'은 현행본 21장에 해당하는 "공덕지용孔德之容, 유도시종唯道是從"으로부터 시작한다.[1] 서명응이

---

[1] 서명응은 현행본 21장을 『도덕지귀』 37장으로 확정하여 덕경의 시작으로 삼고, 그 이유를 "이 장은 구본의 경우 錯簡되어 상편 '絶學無憂'장(현행본 제20장)의 다음(즉 제21장)에 위치해 있다. 이 장은 德과 信을 주제로 해서 말한 것으로 보아 하편의 首長임이 분명하다. 이 때문에 바로잡아 여기에 둔다"(此章舊本錯簡, 在上篇絶學無憂之下, 今以言德言信, 明是下篇之首章, 故更正在此)라고 설명하였다.

'덕경'을 1장에서부터 36장까지로 잡고 '도경'을 37장에서 81장으로 잡은 것은 『노자』를 역수易數와 관련지어 이해했기 때문이다.2)

---

2) 『도덕지귀』 1장에서는 "노자는 이 책을 지을 때 스스로 그 말이 조화를 본뜬 것이라 여겼기 때문에 또한 장과 절을 구분함에 있어서도 모두 역수로써 상을 세웠던 것이다"(其爲此書, 自以其言侔擬造化, 且凡分章作節, 皆以易數(立象)라고 말한다.

道德指歸卷上 道經

도덕지귀 권상 도경

道德指歸卷上道經

달성 사람 서명응이 주석하다

達城徐命膺註

『도덕경』은 모두 상하 두 편으로 이루어져 있다. 임천오씨臨川吳氏(吳澄)는 말하기를 "상편은 도경이고 하편은 덕경이니, 각 편의 첫머리 한 자를 편의 이름으로 삼았다. 후세 사람이 두 이름을 합하여 '도덕경'[1]이라 칭했는데,『한서漢書』「예문지藝文志」에서는 '노자'라 칭했다"[2]라고 하였다.

經凡上下二篇, 臨川吳氏曰, 上篇道經, 下篇德經, 各二篇首一字名之, 後人合二名而稱道德經, 漢藝文志稱老子.

【교감 및 주해】

서명응은『도덕지귀』81장의 맨 마지막 주석 부분[3]에서 "『노자』는 상하 2편으로 모두 81장이다. 하상공河上公으로부터 유향劉向에로 전해져 왔는데, 엄군평嚴君平(嚴尊)이 72장으로 장을 나누었다. 왕필王弼은 일찍이 장을 나누지 않았다. 사마온공司馬溫公(司馬光)이 비록 왕필본을 따르고 있으나, 그가 주석한 뜻은 81장으로 하는 이들의 뜻과 합치된다. 임천오씨臨川吳氏(吳澄)는 68장으로 나누었다. 무릇 81이라는 수는 9를 9번 곱한 것으로서 양陽이 회복하는 시작이고 건원乾元의 수이며 황종黃鐘이 나뉜 것이니, 미세하고 유약하고 소박한 것이 모두 이 수에 근본한다. 노자로 하여금 장 나누게 한 것은 아니지만 이미 과감하게 장을 나누게 했다면 반드시 도의 근본을 형상했을 것이다. 이제 유향본을 따라 81장을 정본으로 한다"라고 하여, 역대『노자』장구의 분절의 다양함을 소개하면서 자신이『도덕지귀』를 지을 때는 주로 유향본을 참조하였음을 밝히고 있다.

---

1) 도덕경 : 일반적으로 이처럼『노자』를 분권하여 상·하편으로 하고 그 이름을 '도덕경'이라고 한 것은 왕필이라고 한다. 이 왕필의『老子道德經註』는『隋志』에 처음 실렸다.『열선전』에서는 "노자가 책을 지었으니,『도덕경』상하 두 권을 지었다"(老子著書, 作道德經上下二卷)라 하고, 갈현은「老子序」에서 "도덕경 두 편 오천글자 상하의 경을 지었다"(作道德經二篇五千文上下經)라 말하고 있다. 이런 것을 보면 西京의 말기에 이미『노자』를『도덕경』으로 칭했음을 알 수 있다.
2)『노자』라 칭한다 : 이것은 아직『노자』를 '경'으로 부르지 않았다는 것이다. 한의 景帝가『노자』를 '經'으로 바꾼 적은 있다.
3)『도덕지귀』본문에는 원래 아무런 구분이 없지만 이 책에서는 역자가 임의로 분장하고 '발문 1'이라는 제목을 붙여 두었다.

제1장

도를 (도라고) 말할 수 있는 것은 항상된 도가 아니다.

道可道, 非常道.

'도道'란 것은, 역易에서 말하는 태극太極[1]이 이것이다. 소리도 없고 냄새도 없으며[2] 방위나 형체도 없으니[3], 만약 도라고 가리켜 이름할 수 있다면 이는 항상 되고 유구한 도가 아니다.

道者, 易所謂太極, 是也. 無聲臭, 無方體, 若指名以爲道, 則非經常悠久之道也.

---

1) 태극 : 『周易』「繫辭傳上」 11장에 나오는 "역에는 태극이 있으니 이것이 양의를 낳는다"(易有太極, 是生兩儀)에서의 '태극'을 말한다. 주희는 『周易本義』에서 "하나가 둘을 낳는 것은 자연의 이치이다. 역은 음양의 변화이고 태극은 그 이치이다"(一生二, 自然之理也. 易者, 陰陽之變, 太極者, 其理也)라고 하여 역과 태극의 관계를 변화와 이치라는 측면으로 설명하고 있다.
2) 소리도……없으며 : 『詩經』「大雅·文王」에 나오는 "상천의 일은 소리도 없고 냄새도 없다"(上天之載, 無聲無臭)에서 따온 말이다. 즉 하늘의 일은 소리와 냄새가 없어 우리가 인식할 수 없다는 것이다. 서명응은 노자가 말하는 도는 바로 『주역』의 태극으로서, 도나 태극은 소리도 냄새도 없어 우리가 인식할 수 없다는 것이다.
3) 방위나……없으니 : 『周易』「繫辭傳上」 4장에 나오는 "천지의 변화를 범위하면서 지나치지 않고, 만물을 하나하나 이루어 주면서 빠뜨리지 않고, 낮과 밤의 도를 통하여 안다. 그러므로 신묘한 작용은 방소가 없고 역의 변화는 형체가 없다"(範圍天地之化而不過, 曲成萬物而不遺, 通乎晝夜之道而知. 故神無方而易無體)에서의 '神無方, 易無體'를 말한다. '신무방'은 음양이 변화하여 만물을 낳고 낳는 지극히 신묘한 작용은 공간적으로 점유하는 방위가 없다는 뜻이고, '역무체'는 역의 변화는 형체가 없다는 뜻이다. 이것은 모두 우리 인간이 인식할 수 없음을 강조하는 말로, 노자의 도가 바로 그렇다는 것이다.

【교감 및 주해】

왕필본王弼本을 비롯한 통행본通行本에서는 "도가도道可道, 비상도非常道, 명가명名可名, 비상명非常名"으로 되어 있는데, 백서본帛書本에는 "도가도야道可道也, 비항도야非恒道也, 명가명야名可名也, 비항명야非恒名也"로 되어 있어 차이를 보인다. 『한비자韓非子』「해로解老」편에는 "도지가도道之可道, 비상도야非常道也"라고 하여 끝에 '야也'자가 있다. 백서본에는 '상'이 '항恒'으로 되어 있는데, 이는 아직 한漢 문제文帝 유항劉恒의 '항恒'을 경휘敬諱하지 않은 것이다. 이로써 백서본이 한 문제의 시대 이전에 쐬어진 것임을 알 수 있다. 통행본들에 '항'자가 '상'자로 되어 있는 것은 유항의 '항'자를 경휘한 것이다.

서명응은 노자의 '도'를 '무성취無聲臭', '무방체無方體'인 『주역』의 '태극'으로 본다. 일단 이런 해석은 주희나 이이李珥 등이 노자의 '도'를 『주역』의 '태극'으로 보는 것과 유사하다고 할 수 있는 것으로, 아래 구절의 이해를 참조하면 서명응이 『노자』 1장을 태극음양론과 관련된 역리적 틀에서 파악하고 있음을 알 수 있다.

이름을 이름 지을 수 있으면 항상된 이름이 아니다.
名可名, 非常名.

'명名'이라는 것은, 역에서 말하는 '음양陰陽'이 이것이다.[4] 기氣의 변화가 이미 드러난 이후에 움직여 열린 것을 이름하여 양이라 하고 고요해 닫힌 것을 이름하여 음이라 하니,[5] 그 이름이 이미 성립되었다. 그러나 음양은 또 이름의 시작이다. 그러므로 음양은 만물의 체가 되어 하나도 버리는 것이 없다.[6]

---

4) 역에서⋯⋯이것이다 : 『周易』「繫辭傳上」 11장의 "역에는 태극이 있으니, 이것이 양의를 낳는다"(易有太極, 是生兩儀)에서의 '양의'를 말한다.
5) 움직여⋯⋯음이라 하니 : 『周易』「繫辭傳上」 11장에 있는 "이 때문에 문을 닫는 것을 곤이라 하고, 문을 여는 것을 건이라고 한다. 한 번은 닫고 한 번은 여는 것을 변이라고 한다"(是故闔戶謂之坤, 闢戶謂之乾, 一闔一闢謂之變)라는 구절을 말한다. 이에 대해 주희는 『주역본의』에서 "닫고 여는 것은 움직임과 고요함의 기틀이다"(闔闢, 動靜之機也)라고 주석한다.

때문에 태극과 그 공용을 같이하는 것이다. 만약 하나를 고집해서 이름을 삼는다면 항상되고 유구한 도가 아니다.

名者, 易所謂陰陽, 是也. 氣化已形, 然後動而闢者, 名之爲陽, 靜而闔者, 名之爲陰, 其名乃立. 然陰陽又名之始, 故其體物不遺, 與太極同其功用. 若執一以爲名, 則非經常悠久之名也.

【교감 및 주해】

'명名'을 기의 변화와 관련지어 『주역』의 '음양'으로 보는 것은 서명응이 『노자』를 역리적 시각에서 이해하였음을 단적으로 보여 주고 있다. 그는 합벽闔闢과 관련된 일음일양一陰一陽에 의한 만물화육의 공용이 태극과 같다고 보면서 "음 없는 양이 없고 양 없는 음도 없다"라는 것을 말하였는데, 이는 결국 음양 이외에 태극이 따로 있는 것이 아니라는 점을 보여 준다. 이런 표현에서 서명응의 태극과 음양의 관계를 알 수 있다. 주희는 주돈이周敦頤의 「태극도설太極圖說」에 관한 해설에서 태극과 음양의 관계에 대해 "이것이 이른바 무극이면서 태극이라는 것으로, 움직여 양이 되고 고요하여 음이 되는 본체가 되는 까닭이다. 그러나 음양을 떠나 있는 것이 아니다. 음양에 나아가 그 본체를 가리킨 것이지, 음양을 떠나 말한 것이 아니다"(此所謂無極而太極也. 所以動而陽靜而陰之本體也. 然非有以離乎陰陽也. 卽陰陽而指其本體, 不離乎陰陽而爲言耳)라고 하였다. 서명응은 태극과 음양의 관계에서 주희의 이런 관점을 따르고 있다고 할 수 있다.

이름 없음은 천지의 시작이며,

無名, 天地之始,

---

6) 그러므로……없다 : 『中庸』 16장의 "공자가 말하였다. 귀신의 덕은 융성한 것인저. 보아도 보이지 않고 들어도 들리지 않으나 만물에 체가 되어 하나도 버리는 것이 없다"(子曰, 鬼神之爲德, 其盛矣乎. 視之而弗見, 聽之而弗聞, 體物而不可遺)라는 구절을 말한다.

'무명無名'은 '무극無極'이다. 천지가 바야흐로 생성된 처음에도 이미 무극이 있었다. 혼돈스럽고 고요해서 본래 그 이름이 없다. 그러므로 천지가 이미 생성된 뒤에 태극이 비록 갖추어졌어도 무극을 형상하므로 이름할 수 없다.

無名, 卽無極也. 天地方生之始, 已有無極. 混兮窈兮, 本無其名. 故天地旣生之後, 太極雖具, 亦象無極, 不可以名之也.

【교감 및 주해】

'무명천지지시無名天地之始, 유명만물지모有名萬物之母'에 대한 구두법은 역대로 두 가지가 있었다. '무명'과 '유명'의 뒤에 구두점을 찍는 방법과 '무'와 '유'의 뒤에 구두점을 찍는 방법이 그것이다. 청대의 위원魏源은 『노자본의老子本義』 1장 주석에서 "사마광 · 왕안석王安石 · 소철 등은 모두 '유'와 '무'에 구두점을 찍었다. 하상공 등 제가들은 모두 '명'자와 '욕'자에 구두점을 찍었다"(司馬溫公 · 王安石 · 蘇轍, 皆以有無爲讀. 河上公諸家, 皆以名字欲字爲讀)라고 하였다. 백서본에는 '천지지시天地之始'가 '만물지시萬物之始'로 되어 있다.

서명응이 '무명'을 '무극'으로 풀이한 것은 '무극'의 의미를 단적으로 드러내고 있는 부분이다. 그의 "천지가 바야흐로 생한 처음에도 무극이 있었다"라는 말에서의 무극은 태극으로 바꾸어도 상관없다. 다만 서명응은 혼돈하고 고요한 점을 무명 즉 무극으로 보고 태극을 천지가 이미 생한 뒤와 관련지음으로써 무극과 태극의 표현상의 차이점을 드러내고 있다. 무극과 태극의 관계에 대해서 그는 무극이 태극의 본연이라는 관점을 취하고 있는데, 『도덕지귀』 27장의 "무극은 태극의 본래 그러한 것이다. 무극은 본래 소리나 냄새가 없고 본래 방위나 형체도 없다"(無極者, 太極之本然也. 無極, 本無聲臭, 本無方體)라는 말이 하나의 예이다. 또한 그는 무극과 태극에 대한 표현상의 차이점으로 태극을 주로 음양(의 기)과 더불어 논의한다는 특징을 보이고 있다. 『노자』 4장의 '도충이용지道沖而用之'를 해석하여 "태극이 음양의 조화로운 기운에 깃들여 있음을 말한 것이다"(言太極寄于陰陽之沖氣)라고 한 것이나 『노자』 14장의 '혼이위일混而爲一'에 대해 "'뒤섞여 하나가 되었다'라는 말은 태극과 음양이 뒤섞여 하나가 되었다는 뜻이다"(混而爲一, 太極陰陽混而爲一也)라고 주석한 것 등이 그 예이다.

이름 있음은 만물의 어미이다.
有名, 萬物之母.

'음양'이 변화·생성하고 '오행'이 뒤섞이어 만물이 되니, 음양은 곧 만물의 어미이다.

陰陽化生, 五行錯綜, 爲萬物, 則陰陽, 乃萬物之母也.

【교감 및 주해】
서명응은 '음양'을 가리켜 만물의 어미라고 하는데, 태극과 음양, 음양과 오행·만물의 관계를 설명하는 "무명, 천지지시"와 "유명, 만물지모"에 대한 이해는 대략 「태극도설」의 설과 비슷하다. 주돈이는 「태극도설」에서 "양이 변하고 음이 합함에 수·화·목·금·토를 생하고, 다섯 기운이 순하게 퍼짐에 사계절이 운행된다. 무극의 참됨과 음양·오행의 정기가 묘하게 합하여 응결되면 건도는 남자를 이루고 곤도는 여자를 이룬다. 두 기운이 교감하여 만물을 변화 생성시키니, 만물이 생성하고 생성함에 변화는 무궁하다"(陽變陰合, 而生水火木金土, 五氣順布, 四時行焉. 無極之眞, 二五之精, 妙合而凝, 乾道成男, 坤道成女. 二氣交感, 化生萬物, 萬物生生, 而變化無窮焉)라고 하여 무극(태극)-음양-오행-만물의 구조를 말하는데, 이런 점이 바로 『노자』1장에 대한 서명응의 이해와 서로 통한다는 것이다.

그러므로 항상 무욕으로써 그 오묘함을 보고,

故常無欲, 以觀其妙,

이 구절과 다음 구절은 사람들로 하여금 한 마음에서 도체의 참됨을 체인하게 한 것이다. 평상시 일삼는 바가 없는 때에 시험 삼아 마음으로 하여금 허정하고 무욕하게 하면, 이때가 곧 음양이 처음으로 생하고 태극이 처음 올라탈 때로서 끝없는 오묘한 이치가 화화생생化化生生하게 된다. 대개 이것에서 살펴보면 나의 말이 거짓이 아님을 알 수 있을 것이다.

此句及下句, 令人就一心體認道體之眞也. 言居常無事之時, 試使一心虛靜無欲, 則此正陰陽初生, 太極初乘之時, 無限妙理, 化化生生, 盖觀于此, 知吾言之不誣也.

【교감 및 주해】

'상무욕恒無欲', '상유욕恒有欲'이 백서본에는 '상무욕야恒無欲也'와 '상유욕야恒有欲也'로 되어 있다. '상무욕이관기묘常無欲以觀其妙, 상유욕이관기요常有欲以觀其徼'에 대한 구두법은 두 가지가 있다. 하나는 '상무욕', '상유욕'에 구두점을 찍는 것이고 다른 하나는 '상무', '상유'에 구두점을 찍는 것이다. 왕필·하상공 등은 첫 번째의 독법을 취하고 있다. 이 입장은 수양론과 그것을 통한 인식론을 강조하는 경우에 해당하는 것으로, 서명응도 이런 입장을 취하고 있다. 왕필은 "항상 무욕하여 그 마음을 공허하게 하면 그 물物의 시작의 묘함을 볼 수 있다"(常無欲空虛其懷, 可以觀其始物之妙)라는 입장에서 '상무욕'과 '상유욕'으로 단구한다. 그 마음을 공허하게 만든다는 것은 욕망을 다스리는 수양론과 관련이 있고, 또 도를 체득하는 인식론과도 관련이 있다. 이처럼 송대 이전에는 마음을 허정하게 만드는 수양론적인 측면에서 '무욕'과 '유욕'으로 구두를 하였다. "상무, 욕이관기묘, 상유, 욕이관기요"로 구두하는 것은 송대에 이르러 왕안석王安石, 사마광, 소철蘇轍 등이 주장한 것이다.

서명응은 이 구절과 아래 구절을 '상무욕', '상유욕'으로 구두한다. 마음을 통하여 도체道體의 진眞을 체인하는 것을 문제 삼은 구절로 보기 때문이다. 이에 따를 때 이 구절과 아래 구절은 기본적으로 도체의 참됨을 체인할 수 있는 것과 관련된 허정虛靜과 무욕無欲을 태극과 음양의 관계를 통하여 말한 것이다. 『도덕지귀』 16장의 "태극은 본래 허한 것이다. 따라서 사람의 마음이 허의 이름을 지극히 하면 태극이 여기에서 드러난다"(太極本虛. 故人心致虛之極, 則太極於是乎著矣)라는 말은 이런 점을 잘 보여 준다. 서명응은 『도덕지귀』 14장에서는 "태극은 음양의 추뉴이다"(太極, 樞紐陰陽)라고 하고 또 22장에서는 "도는 태극이 지극히 고요한 가운데 올라타 음양에 추뉴가 되니, 일기가 두루 흘러 다함이 없는 것일 뿐이다"(道者, 太極乘于至靜之中, 以樞紐於陰陽, 一氣周流無有窮已)라고 하여, 태극을 음양의 추뉴로 보고 있다.

항상 유욕으로써 그 경계를 본다.
常有欲, 以觀其徼.

'욕欲'이란, '감정'이나 '뜻' 모두가 이것이다. '요徼'는 옛날 주에서는 '규竅'로 읽었지만, 주자는 '변요邊徼'의 '요'자로 보아야 한다고 했다. '요'는 경계이고 끝이다. 만약 마음이 허하지 아니하고 고요하지 아니하여 정욕이 분연히 싹트면 이는 곧 음양이 이미 오행을 생성한 때로서, 기氣의 기틀이 주가 되고 태극이 객이 되어 이리저리 요동치고 어지러워져서 점차로 그 본연의 체를 잃게 되니, 이러한 말류의 경계에서는 선과 악이 나뉘고 화와 복이 나뉘고 길과 흉이 나뉘고 존과 망이 나뉨을 말한 것이다. 대개 이것에서 살펴보면 또한 나의 말이 거짓이 아님을 알 수 있을 것이다.

欲, 凡情意皆是也. 徼, 舊註讀作竅, 而朱子以爲當作邊徼之徼, 徼, 境也, 終也. 言若一心不虛不靜, 情欲紛然萌芽, 則此正陰陽已生五行之時, 故氣機爲主[7], 太極爲客, 推盪汩撓, 漸失其本然之體, 而末流境界爲善惡, 爲禍福, 爲吉凶, 爲存亡. 蓋觀于此, 又知吾言之不誣也.

---

[7] 主: 이 글자는 원래 '生'자로 되어 있으나 전후문맥상 '主'자가 되어야 한다. 즉 '氣機'가 주가 되고 태극이 객이 되어야 한다는 것이다. 여기서는 '主'자로 보고 고쳐서 해석하였다.

【교감 및 주해】

'관기요觀其徼'의 '요'에는 다양한 설들이 있는데, 그 설들은 크게 네 가지로 나누어 살펴볼 수 있다. 첫째, '귀歸'의 뜻으로 풀이하는 견해이다. 하상공은 "'요徼'는 돌아감이다"(徼, 歸也)라고 하였으며, 왕필도 "'요'는 끝으로 돌아감이다"(徼, 歸終也)라고 하였다. 둘째, '규窺'(구멍)의 뜻으로 풀이하는 견해가 있다. 황무재黃茂材는 '규'로 본다. 마서륜馬敍倫도 "'요'는 마땅히 '규'로 써야 한다.『설문說文』에는 '규는 구멍이다'고 했다"(徼當作窺, 說文, 窺, 空也)라고 하였다. 셋째, '변邊'(가장자리)의 뜻으로 풀이하는 견해가 있다. 육덕명陸德明은 "'요'는 가장자리다"(徼, 邊也)라고 하였으며, 진경원陳景元은 "대로변에 작은 길이 있는 것을 '요'라고 한다"(大路邊有小路曰, 徼)라고 하였다. 넷째, '교曒'자로 보는 견해가 있다. 돈황본敦煌本에는 '교曒'자로 되어 있다. 후쿠나가 미쓰지(福永光司)는 '요徼'를 '교曒'의 차자借字로 보았다.

서명응은 '관기요觀其徼'의 '요'자를 변경이나 끝의 뜻으로 풀이하는데, 이는 윤리적 차원의 이해라 할 수 있다. 욕망이 싹트면 기가 주가 되고 태극이 객이 되어 결국 선과 악 어느 하나로 흐르게 되는 것은, 음양이 오행을 생한 때는 기가 이미 주도권을 잡게 되는데 기가 주도권을 잡으면 태극이 그 본연의 체를 잃게 되어 선과 악, 화와 복, 존과 망의 경계에 서게 되기 때문이다. 따라서 태극의 본연의 체를 보존하기 위해서는 허정과 무욕이 요구된다는 것이다. 이 내용은 「태극도설」의 "두 기운이 서로 느껴서 만물을 변화 생성케 하는데, 만물은 끊임없이 서로 생성하면서 무궁한 변화를 한다. 오직 사람만이 그 중 빼어난 기운을 얻어서 가장 신령스러우니, 형체가 생성되고 나서는 정신이 앎을 발휘하게 되는 것이다. 다섯 가지 성품이 느끼고 움직여서 선함과 악함이 나누어지고 만사가 출현하게 된다. 성인은 중정과 인의로써 그것들을 안정시키고 고요함을 위주로 하여 사람의 법도를 세웠다"[8]라는 주정설主靜說을 연상시킨다. 서명응은『도덕지귀』 27장에서 음의 상태보다는 양이 추탕推盪할 때 태극의 본연한 체를 잃어버린다는 말을 한다. "무극이라는

---

[8] 周敦頤,「太極圖說」, "二氣交感, 化生萬物, 萬物生生, 而變化無窮焉. 惟人也, 得其秀而最靈. 形旣生矣, 神發知矣, 五性感動, 而善惡分, 萬事出焉. 聖人定之以中正仁義, 而主靜立人極焉."

것은 태극의 '본래 그러함'(本然)이다. 무극은 본래 소리와 냄새가 없고 방향과 장소가 없고 정해진 형체가 없지만 음양을 타는 데 미쳐서는 음양을 운용한다. 그런데 오로지 음의 고요함만이 무극의 본연을 닮았고, 양이 움직인 다음에는 기(氣)의 기틀이 성대하게 움직여서 다시는 그 본연을 볼 수가 없다. 그러므로 사람이 마음을 두고 일을 세움에는 항상 고요함을 주로 해야 한다"⁹⁾라는 말이 그것이다. 서명응이 앞 구절과 이 구절을 풀이하면서 "나의 말이 거짓이 아님을 알 수 있을 것이다"라고 두 번이나 거듭해서 말하고 있는 것은 그만큼 『노자』를 역리적 시각에서 풀이하는 자신의 견해가 옳다는 확신을 보여 주고 있다.

이 두 가지는 같은 데서 나와 이름을 달리하니, 함께 '그윽하다'고 한다.
此兩者, 同出而異名, 同謂之玄.

두 가지란 '도(道)'와 '명(名)'을 말한다. 태극과 음양이 생기면 함께 생하는 것이니, 이것을 두고 '그 나옴이 같다'는 것이다. 한편으로는 이름이 없으며 한편으로는 이름이 있으니, 이것을 두고 '그 이름이 다르다'는 것이다. 태극은 본래 충막하고 고요하며 깊은데, 음양의 처음 또한 충막하고 고요하며 깊다. 이 때문에 또 '함께 그윽하다 한다'라고 말한 것이다.

兩, 謂道與名也. 太極陰陽生, 則俱生, 是其出之同也. 一則無名, 一則有名, 是其名之異也. 太極, 固沖漠靚深, 而陰陽之初, 亦沖漠靚深. 故又曰, 同謂之玄.

【교감 및 주해】

이 구절을 구두하는 것에도 두 가지 방법이 있다. '차양자此兩者, 동출이이명同出而異名'으로 구두하는 법과 '차양자동此兩者同, 출이이명出而異名'으로 구두하는 법

---

9) 『道德指歸』, 27장, "無極者, 太極之本然也. 無極, 本無聲臭, 本無方體, 而及其乘陰陽運陰陽也, 惟陰靜肖無極之本然也. 至於陽動之後, 則氣機推盪, 不復見其本然."

이 그것이다. 오징吳澄·진경원陳景元·감산憨山 등 소수만이 "차양자동, 출이이명"으로 구두점을 찍을 뿐이고, 대다수 학자들은 "차양자, 동출이이명"으로 구두점을 찍는다. '차양자동, 출이이명'과 '차양자, 동출이이명' 이 둘을 상대적으로 비교한다면, '차양자동, 출이이명'이 '같다(同)는 점'을 강조한다면 '차양자, 동출이이명'은 '함께 나온다(出)는 점'을 강조한다고 할 수 있다. 여기서 '양자兩者'가 무엇을 말하는가 하는 것은 사람에 따라 다르다. 왕필은 '무명, 천지지시'의 '시始'와 '유명, 만물지모'의 '모母'라 하였고, 하상공은 '상무욕, 이관기묘'의 '무욕無欲'과 '상유욕, 이관기요'의 '유욕有欲'이라 하였다. 송대 이후에는 일반적으로 '무'와 '유' 및 '상무'와 '상유'로 구두하면서 '차양자'가 위 문장의 '무'와 '유' 혹은 '상무'와 '상유'를 가리킨다고 해석해 왔는데, '유'와 '무'는 도에서 '함께 나왔다'는 것이 바로 이 해석의 주된 요점이다. 즉 이 해석에서는 '나왔다'(出)는 것이 강조되는 것이다.

서명응은 태극과 음양을 통해 『노자』를 이해하고자 한다. '차양자此兩者'의 '양자'를 도와 '명'으로 본 것은 결국 태극과 음양을 말하는 것으로, 앞서 태극과 음양의 관계로 『노자』를 이해하는 그의 입장에서 볼 때는 당연한 이해라고 할 수 있다. 태극과 음양이 비록 이름이 없고 있음의 차이는 있지만 서로 선후가 없고 떨어져 있지 않은 채 동시공존하고 있음을 말하는 것은 정통 성리학자들의 이해와 크게 다르지 않다.[10] 다만 태극을 '음양의 처음'과 관련지어 이해하는 것이 주목된다.

그윽하고 또 그윽하니 온갖 오묘함의 문이다.
玄之又玄, 衆妙之門.

비록 함께 일러 그윽하다고 한다 말하였지만 태극은 곧 그 그윽한 가운데서

---

10) 『性理大全』, 권72, "이른바 태극이란 곧 음양 속에 있는 것이요, 이른바 음양이란 곧 태극 속에 있는 것이다. 오늘날 사람들이 음양 위에 따로 형태도 없고 그림자도 없는 것을 가리켜 태극이라 하는 것은 틀린 것이다"(所謂太極者, 便只在陰陽裏, 所謂陰陽者, 便只在太極裏. 今人說是陰陽上別有一箇無形無影底是太極, 非也) 구절 참조

그윽한 것이니, 그 그윽함이 더욱더 그윽하다. 그러므로 온갖 오묘함이 이것에 말미암아 나온다. '문門'이라고 한 것은 만물이 이로부터 나오기 때문이다.

雖同謂之玄, 而太極乃其玄中之玄, 其玄尤玄. 故衆妙由此而出也. 門者, 物之所從出也.

【교감 및 주해】

왕필은 "온갖 미묘한 것들이 모두 같은 곳으로부터 나왔기 때문에 '중묘지문'이라 하였다"(衆妙皆從同而出, 故曰衆妙之門)라고 주석하였다.

서명응은 '현玄'과 관련된 것을 태극이 내재한 것과 연계하여 이해함으로써 역시 태극의 내재를 강조하고 있다.

위의 내용은 제1장이다.

右第一章.

【총설】

서명응은 노자가 말하는 도를 역의 태극으로 풀이하되 『노자』 1장을 전반적으로 태극음양론과 오행을 통하여 이해하고 있다. 노자의 도를 태극으로 이해하는 것은 주희로부터 시작된 유학자들의 노자의 도에 대한 견해를 따른 것이다. 서명응은 특히 주돈이의 「태극도설」의 사유를 응용하여 『노자』 1장을 풀이하는 특징을 보이고 있다. 또한 그는 역의 이치에 대한 노자의 이해가 심오하고 매우 절실하였다고 말하는데, 이러한 평가는 『노자』를 조화설로 이해하는 방식으로 나타난다. 『도덕지귀』 제1장은 서명응의 『노자』 이해를 가장 압축적으로 보여 주고 있는데, 그가 여기서 "나의 말이 거짓이 아님을 알 수 있을 것이다"라고 말한 것은 역리적 시각에서의 『노자』 이해에 대한 강한 확신을 보여 주는 대목이다. 사실 이러한 이해는 중국에서도 보기 드문 주목할 만한 해석으로, 그의 이러한 역리적 해석은 이후 선천역과 내단사상과 결합되어 보다 정치한 이해로 나타난다. 서명응은 이와 같은 논의의 바탕에서 노자를 양생술과 처세술로 이해하는 특징을 보인다.

무릇 1장을 한 절로 삼은 것은 태극의 하나(一)를 본뜬 것이다. 대개 노자는 '대역大易'11)이 오로지 음양만을 말하고 오행은 말하지 않은 것을 보고서, 마침내 태극이 음의 고요함에 갖추어져 있는 것이 천지가 바야흐로 생겨나는 본연이며 도가 거기에 있는 것이라 생각하였다. 그러므로 몸을 닦고 본성을 다스리며 백성을 교화하고 나라를 다스리는 것이 모두 도에 기반하여 응용해 나간 것으로, 무無로써 유有를 제어하고12) 허虛로써 실實을 제어하며 부드럽고 약한 것으로써 강하고 굳센 것을 제어하는 것이다. 비록 인의仁義와 같은 것이라 하더라도 또한 오행으로부터 품부한 것이라 보았기 때문에 대수롭지 않게 여겼다. 노자는 이 책을 지을 때 스스로 그 말이 조화를 본뜬 것이라 여겼기 때문에 또한 장과 절을 구분함에 있어서도 모두 역수易數로써 상을 세웠던 것이다.13) 공자는 "지혜로운 자는 도를 보고 지知라 한다"14)라고 했고 또 (『중용』에서는) "지혜로운 자는 지나친다"15)라고 하였는데, 이는 모두 노자를 가리킨 말이다. 그러나 노자는 역의 이치에서 매우 절실한 것을 간파해

---

11) 대역 : 서명응은 선천역을 大易이라고 표현한다. 일반적으로, 황하에서 나온 龍馬의 등에 그려진 그림(河圖)을 기초로 복희가 그린 無文字 四圖를 선천역이라 하고, 낙수에서 나온 신성한 거북(神龜)의 등에 그려진 무늬(洛書)를 문왕이 부연한 것을 후천역이라 한다.
12) 무로써 유를 제어하고 : 『周易參同契』 상편 「坎離二用」 제2장에 나오는 말이다. 즉 "만물을 감싸 안은 것이 도의 기강이 되는데, 무로써 유를 제어하니 그릇의 쓰임이 비게 된다. 그러므로 해와 달의 줄고 늚을 미루어 감과 리가 없어지게 된다"(包裹萬物, 爲道紀綱. 以無制有, 器用者空. 故推消息, 坎離沒亡)라는 말이 그것이다. 『도덕지귀』 12장에서도 '實其腹'에 대해 '이무제유'로 풀이하고 있다.
13) 역수로써…… 세웠던 것이다 : 앞의 '해제'에서 도경과 덕경을 각각 36장과 45장으로 나눈 것에 관해 설명한 부분 참조.
14) 지혜로운……지라 한다 : 『周易』, 「繫辭傳上」 5장, "인자한 자는 그것을 보고 인이라 말하고, 지혜로운 자는 그것을 보고 지라고 말한다"(仁者, 見之謂之仁, 知者, 見之謂之知) 참조.
15) 지혜로운……지나친다 : 『중용』 4장의 "공자가 말하기를, 도가 행해지지 않음을 나는 알았다. 지혜로운 자는 지나치고 어리석은 자는 미치지 못한다"(子曰, 道之不行也, 我知之矣. 知者過之, 愚者不及也) 구절 참조.

내었다. 그렇기 때문에 소강절은 "노자는 역의 체를 얻었다"[16]라고 말하였으며, 주자는 "노자가 이 도리를 이해하였다"[17]라 하고 또한 "'지극히 묘한 이치에는 생생의 뜻이 있다' 한 것은 정자가 노자에게서 취한 설이다[18]"라고 말했던 것이다. 이처럼 (선유들이) 노자를 인정한 점이 이미 많다.

凡一章爲一節而象太極之一. 盖老子見大易專言陰陽, 不言五行, 遂以爲太極具於陰靜之中者, 乃天地始生之本然, 而道於是乎在也. 故修身理性化民治國, 皆是道之推焉, 而以無制有, 以虛制實, 以靜制動, 以柔弱制強剛, 雖如仁義, 亦以五行所稟而不屑爲也. 其爲此書, 自以其言侔擬造化, 且凡分章作節, 皆以易數立象. 孔子曰, 知者見之謂之知, 又曰, 知者過之, 指老子也. 然其於易理則看得深切. 故邵子曰, 老子得易之體, 朱子曰, 老子見得此箇道理, 又曰, 至妙之理, 有生生之意, 程子所取老氏之說者也. 其許與老子亦已多矣.

【교감 및 주해】

『도덕지귀』의 '도경'은 태극의 1을 중심으로 천지 또는 음양과 관련된 숫자 5·6·7·8·9를 통하여 분절하고 있다. 서명응은 역의 이치에 대한 노자의 이해가

---

16) 노자는······얻었다 : 소옹은 『皇極經世書』 「觀物外篇下」 6에서 "노자는 역의 체를 알았다"(老子知易之體者也), "노자가 말한 오천언은 대개 모두 사물의 이치를 밝힌 것이다"(老子五千言, 大抵皆明物理)라고 말하였다.
17) 노자가······이해하였다 : 『朱子語類』, 권125, "소강절이 일찍이 말하기를 '노자는 역의 체를 얻었고 맹자는 역의 용을 얻었다' 하였는데, 이것은 그릇된 것이다. 노자는 스스로 노자의 체용이 있고, 맹자는 스스로 맹자의 체용이 있다. 『노자』 36장에 '장차 취하고자 한다면 반드시 먼저 주어라' 하는 것은 노자의 체용이다. '마음을 보존하고 성을 길러 그 사단을 확충하라' 하는 것은 맹자의 체용이다"(康節嘗言, 老氏得易之體, 孟子得易之用, 非也. 老子自有老子之體用, 孟子自有孟子之體用. 將欲取之, 必固與之, 此老氏之體用也. 存心養性, 充廣其四端, 此孟子之體用也) 구절 참조.
18) 지극히······취한 설이다 : 『朱子語類』, 권125, "'계곡의 신은 죽지 않는다는 것은 무슨 뜻입니까?'라고 물으니 이렇게 답하였다. 계곡의 텅 빔은 소리가 도달하면 메아리가 응하는 것이니, 이것이 신의 조화의 자연스런 것이다. 이것을 일러 그윽한 암컷이라 한다. 현은 묘한 것이다. 암컷은 받은 바가 있어서 만물을 낳을 수 있음을 말한다. 지극히 묘한 이치에는 생생의 이치가 있으니, 정자가 노자의 학설을 취한 이유이다"(問, 谷神不死. 曰, 谷之虛也, 聲達焉則響應之, 乃神化之自然也. 是謂玄牝, 玄, 妙也. 牝是有所受而能生物者也. 至妙之理, 有生生之意焉. 程子所以取老氏之說也) 참조.

매우 절실하였다고 말한 뒤 그 구체적인 예로 소옹이 『황극경세서』「관물외편하」에서 "노자는 역의 체를 알았다"(老子知易之體者也)라고 한 것과, 주희가 "노자는 이 도리를 이해하였다"라고 말하고 또 『노자』의 생생지리生生之理의 관점을 정이가 취했음을 언급한 것 등을 든다. 즉 노자는 우주론적 생성론과 관련하여 조화설에 대한 이해가 깊었다는 것이다. 이런 이해는 이이李珥가 『순언』에서 노자사상은 상달처上達處를 말한 것이라고 한 경우와 통한다고 본다. 서명응은 선천역과 후천역을 구분하는 기준으로, 오행이 제시되지 않은 음양의 논리는 선천역이며 음양에 오행의 논리가 결합된 것은 후천역이라고 보았다. 대역大易이 음양만을 말하고 오행을 말하지 않았다는 표현은 『선천사연』의 "하도는 조화의 전체로서 오행 이전의 음양과 오행 이후의 음양을 아울러 포함한다. 그러므로 복희가 법칙으로 한 것은 오행 이전의 음양이지만 오행 이후의 음양이 그 속에 포함된다"[19]라는 말에서도 그대로 나타난다. 이러한 관점에서 선천역은 그 자체로 후천을 포함하고 있는 것이 되고, 이는 자연스럽게 선천역이 체가 되고 후천역이 용이 된다는 체용론의 논리적 전개로 이어진다. 그래서 서명응은 소옹의 "선천은 체이니 천지에 앞서 선 것이고, 후천은 용이니 천지의 뒤에 일어난 것이다. 이것도 공자의 문하에서 유전한 명언이다"[20]라는 말을 인용하고, 또 "지금 선천·후천 두 가지 역의 의미로써 천지의 체용을 궁구하건대, 선천은 음양의 논리이기에 대대對待이며 후천은 오행의 논리이기에 반대反對이다"[21]라고 말하고 있다. 그는 특히 노자가 우주론적 형이상학을 말하였다는 점을 "태극이 음의 고요함 속에 갖추어져 있다고 여겼으니, 이에 천지가 바야흐로 생겨나는 본연에 도가 거기에 있다는 것을 알았다"라는 식으로 표현하였는데, 이것은 음과 양, 동과 정 가운데 음과 정을 중시하는 사유이다. 다른 말로 바꾸어 말하면, 노자는 동動으로 드러나는 구체적인 현실세계보다는 드러나지 않는 적연부동寂然不動의 정靜의 세계를 더 중요시하였다는 것이다. 그는 이런 점에서 노자가 '이무제유

---

[19] 『先天四演』,「後天象箋」3, "河圖是造化之全體, 而並包五行以前之陰陽與五行以後之陰陽. 故伏羲之則, 則其五行以前之陰陽, 而五行以後之陰陽, 包括於其中."
[20] 『先天四演』,「先後天箋」, "(康節每稱先天爲先天, 後天爲後天, 曰) 先天體, 立天地之先, 後天用, 起天地之後, 此亦自孔門流傳之名言也."
[21] 『先天四演』,「先後天箋」, "今以先後二易, 參究天地之體用 則先天對待也, 後天反對也."

以無制有', '이허제실以虛制實', '이정제동以靜制動', '이유약제강강以柔弱制剛强' 등을 말했다고 본다. 즉 노자는 본체에 해당하는 무, 허, 정, 유약 등을 중시하고 현상에 해당하는 유, 실, 동, 강강 등을 소홀히 하였다는 것이다. 다른 말로 하면, 태극과 음양만 말하고 오행 이하는 말하지 않았기 때문에 인간의 구체적인 현실세계의 삶에 필요한 인의 같은 윤리적 덕목에 대해서는 소홀하게 되었다는 것이다. 사실 이런 것은 노자의 본지에 거의 맞는 해석이라고 할 수 있다. 왜냐하면 노자는 동보다는 정을, 유보다는 무를, 실보다는 허를 중시하였기 때문이다. 서명응은 기본적으로 도를 인식론적 관점에서 이해하고 있다. 그는 '도'란 언어로 표현할 수 없는 인식 불가능한 것임을 말하되 이것을 역리적 사유를 빌려 표현하고 있는 것이다.

제2장

세상 사람들 모두가 (어떤) 아름다움을 아름다운 것으로만 여기지만 이것은 추할 따름이고, 모두가 선이 선인 줄로만 여기지만 이것은 선하지 않을 따름이다.

天下皆知美之爲美, 斯惡矣, 皆知善之爲善, 斯不善矣.

태극이 비록 지극히 아름다운 것이기는 하지만 소리와 냄새가 없기 때문에 사람들은 그것이 아름다운 것인 줄 모른다. 만약 소리와 냄새가 있어 그것을 볼 수 있다면, 그 아름다움에는 또 반드시 아름답지 않은 것이 있게 된다. 음양의 처음이 비록 순수하고 지극히 선하지만 그 모양과 바탕(形質)이 없기 때문에 사람들은 그 선함을 알 수가 없다. 만약 모양과 바탕이 이루어져 볼 수가 있다면, 그 선함에는 또 반드시 선하지 않은 것이 있게 된다.

太極, 雖至美, 然以其無聲臭, 故人不見其爲美焉. 若有聲有臭而可見, 則其美者, 又必有不美者存也. 陰陽之始, 雖亦純粹至善, 然以其無形質, 故人不見其爲善焉. 若成形成質而可見, 則其善者, 又必有不善者存也.

【교감 및 주해】

왕필은 "아름다움이란 사람들의 마음이 좋아하는 것이고, 추함이란 사람들의 마음이 싫어하는 것이다. 아름다움과 추함은 희노와 같고, 선과 불선은 옳고 그름과 같다. 희와 노는 같은 뿌리이며, 시와 비는 같은 문이다. 그러므로 한쪽만을 들어서는 안 된다"(美者人心之所進樂也. 惡者人心之所惡疾也. 美惡猶喜怒也, 善不善猶是非也. 喜怒同根, 是非同門. 故不可得而偏擧也)라고 하였다. 육희성陸希聲은 "사람들이 말하는 아름다움과 추함이란 모두 정에서 나왔다. 정에 적합한 것은 아름다움이 되고, 정에 거스르는 것은 추함이 된다. 선이니 불선이니 하는 것 또한 마찬가지이다"(夫人之所謂美惡皆生于情. 以適情爲美, 逆情爲惡. 以至善不善亦然)라고 하였다. 이가모李嘉謀(息齋)는 "사람들은 모두 아름다움이 아름다움인 줄로만 알고 있지만, 추함이라는 이름이 이미 아름다움으로부터 생겨난 것임을 알지 못하고 있다. 사람들은 모두 선이 선인 줄로만 알고 있지만, 불선이라는 이름이 이미 선으로부터 생겨난 것임을 알지 못하고 있다"(人皆知美之爲美, 而不知惡之名已從美生. 人皆知善之爲善, 而不知不善之名已從善起)라고 하였다. 모두 미·추와 선·악을 상대적 개념으로 이해한 것이다.

주석가들은 대개 이 문장이 미와 추, 선과 불선을 정과 관련지어 말하거나 상대적 개념으로 설명한 것이라고 해석하는데, 서명응은 미와 추, 선과 불선을 태극 및 음양과 관련지어 논하는 특징을 보인다. 특히 태극과 음양이 구체화된 이후 즉 모양과 바탕이 구체화된 이후에 미와 추, 선과 악이 나타난다고 하는 서명응의 말은, 「태극도설」에서 태극, 음양, 오행, 만물로 이어지는 생생의 과정을 설명하면서 "오직 사람만이 그 중 빼어난 기운을 얻어서 가장 신령스러우니, 형체가 생성되고 나서는 정신이 앎을 발휘하게 되는 것이다. 다섯 가지 성품이 느끼고 움직여서 선함과 악함이 나누어지고 만사가 출현하게 된다"(惟人也, 得其秀而最靈, 形旣生矣, 神發知矣, 五性感動而善惡分, 萬事出矣)라고 말하고 있는 것을 연상시킨다.

따라서 유와 무가 서로 낳고, 어려움과 쉬움이 서로를 이루고, 길고 짧은 것이 서로 드러내고, 높음과 낮음이 서로 기울고, 음과 소리가 서로 조화를 이루고, 앞과 뒤가 서로 따른다.

故有無相生, 難易相成, 長短相形, 高下相傾, 音聲相和, 前後相隨.

기의 기틀이 유행해서 양이 변하고 음이 합하여 모양과 바탕을 이룬 뒤에 들쑥날쑥 서로 대립하게 됨으로써 오만 가지의 가지런하지 않음이 있다는 것을 두루 거론하고, 이로써 도의 근원이 참으로 한결같아 상대가 없음을 드러내었다.

歷擧氣機流行, 陽變陰合, 成形成質之後, 參差相對, 有萬不齊者, 以見道之本始, 眞一無對.

【교감 및 주해】

'고유무상생故有無相生'을 비롯한 각각의 구절을 보면, 백서본은 '고故'자가 빠지고 각각의 구절에 '지'자와 '야也'자가 첨가되어 '유무지상생야有無之相生也'와 같은 형식으로 되어 있으며, 전국시대의 판본인 죽간본竹簡本도 백서본과 같이 되어 있다. 돈황본·수주비본遂州碑本·고환본顧歡本에도 '고'자가 빠져 있다. 현행본에는 '장단상형'의 '형形'이 '교較'로 되어 있으나 죽간본·백서본·하상공본·부혁본傅奕本 및 기타 고본古本에는 모두 '형形'으로 되어 있는데, 위원魏源은 "왕필본에는 '형'이 '교'로 되어 있으나 경傾과의 운이 부합되지 않는다"(王弼本, 形作較, 與傾韻不協)라고 하였으며 필원畢沅 또한 "본문은 '형'과 '경'으로 운을 이루고 있으니, '교'라고 쓴 것은 합당하지 않다"(本文以形與傾爲韻, 不應作較)라고 하였다. 왕필본을 비롯한 통행본에 있는 '고하상경'의 '경傾'이 백서본에는 '영盈'으로 되어 있고, 죽간본에는 '영浧'으로 되어 있다. '영浧'은 '영盈'의 차자借字이다. 엄영봉嚴靈峰은 '경傾'자를 '능멸하다'(陵), '경쟁하다'(競)의 뜻으로 보았다. '음성상화'에 대해 하상공은 "윗사람이 선창하면 아랫사람이 반드시 화답하는 것이다"(上唱下必和也)라고 하였다. '전후상수'의 '전前'자가 죽간본·백서본·돈황본·성현영소成玄英疏·수주비본·고환본에는 '선先'으로 되어 있다. 이에 대해 장석창蔣錫昌은 "『노자』에서는 선과 후를 연결하여 말하고 있으니, 여기서만 유독 다르게 사용한 것은 합당하지 않다. 예를 들면 7장의 '시이후기신이신선是以後其身而身先', 66장의 '욕선민필이신후지欲先民必以身後之', 67장의 '사후차선舍後且先'이 모두 그 증거이다"라고 하였다. 조선조 홍석주는 "'유무' 이하의 여섯 가지는 모두 상반되면서도 서로 기인함을 말한 것이다"(有無以下六者, 皆相反而相因者也)라고 하였다.

서명응은 이 구절을 해석하여, 기의 기틀이 유행한 이후 음양의 작용에 의해 전개되는 현상계의 다양한 모습을 거론하고 그것과 대비되는 차원에서의 도의 근원이 한결같음을 밝힘으로써 도와 만물의 차이점을 말하고 있다고 하였다.

이런 까닭에 성인은 무위의 일에 처하고 말없는 가르침을 행한다.
是以聖人處無爲之事, 行不言之敎.

'무위의 일'은 태극의 처음을 체득함이며, '말없는 가르침'은 음양의 처음을 본받음이다.
無爲之事, 體太極之始也, 不言之敎, 法陰陽之初也.

【교감 및 주해】

'시이是以'에 대해 많은 학자들은 '시이' 앞의 문장과 그 이하의 문장이 서로 뜻이 통하지 않음을 지적하고 있다. 가령 고형高亨의 경우에는 "시이是以 두 글자는 아마도 후대 사람이 덧붙인 것 같다. 노자서는 본래 장을 나누지 않았는데 후대 사람이 그것을 억지로 나누었으니, 문의가 서로 통하지 않음에도 불구하고 합하여 하나의 장으로 삼은 것이 있다. 마침내 '시이' 혹은 '고故' 등의 글자로써 그것들을 연관시켰는데, 이러한 사례는 아주 많다…… 본 장에서 앞의 8구는 노자의 상대론이고 이 뒤의 8구는 노자의 정치론이다. 문의가 끊기어 서로 연관되지 않는 것으로 볼 때 본래는 '시이' 두 자가 없었음이 분명하다"라고 지적하고 있다.

서명응은 이 구절의 '무위의 일'(無爲之事)과 '말없는 가르침'(不言之敎)을 해석할 때 태극음양론을 운용하여, '무위의 일'은 태극의 처음을 체득한 것이고 '말없는 가르침'은 양의 처음을 본받음이라고 하여 각각 달리 풀이하고 있다. 태극음양론을 순차적으로 적용할 때 나타날 수 있는 이해로 보이는데, 이런 식의 이해는 앞에서도 이미 나왔다고 할 수 있다.

도는 만물을 이루지만 말하지 않고
萬物作而不辭,

'말하지 않는다'(不辭)란 '번잡스럽게 말하지 않음'을 가리키는 것이다. 이것은 '말없는 가르침'에 해당한다.
不辭, 謂不煩辭說也. 此不言之敎也.

【교감 및 주해】
'불사不辭'가 죽간본과 백서본에는 '불시弗始'로, 부혁본・성현영소・돈황본・범응원본范應元本에는 '불위시不爲始'로 되어 있다. '사辭'에는 여러 가지 설이 있다. 첫째, '사양하다'로 보는 견해이다. 하상공은 "만물은 제각각 스스로 움직이나, 사양하지 않고 도를 맞이한다"(各自動也, 不辭謝而逆之)라고 하였다. 둘째, '말하다'로 보는 견해이다. 엄영봉은 "사계절이 운행되고 만물이 생겨나지만 하늘이 무슨 말을 하는가? 천지에는 커다란 아름다움이 있지만 말하지 않고, 사계절은 밝은 법칙이 있지만 의론하지 않고, 만물에는 이루는 이치가 있으면서도 언설하지 않는다. 이를 일러 '대도가 만물을 화육하되 말하지 않는다'고 한 것이다"(四時行焉, 百物生焉, 天何言哉! 天地有大美而不言, 四時有明法而不議, 萬物有成理而不說. 此謂大道化育萬物而不言說也)라고 하였다. 넷째, '주재하다'로 보는 견해이다. 고형은 辭를 '사司'의 뜻으로 보면서, 그 예증으로 『노자』 10장과 51장에 '장이부재長而不宰'가 있음을 든다.

'말없는 가르침'을 '번잡하게 말하지 않는 것'이라고 풀이하는 것으로부터 서명응이 말을 무조건 부정하지는 않았음을 엿볼 수 있다.

만물을 생겨나게 하지만 지니지 않고, 만물에게 은혜를 베풀지만 자랑하지 않으며, 공을 이루지만 머무르지 않는다.

生而不有, 爲而不恃, 功成而不居.

'지닌다'(有)는 것은 '스스로에게 공이 있다고 여김'을 말한 것이다. 이 구절은 '무위의 일'에 해당한다.

有, 謂自有其功也, 此無爲之事也.

【교감 및 주해】
위의 구절과 이 구절이 왕필본을 비롯한 통행본에는 "만물작언이불사萬物作焉而不辭, 생이불유生而不有, 위이불시爲而不恃, 공성이불거功成而不居"로 되어 있는데, 죽간본에는 "만물작이불시야萬物作而弗始也, 위이불지시야爲而弗志恃也, 성이불거成而弗居"로, 백서을본帛書乙本에는 "만물석작이불시萬物昔作而弗始, 위이불시시야爲而弗侍恃也, 성공이불거야成功而弗居也"로 되어 있어 '언焉'자가 없다. 경룡비본景龍碑本·경복본景福本·누고본樓古本·팽사본彭耜本·오징본吳澄本 등에도 역시 '언'자가 없다. 죽간본과 백서갑본帛書甲本에는 '시恃'가 '지志'로 되어 있는데, 『곽점초묘죽간郭店楚墓竹簡』과 『백서노자교주帛書老子校註』(高明)에서는 '지'를 '시'의 차자로 보았다. 죽간본·백서본·돈황본·수주비본에는 통행본과 달리 '생이불유生而不有'가 빠져 있다. '공성이불거功成而不居'의 '거居'가 범응원본에는 '처處'로 되어 있다.

서명응은 이 구절을 '무위의 일'에 해당한다고 이해한다.

머무지 않기에 떠나가지 않는다.

夫唯弗居, 是以不去.

성인은 오직 아름다움과 선함의 실질에 머무르지 않기 때문에, 아름다움과 선함의 이름이 그를 떠나지 않는다.

惟其不居美與善之實, 所以不去美與善之名也.

【교감 및 주해】

조선조 박세당朴世堂은 "거去는 '떠난다'는 말이다. 성인은 그가 행한 선함과 아름다움에 스스로 머무르지 않으므로, 선함과 아름다움이 그에게서 떠나가지 않는다"(去, 離也. 不自居其善美, 是以善美不離於其身也)라고 하였다.

서명응은 '실질'(實)을 강조하면서 이 구절을 풀고 있다.

위의 내용은 제2장이다.

右第二章.

【총설】

서명응은 이 장 각각의 구절을 태극과 음양의 관점으로 풀이함으로써 여타의 주석가들과 차이점을 보인다. 그가 태극과 음양론에 입각하여 『노자』를 이해한 것을 단적으로 보여 주는 장이라고 할 수 있다.

제3장

현명함을 숭상하지 않는다면 백성들로 하여금 다툼이 없게 할 수 있다.
不尚賢, 使民不爭.

비록 현명한 자를 등용하더라도 그 현명한 자를 숭상한 흔적을 드러내지 않는다면 아래 백성들로 하여금 명예를 다투는 마음이 일어나지 않게 할 수 있다. 이것은 사람을 쓸 때의 무위이다.

雖用賢者, 而不露其尙賢之跡, 則可使下民, 不起爭名之心. 此用人之無爲也.

【교감 및 주해】
　백서본·수주비본·경룡비본에는 '상현尙賢'이 '상현上賢'으로 되어 있고, 돈황본에는 '상보上寶'로 되어 있다. 대다수 주석가들은 '상현尙賢'을 "어짊을 숭상하지 말아야 한다"는 식으로 풀이하고 있다.
　유학자인 서명응은 '불상현'을 '사람을 쓸 때의 무위'에 해당한다고 풀이함으로써 유가적 '상현'과 도가적 '불상현'의 충돌을 해결하고 있다.

얻기 어려운 재물을 귀하게 여기지 않는다면 백성들로 하여금 도둑질하지 않게 할 수 있다.

不貴難得之貨, 使民不爲盜.

얻기 어려운 재화 보기를 거름 보듯이 한다면 아래 백성들로 하여금 훔치려는 마음이 일어나지 않게 할 수 있다. 이것은 재물을 관리할 때의 무위이다.

視難得之貨如糞土, 則可使下民不起盜竊之心. 此理財之無爲也.

【교감 및 주해】

하상공은 "임금이 진귀한 보배를 좋아하지 않아서 황금을 산에다 버리고 보옥을 연못 속에다 던지니, 위가 맑고 고요하면 아래에 탐하는 사람이 없게 됨을 말한 것이다"(言人君不御好珍寶, 黃金棄於山, 珠玉捐於淵. 上化淸靜, 下無貪人)라고 하였다.

서명응이 이 구절을 "얻기 어려운 재화 보기를 거름 보듯이 해야 한다"고 풀이한 것은 기존의 주석가들과 큰 차이가 없지만, 이 구절의 전체 의미를 '재물을 관리할 때의 무위'라 한 것에서 다른 주석가와의 차이점이 드러난다.

욕심낼 만한 것들을 보이지 않는다면 백성들의 마음을 어지럽지 않게 할 수 있다.

不見可欲, 使心不亂.

욕심낼 만한 일을 백성들에게 보이지 않는다면 백성들의 마음이 저절로 어지럽지 않게 된다. 이것은 백성을 다스릴 때의 무위이다.

不以可欲之事, 示之於民, 則民心自然不亂. 此治民之無爲也.

【교감 및 주해】

'사심불란使心不亂'은 하상공본을 따른 것으로, 왕필본에는 '사민심불란使民心不

亂', 백서을본에는 '사민불란使民不亂'으로 되어 있다.

서명응은 이 구절을 '백성을 다스리는 데 있어서의 무위'로 풀이하고 있다.

이런 까닭에 성인의 다스림은 백성들의 마음을 비우고 배를 채우며 뜻을 약하게 하고 뼈를 강하게 만든다. 항상 백성들로 하여금 앎을 없게 하고 욕심을 없게 하여 지혜로운 자로 하여금 감히 함이 없게 한다.[앞의 '지知'자는 글자 그대로의 의미이고, 뒤의 '지知'자는 거성이다.]

是以聖人之治, 虛其心, 實其腹, 弱其志, 强其骨. 常使民無知無欲, 使夫知者不敢爲也.[上知如字, 下知去聲]

대녕설씨(薛蕙)[1]는 "고요하고 담담하여 생각함이 없으면 마음이 비워지고, 신과 기를 안에서 지키면 배가 채워지고, 물러나 낮추어 함이 없으면 뜻이 약해지고, 정기와 기력을 소모시키지 않으면 뼈가 강해진다"[2]라고 하였다. 사람의 마음은 본래 이와 같이 앎이 없고 욕심이 없었다. 그러므로 백성들로 하여금 앎을 없게 하고 욕심을 없게 하여 다만 근본으로 돌아가게 해야 할 따름이다. 지혜로운 자는 일을 만들기를 좋아하는 것으로써 천하 백성들을 어지럽히지만, 이미 백성들이 아는 것이 없고 욕심이 없다면 비록 지혜로운 자라

---

1) 대녕설씨 : 薛蕙를 가리킨다. 자는 君采, 호는 西原으로, 毫州人이다. 嘉靖 辛丑 正月에 53세로 죽었다. 『爲人後解』, 『爲人後辨』, 『老子集解』를 지었다. 黃宗羲는 『明儒學案』 「諸儒學案」 하1에서 설혜에 관해 다루었다. 설혜는 처음에 양생가의 말을 좋아하여 澄慮默照하기를 몇 년 하였다가, 오랜 시간이 흐른 뒤에 문득 깨닫고 "이것은 생사에 장애가 될 뿐이니 배울 것이 못 된다"(此生死障耳, 不足學) 하였다. 그리하여 다시 노불의 책을 읽어 虛無慧寂의 학설을 얻었는데, 이것은 마음에 거슬리지 않았다고 한다. 『노자집해』의 서문에서는 "방사들은 양생을 말하면서 곧잘 성명 밖의 것을 들먹이는데, 이는 양생지술이란 양성을 넘어서는 것이 아님을 모르는 것이다. 세상의 유자는 대개 성을 알고 천을 안다고 하면서 양생을 배척하는데, 그 성을 기르는 것이 하늘의 도와 같아져 죽지 않게 되는 것과 같음을 모르는 것이다"(方士之言養生者, 往往穿鑿於性命之外, 不知養生之道不越乎養性. 世儒率言知性知天, 而斥小養生, 不知養其性者, 卽同乎天道而不亡)라고 하여 '養生'이 곧 '養性'이라고 말하였다.
2) 고요하고……강해진다 : 薛蕙의 『老子集解』 3장의 주.

해도 행할 만한 일이 없게 된다.

大寧薛氏曰, 恬淡無思, 則心虛, 神氣內守, 則腹實, 退懦無爲, 則志弱, 精力不耗, 則骨强. 夫無知無欲, 人心本如是. 故使民無知無欲, 只是反其本而已. 知者, 好生事以擾天下民, 旣無知無欲, 則雖有知者, 無事可爲也.

【교감 및 주해】

조선조 홍석주는 "외물이 유혹하지 못하므로 '허'라 하고, 힘써 일해 먹어서 굶주리지 않으므로 '실'이라 한다. 다투지 않으므로 '약'이라 하고, 부지런히 일하므로 '강'이라 한다. 사물에 애착함이 없고 남과 다툼이 없으니, '앎이 없고 욕심이 없다'고 할 만하다. 앎이 없는 자는 이미 행함이 없어서 아는 자가 또한 그 사이에 간여할 수 없으니, 천하가 모두 조용히 무위하게 된다"(外物不入, 故謂之虛, 食力而不饑, 故謂之實. 不爭, 故謂之弱. 勤其事, 故謂之彊. 於物無所慕, 於人無所爭, 可謂無知無欲矣. 無知者, 旣無所爲, 有知者, 亦不敢干於其間, 而天下皆恬然無爲矣)라고 하였다. 왕필본·하상공본 등 통행본에는 '사부지자使夫知者'의 '지'가 '지智'로 되어 있다. 백서본은 '사부지자불감위야使夫知者不敢爲也' 대신 "사부지使夫知, 불감불위이이不敢不爲而已, 즉무불치의則无不治矣"라는 구절을 두면서 이 장을 끝맺고 있다. 고환본에는 '상사민무지무욕常使民無知無欲'의 '민'이 '심심'으로 되어 있고, 수주비본에는 '민'자가 없다.

서명응은 설혜의 양생적 관점을 인용하면서 인간들로 하여금 무지·무욕을 통해 인간의 본래 모습으로 돌아가야 함을 말하고 있다.

무위를 행하면 곧 다스려지지 않음이 없다.

爲無爲, 則無不治矣.

행하되 무위하면 다스려지지 않음이 없게 된다. 이 문장은 위 글 전체에 대한 결론에 해당한다.

爲之而無爲則無不治. 此總結上文.

【교감 및 주해】

왕필본·하상공본 등 통행본에는 끝에 '의矣'자가 없다. 백서본은 '위무위爲無爲' 없이 '즉무불치의則无不治矣'만을 두어 앞의 구절에 곧장 연결시키고 있다.

대부분의 주석가들은 '위무위爲無爲'를 '무위를 행하면'이라고 풀이하고 있다. 가령 하상공河上公은 "조작함이 없고 움직임이 순리를 따른다면 덕스런 교화가 두텁게 되어 백성들이 안정되어진다"(不造作, 動因循, 德化厚, 百姓安)라고 하였고, 박세당 역시 "이는 성인이 무위를 행하는 까닭이니, 이와 같으면 천하는 다스려지지 않음이 없게 된다"(此聖人所以爲無爲也, 如此則天下無不治矣)라고 하였다. 그런데 서명응은 이 구절의 '위무위爲無爲'를 특이하게도 '행하되 무위하면'이라고 풀이하고 있다. '위爲'를 중시하면서 그것이 '무위'의 방식으로 이루어지는 것이 좋다고 본 것이다. 유가적 '위'와 도가적 '무위'를 연결지어 이해하고 있다.

위의 내용은 제3장이다.

右第三章.

【총설】

서명응은 인재를 등용할 때의 무위, 재물을 관리할 때의 무위, 백성들을 다스릴 때의 무위 등 무위의 다양한 측면을 통해, 이 장을 무위에 입각한 다양한 통치술을 말한 것으로 본다. 이런 독특한 이해는 유가적 입장에 서서 무위를 현실의 정치술로 활용할 수 있다는 관점에서 해석한 것으로, 서명응 당시 무위에 반하는 정치를 행하던 위정자들에 대한 비판이 담겨 있다고 할 수 있다.

제4장

도는 조화로우니 그것을 사용해야 한다.

道沖而用之.

'충沖'은 조화로움이다. 태극이 음양의 조화로운 기운에 깃들여 있으므로 사람이 도를 쓰는 것 또한 마땅히 조화로움으로써 해야 함을 말하였다.

沖, 沖和也. 言太極寄于陰陽之沖氣. 故人之用道, 亦當以沖和也.

【교감 및 주해】

하상공은 '충沖'을 '중中'의 뜻으로 보았고, 진상고陳象古는 '화和'의 뜻으로 보았다. 부혁본에는 '충沖'이 '충盅'으로 되어 있다. 유월兪樾은 "『설문說文』「명부皿部」에서는 '충盅은 그릇이 빈 것이다. 노자는 도충이용지道盅而用之라고 말했다'라고 하였으니, '충'의 뜻은 '허'로서 '영盈'과 정반대이다. '충沖'자를 쓴 것은 글자를 빌린 것이다"(說文皿部, 盅, 器虛也. 老子曰, 道盅而用之. 盅訓虛, 與盈正相對. 作沖者, 假字也)라고 하였다. 초횡焦竑은 "'충沖'은 원본에 '충盅'으로 되어 있다. 그릇이 비어 있음이다"(沖本作盅. 器之虛也)라고 하였다. 박세당은 "'충'은 '허'이다. 도체는 본래 허하므로 사용하여도 항상 채워지지 않는다"(沖, 虛也. 道體本虛, 故用之常不盈)라고 하였고, 홍석주는 "'충'이란 말은 '허'의 의미인데, 깊다는 의미가 있다"(沖之爲言, 虛也, 而有深矣)라고 하였다. 서명응은 '충'을 '충화沖和'로 풀이하였으며, 다른 주석가들과 달리 '혹불영或不盈'을 떼어 뒤의 문장에 연결시키고 있다.

서명응은 '도충'을 구체적으로 태극과 음양의 관계를 통해 풀이하면서 인간의 바람직한 삶도 도를 씀에 마땅히 조화로움으로써 해야 한다고 보는데, 이것은 양생과 처세의 형이상학적 입장에서 본 이해라고 할 수 있다.

혹 채워지지 않는 것 같고 깊어서, 흡사 만물의 조종인 듯하다.
或不盈, 淵乎, 似萬物之宗.

'혹或'이라 하고 '사似'라 한 것은 모두 (드러난) 기의 형상으로 말한 것이다. '연淵'은 깊음이다. 만물의 조종이란 태극을 뜻한다. 대개 이것은 모두 조화로움이 안에서 쌓여 밖으로 드러난 것이다.

曰或, 曰似, 皆以氣象言之也. 淵, 深也. 萬物之宗, 太極是也. 凡此皆冲和之積于中, 見于外也.

【교감 및 주해】

'혹或'에는 크게 세 가지 견해가 있다. 첫째, '상常' 혹은 '구久'의 뜻으로 보는 견해이다. 하상공은 "'혹'은 항상됨이다"(或, 常也)라고 하였고, 유월은 "당의 경룡비에는 '혹'이 '구'로 되어 있다"(唐景龍碑或作久)라고 하였다. 둘째, '추측'의 뜻으로 보는 견해이다. 감산은 "'혹'과 '사'는 모두 확정되지 않았을 때 하는 말이다"(或, 似, 皆不定之辭)라고 하였다. 셋째, '우又'의 뜻으로 보는 견해이다. 상이본想爾本·수주비본·돈황갑본敦煌甲本·범응원본에는 '혹'이 '우又'로 되어 있다. '연호淵乎'의 '호乎'가 왕필본에는 '혜兮'로 되어 있다.

서명응은 '혹或'과 '사似'를 모두 '기의 형상'으로 말한 것이라고 보아 여타의 주석과 구별되는 이해를 한다. 만물의 조종을 태극으로 보는 것은 서명응이『노자』의 도를 태극으로 이해하는 점에 비추어 보면 당연한 견해라고 할 수 있다. 서명응은 충화의 기가 안으로 쌓여 밖으로 드러날 경우, 이미 기의 형상으로 드러나 인식이

가능한 상태가 되었기 때문에 '혹'이나 '사'라 한 것이라고 해석하였다.

그 날카로움을 꺾고 그 어지러움을 풀며 그 빛을 누그러뜨리고 그 티끌을 같게 한다. 담담하여라, 마치 있는 듯하구나.

挫其銳, 解其紛, 和其光, 同其塵, 湛乎, 似或存.

날카로움과 예리함을 꺾으면 과격하게 부닥침이 없어지고, 어지럽게 맺힌 것을 풀어내면 막힘이 없어지고, 날카로운 광채를 뒤섞어 누그러뜨리면 시기함이 없어지고, 티끌이나 먼지를 합하여 같게 하면 홀로 잘난 것이 없어진다. 이와 같은 것은, 오직 운행하고 운용하려는 뜻을 그 가운데서 행하게 되면 바로 조화의 닫히고 열리는 기틀이[1] 담담하게 저절로 그러한 속에서 존재하게 되는 것과 같게 된다. 대개 이러한 것들은 모두 충화가 일에 응하고 세상에 베풀어지는 것이다. 주자는 "노자는 천하일의 변화를 숙지했다"[2]라고 하고, 또 "오직 고요했기 때문에 변화를 알 수 있었다"(張未의 말)[3]라고 하였다.

---

[1] 닫히고 열리는 기틀이 : 『周易』 「繫辭傳上」 11장의 "이 때문에 문을 닫는 것을 곤이라 하고 문을 여는 것을 건이라 한다. 문을 한 번은 열고 한 번은 닫는 것을 변이라 한다"(是故闔戶謂之坤, 闢戶謂之乾, 一闔一闢謂之變) 구절 참조. 이에 대해 주희는 『周易本義』에서 "닫고 여는 것은 동과 정의 기틀이다"(闔闢, 動靜之機也)라고 주석하였다.
[2] 노자는……숙지했다 : 『朱子語類』 권125 「老氏」 '反者道之動章'에 나온다. 전후문맥을 보면 다음과 같다. "『노자』 40장의 '되돌아가는 것은 도의 움직임이고 약한 것은 도의 작용이다'라고 한 것에 대해 묻자, 이렇게 답하였다. 노자가 말한 것은 모두 이러한 의미로 말한 것이다. 노자는 이것을 인하여 천하 일의 변화를 숙지하여 모두 반대되는 곳에서 하기 시작한 것이다."(問, 反者道之動, 弱者道之用. 曰, 老子說話都是這樣意思, 緣他看得天下事變熟了, 都於反處做起)
[3] 오직……있었다 : 『朱子語類』 권125 「老氏」 '反者道之動章'에는 다음과 같은 구절이 있다. "그러므로 노자는 다만 약한 사람이 되기를 힘썼으니, 약할 때야말로 도리어 저 정기가 강한 것을 쌓아 완전하게 될 수 있고, 그것이 발함에 미쳐서는 자연스럽게 당하지 못할 것이다. 그러므로 장문잠(張耒)이 말하기를, 노자는 오직 고요하였기 때문에 변함을 알 수 있었다. 그러나 그 형세는 반드시 잔인하고 무정한데 이르러, 천하사람 보기를 모두 토우와 같이 하니 그 마음이 모두 얼음같이 차가웠다."(故他只務爲弱人, 纔弱時, 却蓄得那精剛完全, 及其發也, 自然不加當. 故張文潛說, 老子惟靜故能知變. 然其勢必至於忍心無情, 視天

挫挫鋒銳則無激觸, 解釋紛結則無關塞, 混和光芒則無猜忮, 合同塵垢則無孤高. 如是而但使斡轉運用之意, 行于其中, 則正如造化闔闢之機, 湛湛然存乎自然之中. 凡此皆沖和之應于事, 施于世也. 朱子曰, 老子看得天下事變熟了. 又曰, 惟靜故能知變.

【교감 및 주해】

'담호湛乎, 사혹존似或存'이 왕필본을 비롯한 통행본에는 '담혜湛兮, 사혹존似或存'으로 되어 있는데, 대다수 학자들은 '혹'을 '사'의 뜻으로 보아 추측의 말이라고 해석하고 있다. 이에 반하여 경룡비본·어주본御注本에는 '담상존湛常存'으로 되어 있고, 상이본·돈황갑본·수주비본에는 '담사상존湛似常存'으로 되어 있다. '화和'는 일반적으로 누그러뜨림으로 해석하는 경우가 많다.

서명응은 이 구절을 특히 '충화'가 일에 응하고 세상에 베풀어지는 것과 관련지어 이해하고 있다.

누구의 자식인지 내 알 수 없으나, 아마도 천제보다 앞선 듯하다.
吾不知誰之子, 象帝之先.

'누구의 자식인가'(誰之子)란 '이 도가 어디에서 나왔는가'라는 말이다. '제帝'란 하늘의 주재함을 말한다. 대개 도는 태극이 우리의 마음 속에 갖추어진 것으로, 그것을 나오게 한 것은 무극이다. 태극은 조화롭고 담박하고 깊으면서 한결같아, 언뜻 보기에 무극이 있는 듯 없는 듯한 것과 흡사하다. 그러므로 '천제보다 앞선 듯하다'고 한 것이다. 이제 살펴보건대, '상象'이라는 말은 유사하다는 뜻이다. 도가 천제보다 앞선 듯하다고 여긴다면 약간이나마 (천제가) 도와 더불어 둘이 되는 병폐가 있게 된다. 이 점은 또한 노자의 도가 유학

下之人, 皆如土偶爾. 其心都令氷氷地了)

의 도와 같지 않은 곳이다. 유학의 도에서는 '천지에 앞선 무극'이 곧 '천지의 뒤인 태극'이며 '천지 뒤의 태극'이 곧 '천지에 앞선 무극'이라 하여 처음과 끝이 일치하고 은미함과 드러남이 한결같음을 말하였으니, 어찌 '유사하다'와 같은 종류로 말할 수 있겠는가?

誰之子, 謂此道何從出也. 帝, 天之主宰也. 盖道卽太極之具於吾心者, 而其所從出則無極是也. 太極冲湛淵深一, 似無極之若有若無. 故曰象帝之先也. 今按象之爲言, 類也. 以道爲象帝之先者, 微有與道爲二之病. 此又老道與儒道不同處. 儒道則曰先天地之無極, 卽後天地之太極, 後天地之太極, 卽先天地之無極, 始終一致, 微顯一貫, 夫何象類之可言者乎.

【교감 및 주해】

성현영은 '상象'에 대해 "상은 유사하다는 뜻이다"(象, 似也)라고 하였다. '제帝'에 대해 왕필은 "제는 천제이다"(帝, 天帝也)라고 하였고, 성현영은 "제는 하늘이다"(帝, 天也)라고 풀이하였다. 홍석주의 『정로』에서는 이렇게 말하고 있다. "누군가 '노자가 말한 상제보다 앞선 듯하다는 구절은 서양에서 말하는 천주의 설과 같은 점이 있지 않을까'라고 물었다. 이에 다음과 같이 답하였다. 서양에서 말하는 천주는 형상화하여 높이 받드는 것이니 아마도 볼 수 있는 어떤 점이 있는 듯하다. 그러나 이것은 도리에 어긋나는 것이다. 노자가 말한 것은 『역경』의 '태극이 양의를 낳는다'는 것이요 주자가 말한 '천지가 있기 이전에 먼저 이런 이치가 있었다'라는 것이니, 어찌 서양인의 천주와 비교할 수 있겠는가?"(或曰, 老子所謂象帝之先者, 得無與西洋天主之說類與. 曰. 洋人之稱天主也, 形象之, 尊奉之, 殆若有一物可見者. 然此其所以悖也. 老子之所云, 則易所謂太極生兩儀. 朱夫子所謂未有天地, 先有此理者也, 豈可與洋人比哉)

서명응은 이 구절에서 도와 태극·무극의 관계를 말하면서 특히 '천지에 앞선 무극'과 '천지의 뒤인 태극'을 구분하고, 이런 점을 통해 노자와 유가의 다른 점을 지적하고 있다. 즉 노자는 '천지에 앞선 무극'과 '천지의 뒤인 태극'을 유사한 것으로 보았을 뿐 같은 것으로 보지 않는 데 비하여 유가에서는 '천지에 앞선 무극'과 '천지의 뒤인 태극'을 일치하는 것으로 본다는 것이다. '선천지先天地'의 무극이 바로 '후천지後天地'의 태극이고 '후천지'의 태극이 곧 선천지의 무극이라고 하는 유가의 주장은 시와 종이 일치하고 미와 현이 일관된 사유라고 보는 것은 주자학의 '현미무간顯微無間, 체용일원體用一源'의 구조를 통한 이해이다. 유가적 입장의 서명응은 노자가 도를 천제의 앞으로 삼고자 한 것에는 도와 천제가 둘이 되는 병통이 있다고 함으로써 형이상학적 차원에서 유가와 도가의 차이점을 밝히고 있다.

위의 내용은 제4장이다.
右第四章.

【총설】

이 장에서 서명응은 태극이 음양의 충기에 깃들여 있다는 점으로 '충'을 해석하면서 인간이 그것을 본받아야 한다고 강조하고 있으며, 또 '만물지종'을 태극의 개념으로 풀이하고 있다. 이러한 해석에서도 역시 『노자』를 태극음양론을 보는 사유를 엿볼 수 있다. 특히 유가의 '체용일원'과 '현미무간'의 사유와 노자의 '천지에 앞선 무극'과 '천지의 뒤인 태극'을 밝힘으로써 유가와 도가의 근본적인 차이점을 말하고 있는 점이 주목된다.

제5장

천지는 어질지 않으니, 만물을 추구처럼 여긴다.

天地不仁, 以萬物爲芻狗.

'어질지 않음'(不仁)이란 어짊을 자처하지 않는다는 뜻이다. '추구芻狗'란 옛날에 제사에 사용하기 위해 풀을 엮어 개의 형상을 만든 것이다. 제사가 끝나면 그것을 버렸으니, 그 사이에 마음을 두지 않았다. 하늘과 땅은 지극히 비어 있고 지극히 고요하니, 만물을 화육함에 정이 없는 것도 이 때문이다.

不仁, 不以仁自居也. 芻狗, 古者, 結草爲狗, 用之祭祀. 祭畢則去之, 無所容心於其間. 天地之至虛至靜, 化物無情, 亦由是也.

【교감 및 주해】

왕필은 "천지는 저절로 그러함에 맡겼기 때문에 행함도 없고 조작함도 없다. 만물들 스스로가 서로 다스릴 뿐이기 때문에 어질지 않다. 인하게 되면 반드시 이루어 세우고 베풀어 교화시키기 때문에 은혜가 있게 되고 행함이 있게 된다"(天地任自然, 無爲無造. 萬物自相治理, 故不仁也. 仁者, 必造立施化, 有恩有爲)라고 하였다. 하상공은 "하늘이 만물에게 베풀고 땅이 만물을 변하도록 한 까닭은 어진 은혜 때문이 아니라 저절로 그러함에 맡겼기 때문이다"(天施地化, 不以仁恩, 任自然也)라고 하였다. '추구芻狗'란 '지푸라기로 만든 개'를 뜻한다. 『장자』 「천운天運」에서는 "아직 추구를 제사에 진열하기 전에는 훌륭한 상자에 담아 자수 놓은 아름다운 천으로 덮어 두었다가 신주가 재계할 때 그것을 바친다. 진열이 끝나고 나면 길거리에 내버리니, 길가는 사람들은 그 머리며 등을 밟고 가고 벌초하는 자들은 주워서 불을 땔 따름이다"(夫芻狗之未陳也, 盛以篋衍, 巾以文繡, 尸祝齊戒以將之. 及其已陳也, 行者踐其首脊, 蘇者取而爨之而已)라고 하였다. 서명응도 추구를 이런 관점에서 해석하고 있다.

서명응은 이 구절을 허虛·정靜을 통하여 이해하고 있는데, 이처럼 허·정을 통하여 『노자』를 이해하는 것은 서명응의 『노자』 이해의 특징이다.

성인은 어질지 않으니, 백성들을 추구처럼 여긴다.
聖人不仁, 以百姓爲芻狗.

성인은 어짊을 자처하지 않는다. (성인은) 백성들을 화육하나 사사로운 정이 없으니, 이는 또한 하늘과 땅이 지극히 비어 있고 지극히 고요한 것과 같다. 한위공韓魏公[1]은 "백성을 다스림에 마음을 둔 것도 아니며 마음을 두지 않은 것도 아니다"라고 했는데, 그 취지가 이에 가깝다.

聖人, 不以仁自居. 化民無情, 是亦天地之至虛至靜也. 韓魏公, 治民, 非着意非不着意, 近是.

【교감 및 주해】

서명응은 이 구절 역시 앞에서와 마찬가지로 허정을 통해 풀이하고 있다. 그리고 아래에서는 이 구절과 앞의 구절을 풀이하여 '하늘과 인간의 용用이 지극히 묘함을 말한 것'이라고 한다.

---

[1] 한위공 : 송대의 韓琦를 말한다. 韓國華의 아들로, 자는 稚圭이고 호는 韓臾이며 시호는 忠獻이다. 范仲淹과 함께 韓范이라고 일컬어졌다. 타고난 바탕이 박실하고 충실하였으며 아는 것이 매우 많았다. 『韓魏公集』이 있다.

천지 사이는 풀무(槖籥)와도 같구나! 텅 비어 있으나 다함이 없고, 움직일수록 더욱 나온다.

天地之間, 其猶槖籥乎. 虛而不屈, 動而愈出.

위의 두 절은 하늘과 인간의 '용用'이 지극히 묘한 것을 말한 것이고, 이하 두 단락은 하늘과 인간의 '체體'가 지극히 비어 있음을 말한 것이다. 대개 지극히 비어 있기 때문에 지극히 고요할 수 있다. '탁약槖籥'이란 풀무로서, 바람을 일으키게 하는 기구이다. '탁'은 밖이 둘러싸인 상자이고 '약'은 그 안의 관으로, 모두 안이 텅 비어 있어서 바람이 저절로 가고 오며 내뿜고 들이마심으로써 쓰임이 있는 온갖 형태의 것들을 주조해 낸다. '굴屈'은 고갈됨이다. 하늘과 땅 사이는 아득히 텅 비어 태초에는 한 물건도 있지 않았지만 낮과 밤, 추움과 더움의 변화가 다함이 없어서 바람과 비, 서리와 이슬은 움직일수록 더욱 생겨난다. 만약 비어 있는 그 속에 사물이 채워져 있다면 결코 그러할 수 없다. 사람의 지극히 오묘한 마음의 작용은 지극히 비어 있는 것에서 생겨나니, 또한 이와 무엇이 다르겠는가?

上兩節, 言天人之用至妙, 此下句兩段, 言天人之體至虛. 盖惟至虛, 故能至靜也. 槖籥, 冶爐, 鼓風之器. 槖是外櫝, 籥其內管. 皆空虛中腹, 風自往來噓吸, 以鑄出器用之萬形也. 屈, 竭也. 天地之間, 茫蕩空虛, 初無一物, 而晝夜寒暑, 其變不竭, 風雨霜露, 其動愈出. 若使有物實于空中, 則必不能然也. 夫人心之至妙, 生於至虛, 亦何以異此哉.

【교감 및 주해】

'탁약'에 대해 왕필은 "'탁'은 풀무이고 '약'은 피리이다"(槖, 排槖. 籥, 樂籥)라고 하여 '탁'과 '약'을 따로 떼어 해석하였다. 오징은 "탁약은 주조하는 데 사용되는 것으로, 바람을 불어 불을 지피는 기구이다"(槖籥, 冶鑄所用, 噓風熾火之器也)라고 하여 '풀무'(바람통)로 풀이하였다. '굴屈'은 '다하다'(竭)의 뜻이다. 하상공 · 마서륜 · 엄복 嚴復 등이 '굴'을 '갈竭'의 뜻으로 풀이하고 있다.

서명응은 이 구절과 아래 구절을 체용론을 적용하여 하늘과 인간의 '체'가 지극히 비어 있음을 말한 것이라고 풀이한다. 서명응은 지극히 비어 있기 때문에 지극히 고요할 수 있다고 보아 '비어 있음'의 효용성을 극대화하여 말하고 있는데, 이런 사유는 앞서 말한 바와 같이 서명응의 『노자』 이해의 특징 중의 하나이다.

말을 많이 하면 자주 막히기에 중심을 지킴만 못하다.['삭數'은 '색色'과 '각角'의 반절이다.]

多言數窮, 不如守中.[數色角反]

'말 많음'(多言)이란 백성들을 훈계하고 백성에게 칙령을 내리며 백성에게 명령을 하는 등의 것들을 가리킨다. '궁窮'이란 곧 말이 실행되지 않는 것이다. '중中'은 마음이니, 중을 지킨다는 것은 그 신묘한 작용을 되돌려 우리 마음 속에 귀착시킴을 말한 것이다. 마음을 허정하게 하기를 마치 풀무의 속이나 천지의 속과 같게 한다면 또한 스스로 고갈됨이 없고 움직일수록 더욱 생겨나는 오묘함이 있게 된다.

多言, 如訓民勅民令民之類, 皆是也. 窮則言之不行也. 中者, 心也. 守中, 謂反其神用歸吾心中. 使其虛靜, 如槖籥之中天地之中, 則亦自有不屈, 愈出之妙也.

【교감 및 주해】

'다언多言'이 백서본·성현영소·수주비본·상이본相爾本·『문자文子』(「道原」)에는 '다문多聞'으로 되어 있다. 대다수의 학자들은 '삭數'을 '자주 삭'(數)으로 풀이하였지만, 오징과 마서륜은 '빠르다'(速)의 뜻으로 풀이하였다. '수중守中'이 돈황본과 수주비본에는 '충忠'으로 되어 있다.

서명응은 '중中'을 마음으로 풀이하면서 이 구절의 의미를 마음의 허정을 강조한 것으로 파악하고 있다.

위의 내용은 제5장이다.
右第五章.

【총설】

　서명응이 이 장의 '천지불인天地不仁'의 '불인'을 '비어 있음'과 '고요함', '무정無情'으로 이해하고 있는 점이 특이하다. 그는 성인도 천지의 지극히 비어 있음과 지극히 고요함을 본받아서 그러한 허정한 마음으로 백성을 다스린다고 하여 전체적으로 허정을 강조하고 있다. 서명응이 말하는 허정의 정치학을 현실정치에 적용한다면 서명응 당시의 탕평책蕩平策과 연결시켜 이해할 수도 있다. 즉 그는 사심 없이 지극히 비어 있고 지극히 고요한 마음에 바탕한 정치가 당시의 어지러운 현실을 극복할 수 있는 대안이 될 수 있다고 여겼던 것이다. 결국 '중中을 지키는 것'을 우리의 마음을 되돌려서 그것이 허정한 것이었는가를 반성하라는 뜻으로 이해한 것은 바로 이런 의도에서 나온 해석이었다고 생각된다.

제6장

빈 계곡의 신령스러움은 죽지 않으니, 이것을 가리켜 '검은 암컷'이라 한다.
谷神不死, 是謂玄牝.

'곡신谷神'에 대한 해석은 사람마다 각기 다른데 오직 주자의 해석만이 올바른 생각이다.[1] '곡'은 빈 계곡이다. 빈 계곡은 지극히 고요하기 때문에 소리를 받아 메아리칠 수 있다. 마치 서로 응답하는 것과 같으니, 이것이 그 신령스러움이 죽지 않는 까닭이다. 만약 성과 읍처럼 그 안이 꽉 차서 비어 있지 않고 고요하지도 않다면 비록 소리가 있어도 메아리치지 않을 것이니, 이런 경우는 곧 그 신령스러움이 죽은 것이다. 이로써 사람의 마음이 허정해진 이후에야 그 신령스러움이 바야흐로 모여들고 달라붙어 도를 보존할 수 있고 사물에 응할 수 있음을 비유한 것이다. '현玄'은 북방[2]이며 물의 색이니 색에 있어서의 고요함을 말하고, '빈'은 암컷을 말한 것이니 그 모습이 텅 비어 있다. '색色'과 '상象'을 빌려서 허정의 이름을 세운 것이다.

谷神之解, 人各異說, 惟朱子所解, 乃其正意. 谷, 虛谷也. 虛谷至靜, 故能受聲有響. 如相應答, 是其神不死也. 若城市邑里, 其中甚實不虛不靜, 雖有聲不響, 是其神便死也. 以喩人心虛靜然後, 其神方能湊着, 可以存道, 可以應物也. 玄, 北方, 水色, 色之靜也. 牝以雌言之, 象之虛也. 盖借色象以立虛靜之名也.

---

1) 주자의……생각이다: 『朱子語類』, 권125, 「老氏・老子書」, "곡은 허이다. 계곡 안에는 신령스러움이 있어서, 소리를 받으면 메아리칠 수 있고 사물을 받아들이면 사물을 생겨나게 할 수 있다"(谷虛. 谷中有神, 受聲所以能響, 受物所以生物 구절 참조
2) '玄'은 북방: 『淮南子』「天文訓」의 "북방을 현천이라고 한다"(北方曰玄天)라는 구절 참조

【교감 및 주해】

'곡谷'에 대해서는 '기르다'로 보는 설과 '공허空虛'로 보는 설이 있다. 육덕명은 "'곡谷'은 하상공본에 '욕浴'으로 되어 있다. '욕'은 기름이다"(谷, 河上本作浴. 浴, 養)라고 하였다. 죽간본과 백서본에는 대다수의 '곡谷'이 '욕浴'으로 되어 있다. 하상공은 "'욕浴'은 기름이다. 사람들이 신을 기를 수 있다면 죽지 않는다"(浴, 養也. 人能養神則不死也)라고 하였다. 왕필은 "'곡신'이란 계곡 가운데가 비어 있음이다. 형태도 없고 그림자도 없으며, 거스름도 없고 어긋남도 없으며, 낮은 곳에 처하여 움직이지 않고 고요함을 지키어 쇠퇴하지 않는다. 계곡 안의 만물이 이것으로써 이루어지지만 그 형태를 볼 수 없으니, 이것이야말로 지극한 존재이다"(谷神, 谷中央無者也. 無形無影, 無逆無違, 處卑不動, 守靜不衰. 物以之成, 而不見其形, 此至物也)라고 하였다.

서명응은 앞의 장과 마찬가지로 이 구절 역시 비어 있음과 고요함을 강조한 것으로 보면서, 인간이 도를 보존하고 사물에 응할 수 있음을 허정과 관련지어 이해하고 있다. '현玄'을 북방과 물을 상징하는 것으로 이해한 것은 오행적 사유를 응용한 것이라 할 수 있다.

검은 암컷의 문, 이것을 '천지의 뿌리'라고 말한다.
玄牝之門, 是謂天地根.

'문門'은 출입의 시작이다. '근根'이란 수목의 뿌리이다. 동지 때에는 기의 기미가 잠겨 있고 고요하여 천지가 텅 비고 적막하니, 또한 '현묘하고 현묘하며'(玄之又玄)[3] '텅 비고 텅 비었다'(虛之又虛)고 말할 수 있다. 그러나 한 양의 기운이 이것으로부터 말미암아 처음 움직이게 되니,[4] 허정이야말로 한 양의 문이다. 이 하나의 양이 춘하추동의 생겨남·자라남·이룸·완성이 되니, 한

---
3) 현묘하고 현묘하며 : 『노자』 1장에 나오는 말이다.
4) 한 양의……움직이니 : 復卦 初九의 一陽을 의미한다.

양이야말로 천지의 뿌리이다.

門者, 出入之始也. 根者, 樹木之本也. 冬至之時, 氣機潛靜, 天地空寂, 亦可謂玄之又玄, 虛之又虛矣. 然一陽之氣, 由是初動, 則靜虛者, 乃一陽之門也. 是一陽爲春夏秋冬之生長遂成, 則一陽者, 乃天地之根也.

【교감 및 주해】

이 구절이 경룡비본・이현본易玄本・수주비본에는 "현빈문玄牝門, 천지근天地根"으로, 백서본・경복본景福本・부혁본傅奕本에는 "현빈지문玄牝之門, 시위천지지근是謂天地之根"으로 되어 있다. 홍석주는 "현묘한 암컷의 문은 신명이 말미암아 나오는 곳이다. 천지가 천지일 수 있는 까닭과 사람이 사람일 수 있는 까닭은 그 이치에 있어서 하나이다. 사람에게는 신명이 말미암아 나오는 곳이며 천지에 있어서는 조화가 말미암아 근본하는 곳이니, 그 미묘함에 있어서는 역시 하나이다"(玄牝之門, 神明之所由出. 天地之所以爲天地, 人之所以爲人, 其理, 一也. 在人, 則神明之所由出, 在天地, 則造化之所由本, 其妙, 亦一也)라고 하였다.

서명응은 『주역』 복괘復卦 초효初爻의 한 양을 통하여 천지의 뿌리를 설명하고 허정을 한 양(一陽)의 문이라고 풀이하고 있는데, 이것은 역리적 차원에서의 해석이라고 할 수 있다.

근근이 이어져 겨우 있는 듯하지만, 그것을 사용함에 다함이 없다.

綿綿若存, 用之不勤.

'근근이 이어져 겨우 있는 듯하다'(綿綿若存)는 것은 사마천이 말한 "황종은 미세하기가 기운의 미세함과 같고 미미함이 (형체 없는) 소리와 같다"[5]라는

---

5) 황종이……같다 : 『史記』「律書」의 "11월은 율관의 황종에 해당한다. 황종이란 양기가 황천을 따라 나타남을 뜻한다. 그것은 12간지에서는 子가 된다. '子'란 '자라난다'(滋)의 뜻이다.

116

것과 같다. '불근不勤'이란 '다함이 없다'는 말이다. (동지에) 한 양이 처음으로 생겨날 때에는 그 기운이 근근이 이어져 겨우 있는 듯하여 일찍이 크지 않았기 때문에, 그 쓰임에 베풀더라도 낳고 낳음이 다함이 없게 되는 것이다. 대저 노자의 생각은, 태극이 비록 음양 가운데서 운행되지만, 양이라면 기의 기틀이 요동하여 태극의 진정한 체를 볼 수 없고, 오직 음으로서 그 지극히 고요하고 지극히 비어 있는 것이 마치 물이 담담하여 한결같은 것과 같이 된 이후라야 태극의 진정한 체가 바야흐로 드러날 수 있다는 뜻이다. 그러므로 사람의 경우에는 반드시 갓난아이와 같아지고자 하니 갓난아이는 사람에게 있어서의 동지이며, 세상의 경우에는 반드시 오제五帝[6] 이전과 같아지려고 하니 오제 이전은 곧 세상에 있어서의 동지이다.

綿綿若存, 猶太史公, 所謂黃鍾, 細若氣, 微若聲也. 不勤, 猶云不竭也. 言一陽初生, 其爲氣也, 綿綿若存, 未嘗麤大. 故施之於用, 能生生不窮也. 大抵老子之意, 以爲太極雖行於陰陽, 然陽則氣機動盪, 不見太極之眞體. 惟陰之至靜至虛, 如水湛一然後, 太極之眞體, 方能呈露. 故以人則必欲如嬰兒. 嬰兒, 卽人之冬至也. 以世則必欲如五帝以前, 五帝以前, 卽世之冬至也.

【교감 및 주해】

'근勤'에 대해서는 '수고롭다'(勞)로 풀이하는 견해와 '다하다'(盡)로 풀이하는 견해가 있다. 왕필은 "사물을 이루지 않음이 없으나 수고롭지 않다"(無物不成而不勞也)라고 하였다. 『회남자』「원도훈原道訓」의 '섬세하면서도 다함이 없다'(纖微而不可勤)에 대해 고유高誘는 '근은 다함이다'(勤, 盡也)라고 주석하고 있다. '면면綿綿'에 대해 성현영은 "'면면'이란 미세하게나마 끊어지지 않는 모습이다"(綿綿, 微細不斷貌也)라고 하였고, 왕필은 "있다고 말하려 하나 그 형태를 볼 수 없고, 없다고 말하려 하나

만물이 땅 속에서 자라난다는 뜻이다"(十一月也, 律中黃鍾. 黃鍾者, 陽氣踵黃泉而出也. 其於十二子爲子. 子者, 滋也. 滋者, 言萬物滋於下也)라는 구절 참조
6) 오제 : 삼황의 다음으로 대를 이은 다섯 사람의 천자를 말한다. 일설에는 小昊·顓頊·帝嚳·堯·舜을 지칭한다고 하고, 또 다른 설로는 黃帝·顓頊·帝嚳·堯·舜을 지칭한다고 하기도 한다.

만물이 그것에 의해 생겨났다. 그러므로 '면면히 있는 듯 없는 듯하다' 한 것이다"(欲言存也, 則不見其形, 欲言亡也, 萬物以之生. 故綿綿若存也)라고 하였다.

서명응은 이 구절을 역리적 차원에서 해석하되 태극의 인식을 음의 허정과 관련시키고, 구체적으로 황종, 동지, 갓난아이 등의 예를 들어 설명하고 있다.

위의 내용은 제6장이다.
右第六章.

【총설】
서명응이 전체적으로 이 장을 동지와 관련지어 이해하고 또 음의 허정함을 통한 태극의 인식을 말하고 있는 점은 주목할 만하다. 역리적 차원에서 『노자』를 이해하고 있음을 확인할 수 있는 장이다.

제7장

천지는 길고 오래간다.

天長地久.

먼저 이것을 말함으로써 아래 문장들을 일으켰다.

先言此以起下文.

【교감 및 주해】
성현영소·수주비본에는 '천장지구天長地久'가 '천지장구天地長久'로 되어 있다.

천지가 길고 오래갈 수 있는 까닭은 그 자신이 스스로 살아간다고 여기지 않기 때문이다. 따라서 장구할 수 있다.

天地所以能長且久者, 以其不自生. 故能長久.

'자생하지 않음'(不自生)이란 『노자』 5장의 '불인不仁'[1]과 같은 용례로, 오래 사는 것에 마음을 두지 않음을 뜻한다. 임금이 만일 삶에 마음에 두어서 삶을

---

[1] 不仁 : 『노자』 5장의 "천지는 어질지 않으니, 만물들을 추구처럼 여긴다"(天地不仁以萬物爲芻狗) 구절 참조

연장시킬 것만 생각한다면 도리어 사사로운 생각이 일어나 자신의 삶을 상하게 된다. 이 역시 비움을 이루지 못해 생겨난 병폐이다.

不自生者, 猶第五章之不仁, 言不以長生爲心也. 人君若以生爲心, 念念舒生, 則私意起而反傷其生. 此亦不虛之病也.

【교감 및 주해】
'이기부자생以其不自生'에 대해 성현영은 "자기의 삶을 스스로 영위하지 않는다"(不自營己之生也)라고 하였다.
서명응은 이 구절에서 '장구長久'를 임금에 적용시키고, 마음 비움의 '허'를 통한 장생을 말하여 '허'를 강조하고 있다. 서명응의 양생적 이해를 볼 수 있다.

이 때문에 성인은 몸을 뒤로 하지만 몸이 앞서게 되고, 몸을 도외시하지만 몸이 보존된다. 사사로움이 없기 때문이 아니겠는가! 따라서 능히 사사로움을 이룰 수가 있다.

是以聖人後其身而身先, 外其身而身存, 非以其無私邪, 故能成其私.

자신의 몸을 타인의 뒤에 두면 타인이 우러러 흠모하여 자연스럽게 존귀하고 영화롭게 된다. 따라서 몸이 앞서게 된다. 자신의 몸을 명예와 이로움에서 도외시한다면 재앙에 이르지 않고 환란 또한 멀어진다. 따라서 몸이 보존된다. 대개 앞서고자 한다면 반드시 먼저 뒤에 거처하고 보존하고자 한다면 반드시 먼저 스스로를 도외시해야 하니, 이 모든 것들은 이른바 겸허를 통하여 이익을 얻게 됨을 밝힌 것일 따름이지 성인이 자신의 사사로움을 펼치고자 하여 고의로 이 사사로움이 없음을 행한다고 말하는 것이 아니다. 독자는 드러난 말로써 속에 담긴 뜻을 해쳐서는 안 된다.

以其身而後於他人, 則他人仰慕自然尊榮. 故身先. 以其身而外於名利, 則不到禍,患亦遠.故身存.蓋欲先則必先居後,欲存則必先自外,皆所以明其謙虛之受益而已.非謂聖人眞舒成其私,而故爲是無私也.讀者不以辭害意,可矣.

【교감 및 주해】

'비이기무사야非以其無私邪'가 백서본에는 '불이기무사여不以其无私與'로 되어 있다. 박세당은 "성인은 몸을 뒤에 두지만 사람들은 모두 나를 추대하고, 몸을 도외시하지만 사물이 나를 해치지 않는다. 또한 남을 위하고 스스로를 위하지 않으므로 앞서고 보존될 수 있다. 이것이 곧 천지와 성인이 모두 사사로움이 없음으로써 사사로움을 이루는 것이다"(聖人後其身, 而人皆戴我. 外其身, 而物不害我. 亦以其爲人, 而不自爲, 故能先且存. 是則天地聖人, 皆以無私邪而成其私也)라고 하였다.

서명응은 처세에서 겸허의 도를 실행하는 것을 강조하면서 이 구절을 권모술수적으로 이해하는 것을 경계한다.

위의 내용은 제7장이다.

右第七章.

【총설】

서명응은 이 장의 전체적인 키워드로 겸허를 들고 있다. 특히 왕의 장구함이나 성인의 '몸을 뒤로 하지만 그 몸이 앞서고, 몸을 도외시하지만 그 몸이 보존됨'을 겸허에 초점을 맞추어 이해한 것은 그의 처세적 입장을 보여 주는 이해이다.

제8장

최상의 선은 물과 같다.

上善若水.

옛날의 성인은 도를 물에 비유한 경우가 많았다. 대개 물은 '천일天一'에서 생겨나니,1) 그 성질이 가볍고 맑아서 도체의 가로막힘이 없다. 따라서 노자가 말한 도의 핵심은 기운의 근본 시초를 온전히 하고자 함에 있다. 그러므로 또한 물로써 선善을 비유한 것이다.

古之聖人, 多以水喩道. 盖水生於天一, 其質輕淸而道體無所遮隔. 故老子之道要, 在全其氣之本始. 故亦以水喩善.

【교감 및 주해】
서명응은 이 구절의 핵심인 물을 '천일생수'라는 하도河圖의 수數를 응용하여 해석하고 있다. 물이 '상선上善'이 되는 이유는 물이 기운의 근본 시초가 되기 때문이라는 것이다.

물은 만물을 잘 이롭게 하지만 다투지 않고, 사람들이 싫어하는 낮은 곳에

---

1) 물은……생겨나니 : 『朱子語類』, 권1, 「二氣上」·「太極天地上」에 있는 "天一, 이것으로부터 물이 생겨났다"(天一自是生水) 구절 참조

거처한다. 따라서 도에 가깝다.

水善利萬物而不爭, 處衆人之所惡, 故幾於道矣.

여기서는 '약수若水'의 뜻을 종결지었기 때문에 하나의 '수水'자로써 서두를 삼았다. '잘 이롭게 하고 다투지 않는다'는 말은 '조화로움'을 의미하고, '사람들이 싫어하는 곳에 거처함'이란 '겸손함'을 의미한다. 오직 겸손하고 조화롭기 때문에 도에 가깝다.

此終若水之意, 故冠之以一水字也. 善利不爭, 沖也. 處人所惡, 兼也. 惟兼與沖, 故幾於道矣.

【교감 및 주해】

'부쟁不爭'이 백서갑본에는 '유정有靜'으로 되어 있는데, 고명高明은 백서갑본을 따라 '유정'으로 보아야 한다고 주장한다. '상선약수'에 대해 하상공은 "상선의 사람은 마치 물의 품성과 같다"(上善之人, 如水之性)라고 하였다. '고기어도故幾於道'에 대해 왕필은 "도는 무이고 물은 유이기 때문에 (같다고 하지 않고) '가깝다'고 말한 것이다"(道無水有, 故曰幾也)라고 하였다.

서명응은 물이 도에 가깝다는 것을 조화로움과 겸손함을 들어 풀이하고 있는데, 이런 것은 처세술의 입장에서 이해한 것이라고 할 수 있다.

거처함에는 땅을 선택함을 잘하고, 마음가짐에는 연못같이 함을 잘하고, 타인과 더불어 함에는 인을 잘하고, 말함에는 믿음을 줌을 잘하고, 정치에는 다스려지게 함을 잘하고, 일을 함에는 능력 있게 함을 잘하고, 움직임에 때를 맞춤을 잘한다.

居善地, 心善淵, 與善仁, 言善信, 政善治, 事善能, 動善時.

여기서는 '상선上善'의 뜻을 종결지었기 때문에 7개의 '선善'자를 가운데 넣었다. 높은 곳을 피하고 낮은 곳에 처하는 것은 땅에서 거처하는 곳을 잘 선택한 것이다. 깊이 간직하고 드러내지 않는 것은 마음가짐을 연못처럼 잘한 것이다. 쓰임을 이롭게 하여 널리 두루 하는 것은 남과 더불어 함에 인을 잘한 것이다. 나아가야 한다면 나아가는 것은 말할 때 믿음을 잘 준 것이다. 만물들이 풍족해짐을 기다린다는 것은 정치에서 잘 다스린 것이다. 험난한 일이나 쉬운 일을 모두 마땅하게 한 것은 일을 잘한 것이다. 통하게 된 후에 행동에 옮기는 것은 움직임에 있어 때를 잘 맞춘 것이다.

此終上善之意.故中之以七善字也.避高處下,居之善乎地也.涵泓不露,心之善乎淵也.利用溥遍,與之善乎仁也.當就卽就,言之善乎信也.百物待足,政之善乎治也.險易隨宜,事之善乎能也.通而後行,動之善乎時也.

【교감 및 주해】

'여선인與善仁'의 '여'자에 대해서는 '주다'와 '더불다'의 두 가지 해석이 있다. 감산은 "'여'는 '서로 더불다'와 같다"(與, 猶相與)라고 하였다. 백서본에는 '여予'로 되어 있다. '인仁'에 대해 마서륜은 "인人과 인仁은 옛날에 통용되었다"(人仁古通)라고 하였다. '정선치정善治'의 '정'자에 대해 필원畢沅은 "왕필본에는 '정正'으로, 『영락대전永樂大典』에는 '정政'으로 되어 있는데, '정正'이라 한 것은 옳지 않다"(王弼作正. 永樂大典作'政', 作'正'者非)라고 하였다.

서명응은 이 구절의 7개의 '선善'자는 장의 처음에 말한 '상선上善'의 뜻을 종결지었기 때문에 문장 중간에 '선'자를 넣은 것이라고 풀이하고 있다. 전체적으로 이 구절을 '상선'과 연계하여 이해하고 있는 것이다.

오직 다투지 않는지라 허물이 없다.

夫唯不爭, 故無尤.

위 문장을 총체적으로 결론 맺은 것이다. '다투지 않는다'(不爭)는 '물'에 상응하는 것이고, '허물이 없다'(無尤)는 '선'에 상응하는 것이다.

總結上文. 不爭應水. 無尤應善.

【교감 및 주해】

고환본·부혁본·팽사본에는 '우尤' 뒤에 '의矣'자가 있다. '우尤'에 대해서는 허물로 풀이하는 견해와, 원망으로 풀이하는 견해, 죄로 풀이하는 견해가 있다. 하상공은 '원우怨尤', 오징은 '원구怨咎'라 하여 '원망'의 뜻으로 풀이하였다.

서명응은 이 구절의 '다투지 않는다'는 물에 상응하고 '허물이 없다'는 선에 상응한다고 이해함으로써 각각의 의미를 보다 정확하게 풀이하고 있다. 이런 이해를 통하여 서명응은 인간사회에서도 다툼이 없고 서로 허물을 짓지 않는 사회를 구성해야 함을 말하고자 한 것이라고 생각된다.

위의 내용은 제8장이다.

右第八章.

【총설】

서명응은 이 장의 키워드인 '물'을 이해하는 데 있어 그 이롭게 하고 다투지 않는 성질을 '조화'(沖)로, 사람들이 싫어함에 거처하는 것을 '겸손'(兼)으로 풀이하고 있다. 더욱 구체적으로 그는 물이 이처럼 오직 겸손하고 조화롭기 때문에 도에 가깝다고 하면서 특히 겸손을 강조한다. 그는 『노자』를 통해 처세의 방법을 배웠다고 말한 바 있는데, 이 장의 이해는 그러한 발언에 대한 구체적인 예가 된다.

제9장

가지고 있으면서 가득 채우려 하는 것은 제때에 그만둠만 못하다.['이린'의 음은 '이以'이다.]

持而盈之, 不如其已.[已音以]

물이 든 그릇을 들고 있으면서 다시 물을 부어 가득 채우는 것은 채우지 않음만 못하다.

奉持槃水而加盈之, 不如不加盈也.

【교감 및 주해】
서명응은 들고 있는 그릇의 물이 넘치는 상황을 암암리에 가정함으로써 이 구절의 의미를 보다 구체적으로 말하고 있다.

연마하여 날카롭게만 한다면 오랫동안 보존할 수 없다.
揣而銳之, 不可長保.

송곳 끝을 연마하여 더욱 날카롭게 하면 오랫동안 보존할 수 없다. 예리한데다가 또 예리하게 하는 것이니, 만일 녹여서 무디게 만들지 않는다면 사람들은 반드시 그 예리함을 싫어하여 버리게 된다.

治錐末而加銳之, 不能長保有也. 盖銳之又銳, 若不銷鑠成鈍, 則人必惡其利而去之也.

【교감 및 주해】

'예예銳'가 왕필본·육덕명본에는 '탈棁'(막대기)로 되어 있다. 죽간본에는 '췌이예지揣而銳之'가 '단이군지耑而羣之'로 되어 있는데, 윤진배尹振珤는 '단耑'을 '췌揣'의 차자借字로 보았다. '췌揣'에 대해서는 '헤아리다'와 '두들겨 단련시키다'로 보는 두 견해가 있는데, 손이양孫詒讓이 이를 '추捶'(두들겨 단련시킴)의 뜻으로 보았다.

서명응은 이 구절에서 송곳의 예리함의 비유를 통하여 처세술을 말하고 있다.

금과 옥이 집안에 가득하면 그것을 지킬 수 없다.

金玉滿堂, 莫之能守.

위의 두 단락은 사물의 이치로써 밝힌 것이고, 이 구절부터는 사람의 일로써 말한 것이다. '그것을 지킬 수가 없다'(莫之能守)란 반드시 쟁탈자가 있을 것임을 말한다.

前兩段, 以物理而明之. 此以下, 以人事而言之, 莫之能守, 謂必有爭奪者至也.

【교감 및 주해】

'만당滿堂'이 부혁본·범응원본에는 '만실滿室'로 되어 있다. 필원은 "대다수 판본에는 '만당'으로 되어 있으나, 뜻에 의거해서 볼 때 '실' 쪽이 옳다"(諸本竝作滿堂, 依義作室是)라고 하였다. 죽간본·백서본에는 '영실盈室'로 되어 있다.

부귀하여 교만해지면 스스로 재앙만을 부른다.

富貴而驕, 自遺其咎.

'부귀富貴'란 (그릇을) 지니는 것이나 (송곳을) 연마하는 것이다. 또 교만하게 되는 것은 물을 가득 채우는 것이나 송곳을 더욱 예리하게 하는 것에 해당한다. 이것들이 스스로 허물을 짓는 이유가 되니, 어찌 알기가 어렵겠는가?

富貴則持而揣矣. 又可以驕. 是盈之銳之也. 其所以自遺其咎者, 豈難知乎.

【교감 및 주해】
서명응은 이 장의 처음 두 구절을 이끌어 와서 이 구절을 설명하고 있다.

공이 이루어지고 명예를 얻어서 몸이 물러나는 것은 하늘의 도이다.

功成名遂身退, 天之道也.

해가 남중南中하면 곧 기울기 때문에 다음날 다시 남중하게 된다. 달이 차면 곧 이지러지기 때문에 보름에 다시 차게 된다. 꽃이 피면 곧 떨어지기 때문에 다음해 봄에 다시 개화하게 된다. 잎사귀가 무성해지면 시들어지기 때문에 다음해 여름에 다시 무성하게 된다. 이와 같은 것은 상천上天이 '한 번 음하고 한 번 양하여'(一陰一陽) 항상 그침이 없는 도인 것이다. 사람이 공을 이루고 명예를 얻은 후에 반드시 천도의 채움과 빔, 사라짐과 자라남을 살펴서 몸을 받들어 거두고 물러날 수 있다면 자신의 훌륭한 명성과 자손을 보존하게 되리니, 마치 천도가 끊임없이 변천하여 무궁해짐과 같아질 수 있다.

日中則昃, 故復中於明日, 月滿則虧, 故復滿於後望. 花開則謝, 故復開於來春. 葉盛則悴, 故復盛於來夏. 此上天一陰一陽常久不已之道也. 人於功成名遂之後, 觀天道之盈虛消息. 奉身斂退, 則保全令名以及子孫, 可以如天道之代謝無窮也.

【교감 및 주해】
이 구절이 왕필본에는 '공수신퇴功遂身退, 천지도天之道'로 되어 있고, '공성명수신퇴功成名遂身退'가 부혁본에는 '성명공수신퇴成名功遂身退'로 되어 있다. '천'에 대해 성현영은 "천이란 자연을 말한 것이다"(天, 自然之謂也)라고 하였다. 왕필은 "사계절은 번갈아 운행하고, 공이 이루어지면 옮겨 간다"(四時更運, 功成則移)라고 하였다. 하상공은 "사람의 행위가 공을 세우고 일을 이루며 그에 따라 명성도 얻게 되었다 하더라도 몸을 물려서 높은 자리를 피하지 않으면 곧 해로움을 당하게 되니, 이것이 바로 하늘의 상도이다. 비유컨대 해가 중천에 뜨면 지고, 달이 차면 기울고, 만물이 융성하면 쇠퇴하고, 즐거움이 극도에 달하면 슬퍼지는 것과 같다"(言人所爲, 功成事立, 名亦稱遂, 不退身避位, 則遇於害, 此乃天之常道也. 譬如日中則移, 月滿則虧, 物盛則衰, 樂極則哀)라고 하였다.

서명응은 '일음일양一陰一陽'의 이치와 '물극필반物極必返'의 도리를 통하여 인간의 처세술을 말하고 있다. 자연의 이치란 일양이 있으면 반드시 일음이 있게 되니, 인간도 이러한 이치를 알아서 공을 이루고 명예가 이루어졌을 때 더욱 겸손하게 처세해야 한다는 것이다. 여기서 말한 '일음일양', '물극필반'의 이치는 그의 처세술의 형이상학적 근거가 된다고 말할 수 있다.

위의 내용은 제9장이다.
右第九章.

【총설】
현실적인 인간의 삶에서 중요한 것은 가장 적당한 때에 자리에서 물러나 한 몸과 명예를 온전히 보전하는 것이 아닐까? 일반적으로 『노자』 9장은 처세술에 관해 많은 점을 시사해 주는 장으로 유명하다. 서명응은 한 번 음하고 한 번 양하는 것이 그치지 않는 상천上天(자연)의 항상된 도리, 즉 천도를 상정하여 이를 처세술에 활용한다. 구체적으로 그는 현실의 몸을 온전히 보전하는 것이나 좋은 명성이 자손에게 미칠 수 있는 것도 모두 천도를 체득하여 올바로 처세하는 데 달려 있음을 말한다. 제9장은 서명응 처세술의 형이상학적 근거를 볼 수 있는 장이다.

제10장

(혼이) 백을 타고 영위하며 (백이) 하나(혼)를 안으니, 능히 서로 떨어지지 않게 할 수 있겠는가?

載營魄抱一, 能無離乎.

'재載'란 혼이 백을 타는 것을 말하고 '영營'이란 혼이 백을 영위(거느림)하는 것을 말한다. 백은 음으로서 둘이니 체질을 주로 하고, 혼은 양으로서 하나이니 영위를 주로 한다.[1] 그러나 혼은 형체가 없어서 반드시 백에 달라붙는다. 최고 경지의 인간(至人)은 혼이 곧 백이고 백이 곧 혼이어서 혼과 백이 혼연일체가 되어 둘 사이에 간극이 없다.[2] 그 다음 단계의 사람은 때로는 혼이 지나

---

1) 백은……주로 한다 : 이런 사유는 『朱子語類』 권125 「老氏·老子書」에서 "백은 일이고, 혼은 이이다"(魄是一, 魂是二)라 말하고 있는 것과 비교된다.
2) 혼은……없다 : 여기서 魂魄論과 抱一論에 대한 이해를 보자. 혼과 백은 음과 양, 정신과 육체적인 것으로 구분된다. 내단사상에서는 혼과 백이 일체가 되어 간극이 없어지면 혼이 백이요 백이 혼인 단계가 된다. 이를 性命論 혹은 性命雙修論이라 한다. 또한 혼백론은 음양론으로 이해되기도 한다. 내단사상은 眞陽과 眞陰이 묘하게 합해야 丹을 형성하여 장수할 수 있다고 보는데, 이 진양과 진음의 묘합을 혼백의 묘합(육체와 정신의 묘합, 성명쌍수)으로 설명하기도 한다. 그래서 서명응은 자신의 저서인 『參同攷』에서 혼백을 진양과 진음으로 해석하면서, "지금 운방과 동빈이 서로 도를 강론한 설을 고찰하건대, 건이 세 번 얽힘에 하늘이 땅과 사귀어 세 양을 생성하고, 곤이 세 번 얽힘에 땅이 하늘과 사귀어 세 음을 생성한다. 양 속에 음이 감추어져 있으니 이것은 진음이고, 음 속에 양이 감추어져 있으니 이것은 진양이다. 양을 간직하는 것은 혼이고 음을 지키는 것은 백이니, 백이 응결하고 혼이 모여서 교합하여 도를 얻으면 자연히 장구한다"(今牧雲房洞賓相與講道之說有曰, 乾三索而天交於地乃生三陽, 坤三索而地交於天乃生三陰, 陽中藏陰, 是爲眞陰, 陰中藏陽, 是爲眞陽. 存陽惟魂, 守陰乃魄, 魄凝魂聚, 交合得道自然長久)라고 하여, 백이 응결하고 혼

치고 백이 모자라며 때로는 백이 지나치고 혼이 모자란다. 가장 아래 단계의 사람에 미쳐서는 혼과 백이 교섭할 수 없는 상태가 된다. 기틀과 일이 여기(혼과 백의 교섭)에서 엉성해지거나 촘촘해지니, 나뉘게 되면 또한 장수와 요절이 말미암는 터전이 된다. 혼이 올라가고 백이 내려가면 죽음에 이르고, 혼백이 왕성하면 수명이 연장된다. 이것은 혼이 백을 타면 그 영위가 반드시 백에서 이루어지기에, 백으로 하여금 항상 '혼의 양의 하나'를 포용하여 잠시도 이탈됨이 없게 한다는 말이다. '떨어지지 않게 할 수 있겠는가?'(能無離乎)는 그 일을 어렵게 여겨 경계한 것이다. 혹자가 말하기를 "노자는 몸을 물러난 뒤에 이어서 포일抱一한 자"라고 하였는데, 이는 곧 포일의 도는 오직 거두어 물러난 후에 쉽게 이룰 수 있음을 의미한다. 마치 '지극한 고요 속으로 일양이 이르러 와서 회복되는 것'과 같다. 한의 장량張良이 병을 핑계 삼아 물러나서 벽곡辟穀3)을 수행한 것은4) 노자의 은미한 뜻을 깊이 얻은 것이다.

載謂魂之載魄也, 營謂魂之營魄也. 盖魄陰而二, 主乎體質, 魂陽而一, 主乎營爲. 然魂無形體, 必附麗於魄. 故至人魂卽魄, 魄卽魂, 混合無間. 其次, 或魂多魄少, 或魄多魂少. 以及下品, 魂魄不能交涉. 盖不惟機事疎密於此焉, 分亦壽夭之所由基. 故魂升魄降則死亡, 魂魄旺則延年. 盖言以魂載魄, 凡厥營爲必於魄, 而使魄恒抱魂之陽一, 無小暫離也. 能無離乎, 難其事而戒之也. 或曰, 老子於身退之後, 卽繼之以抱一者, 其意, 抱一之道, 惟斂退之後, 可以易成. 正如一陽來復至靜之中也. 漢之張良謝病, 辟穀, 深得老子微旨.

【교감 및 주해】

'재載'에 대해서는 여러 가지 설들이 있다. 첫째, 당의 현종玄宗과 마서륜은 이

이 모여 서로 교합하는 것을 포일의 의미로 이해한다. 또한 일반적으로 혼은 元神의 다른 이름이고 백은 元精의 다른 이름이라고 보는데, 신은 쉽게 어지러워지고 정은 쉽게 누설되므로 신이 흩어지지 않도록 정으로 응결하고 정이 누설되지 않도록 신으로 제어하는 것으로 설명되기도 한다.
3) 벽곡 : 도교 양생술의 한 수련법으로 곡식을 먹지 않음을 말한다.
4) 장량이……수행한 것은 : 장량이 병을 핑계로 관직에서 물러나 수련에 힘썼다는 기사는 『史記』「留侯世家」에 나온다.

구절을 제외한 전체 문장이 네 자로 되어 있다는 점을 들어 '재'를 앞 장인 제9장의 마지막 구에 붙여 '천지도재天之道載'로 보면서 감탄사로 해석하였다. 둘째, '재'를 발어사로 보는 견해로, 육희성은 "'재'는 '부夫'와 같다. 발어사이다"(載, 猶夫也. 發語之端也)라고 하였다. 셋째, 하상공은 '재'를 '타다'(乘)의 뜻으로 보았다. 넷째 임희일林希逸은 "'재'는 '수레가 짐을 싣다'와 같은 뜻이다"(載, 猶車載物也)라고 하여, '싣다'의 뜻으로 보았다. '영백營魄'에서의 '영'은 크게 두 가지로 풀이할 수 있다. '혼'으로 풀이하는 방법과 '분주히 활동함'으로 풀이하는 방법이 그것이다. 많은 학자들은 전자로 풀이하고 있다. 하상공은 "'영백'은 혼백이다"(營魄, 魂魄也)고 하였다. 박세당은 "'영'은 혼이고 신이다. '백'은 정이고 기이다. '재영백'이란 백에 혼을 싣는다는 뜻으로, 수레에 사람을 태운다는 말과 같다. 일이란 순일하여 뒤섞임이 없음을 말한 것으로, 도의 본체이다. 백이 혼을 싣고 혼이 하나를 안을 수만 있다면 도와 더불어 합일할 수 있다. 벗어나면 도와 멀어지게 되므로 '벗어나게 하지 않게 할 수 있겠는가?'라고 한 것이다"(營, 魂也, 神也. 魄, 精也, 氣也. 載營魄, 謂載魂於魄, 猶載人於車. 一謂純一不雜, 道之體也. 魄能載魂, 魂能抱一, 則能與道合. 離則遠於道矣, 故曰, 能無離乎)라고 말하였다.

서명응은 혼과 백을 일과 이 및 음양의 관계를 통하여 이해하되 『주역』 복괘에서 일양이 회복하는 것을 원용하여 말함으로써 이 구절을 역리와 양생의 시각에서 풀이하고 있다.

기운을 한결같이 하고 부드러움을 극진히 하여 능히 갓난아이와 같아질 수 있겠는가?

專氣致柔, 能如嬰兒乎.

주자는 "'기운을 한결같이 하고 부드러움을 극진히 한다'(專氣致柔)라는 것이 어떠한 공부인지 살펴야 한다. '전專'이란 하나를 오로지하여 그 사이에 끊어짐이 없는 것이다. '치유致柔'란 부드러움의 지극한 곳에 도달함이다. 단 한 터럭이라도 기의 드러남이 있게 되는 순간 곧 굳센 것이 되어 이 기는 거칠어진다"5)라고 하였다.

朱子曰, 專氣致柔, 看他這箇甚麼樣功夫. 專, 是專一無間斷. 致柔, 是到那柔之極處. 才有一毫發露, 便是剛, 這氣便麤了.

【교감 및 주해】

'전專'에 대해 주소현周紹賢은 "'전'은 하나를 오로지하여 흩어지지 않게 함이니, 곧 기를 통섭하여 그 기가 사라지거나 흩어지지 않게 하는 것이다"(專者, 專一不散, 卽統攝其氣, 不使之耗散)라고 하였다. 왕필은 "'전'은 '맡기다'의 뜻이고, '치'는 '극진히 하다'의 뜻이다"(專, 任也. 致, 極也)라고 하였다. 박세당은 "'전'은 순수함이며, '치'는 지극함이다"(專, 純也. 致, 極也)라고 하였다.

현묘한 마음의 거울을 닦아서 한 점의 흠집조차 없게 할 수 있겠는가?
滌除玄覽, 能無疵乎.

'척滌'은 씻어 낸다는 말이다. '제除'는 '제도除道'(길을 닦다)라는 말에서의 '제除'와 같은 글자로서, '닦는다'의 뜻이다. '척제滌除'는『역』에서 말하는 '깨끗이 하다'(潔淨)와 같은 뜻이다. '현람玄覽'이란 현묘하고 현묘하여 온갖 미묘한 것들이 쏟아져 나오는 문6)을 극진히 살펴본다는 뜻이다. 이것은 대개 도의 근본을 여기에서 볼 수 있다는 것이다. 하나의 흠집이라도 있다면 그 도가 되는 바에 또한 이 흠집이 뒤따라서 어긋나게 될 것이다. 이 구절까지는 도의

---

5) 기운을……거칠어진다 : 이 구절의 원문은 다음과 같다.『朱子語類』, 권125,「老氏·老子書」, "專氣致柔, 只看他這箇甚麼樣工夫. 專, 非守之謂也, 只是專一無間斷. 致柔, 是到那柔之極處. 纔有一毫發露, 便是剛, 這氣便粗了."
6) 현묘하고……나오는 문 :『노자』1장의 "玄之又玄, 衆妙之門" 구절 참조

체에 대해 말한 것이다.

滌洗也. 除如除道之除, 修治也. 滌除與易所謂潔淨[7]同意. 玄覽, 言玄玄衆妙之門, 究極觀覽, 是盖道之本原, 於此見得. 一有疵焉, 則其爲道, 亦隨而差矣. 此以上道之體也.

【교감 및 주해】

'척제滌除'에 대해 고형은 "때를 씻음을 '척'이라 하고, 먼지를 제거함을 '제'라고 한다"(洗垢之謂滌, 去塵之謂除)라고 하였다. '현람玄覽'에 대해 왕필은 '람'을 글자 그대로 '보다'라는 동사로 풀이하였다. 고형은 "'람'을 풀이하면 '감鑒'이 된다. '람'과 '감'은 옛날에 통용되었다"(覽讀爲鑒. 覽鑒古通用)라고 하였다. 백서갑본에는 '람藍'으로, 백서을본에는 '감監'으로 되어 있다.

서명응은 이 구절까지를 도에 대한 인식적 차원과 관련지어 이해하되, 도의 체를 말한 것이라고 풀이한다.

백성들을 사랑하고 나라를 다스림에 능히 무위할 수 있겠는가?

愛民治國, 能無爲乎.

속수사마씨(사마광)는, "백성들을 잘 사랑하는 사람은 그들이 저절로 살아가도록 내버려 둠으로써 일이 이루어지면서도 손상됨이 없도록 하며, 나라를 잘 다스리는 사람은 사물 자체의 원리에 따름으로써 수고롭지 않으면서도 일을 이룰 수 있게 한다"라고 말했다.

涑水司馬氏曰, 善愛民者, 任其自生遂而勿傷, 善治國者, 任物以能不勞而成.

---

7) 潔淨 : 이 말은 『주역』에 나오지 않는다. 아마도 서명응이 착각을 한 것 같다.

【교감 및 주해】

'무위無爲'가 백서본과 왕필본에는 '무지無知'로 되어 있다.

서명응은 이 구절에 대한 사마광의 해설을 소개하면서 암암리에 당시 위정자들이 무위정치를 하기를 바라고 있다.

천문이 열리고 닫힘에 능히 암컷이 될 수 있겠는가?

天門開闔, 能爲雌乎.

'천문天門'이란 '검은 암컷의 문'(玄牝之門)으로, 이른바 '천지의 뿌리'(天地根)가 되는 것이다. '개開'란 양의 움직임이며 '합闔'이란 음의 고요함이다.8) 사물에 응할 때에 있어서 천지의 조화를 본받음을 말한 것이니, 고요함은 움직임에 근본하면서도 한결같이 그 고요함을 지킨다.

天門, 玄牝之門, 所以爲天地根者也. 開者, 陽之動, 闔者, 陰之靜. 盖言應物之際, 法天地之造化, 靜本於動而常守其靜也.

【교감 및 주해】

'위자爲雌'가 왕필본에는 '무자無雌'로 되어 있다. 범응원은 "하상공본과 소자유 주에는 모두 '위자爲雌'로 되어 있다. 어떤 판본에는 '무자無雌'로 되어 있으나, 『도덕경』의 뜻은 아닌 것 같다. 본 문장은 『도덕경』 안에 있는 '수컷을 알고서 암컷을 지켜야 한다'에 해당하는 것 같으니, 이치로 볼 때 마땅히 '위자'가 되어야 한다"(河上公並蘇註皆作'爲雌', 一本或作'無雌', 恐非經義. 盖當經中有知其雄守其雌也, 理亦當作爲雌)라고 하였다. '천문天門'에 대해서는 감각기관으로 풀이한 견해와, 자연의 이치로

---

8) 개란……고요함이다 : 『周易』「繫辭傳上」 11장의 "이 때문에 문을 닫는 것을 곤이라 하고, 문을 여는 것을 건이라고 한다. 한 번은 닫고 한 번은 여는 것을 변이라고 한다"(是故闔戶謂之坤, 闢戶謂之乾, 一闔一闢謂之變)라는 구절 참조

풀이한 견해, 정치론적으로 풀이한 견해가 있다. 고형은 "귀는 소리의 문이고, 눈은 색깔의 문이고, 입은 마시고 먹고 말하는 문이고, 코는 냄새의 문이니, 모두 하늘로부터 부여받은 것이다. 따라서 그것을 천문이라고 한다"(耳爲聲之門, 目爲色之門, 口爲飮食言語之門, 鼻爲臭之門, 而皆天所賦與. 故謂之天門也)라고 하여 감각기관으로 풀이하였다. 임희일은 "천문이란 곧 천지 사이의 저절로 그러한 이치이다"(天門卽天地間自然之理也)라고 하여 자연의 이치로 풀이하였다. 왕필은 "천문은 천하의 모든 것들이 쫓아 나오는 곳을 말한 것이다. 열고 닫음이란 다스려지고 어지러워지는 때이다"(天門, 謂天下之所由從也. 開闔, 治亂之際也)라고 하여 정치론적으로 이해하였다.

서명응이 '개開'와 '합闔'을 음양의 동정으로 보는 것은 『주역』에서 한 번 문이 닫히고 한 번 문이 열리는 끊임없는 과정을 '변화'라고 말하는 것을 연상시킨다. 전반적으로 역리적 시각에서 이해하지만 '정靜'을 강조하는 것을 볼 수 있다.

명백히 알아 사방에 두루 미치면서도 무지한 듯이 할 수 있겠는가?
明白四達, 能無知乎.

천하 사물의 이치를 항상됨과 변화를 막론하고 명백히 두루 알아서 사통팔달하였으면서도 오히려 마치 아는 바가 없는 듯이 하여, 스스로 질박하고 어리석다고 보아 소유하지도 않고 행함을 자랑하지도 않는다면 어떠한가? 요임금은 곤鯀을 등용할 수 없음을 분명히 알았지만, 사악四岳[9]이 "등용할 만한지를 시험해 본 뒤에 그만두어야 합니다"[10]라고 말하자 부득이 썼다. 성인이 천하를 다스리는 데에는 비록 밝고 사려가 있어 비추지 않음이 없지만 만물의 실정에 따라 옳은 것과 그른 것, 현명한 사람과 못난 사람으로 하여금 각각

---

9) 사악 : 사방 제후를 통괄하는 관리이다.
10) 등용할……그만두어야 합니다 : 『書經』 「堯典」에서 "그만두더라도, 가한가를 시험해보고 이에 그만두어야 합니다"(異哉, 試可, 乃已)라고 하였다. 여기의 '異'자는 채침의 주에 따라 '已'자로 보고 해석한다.

자기의 분수를 얻게 함으로써 자신의 앎을 수고롭게 하지 않는다. 이것이 바로 천하를 소유하나 사사로이 간여하지 않는 것이다.

天下事物之理無論常變, 明白周知四通八達, 而猶且若無所知, 自視樸愚, 則其不有, 不恃爲, 如何哉. 堯明知鯀之不可用, 及聞四岳試可乃已之言, 不得已用之. 盖聖人之治天下, 明睿雖無所不照, 然順萬物之情, 使是非賢不肖, 各得其分, 而己之知不勞焉. 此所以有天下而不與焉者也.

【교감 및 주해】

'능무지호能無知乎'가 백서을본에는 '능무이지호能毋以知乎'로 되어 있다. 왕필본에는 '무지無知'가 '무위無爲'로 되어 있다.

서명응은 '명백사달明白四達'을 '천하 사물의 이치를 그 항상됨과 변화함에 관계없이 두루 명백하게 아는 것'으로 이해함으로써 상常과 변變에 대한 통일적 인식을 강조하고 있다. "성인이 천하를 다스리는 데에는 비록 밝고 사려가 있어 비추지 않음이 없지만 만물의 실정에 따라 옳은 것과 그른 것, 현명한 사람과 못난 사람으로 하여금 각각 자기의 분수를 얻게 하여 자신의 앎은 수고롭지 않게 한다"라는 서명응의 해설 속에서 '성인'을 당시의 군주로 바꾸어 이해한다면 탕평책과의 연결성도 찾을 수 있을 것이라고 생각된다.

도는 만물을 생겨나게 하고 길러 준다. 생겨나게 하지만 자니지 않고, 은혜를 베풀지만 자랑하지 않으며, 길러 주지만 주장하지 않으니, 이를 일러 '현덕玄德'이라 한다.['휵畜'은 '허許'와 '육六'의 반절이다. '장長'은 상성이다.]

生之畜之. 生而不有, 爲而不恃, 長而不宰, 是謂玄德.[畜許六反, 長上聲]

'장長'이란 사람을 기르는 것이다. '재宰'란 주재하고 펼치는 것이다. '현덕玄德'이란 현묘하고 또 현묘한 덕이니, 대개 이 혼연한 태극의 무명無名 상태에 도달한 것을 말한다. 여기까지는 도의 작용에 대해 말한 것이다.

長, 長人也. 宰, 主張也. 玄德, 玄之又玄之德, 盖至是渾然太極之無名矣. 此以上, 道之用也.

【교감 및 주해】

이 문장은 『노자』 51장과 중복된다. 백서을본에는 '위이불시爲而不恃'가 빠져 있다. 왕필은 '생지生之'에 대해 "그 근원을 막지 않음이다"(不塞其原也)라고 말하고, '휵지畜之'에 대해서는 "그 본성을 막지 않음이다"(不禁其性也)라고 말한다.

서명응이 '현덕玄德'을 혼연한 태극의 무명의 상태에 도달한 것으로 보는 것은 노자의 도와 덕에 대한 유가적 차원에서의 이해를 은연중에 보여 주는 것이라고 할 수 있다. 노자의 도와 덕의 관계를 이와 같은 방식으로 이해하는 것은 서명응 『노자』 이해의 특징이기도 하다.

위의 내용은 제10장이다.

右第十章.

【총설】

서명응은 이 장을 기본적으로 조화설과 양생의 관점에서 해석하고 있다. 그는 『도덕지귀』 전체에서 『참동계』의 내용들을 상당히 인용하고 있지만, 내단사상의 구체적인 내용들인 연정煉精, 연기煉氣, 연신煉神, 환허還虛의 방법들에 대해서는 특별한 언급이 없다. 다만 이 장의 아래 주(章下註)에서 "2장에서부터 여기까지는 정精과 기氣와 신神을 연마하는 공용에 대해 말한 것"이라고 하여, 내단사상으로 『노자』를 이해하는 자신의 입장을 제시하고 있을 뿐이다.

제2장에서부터 여기까지는 '정精'과 '기氣'와 '신神'을 연마하는 공용에 대해 말한 것이니, 시어詩語가 처음부터 끝까지 화합되어 하나의 운율을 이루고 있다. 옛날 사람은 마음을 표현할 때, 말에는 다함이 있지만 뜻은 무궁하다고 여겨 반드시 시어로써 감탄하고 발설하였다. 『서경』「홍범」 가운데 황극의 '무편무당無偏無黨'함에 대해 거듭 찬탄하고 있는 부분11)을 보더라도 이를 징험할 수 있다.

自第二章至此, 言煉精煉氣煉神之功用, 爲詩語首尾叶一韻. 古人言心, 以爲言有盡, 而意無窮也, 必以詩語歎發之. 觀於洪範重極之無偏無黨亦可驗也.

【교감 및 주해】

서명응은 내단사상의 정·기·신에 관해 『도덕지귀』에서 수차례 언급하고 있다. 그렇다면 어떠한 내용이 연정煉精이고 연기煉氣이며 연신煉神인가? 내단사상에서 연정의 수련은 『노자』 8장의 '상선약수上善若水'로 설명된다. 이는 수水가 오행의 처음이며 천일天一에서 생겨나는 것이기 때문이다. 내단사상은 조화의 처음인 선천의 태극을 회복하는 것을 목표로 삼는다. 즉 수水와 화火가 하나인 조화의 처음 상태를 회복하는 것이 목표인 것이다. 이러한 조화의 처음 상태를 수련하는 것이 연정이다. 그래서 서명응은 『참동고』에서 연정을 "수水로써 화火를 안정시키지만 그 본래는 수이다. 이는 대개 도의 본원이다. 그러므로 '상선'은 수를 본받고, 그 덕은 지극히 맑아서 흠이 없다"12)라고 말한다. 여기서 수로써 화를 안정시킨다는 것이 바로 연정의 수련이다. 그런데 비록 조화의 처음에 수가 가장 먼저 생겨났지만 수 속에는 화기火氣가 있다.13) 연기는 바로 조화의 처음인 이 수 속의 화기를 단련하는 것을 말한다. 수 속의 화기는 곧 음양이 사귀어서 생겨난 조화로운 기(冲氣)이고

---

11) 황극의……부분 : 『書經』「周書·洪範」의 "치우침도 없고 무리 지음도 없으니 왕도는 탕탕하고, 무리 지음도 없고 치우침도 없으니 왕도는 평평하다"(無偏無黨, 王道蕩蕩, 無黨無偏, 王道平平)라고 하여 '무편무당'을 거듭 말하고 있는 구절 참조

12) 『參同攷』, "以水定火, 則其本水而已. 是盖道之本原也. 故上善法乎水, 其爲德, 至淸無瑕也."

13) 『參同攷』, "造化之初, 水最先生, 而其水中之煥氣爲火" 참조

단丹이다. 이 충기가 만물의 앞뒤에서 두루 유행하면서 전체적인 조화를 이루게 된다. 그래서 『도덕지귀』 42장에서는 "'일一'은 양陽의 일(奇數)이다. '이二'는 음陰의 이(偶數)이다. '삼三'은 음양의 사귐을 통해 성립되는 충기冲氣이다"[14]라고 말하고, 이어서 "저 '충기' 같은 것은 앞과 뒤에서 운행하여 앞과 뒤를 조화롭게 한다"[15]라는 말로써 연기의 과정을 설명하고 있다. 정과 기의 사귐이 왕성해지면 자연스럽게 신이 생겨나서[16] 연신의 단계로 접어들게 되는데, 신은 기를 운행하는 주체[17]이자 금단金丹을 형성하여 출신出身을 자유롭게 만드는 주체이다. 그러나 동시에 신은 기가 왕성하고 정이 왕성해질 경우 신이 거처하는 심心을 활물로 만들어 고요한 상태를 유지하기 어렵게 만드는 존재이기도 하다.[18] 그렇기 때문에 내단사상에서는 신이 자신의 거처인 심에서 머무르면 만사가 번창한다는 것을 강조한다.[19] 『도덕지귀』에서 연신과 관련된 내용은 일기一氣인 단이 회복되는 기틀을 자신의 몸에서 반복하는 것으로 설명되고 있다. 『도덕지귀』 40장에서 말하고 있는 "'반反'은 반복이고, '동動'은 돌아와서 회복함이다. (그러므로 도가) 돌아와서 회복하는 기틀은 실로 반복이 진행되는 도중에 존재한다. 이 때문에 사람이 자신의 심신을 모으고 수렴시켜 내 몸에 반복하게 할 수 있다면 천기 또한 그 속에서 반복할 것이다"[20]라는 것이 그것이다. 종합적으로 말하면, 내단의 수련 단계는 연정화기煉精化氣와 연기화신煉氣化神, 그리고 마지막 단계인 연신환허煉神還虛의 세 단계이다.

---

14) 『道德指歸』, 42장, "一者, 陽之一也, 二者, 陰之二也, 三者, 冲氣立于陰陽之交也."
15) 『道德指歸』, 42장, "若夫冲氣, 則運行于前後, 而和其前後焉."
16) 『參同攷』, "기가 조절되고 정이 가득 차면 신명은 구하지 않아도 스스로 이르게 된다"(氣調精滿則神明不求而自至)라는 구절 참조.
17) 『參同攷』, "대개 인간의 몸도 하나의 천지이다. 천지의 기의 기틀이 굴신하고 왕래하는 것에는 신이 주재하는 것이 있으니, 어찌 홀로 사람의 몸의 기의 기틀에 그 신이 없겠는가"(大抵人身亦一天地. 天地氣機之屈伸往來. 皆有神主之. 豈獨於人身之氣機而無其神哉)라는 구절 참조.
18) 『參同攷』, "氣盛精旺, 則自然神氣滿室, 神氣滿室, 則心是活物, 未能退然安靜常留在室中" 참조.
19) 『參同攷』, "神守其室, 則萬事皆昌" 참조.
20) 『道德指歸』, 40장, "反者, 反復也, 動者, 來復也, 來復之機, 實在於反復之中, 故人能凝聚收斂其心神, 使反復吾身, 則天機亦反復于其中也."

제11장

서른 개의 바퀴살이 하나의 바퀴통에 모여 있으니, 그 비어 있는 곳에 의거하여 수레의 쓰임이 있게 된다.

三十輻共一轂, 當其無, 有車之用.

'복輻'은 바퀴살이다. 또한 단지 바퀴통만 가리킨다면 '바퀴살이 모여 있는 것'이라고 일컬을 수 있다. 바퀴를 제작하려면 서른 개의 바퀴살을 가지고 밖으로는 테두리에 부착시키고 안으로는 바퀴통에 부착시켜서 서로 버티고 유지하게 만들어야 한다. 이때 그 바퀴통의 중심을 비워서 굴대를 받아들일 수 있게 한 이후에야 수없이 굴러도 막힘이 없게 되어 수레의 쓰임이 있게 된다. 이것은 무가 유의 지도리인 것을 말한다.

輻, 輪轑. 亦稱直指轂則輻所輳也. 盖輪之爲制, 以三十輻, 外貫于郭, 內貫于轂, 使相撐持. 而虛無其轂心得以受軸, 然後萬轉不滯, 有車之用. 是無者有之樞也.

【교감 및 주해】

'당기무유거지용當其無有車之用'에는 두 가지 독법이 있다. 전통적인 독법은 '당기무當其無, 유거지용有車之用'으로 구두점을 찍는 것인데, '당기무유當其無有, 거지용車之用'으로 구두점을 찍어야 한다는 견해도 있다. 전자의 뜻은 "그 없음에 의거하여 수레의 쓰임이 있게 된다"가 되고, 후자의 뜻은 "그 없음과 있음에 의거하여 수레가 쓰이게 된다"가 된다. 후자의 견해를 주장하는 필원은 "판본들은 모두가

'당기무'에서 구를 나누었지만, 살펴보건대 『고공기考工記』에는 '이륜자利輪者, 이무유위용야以無有爲用也'라고 되어 있다. 그러므로 여기서도 의당 '유'자에서 구를 나누어야 한다. 아래도 모두 마찬가지이다"(本皆以當其無斷句. 案考工記, '利轉者, 以無有爲用也'. 是應以有字斷句. 下並同)라고 하였다. 왕필은 "바퀴통이 서른 개의 바큇살을 거느릴 수 있었던 까닭은 비어 있기 때문이다. 그것이 비어 있어서 외물을 받아들일 수 있었던 것이니, 그러므로 적은 것으로써 많은 것을 통괄할 수 있었던 것이다"(轂所以能統三十輻者, 無也. 以其無能受物之故, 故能以寡統衆也)라고 하였다.

서명응은 이 구절을 '무가 유의 지도리가 된다'는 뜻으로 보아 무를 중시하는 사유를 보인다.

진흙을 이겨서 그릇을 만드니, 그 비어 있는 곳에 의거하여 그릇의 쓰임이 있게 된다.

埏埴以爲器, 當其無, 有器之用.

'선埏'이란 주물러서 덩어리로 만듦이다. '식埴'이란 점토이다. 그릇을 주조할 때에는, 땅을 파서 골을 만들어 그 속을 비운 뒤 흙을 쥐고 넣으면 쓰일 수 있는 그릇이 이루어진다. 이것이 무가 유를 생겨나게 함이다.

埏, 搏凝也. 埴, 黏土也. 鑄器者, 鑿地爲範而空其中, 搏土納之, 以成器用. 是無者有之生也.

【교감 및 주해】

'선식埏埴'에 대해 『고공기』에서는 "'선埏'은 조화롭게 함이며, '식埴'은 점토이다"(埏, 和, 埴, 黏也)라고 하였고, 하상공은 "'선'은 잘 배합함이며, '식'은 흙이다. 흙을 잘 배합하여 음식을 담는 그릇으로 만드는 것이다"(埏, 和也. 埴, 土也. 和土以爲飲食之器)라고 하였다.

서명응은 이 구절에 대한 해석에서도 역시 '무가 유를 생겨나게 하는 것'이라고 하여 '무'를 중시하는 사유를 보이고 있다.

문과 창문을 뚫어서 방을 만드니, 그 비어 있는 곳에 의거하여 방의 쓰임이 있게 된다.
鑿戶牖以爲室, 當其無, 有室之用.

'호戶'란 출입하게 하는 곳이며 '유牖'란 통하고 밝게 하는 곳이니, 이 모든 것은 집과 벽이 비어 있음으로 해서 그렇게 될 수 있는 것이다. 만일 문과 창문이 없다면 비록 집이 있다 하더라도 거처하여 머무를 수가 없다. 이것은 무가 유의 주인임을 말한 것이다.

戶所以出入, 牖所以通明, 皆虛無其室壁而爲之. 若無戶牖, 雖有室亦不能居止. 是無者有之主也.

【교감 및 주해】
하상공은 "출입문과 창문이 비어 있기 때문에 사람들이 출입하고 볼 수가 있으며, 집안이 비어 있기 때문에 사람들이 거처할 수가 있음을 말하였다. 이것이 그 쓰임이다"(言戶牖空虛, 人得以出入觀視, 室中空虛, 人得以居處. 是其用)라고 하였다.
서명응은 '무가 유의 주인이 된다'는 말로써 계속해서 무를 중시하는 사유를 내보이고 있다.

따라서 있음이 이로움으로 될 수 있는 까닭은 비어 있음을 쓰임으로 삼았기 때문이다.

故有之以爲利, 無之以爲用.

'유가 이로움이 된다'(有之以爲利)는 것은 수레와 그릇과 집을 가리킨다. '무가 쓰임이 된다'(無之以爲用)는 것은 바퀴통과 찰흙과 창문을 가리킨다. 앞의 셋(유)은 뒤의 셋(무)이 없으면 쓰일 수 없다. 비유컨대 정·기·신을 연마함에 있어 허무의 도로써 하지 않는다면 정·기·신이 쓰임이 되기에는 부족해진다는 것이다.

有之以爲利, 指車器室也. 無之以爲用, 指轂埴牖也. 上三者, 若無下三者, 則不可以爲用. 譬如精氣神, 若不以虛無之道練之, 則不足以爲精氣神之用也.

【교감 및 주해】

설혜薛蕙는 "이 장 안에서는 비록 유와 무를 서로 들어서 말하였지만, 가리키는 뜻을 돌이켜보건대 실은 '무'가 귀하게 되는 까닭을 '유'에 의거해서 밝힌 것이다. 사람들은 유가 이로움이 되는 것에 대해서는 알지 못함이 없지만 무가 쓰임이 되는 것에 대해서는 소홀히 하여 살피지 않았다. 따라서 노자는 몇 가지 예를 들어 사람들을 깨우치게 하고자 했던 것이다"(章內雖互擧有無而言, 顧其指意, 實卽有而發明無之爲貴也. 蓋有之爲利, 人莫不知, 而無之爲用, 則皆忽而不察. 故老子借數者而曉之)라고 하였다. 고형은 "이 장 또한 노자의 상대론이다. 일반 사람들은 모두 유를 소중히 여기고 무를 경시하며, 유를 취하고 무를 버리며, 유를 쓸모 있는 것으로 여기고 무를 쓸모가 없는 것이라고 생각한다. 노자는 이러한 편견을 깨뜨리고자 이와 같은 말을 하였던 것이다"(此章亦老子之相對論也. 常人皆重有而輕無, 取有而舍無, 以爲有有用於人, 無無用於人, 老子欲破此成見. 故有斯言)라고 하였다.

서명응은 기본적으로 '이무제유以無制有'를 말하는데, 여기서는 무와 유의 관계를 통해 정·기·신의 단련을 말함으로써 관점을 바꾸어 양생적 차원에서 이해하고 있다. 전체적으로는 무를 중시하는 사유를 엿볼 수 있다.

위의 내용은 제11장이다.

右第十一章.

【총설】
　서명응은 이 장을 기본적으로 무가 유의 지도리가 된다는 입장, 무가 유를 생겨나게 한다는 입장, 무가 유의 주인이 된다는 입장에서 이해하고 있다. 이는 기본적으로 무를 더 우선시하는 사유이다. 또한 그는 11장의 유무 개념을 내단학의 용어인 정·기·신과 관련시켜 양생론적 차원에서 이해하고 있다.

제12장

다섯 가지 빛깔은 사람의 눈을 멀게 한다.

五色, 令人目盲.

'다섯 가지 색'[1]은 사람의 눈을 기를 수 있지만, 한결같이 탐닉하면 사람의 눈을 멀게 한다. 의서醫書에서도 말하기를 "그릇과 옷을 탐닉하면 정신이 어지러운 병에 걸린다"라고 하였다.

五色, 可以養人之目, 而一向耽溺, 則令人目盲. 醫書亦言, 玩好器服致蠱瘵之疾.

【교감 및 주해】

서명응은 오색 자체를 부정하지는 않고, 다만 이에 탐닉하는 것이 문제라고 보고 있다. 이것은 절욕론絶欲論이라기보다 유가의 과욕론寡欲論에 가깝다고 할 수 있다.

다섯 가지 음은 사람의 귀를 먹게 한다.

五音, 令人耳聾.

---

1) 다섯 가지 색 : 일반적으로 靑·黃·赤·白·黑을 뜻한다.

'다섯 가지 음'²⁾은 사람의 귀를 기를 수 있지만, 한결같이 음악을 좋아하기만 하면 사람의 귀를 먹게 한다. 귀를 먹게 한다는 말은 듣는 것이 밝지 않다는 뜻이다. 또한 살펴보건대 다섯 가지 음은 속악의 음탕한 소리이니, 아래 문장의 다섯 가지 맛으로 미루어 보더라도 역시 그러함을 알 수 있다. 노자의 도는 '근본되는 시초의 무'로써 '말단되는 끝의 유'를 주재하고자 함에 있는 것이니, 음악의 근본되는 시초인 복희伏羲의 황악荒樂과 헌원軒轅(黃帝)의 운문雲門에 대해서라면 비록 노자라도 어찌 '사람의 귀를 먹게 한다'고 말할 수 있겠는가?

五音可以養人之耳, 而一向好樂, 則令人耳聾. 耳聾謂聽不聰也. 又按五音指俗樂之淫哇. 雖以下文五味推之, 亦可知其然. 盖老子之道, 欲以本始之無, 而主宰末終之有, 則如羲軒之荒樂雲門, 乃樂之本始, 雖老子, 豈可曰令人耳聾耶.

【교감 및 주해】

서명응은 '근본되는 시초의 무가 말단되는 끝의 유를 주재한다'는 이무제유以無制有적 시각을 빌려 '무' 중시의 사유를 말함으로써 여타의 주석가와 차이점을 보인다. 그는 노자가 무조건 다섯 가지 음을 비판한 것은 아니라고 본다.

다섯 가지 맛은 사람의 입맛을 잃어버리게 한다.

五味, 令人口爽.

'상爽'은 잃어버림이다. 그 입맛을 잃어버림을 말한 것이다. '다섯 가지 맛'³⁾은 사람의 입을 기를 수 있지만, 한결같이 즐기기만 하면 사람의 위를 손상시켜 입맛을 잃어버리는 데에까지 이르게 된다. 의서에서도 "진하고 자극적인

---

2) 다섯 가지 음 : 일반적으로 宮·商·角·徵·羽를 뜻한다.
3) 다섯 가지 맛 : 酸·苦·甘·辛·鹹을 뜻한다.

맛은 사람의 비장과 위장을 손상시킨다"라고 하였다.

爽, 失也. 言失其口味也. 五味可以養人之口, 而一向嗜悅, 則令人傷胃, 以至於 口味之失也. 醫書亦言膿厚之味, 傷人之脾胃.

【교감 및 주해】

왕필은 "'상'은 어긋나 잃어버림이다. 입의 기능을 잃어버렸기 때문에 그것을 '상'이라고 말한 것이다"(爽, 差失也. 失口之用, 故謂之爽)라고 하였다. 박세당은 "다섯 가지의 허물은 모두 물욕에 얽매어 삶을 방해하고 덕을 해친 결과이다"(五者之過, 皆殉於物欲, 防生害德)라고 하였다.

서명응은 이 구절에 대해서도 역시 입맛을 '한결같이 추구하는 것'의 문제점을 통하여 이해하고 있다.

말을 달리며 사냥하는 것은 사람의 마음을 미쳐 날뛰게 만든다.

馳騁田獵, 令人心發狂.

사계절 중에서도 '봄철의 사냥'(蒐)을 일컬은 것이다. 사냥은 사람들의 안일함을 절제할 수도 있지만, 만일 한결같이 달리고 쫓는 데로 향하게 된다면 사람으로 하여금 방탕하고 미치게 만든다.

四時蒐稱, 可以節人之勞佚, 而一向馳逐, 則令人蕩佚倡狂也.

【교감 및 주해】

왕필본에는 '전전田'이 '전畋'으로 되어 있는데, 서로 통용되는 글자로서 '사냥하다'의 뜻이다. 하상공은 "정신이 흩어져서 사라지기에 발광이라 하였다"(精神散亡, 故發狂也)라고 하였다. '전렵田獵'은 사냥함을 뜻한다. 『이아爾雅』「석천釋天」에서는 '렵

獵'을 풀이하여 "봄 사냥을 수蒐라 하고, 여름 사냥을 묘苗라 하며, 가을 사냥을 선獮이라 하고, 겨울 사냥을 수狩라 한다"(春獵爲蒐, 夏獵爲苗, 秋獵爲獮, 冬獵爲狩)라고 하였는데, 이처럼 '렵獵'은 원래 사계절의 사냥을 총칭하는 말이다.

서명응은 '렵獵'을 봄 사냥만을 지칭한다고 해석하였다. 그 이유는 노자가 사냥 자체를 비판한 것이 아니라 사냥하는 데 있어 절제할 줄 모르는 것을 비판한 것이라고 보았기 때문이다. 특히 봄철은 농경을 시작하는 때인데, 그것에 신경을 쓰지 않고 사냥에만 미치게 될 경우의 문제점을 지적한 것이 아닌가 한다.

얻기 어려운 귀한 재물은 사람의 행함을 방해받게 한다.['행行'은 거성이다.]
難得之貨, 令人行妨.[行去聲]

재화는 사람들이 일상적으로 사용하는 것의 바탕이 되지만, 한결같이 탐하고 얻으려고만 하면 사람으로 하여금 그 행이 실해지는 것을 방해받게 한다.
貨財可以資人之日用, 而一向貪得, 則令人妨害行實也.

【교감 및 주해】

하상공은 "'방妨'은 손상됨이다. 얻기 어려운 재화란 금·은·주옥을 말한 것이다. 마음은 탐욕스럽고 생각은 욕심에만 있다면 만족을 알지 못하게 되어 행동에 손상을 입고 스스로 욕되게 된다"(妨, 傷也. 難得之貨謂金銀珠玉, 心貪意欲, 不知饜足, 則行傷身辱也)라고 하였다.

서명응은 '방妨'을 하상공과는 달리 '방해함'으로 이해한다.

이 때문에 성인은 배를 위할 뿐 눈을 위하지 않는다. 그러므로 저것(눈)을 버리고 이것(배)을 취한다.['위爲'는 모두 거성이다.]

是以聖人, 爲腹, 不爲目. 故, 去彼取此.[爲并去聲]

'배'는 정·기·신으로, '무로써 유를 제어함'을 가리킨다. '눈'은 곧 위 문장들의 다섯 가지(五色·五音·五味·田獵·難得之貨)로, 유로써 유를 삼음을 가리킨다. 저것은 눈을 말하고, 이것은 배를 말한다. 이 구절은 위의 문장들을 총체적으로 결론지은 것이다

腹卽精氣神之以無制有也. 目卽上文五者之以有爲有也. 彼以目言, 此以腹言. 總結上文.

【교감 및 주해】

"시이성인是以聖人"이 백서본에는 "시이성인지치야是以聖人之治也"로 되어 있다. 고명은 이 구절이 3장의 "이런 까닭에 성인의 다스림은 백성들의 마음을 비우게 하고 배를 채우게 한다"(是以, 聖人之治也, 虛其心, 實其腹)와 의미상으로 연결된다고 보면서 통행본들은 '지치야之治也'가 누락되어 있다고 주장했다. '지치야之治也' 없이 '성인聖人'만으로 볼 경우 '위복爲腹, 불위목不爲目'의 대상은 성인이 되고, 고명의 견해와 같이 '성인지치야聖人之治也'로 볼 경우 '위복, 불위목'의 대상은 백성이 된다. 왕필은 "배를 위하는 자는 사물로써 자기를 기르지만, 눈을 위하는 자는 사물로써 자기를 부린다. 따라서 성인은 눈을 위하지 않는다"(爲腹者, 以物養己, 爲目者, 以物役己. 故聖人不爲目也)라고 하였다.

서명응이 배를 정·기·신 즉 무로써 유를 제어함을 말한 것이고 눈을 오색·오음·오미 즉 유로써 유를 삼음을 말한 것이라고 풀이하고 있는 것은 내단 혹은 양생적 관점에서의 이해라 할 수 있다.

위의 내용은 제12장이다.
右第十二章.

【총설】
　서명응은 이 장을 이해하는 데 있어 감각기관의 욕망만을 좇는 것을 한결같이 경계하면서, 특히 노자의 도는 '근본되는 시작의 무'로써 '말단되는 마침의 유'를 주재하고자 함에 있다고 본다. 그리고 '위복爲腹'의 '배'를 정·기·신을 의미하는 것과 '무로써 유를 제재함'으로 이해한 것은 『참동계』에서 말하는 '이무제유以無制有'와 동일한 사유라고 할 수 있다. 전체적으로 이 장을 양생적 관점에서 이해하고 있음을 알 수 있다.

제13장

총애 받음과 욕을 당함을 놀란 듯이 하고, 귀함과 큰 우환을 자기 몸처럼 여긴다.

寵辱若驚. 貴大患若身.

총애 가운데는 반드시 욕됨이 있다. 따라서 총애를 얻었을 때 놀란 듯이 하는 자는 또한 욕됨을 얻음을 때에도 놀란 듯이 한다. 귀함 가운데는 반드시 큰 우환이 있다. 따라서 귀함을 얻음을 자기 몸처럼 여기는 자는 또한 큰 우환을 얻음을 자기 몸처럼 여긴다.

寵之中必有辱焉. 故得寵若驚者, 亦是得辱若驚也. 貴之中必有大患焉. 故得貴若身者, 亦是得大患若身也.

【교감 및 주해】

이 구절에 대한 해석은 주어를 성인으로 보느냐 일반 사람으로 보느냐에 따라 두 가지로 나뉜다. 많은 학자들은 주어를 일반 사람으로 보아, "(일반 사람들은) 총애와 욕됨을 모두 놀람과 같이 하고, 큰 우환을 귀하게 여김을 내 몸과 같이 한다"라고 해석하고 있다. 초횡은 '귀대환약신貴大患若身'이 '귀신약대환貴身若大患'의 도치된 구절이라고 주장하는데, 이에 따르면 "몸을 귀하게 여김을 큰 우환처럼 여긴다"로 풀이할 수 있다. 소철은 주어를 성인으로 보고, "옛날의 달인은 총애에 대한 놀람을 마치 욕됨에 대한 놀람과 같이 하였으니, 이것은 총애가 욕됨의 앞에 놓여 있음을 안 것이다. 몸을 귀하게 여김을 마치 큰 우환을 귀하게 여김과 같이 하였으니, 이것은 몸이 우환의 근본이 됨을 안 것이다"(古之達人, 驚寵如驚辱, 知寵之爲辱先也. 貴身如貴大患, 知身之爲患本也)라고 해석하였다.

서명응이 비록 "귀대환약신貴大患若身"의 주체를 성인으로 보는 것은 아니지만 이를 "귀함 가운데는 반드시 큰 우환이 있다"로 풀이하는 것은 소철의 입장과 유사하다고 할 수 있다.

무엇을 가리켜 '총애 받음과 욕됨'이라 하는가? 총애는 아랫사람이 받는 것이다. 그것을 얻으면 얻는 대로 놀라고 그것을 잃으면 잃는 대로 놀라니, 이를 가리켜 '총애 받음과 욕됨을 놀란 듯이 한다'라고 한 것이다.

何謂寵辱. 寵爲下, 得之若驚, 失之若驚, 是謂寵辱若驚.

총애란 남이 주기도 하고 남이 빼앗기도 하는 것으로, 이것은 남의 아래 있는 자의 일이다. 이미 총애가 끝나면 반드시 욕됨이 있으니, 총애 속에는 욕됨이 숨겨져 있는 것이다. 지금 도리어 (총애를) 얻고 잃음에 따라 마음에서 동요하니, 어찌 총애와 욕됨에서 모두 놀라는 것이 아니라 할 수 있겠는가?

寵者, 人與之, 人奪之, 是爲人下者之事. 夫旣寵之終必辱之, 是寵者辱之藏. 今反以得失動于中, 豈非俱驚於寵辱者哉.

【교감 및 주해】

왕필본에는 '하위총욕何謂寵辱若'이 '하위총욕약경何謂寵辱若驚'으로 되어 있다. '총위하寵爲下'는 백서갑본에는 '총지위하寵之爲下'로, 하상공본에는 '욕위하辱爲下'로, 진경원본·경복본·이도순본에는 '총위상寵爲上, 욕위하辱爲下'로 되어 있다.

서명응은 총애와 욕됨을 상호 밀접한 관련이 있는 것으로 보되 특히 총애를 아랫사람이 받는 것이라 하여 그 의미를 분명히 하고 있다.

무엇을 '귀함과 큰 우환을 자기 몸처럼 여긴다'고 하는가? 나에게 큰 우환이 있는 까닭은 내 몸을 가지고 있기 때문이다. 내 몸을 가짐이 없는 데에 이르면 내 무슨 우환이 있겠는가?

何謂貴大患若身. 吾所以有大患者, 爲吾有身. 及吾無身, 吾有何患.

귀함은 남에게 줄 수도 있고 남에게서 빼앗을 수도 있기에 남의 아래에서 총애를 받는 것과 비록 견줄 바가 못 되지만, 귀함을 잃었을 때에 있어서 필부로 살고자 하나 뜻을 이루지 못할 경우에는 큰 우환이 있게 되는데 이는 욕됨이 견줄 바가 아니다. 사람들이 귀함에 큰 걱정거리가 있음을 미처 알지 못한 채 (귀함을) 사랑하고 아까워하는 것은 스스로 그 몸을 유有로 삼아서 남들이 자신을 받들어 섬기는 것을 좋아하기 때문이다. 만약 '무로써 유를 제어하여'(以無制有) 그 몸이 있되 없는 것처럼 여긴다면 어찌 귀함이 있겠으며 어찌 큰 우환이 있겠는가?

貴則能與人奪人, 雖不可比於寵爲下者. 然其失之, 願爲匹夫而不可得, 則其有大患, 又非辱之比也. 凡人不知貴之有大患而愛惜者, 以自有其身, 樂爲人承奉也. 若以無制有, 視有其身若無, 則何有於貴, 又何有於大患哉.

【교감 및 주해】

서명응은 이 구절을 서명응『노자』이해의 특징 중의 하나인 '무로써 유를 제어하는 방식'(以無制有)을 통해 이해하고 있다. 유보다는 무를 통한 처세적 사유가 보이는 문장이다.

따라서 자신을 귀히 여기듯이 천하를 귀히 여기는 자에게는 천하를 맡길 수 있으며, 자신을 아끼듯이 천하를 아끼는 자에게는 천하를 의탁할 수 있다.

故貴以身爲天下者, 可以寄天下, 愛以身爲天下者, 可以托天下.

모두 '몸이 없는 것처럼 여김'에 대응하는 것이다. '천하를 맡긴다'(寄天下)란 후왕后王으로써 말한 것이고, '천하를 의탁한다'(托天下)는 것은 대신大臣으로써 말한 것이다.

皆無身之應也. 寄天下, 以后王言, 托天下, 以大臣言.

【교감 및 주해】

이 문장은 판본마다 약간씩 자구의 차이가 있다. 죽간본은 "하□□□□□위천하何□□□□□爲天下, 약가이탁천하의若可以託天下矣, 애이신위천하愛以身爲天下, 약가이기천하의若可以寄天下矣"로, 백서본은 "고귀위신어위천하고귀위신어위천하故貴爲身於爲天下, 약가탁천하의若可託天下矣, 애이신위천하愛以身爲天下, 약가이기천하若可以寄天下"로, 왕필본은 "고귀이신위천하고귀이신위천하故貴以身爲天下, 약가기천하약가기천하若可寄天下, 애이신위천하愛以身爲天下, 약가이탁천하약가이탁천하若可以託天下"로, 하상공본은 "고귀이신위천하자故貴以身爲天下者, 즉가기어천하則可寄於天下, 애이신위천하자愛以身爲天下者, 급가이탁천하及可以託天下"로 되어 있다. 왕필본을 비롯한 많은 판본에는 '기寄'자가 앞에 있고 '탁托'자가 뒤에 있는데, 죽간본·백서본·경룡비본·수주비본·부혁본·범응원본 등에는 '탁'자가 앞에 있고 '기'자가 뒤에 있다. 이 문장의 해석에는 상반된 두 견해가 있다. '자기 자신을 잊어버릴 것'(忘身)을 주장했다는 견해와, '자기 자신을 귀하게 여길 것'(貴身)을 주장했다는 견해가 그것이다. 감산은 "그런데 우리의 육신은 모든 근심의 근본이다. 이미 이 육신이 있다면 기한·병고·생사·대환이라는 모든 괴로움이 모여드는 것을 필연적으로 면하지 못하게 된다. 그러므로 '나에게 큰 근심이 있는 까닭은 나에게 육신이 있기 때문이다. 만일 육신이 없다면 근심도 없다'고 말한 것이다"(然身, 乃衆患之本. 旣有此身, 則飢寒病苦死生大患, 衆苦皆歸, 必不可免. 故曰吾所以有大患者, 爲吾有身. 無身, 則無患矣)라고 하여 이 문장을 '망신忘身'의 입장에서 풀이하였다. 이런 입장은 불가적 입장에서 이해한 것이라 할 수 있다. 이에 반해 진고응은 "이 한 장은 이전 사람들이 숱하게 곡해하였다. 많은 사람들은 육신이 일체번뇌와 큰 우환의 근원이 된다는 뜻으로 해석하여 이른바 '자신을 잊어버릴 것'을 요구하였다. '귀신貴身'에 대한 사상이 오해받아 오히려 '망신忘身'이 되어 버린 것이다. 이러한 종류의 곡해는 태반이 불학의 영향을 받아서 조성된 것으로, 그들은 불학의 관점을 가지고 노자에게 덧붙인 것이다"라고 하여 이 문장을 '귀신貴身'의 입장에서 풀이하였다. 이런 입장은 도가적 입장에서 해석한 것이라 할 수 있다.

서명응은 이 구절에서 '몸이 없는 것처럼 여김'(無身)의 중요성을 강조하고 있다. 이것은 처세적 입장의 이해라고 할 수 있다.

위의 내용은 제13장이다.
右第十三章.

【총설】

서명응은 이 장의 총애와 욕됨, 귀함과 큰 우환을 변증법적으로 이해하고 또 장 전체에 그의 『노자』 이해의 특징인 '이무제유以無制有'의 사유를 적용하고 있는데, 전체적으로 양생과 처세적 입장을 엿볼 수 있는 장에 해당한다.

제14장

(도는) 보려고 해도 볼 수 없으므로 '이夷'라고 이름하고, 듣고자 하나 들리지 않으므로 '희希'라고 이름하며, 붙잡으려 해도 잡히지 않으므로 '미微'라고 이름한다. 이 세 가지는 끝까지 캐물을 수 없기 때문에 뒤섞여 하나가 된다.

視之不見, 名曰夷. 聽之不聞, 名曰希. 搏之不得, 名曰微. 此三者, 不可致詰, 故混而爲一.

보려고 해도 볼 수가 없고 듣고자 해도 들을 수 없다는 것은 태극의 무로써 말한 것이다. 잡고자 하나 잡을 수 없다는 것은 음양의 무로써 말한 것이다. '이夷'와 '희希'는 완전히 없음이다. '미微'란 있는 듯하지만 실제로는 없는 것이다. '힐詰'이란 유무를 힐문함이다. '뒤섞여 하나가 된다'는 것은 태극과 음양이 뒤섞여 하나가 되었다는 것이다.

視不見, 聽不聞, 以太極之無而言之. 搏不得, 以陰陽之無而言之. 夷希全無矣. 微則若有而實無也. 詰, 詰其有無也. 混而爲一, 太極陰陽混而爲一也.

【교감 및 주해】

'이夷'는 부혁본·범응원본에는 '기幾'로 되어 있다. '박搏'은 경룡비본에는 '전摶' 으로 되어 있다. 역순정易順鼎은 "'박'은 '전'의 오자이다"(搏乃摶之誤)라고 하였다. 하상공은 '미微'에 대해 "형태가 없는 것을 미라고 한다"(無形曰微)라 하고, '차삼자此 三者, 불가치힐不可致詰'에 대해 "'삼자'란 이·희·미를 말한 것이다. '캐물을 수 없다'라는 말은, 도는 색도 없고 소리도 없고 형태도 없어서 입으로 말할 수 없고 글로 전달할 수 없기 때문에 의당 고요함으로써 받고 신묘함으로써 구해야지 추궁해 물어서 구하면 안 된다는 뜻이다"(三者謂夷希微也. 不可致詰者, 無色無聲無形, 口不能言, 書不能傳, 當受之以靜, 求之以神, 不可詰問而得之也)라고 하였다.

'이夷'·'희希'·'미微'를 도의 다양한 측면을 말한 것으로 보는 일반적인 이해와는 달리, 서명응은 '보려고 해도 볼 수 없고 들으려 해도 들을 수 없음'을 태극의 무로 보고 '잡고자 하나 잡지 못함'을 음양의 무로 봄으로써 철저하게 태극과 음양의 관점으로 구분하고 있다. '뒤섞여 하나가 되었다'(混而爲一)는 것을 태극과 음양이 뒤섞여 하나가 되었다는 것으로 이해하는 사유는 서명응이 말하는 태극과 음양의 불가분리성의 관계에 연계하여 이해하면 수긍할 수 있는 주석이다.

위라고 해서 밝은 것이 아니고 아래라고 해서 어두운 것이 아니다. 계속해서 면면히 이어지므로 이름 지을 수 없고, 다시 물이 없는 상태로 복귀한다.
其上不皦, 其下不昧. 繩繩不可名, 復歸於無物.

'교皦'란 밝음이다. 태극은 음양의 지도리로서, 내불어 펼치면 위에서 지극하니 일찍이 밝음을 더하지 않으며, 들이마셔 수렴하면 아래에서 지극하니 일찍이 어둠을 더하지 않는다. 면면히 이어져 그 속에서 변화하므로 또한 이름 지을 수 없다. 그 마침에 이르러서는 고요하게 사물이 없는 상태로 복귀하게 된다. 이 장은 대개 노자의 지극한 말로, 무의 본원이 무극임을 밝혀 이와 같이 말한 것이다.

皦, 明也. 太極樞紐陰陽, 噓之而極于上, 未嘗加明, 吸之而極于下, 未嘗加昧. 繩繩然變化于中, 亦不可以名之. 及其終則寂然復歸於無物. 是盖老子極言, 無之本原無極, 如此云.

【교감 및 주해】

이약李約은 "무릇 사물은 모두 위가 밝고 아래가 어둡다. 도는 위가 없기에 밝지 않고 아래가 없기에 어둡지 않다"(凡物皆上明下暗. 道無上故不皦, 無下故不昧) 하였다.

서명응은 이 구절을 태극이 음양의 지도리라는 입장에서 해석하되 노자가 무의 본원이 무극임을 밝히기 위해 말한 것으로 보는데, 이런 해석에서 그가 파악한 태극과 음양의 관계 및 무의 근원과 무극의 연계성을 엿볼 수 있다.

이를 두고 '모습 없는 모습'(無狀之狀), '형상 없는 형상'(無像之像)이라고 말하며, 이를 두고 '있는 듯 없는 듯'(惚恍)이라고 말한다. 맞이하려 해도 그 머리를 볼 수 없고, 뒤따르려 해도 그 뒤를 볼 수 없다.

是謂無狀之狀, 無像之像, 是謂惚恍. 迎之不見其首, 隨之不見其後.

'홀황惚恍'이란 하나로 잡을 수 없다는 뜻을 형용한 것이다. 장자에 이르러서 마침내 황당한 데로 흘러간 것은 노자의 본뜻이 아니다. '그 머리를 볼 수 없다'(不見其首), '그 뒤를 볼 수 없다'(不見其後)라는 말은 주자가 「태극도해」에서 "앞으로 미루어도 그 처음을 볼 수 없고, 뒤로 물러나도 그 끝을 볼 수 없다"라고 말한 것과 같다. 주나라 말기에 우리 공자께서 지으신 『주역』「계사전」이외에 도체를 형상화한 것 중에서는 이처럼 분명하고 (조리를) 갖추어 말한 것이 없었다.

恍惚, 所以形容其不可執一之意而已. 至莊生遂流爲荒唐, 非老子之本旨也. 不見其首, 不見其後, 猶朱子太極圖解所謂, 推之於前而不見其始, 引之於後而不見其終也. 當周之末, 吾夫子繫辭之外, 狀出道體, 未有若斯之明且備者云.

【교감 및 주해】

백서본·왕필본·하상공본 등은 '무상지상無象之象'이 '무물지상無物之象'으로 되어 있다. 이약李約은 "'황'은 '유'이고 '홀'은 '무'이다. 있다고도 말할 수 없고 없다고도 말할 수 없기 때문에 '황홀'로써 이름한 것이다"(恍, 有也. 惚, 無也. 謂有不可, 謂無不可, 故以恍惚名之)라고 하였다. 왕필은 "없다고 말하려 하나 만물이 이것으로 말미암아 이루어졌고, 있다고 말하려 하나 그 형태를 볼 수가 없다. 따라서 '모습 없는 모습', '형태 없는 형상'이라고 하였다"(欲言無邪, 而物由以成. 欲言有邪, 而不見其形. 故曰 無狀之狀, 無物之象也)라고 하였다. "영지불견기수迎之不見其首, 수지불견기후隨之不見其後"가 백서을본에는 "수이불견기후隨而不見其後, 영이불견기수迎而不見其首"로, 경룡비본에는 "수지불견기후隨之不見其後, 영지불견기수迎之不見其首"로 되어 있다. 이약은 "그 머리를 볼 수 없으니 오는 때가 없고, 그 뒤를 볼 수 없으니 떠나가는 날도 없다"(不見其首, 無來時也, 不見其後, 無去日也)라고 하였다. 엄기도嚴幾道는 "머리를 볼 수 있고 꼬리를 볼 수 있다면 그것은 반드시 유한한 존재이다. 도와 우주는 모두 무궁하니 무엇으로 말미암아 보겠는가?"(見首見尾, 必有窮之物. 道與宇宙皆無窮者也, 何由見之)라고 하였다.

　서명응은 이 구절을 「태극도설」에 대한 주희의 해설을 통하여 이해하고 있다. 노자와 장자에 대한 서명응의 상이한 평가 및 노자의 우주론에 대한 긍정적인 태도도 확인할 수 있다.

옛날의 도를 잡아서 지금의 유有를 다스리니, 능히 옛날의 시원을 알 수 있다. 이것을 일러 '도기道紀'라고 한다.

執古之道, 以御今之有, 能知古始. 是謂道紀.

복희씨와 신농씨 때 같은 태곳적은 고요하고 순박하였으니 음양이 비로소 시작될 즈음에 태극이 조화의 기틀이 되었는데, 이는 도의 허무함이 그러한 것이었다. 그러나 주나라 말기에 이르러 번잡한 꾸밈이 더욱더 승해지자 실제의 덕이 점차 깎여 나가고 또한 기화氣化의 끝에서 착함과 사특함이 나뉘니, 재앙이 이로부터 생겨나고 환란이 이로부터 일어나서 도의 허무함을 다시는 볼 수 없게 되었다. 그러므로 (노자는) 복희씨와 신농씨 때의 '옛 도의 지극한 무'를 잡아서 주나라 말기의 '인사의 지극한 유'를 제재하고자 하였으니, 이는 곧 간략함으로써 번거로움을 제어하고 고요함으로써 움직임을 제어하는 것이다. 벼리란 그물에 부착된 큰 줄로서 많은 그물코를 하나로 관통케 하는 도구이니, '옛 도인 무'로써 '오늘날의 도인 유'를 꿰뚫는 것을 일컬어 '도기道紀'라고 한다.

羲農太古之時, 泊如醇如, 乃陰陽肇始, 太極爲之機緘, 而道之虛無者然也. 及至周末, 繁文益勝, 實德漸斲, 則又是氣化之終, 淑慝斯分, 灾沴由此而生, 禍患由此而作, 而道之虛無者, 不復可見也. 故欲執羲農至無之古道, 用制周末至有之人事, 以簡馭煩, 以靜馭動也. 紀, 附網大繩, 所以貫衆目者也. 以古道之無而貫今道之有, 故曰, 道紀.

【교감 및 주해】

'고지도古之道'가 백서본에는 '금지도今之道'로 되어 있다.

서명응은 허와 무를 옛 도의 본질로 보아서 도의 허무와 관련하여 이 구절을 이해한다. 그리고 옛 도인 무로써 오늘날의 도인 유를 관통하는 것을 일컬어 '도기道紀'라고 함으로써 '이무제유以無制有'의 관점에서 해석하고 있다. 이런 것에서 원형의 회복과 무를 중시하는 사유를 볼 수 있다.

위의 내용은 제14장이다.

右第十四章.

【총설】

서명응은 이 장을 태극과 음양의 관계, 유와 무의 개념을 중심에 두고 해석하면서 무에 초점을 맞추어 모두 노자가 무의 본원인 무극을 강조하기 위한 것이라고 본다. 보다 구체적으로는 역사적 현상을 서명응의 『노자』 이해의 특징인 '이무제유以無制有'적 사유를 통해 이해하고 있다. 그의 역사철학적 입장을 볼 수 있는 장이다. 서명응의 이와 같은 사유에는 과거의 도는 '무'이고 오늘날의 도는 '유'인데 '유'가 지향해야 할 것은 바로 '무'라는 인식이 담겨 있다. 무에 대한 이러한 적극적 관심은 무엇을 의미하는 것일까? 그것은 곧 궁극적 실재(有)인 천리天理를 기반으로 해서 구성된 조선 사회의 성리학적 질서에 대해 근본적인 반성이 있기를 촉구한 것이라고 이해할 수 있다. 요컨대 서명응은 이 장을 통해 '무로부터 다시 시작하기'를 말하고 있는 것이다.

제15장

옛날에 도를 잘 행하는 선비는 은미하고 현묘하고 그윽하고 두루 꿰뚫었으니, 깊어서 알 수가 없다.

古之善爲士者, 微妙玄通, 深不可識.

'미묘현통微妙玄通'이란 내적인 것을 말한 것이며, '깊어서 알 수가 없다'란 외적인 것을 말한 것이다. 모두가 무의 효과이다.

微妙玄通, 言其內也. 深不可識, 言其外也. 皆無之效也.

【교감 및 주해】

'선위사자善爲士者'에 대해 유월은 "하상공의 주에서는 '도를 얻은 임금을 말한다' 하였다. '선위사자善爲士者'는 마땅히 '선위상자善爲上者'가 되어야 하기 때문에 도를 얻은 임금으로 해석했던 것이다. '상上'자와 '사士'자의 형태가 비슷하여 잘못 쓴 것이다"(河上公注曰, 謂得道之君也. 則善爲士者, 當作善爲上者, 故以得道之君釋之. 上與士, 形似而誤耳)라고 하여 '사士'를 '상上'으로 풀이하였다. 이에 반해 주겸지朱謙之는 "유월의 설은 그르다. 하상공주에 의거해서 본다면 '선위사자'는 마땅히 '선위도자善爲道者'가 되어야 한다. 부혁본에 '사'가 '도'로 되어 있는 것이 그 증거이다"(兪說非也. 依河上公注, 善爲士者, 當作善爲道者. 傅奕本士作道, 卽其證)라고 하여 '사士'를 '도道'로 보았다. 마서륜·고명 등도 역시 '사'를 '도'로 보았다. 그러나 죽간본을 포함한 거의 대부분의 판본들에는 '선위사자'로 되어 있다. 죽간본에는 '고古'자 앞에 '장長'

자가 붙어서 "장고지선위사자長古之善爲士者"로 되어 있다. '식식識'이 범응원본에는 '측측測'으로 되어 있다.

　　서명응은 이 구절을 내와 외로 구분하여 여타 주석가와 차별을 보이면서, 궁극적으로는 무의 효용을 강조하고 있다.

알 수가 없기 때문에 억지로 그것을 형용하니['강强'은 거성이다.]

夫惟不可識, 故强爲之容.[强去聲]

'억지로 형용한다'는 것은 방불한 기상을 가지고 형용하는 것이다.

强爲之形容, 以髣髴氣像也.

　　【교감 및 주해】
　　서명응은 이 구절의 '억지로 형용한다'는 것을 기의 형상과 관련지어 이해하고 있다. 다음에 기의 형상의 다양함에 관해 말한 구절이 이어진다.

머뭇거림은 마치 겨울에 얼어붙은 내를 건너는 듯하고, 주춤함은 마치 사방을 에워싼 적을 두려워하는 듯하고, 엄숙함은 마치 남의 집을 방문한 손님인 듯하고, 흩어지는 것은 마치 얼음이 녹으려 하는 것과 같고, 순박함은 마치 통나무와 같고, 비어 있음은 마치 계곡과 같고, 뒤섞여 있음은 마치 혼탁한 듯하다.['퇴敦'는 음이 '퇴堆'이다.]

豫兮, 若冬涉川, 猶兮, 若畏四隣, 儼, 若客, 渙, 若氷將釋, 敦兮, 其若樸, 曠兮, 其若谷, 混兮, 其若濁.[敦音堆]

여기서는 깊어서 알 수가 없음에 대해 말하고 있다. 7개의 '약若'자 또한 기의 형상으로써 말한 것으로, 제4장에 두 번 나오는 '사似'자와 같다. '예豫'와 '유猶'는 결단성이 없다는 뜻이다. '퇴敦'자는 옛날에 (순박하다는 의미의) '추椎'자와 통용되었다. '광曠'은 비어 있다는 뜻이다. '겨울철에 내를 건너다'란 머뭇거림이다. '사방의 적을 두려워하다'란 삼가고 신중히 함이다. '엄숙하기가 마치 손님과 같다'란 남의 집에 몸을 의탁하듯이 하는 것이다. '얼음이 녹으려는 것'이란 빠질까 봐 두려워하는 것이다. '통나무와 같다'란 꾸밈을 적게 함이다. '계곡과 같다'란 비어 있음이 지극한 것이다. '혼탁한 듯하다'란 더러움에 처함이다.

此, 深不可識也. 七若字亦以氣像言之, 猶第四章之兩似字. 豫猶皆不果之意. 敦與椎古通用. 曠, 空也. 冬涉川, 杏且也. 畏四隣, 謹愼也. 儼若客, 如寄也. 氷將釋, 恐陷也. 其若樸, 少文也. 其若谷, 至虛也. 其若濁, 處汚也.

【교감 및 주해】

'예혜豫兮'에 대해 범응원은 "'예'는 코끼리과에 속하는 동물로 일에 앞서 먼저 의심한다. 이것은 (도를) 잘 행하는 선비는 처음부터 신중히 하고 성급히 나아가지 않음을 형용한 것이다"(豫, 象屬, 先事而疑. 此形容善爲士者, 審於始而不躁進也)라고 하였다. '유혜猶兮'에 대해 '유'를 '개'로 보는 견해와 '원숭이'로 보는 견해가 있다. 초횡은 "'유'는 짐승의 이름이다. 농우는 '개를 유라 한다'라고 말하였다. 개는 사람보다 앞서 가서 뭔가를 찾으며 주위를 빙빙 돈다. (이처럼) 느릿느릿 돌면서 쉽사리 결행하지 않으니 이를 '유'라 하고 '예'라 하였다"(猶, 獸名, 隴右謂犬爲猶. 犬先人行, 尋又回轉. 故遲回不果, 謂之猶豫)라고 하여 개로 보았다. 반면에 『설문說文』에서는 "'유'는 원숭이 종류이다"(猶, 玃屬)라고 하였고, 범응원 또한 같은 말을 하였다. '엄儼'에 대해 오징은 "'엄'이란 근엄하고 장중한 모양이다"(儼, 矜莊貌也)라고 하였다. "혼혜混兮, 기약탁其若濁"의 '혼混'자가 하상공본·반계본磻溪本·휘종본·소자유본·누정본樓正本·어주본·범응원본에는 '혼渾'으로 되어 있다.

서명응은 7개의 '약若'자가 기의 형상으로 말한 것이라고 설명하고 있는데,『주

『역』에서 7이라는 숫자가 갖는 의미를 볼 때 이는 태극음양론적 사유로 『노자』에 접근할 때 나타날 수 있는 이해가 아닌가 한다.

누가 혼탁함을 사용하여 고요한 가운데 서서히 맑아지게 하겠는가? 누가 안정됨을 사용하여 장구한 가운데 서서히 생겨나게 하겠는가?
孰能濁以靜之徐淸. 孰能安以久之徐生.

여기서는 '미묘현통微妙玄通'에 대해 말하고 있다. '이以'는 사용함이다. '탁이濁以'란 혼탁함의 도를 사용함을 말한 것이고, '안이安以'란 편안함의 도를 사용함을 말한 것이다. 대녕설씨(설혜)는 "우물물을 자주 길으면 반드시 혼탁해지고, 나무를 자주 옮기면 반드시 쓰러져 죽는다. 사람의 성정도 이와 유사하다. 정욕을 제거하고 사념을 그치게 하면 더러움으로 흐려진 것이 제거되고 천연의 광채가 발한다. 보는 것을 거두고 듣는 것을 돌이키면 정신이 안정되고 진기가 생겨나니, 여기서 종사할 수 있다. 거친 곳으로부터 미묘한 곳으로 들어가게 되면 또한 옛날에 도를 지녔던 자와 같아진다"라고 하였다.

此, 微妙玄通也. 以, 用也. 濁以, 謂用濁之道也. 安以, 謂用安之道也. 大寧薛氏曰, 井汲之多必渾. 木徙之數, 必斃. 人之性情, 類似於此. 除情止念, 則垢濁去而天光發. 收視返聽, 則精神定而眞氣生, 能從事於此. 由麤入妙, 則亦若古之有道者矣.

【교감 및 주해】

이 문장은 판본마다 약간씩 다르다. 죽간본은 '숙능탁이정자장서청孰能濁以靜者將徐淸, 숙능안이왕자장서생孰能安以迬者將徐生'로, 백서본은 '탁이정지서청濁而靜之徐淸, 안이중지서생 安以重之徐生'으로, 왕필본은 '숙능탁이정지서청孰能濁以靜之徐淸, 숙능안이구동지서생孰能安以久動之徐生'으로, 경룡비본은 '숙능탁이정지서청孰

能濁以靜之徐淸, 안이동지서생安以動之徐生'으로 되어 있다.

서명응은 이 구절은 '미묘현통'함을 말한 것이라 이해하면서 도와 연계하여 풀이하고 있다. 전체적으로는 설혜의 관점을 통하여 이해하는데, 일종의 양생론적 이해라고 할 수 있다.

이 도를 보존한 사람은 채우려고 하지 않는다. 오직 채우지 않기 때문에 능히 낡은 것을 새로 이루지 않을 수 있다.
保此道者, 不欲盈. 夫惟不盈, 故能敝不新成.

차면 반드시 기우는 것이 천도의 항상됨이다. 따라서 사람들은 의당 그 뜻을 겸허하게 하여 가득 채우려 함이 없게 된 이후에야 이 도를 항상 보유할 수 있다. '낡은 것을 새로 이루지 않는다'는 말은 그 어의로 볼 때 '애초에 낡거나 깨어지지 않았다고 여기니 새로 이루어진 것이다'라는 말과 같다.

盈則必虧, 天道之常. 故人當謙虛其志, 不使滿盈, 然後可以常保有此道也. 敝不新成, 語意, 若曰, 初不獘破而新成也.

【교감 및 주해】
이 문장은 해석이 분분하기로 유명하다. 하상공본과 왕필본을 비롯한 대다수 판본에는 '고능폐불신성故能敝不新成'의 '폐敝'가 '폐蔽'로 되어 있는데, 하상공은 "'폐'란 영광을 은닉함이다"(蔽者匿光榮)라고 하였고 왕필은 "'폐'란 덮음이다"(蔽, 覆蓋也)라고 하였다. 그러나 많은 학자들은 『노자』 22장에서 '폐敝'와 '신新'이 짝을 이루어 '폐즉신敝則新'으로 되어 있다는 점을 들어 여기서는 '폐敝'자가 되어야 한다고 주장하고, 또 '고능폐불신성故能敝不新成'의 뜻이 잘 통하지 않는다고 보아서 '불不'을 '이而'의 오사誤寫로 파악한다. 역순정易順鼎은 "이 문장은 너무 난해하다. 아마도 '능폐이신성能敝而新成'이 맞을 듯하다. '폐蔽'는 '폐敝'의 차자이고, '불不'은 '이而'

의 오자이다. 『노자』 22장의 '폐즉신'에서 보듯이 '폐'는 '신'과 대구를 이루는 것이니, '능폐이신성'은 곧 '능탁이청能濁以淸', '능안이생能安而生'과 더불어 뜻이 같다"라고 하였다. 백서본과 부혁본에는 '불不'과 함께 '이而'가 있다. '불욕영不欲盈'이 죽간본에는 '불욕상정不欲尙呈'으로 되어 있다.

서명응은 이 구절을 '차면 반드시 기우는' 역의 음양소장의 원리에 입각하여 이해하고 있다.

위의 내용은 제15장이다.
右第十五章.

【총설】

서명응은 이 장을 이해하는 데에도 '무'에 초점을 맞추고 있다. '미묘현통'이란 내적인 것을 말한 것이며 '깊어서 알 수가 없다'란 외적인 것을 말한 것인데, 이 모두가 무의 효용을 말한 것이라고 보는 점이 그러하다. 또 미묘현통의 구체적인 면을 양생론의 차원에서 풀이하는 한편, 『주역』 음양소장론의 사유로써 '능폐불신성能弊不新成'을 해석하여 무위를 강조한다.

제16장

허를 이룸을 지극히 하고, 고요함을 지키기를 돈독히 한다.

致虛極, 守靜篤.

태극은 본래 허한 것이다. 따라서 사람의 마음이 허를 이루기를 지극히 하면 태극이 여기에서 드러난다. 양은 움직이는 것이고 음은 고요한 것이지만, 음의 고요함이야말로 본질이 된다. 따라서 고요함을 지키기를 돈독하게 하면 양의 움직임이 이것으로 말미암아 서게 된다.

太極本虛. 故人心致虛之極, 則太極於是乎著矣. 陽動陰靜, 而陰靜乃其本質. 故守靜之篤, 則陽動由是立矣.

【교감 및 주해】

이 구절이 죽간본에는 '지허항야至虛恒也, 수중독야守中篤也'로 되어 있고, 백서을본에는 "지허극야至虛極也, 수정독야守靜督也"로 되어 있다. '치허극致虛極'의 '치'가 백서본·하상공본·경복본에는 '지至'로 되어 있다.

서명응은 이 구절을 태극음양론의 입장에서 이해하고 있다. 심의 본체와 태극이 존재론적으로 동일하며, 음양의 관계에서 음의 고요함이야말로 본질이 된다고 보아 음을 중시하는 사유를 말하고 있다.

만물들이 아울러 생겨나지만, 나는 이로써 그 돌아감을 본다.

萬物并作, 吾以觀其復.

이 이하는 고요함을 지키기를 돈독히 함에 대해 말하고 있다. 사람들은 모두 '봄과 여름의 (만물이) 나고 자라는 때에 만물이 함께 존재하는 것'을 보기를 즐기는데 나(노자)만이 홀로 '동지의 정적靜寂 가운데 하나의 양이 이르러서 회복하는 것'을 바라본다는 말이다. 이는 선왕이 동지 때에 관문을 닫아걸고 업무를 폐지했던 것과 도가 고요함에 근본하는 이유를 말한 것이다.

此以下, 守靜篤也. 言人皆樂觀夫春夏發生之時, 萬物并有, 而吾獨觀於冬至靜寂之中, 一陽來復也. 此, 先王之至日閉關, 而道之所以本於靜也.

【교감 및 주해】

죽간본과 백서본에는 '병竝'이 '방旁'으로 되어 있다. '오이관기복吾以觀其復'이 왕필본에는 '오이관복吾以觀復'으로, 죽간본에는 '오이수기복야吾以須其復也'로, 백서본에는 '오이관기복야吾以觀其復也'로 되어 있다. 오징은 "복은 돌아감이다. 사물이 생겨날 때에는 정으로 말미암아 동하게 된다. 그러므로 그 처음의 정한 상태로 돌아감을 복이라 한다"(復, 反還也. 物生, 由靜而動, 故反還其初之靜爲復)라고 하였다.

서명응은 이 이하의 구절들을 '고요함을 지키기를 돈독히 하는 것'(守靜篤)에 대해 말한 것으로 본다. 그는 노자가 고요함을 중시하였음을 말하면서, 구체적으로 그것을 『주역』 복괘復卦의 초효와 관련하여 이해하고 있다. 이처럼 『주역』의 원리에 입각하여 노자사상을 해석하는 것은 서명응의 『노자』 이해의 기본 원칙 가운데 하나이다.

만물들은 번창하지만, 각각 그 근원으로 돌아간다. 근원으로 돌아감을 일컬어 '고요함'(靜)이라 하고, 고요함을 일컬어 '천명을 회복함'(復命)이라 하며,

천명을 회복함을 일컬어 '항상됨'(常)이라 하며, 항상됨을 아는 것을 일컬어 '밝음'(明)이라고 한다.

夫物芸芸, 各歸其根. 歸根曰靜, 靜曰復命, 復命曰常, 知常曰明.

'운운芸芸'이란 많은 모양이다. '근원으로 돌아감을 일컬어 고요함이라 한다'는 것은 봄·여름에 번창한 '지극한 유'가 겨울이 되면 근본인 '지극한 무'에 돌아가 간직됨을 말한 것이다. '고요함을 일컬어 천명을 회복함이라 한다'는 것은, 고요하고 적막하여 '지극한 무'의 상태에 이른 연후에 하늘의 명인 화화생생化化生生의 도리에 따라 바야흐로 하나의 양이 와서 회복된다는 것을 말한다. '천명을 회복함을 일컬어 항상됨이라 한다'는 것은, 한 양이 처음 회복하는 때에는 맛으로 말하면 현주玄酒(물)가 되고 소리로 말하면 희음希音(그 윽한 음)이 되는데 이것이 곧 항상된 도, 항상된 이름이 됨을 말한 것이다. '항상됨을 아는 것을 일러 밝음이라 한다'는 것은 항상된 도와 항상된 이름을 안 이후에야 바야흐로 밝은 앎이 됨을 말한 것이니, 봄·여름이면 '지극한 유'가 무성해짐을 사람들이 쉽사리 아는 것과 같은 부류이다.

芸芸, 衆多貌. 歸根曰靜, 言春夏之芸芸至有者, 及冬, 歸藏本根而至無也. 靜曰復命, 言必靜寂至無, 然後一陽之爲天命化化生生者, 方始來復也. 復命曰常, 言一陽初復之時, 以味則玄酒, 以聲則希音, 而乃是常道常名也. 知常曰明, 言必知常道常名, 然後方爲明知, 若春夏之芸芸至有, 夫人而皆知之也.

【교감 및 주해】

'운운芸芸'이 백서갑본에는 '운운雲雲'으로, 죽간본에는 '원원員員'으로 되어 있다. 죽간본·부혁본·범응원본·고환본·소자유본·휘종본·팽사본·초횡본에는 "각귀기근各歸其根"·"귀근왈정歸根曰靜"에서 '귀歸'자가 빠져 있다. "정왈복명靜曰復命"이 하상공본·왕필본·백서본에는 '시위복명是謂復命'으로 되어 있다.

서명응은 이 구절을 유무론으로 접근하여, 봄·여름을 '지극한 유'와 겨울을 '지

극한 무'로 각각 대비하여 이해하는 특징을 보여 준다. 전체적으로는 『주역』 복괘復
卦의 일양이 회복되는 것과 관련지어 이해하고 있다.

항상됨을 알지 못하면 망녕되이 움직이게 되어 재앙이 이른다.
不知常, 妄作, 凶.

'지극한 유'가 '지극한 무'에 근본한다는 것을 알지 못한다면 자긍심이 많아
져 싸움하는 데로 쏠리게 되고 망녕되이 스스로 움직이니 반드시 재앙이 이
르게 된다.

不知至有本於至無, 則矜多鬪靡, 妄自動作, 必致凶咎也.

【교감 및 주해】
왕필은 "오직 이 복귀만이 만물을 포괄하고 통하게 해서 수용하지 않음이 없으
니, 이것을 잃은 채 간다면 사악한 것이 분별 속으로 들어가게 되어 사물이 그 분별
에 걸리게 된다. 그러므로 항상됨을 알지 못하면 함부로 요사스런 것을 만들어 낸다
고 말한 것이다"(唯此復, 乃能包通萬物, 無所不容. 失此以往, 則邪入乎分, 則物離其分, 故曰
不知常, 妄作凶也)라고 하였다.
서명응은 이 구절도 유무론의 관점에서 이해하되 '지극한 유'가 '지극한 무'에
근본한다는 것을 말하여 무를 중시하는 사유를 보이고 있다. 그는 전체적으로 『노
자』를 태극음양론 및 역리적 시각에서 이해하고 있지만 그런 가운데서도 『노자』의
본지가 무를 중시하는 것에 있음을 일관되게 강조한다.

항상됨을 알면 사물을 포용하게 되고, 사물을 포용하면 공의롭게 되고, 공의

롭게 되면 왕이 되고, 왕이 되면 하늘과 같아지고, 하늘과 같아지면 도에 이르고, 도에 이르면 장구하게 되니, 죽을 때까지 위태롭지 않다.

知常容, 容乃公, 公乃王, 王乃天, 天乃道, 道乃久, 沒身不殆.

여기서는 허를 이룸을 지극히 하는 것에 대해 말하고 있다. 항상됨을 알면 허에 이르러 사물을 포용하게 되고, 사물을 포용하면 지극히 공평해져서 두루 미치게 되니, 이것이 곧 제왕의 덕이며 상천의 일이며 대도의 요체이다. 도에 이르면 장구하게 되는 것은 하나이기 때문이며, 죽을 때까지 위태롭지 않은 것은 그것이 장구하기 때문이다.

此言致虛極也. 知常則至虛而容物, 容物則至公而溥遍, 乃帝王之德. 上天之事, 大道之要也. 道乃久, 以其一也, 沒身不殆, 以其久也.

【교감 및 주해】
서명응은 이 구절을 '허를 이룸을 지극히 함'(致虛極)에 대해 말한 것으로 본다. 제왕의 덕과 상천의 일과 대도의 요체를 동일시하여 이해하는 점이 주목할 만하다. 당시의 군주가 어떻게 해야 할 것인가를 『노자』를 통해 말한 것으로, 서명응 당시의 탕평책에 대한 견해가 피력되어 있는 문장이라고 할 수 있다.

위의 내용은 제16장이다.

右第十六章.

【총설】
서명응은 이 장에서 먼저 태극은 허한 것이라 하면서 심의 본체와 태극이 존재론적으로 동일한 것이라고 본다. 이어서 음양론을 적용하되 음을 중시하는 면을 보이고, 또 『주역』 복괘 및 동지와 관련지어 고요함(靜)을 중시하고 있다. 이런 사유는 유가에서 주로 음양무시陰陽無始, 동정무단動靜無端을 말하고 있는 것과 차이가 난다. 전체적으로 이 장에 대한 서명응의 주석은 『주역』의 원리에 입각하여 『노자』를 이해하면서도 노자 사유의 특징을 잘 드러내고 있다.

11장에서부터 여기까지의 여섯 장이 하나의 절이 되니, 태극이 6을 포함하고 있음을 형상화한 것이다. 그러므로 이 한 절을 마침에, "허를 이루고 고요함을 지킴은 유로부터 무로 나아가는 것"이니 "이로써 왕이 되면 하늘과 같아지고" "하늘과 같아지면 도에 이르고" "도에 이르면 곧 장구해진다" 하여 그 효과를 이룸과 공을 극대화시킴에 대해 두루 말하고 있다.

自第十一章至此, 凡六章, 爲一節, 而象太極之含六. 故卽夫一節之終, 備言致虛守靜之自有而無, 以及乎王乃天, 天乃道, 道乃久之成效極功焉.

【교감 및 주해】

"11장에서부터 여기까지의 여섯 장이 하나의 절이 되니, 태극이 6을 포함하고 있음을 형상화한 것"이라는 말의 의미에 대해서는 앞의 '해제' 제3절 참조.

제17장

최상의 정치는 아래의 백성이 군주가 있는 것만 안다.
太上, 下知有之,

'태상太上'이란 '최상最上'이란 말과 같다. 복희와 신농의 시대에는 아래의 백성들이 단지 군주가 있음만을 알 따름으로, 송사나 말다툼이 없고 권면함이나 징계함도 없다.

太上, 猶言最上也. 羲農之世, 下民但知有其君而已, 無訟辨無勸懲也.

【교감 및 주해】

"하지유지下知有之"의 '하'자가 오징본·초횡본 등에는 '불不'자로 되어 있는데, 이 경우에는 "(백성들은) 그가 있는지조차 알지 못한다"로 해석될 수 있다. '태상太上'이 백서본과 죽간본에는 '대상大上'으로 되어 있다. 박세당은 "혹자는 '하'자가 마땅히 '불'자가 되어야 한다고 말하지만 옳지 않다. 최상의 정치는 백성들이 단지 군주만이 있음만 알 뿐이니, 위정자가 무위하게 되면 백성들이 저절로 (그의 존재를) 잊어버리게 된다"(下或云當作不, 非是. 太上其民但知有君而已, 上無爲而下自忘也)라고 하였다.

서명응은 이 구절을 고대 복희·신농 시대와 연계하여 일종의 무위정치적 시각에서 이해하고 있다.

그 다음의 정치는 백성들이 군주를 친애하고 그 다스림을 칭송한다.

其次, 親之譽之.

상의 탕왕, 주의 무왕의 때로 시대가 내려오자 인의로써 다스리게 되었다. 천하가 흠모하여 그 성덕을 친애하고 그 정치를 칭송하지 않음이 없었다.

降及湯武之世, 以仁義爲治. 而天下嚮慕, 莫不親愛其聖德, 稱譽其政治也.

【교감 및 주해】
'친지예지親之譽之'가 왕필본에는 '친이예지親而譽之'로 되어 있고, 죽간본·백서본에는 '친예지親譽之'로 되어 있다.

서명응은 이 구절을 상의 탕왕과 주의 무왕 등과 같은 역사적 인물들이 행한 인의의 정치를 말한 것으로 이해하고 있다.

그 다음의 정치는 백성들이 군주를 두려워한다.

其次, 畏之.

'그를 두려워한다'(畏之)는 것은 그 위엄을 두려워함이다. 춘추시대 다섯 패자의 백성들은 단지 그들의 위엄과 밝음만을 두려워하였다.

畏之, 畏其威也. 五伯[1]之民, 但畏其威明也.

【교감 및 주해】
이 구절에 대해 하상공은 "형법을 설치하여 다스림이다"(設刑法以治之)라고 하였

---

[1] 五伯 : 五覇와 같다. 춘추시대에 패권을 장악한 다섯 맹주(齊桓公·晉文公·秦穆公·宋襄公·楚莊王)를 가리킨다.

다. 박세당은 "또한 그 다음은 형벌을 가다듬었기 때문에 백성들이 두려워하였다"(又其次, 則修刑, 故其民畏之)라고 하였다.

　　서명응은 이 구절을 구체적으로 춘추시대 오패의 정치 행태와 관련지어 이해하고 있다.

그 다음은 백성들이 군주를 업신여긴다.

其次, 侮之.

백성들이 두려워함이란, 인의가 다해지는 것을 본 백성들에게 꾀가 생기게 되었음을 말한다. 백성들이 업신여김이란, 꾀가 생겨서 이에 두려움마저도 또한 다해졌음을 말한다.

畏之, 見仁義窮而智力出. 侮之, 則智力, 於是乎又窮矣.

【교감 및 주해】

　　하상공은 "금지하는 것이 많고 법령이 번거로우면 성실함으로 돌아갈 수 없기 때문에 위정자를 기만하고 업신여겼다"(禁多令煩, 不可歸誠, 故欺侮之)라고 하였다. 박세당은 "그 다음은 형과 덕이 모두 없어졌으므로, 백성들이 업신여기기 시작했다"(又其次, 則德形俱亡, 故其民始侮之)라고 하였다.

　　서명응이 '외지畏之'를 인의의 다함으로, '모지侮之'를 백성들의 꾀와 관련지어 이해하는 것은 유가적 이념의 몰락에 따른 상황 변화로 파악하고 있는 것이다.

신의가 부족하면 백성들의 불신이 있게 된다.

信不足, 有不信.

이것은 성실함과 신의가 부족하므로 위아래가 서로 믿지 못한다는 것으로, "그 다음은 군주를 업신여김이다"의 뜻을 종결짓는 문장이다. 그러나 편 안에서 신의가 부족하면 불신이 있게 됨을 자주 말하였으니, 돌아보건대 앞의 세 구절은 그 뜻이 일치한다. '신信'은 (오행의) '토土'에 속하는데, '토'는 음양의 충기이기 때문에 노자는 유독 오행 가운데서 '토'만을 취한 것이다.

此言誠信不足, 故上下不能相信, 以終其次侮之意. 然篇內屢言, 信不足有不信, 而眷眷然三致其意. 蓋信屬土, 土爲陰陽之冲氣. 故老子於五行獨取土焉.

【교감 및 주해】

이 구절이 왕필본에는 "신부족언信不足焉, 유불신언有不信焉"으로 되어 있고, 죽간본·백서을본에는 "신부족信不足, 안유불신安有不信"으로 되어 있다.

서명응은 이 구절의 '신信'을 독특하게 오행의 '신'과 관련지어 이해하고 있다. '지知'와 '신信'을 결합하여 논지를 전개하는 지신론知信論은 선천역先天易과 더불어 서명응이 『도덕지귀』에서 노자를 해석하는 대표적인 방법론이다. 지신론은 오행과 오상이 결합된 논리이다. 즉, 오행의 수水는 오상의 '지'이고, 화火는 '예'이며, 목木은 '인'이고, 금金은 '의'이며, 토土는 '신'이다. 이를 계절과 연관시키면, 수는 겨울이고, 화는 여름이며, 목은 봄이고, 금은 가을이며, 토는 네 계절에 고루 나뉘어 있다. 그런데 서명응은 지신론을 선천역과 내단사상의 교차점으로 이해한다. 그래서 그는 『선천사연』에서와 동일하게 『도덕지귀』의 마지막 81장에 지신론을 서술하여 '조화'는 두 대대對待적인 요소(知와 信, 陰과 陽, 義와 利 등)로 이루어져 있음을 강조한다. 이는 선천역과 『노자』의 내용이 바로 조화를 말한다는 의미이다.[2]

조심스러워하며 그 말을 귀하게 여기니, 공이 이루어지고 일이 완수되고 나면 백성들은 한결같이 "우리 스스로가 그렇게 한 것이다"라고 말한다.

---

[2] 지신론과 관련해서는 81장을 참조할 것.

猶兮其貴言, 功成事遂, 百姓皆曰, 我自然.

'유猶'는 더딘 모양이다. '귀貴'는 귀중하다는 것과 같다. 다른 사람의 위에 있는 자가 호령하기를 더디게 하고 말을 귀중하게 할 수 있으면 백성을 어지럽히지 않고도 공이 저절로 이루어지고 일이 저절로 완수되니, 백성들 모두가 "우리 스스로가 그렇게 한 것이다"라고 말한다는 뜻이다. 이와 같은 것은 이른바 "제왕의 힘이 나에게 무슨 필요가 있겠는가?"3)라고 말하는 것과 동일한 것으로서 대개 '최상(太上)의 정치'를 가리키니, 무위를 근본으로 삼는다는 뜻이다.

猶, 舒遲貌. 貴, 猶重也. 言爲人上者, 能使發號施令, 舒遲貴重, 則不撓其民, 功自成, 事自遂, 百姓皆曰, 我自然也. 如此, 所謂帝力何有於我, 是也, 盖亦太上, 以無爲宗之意也.

【교감 및 주해】

'유혜猶兮'가 왕필본에는 '유혜悠兮'로 되어 있다. '유혜猶兮'는 여기서와 같이 '신중한 모양'으로 해석되는 반면, '유혜悠兮'는 느긋하고 한가로운 모양으로 해석된다. '아자연我自然'이 죽간본에는 '아자연야我自然也'로 되어 있다.

서명응은 이 구절을 최상의 정치인 무위와 연계하여 이해함으로써 정치에서의 무위를 중시하는 경향을 보이고 있다. 이것은 현실정치에서의 무위정치가 실현되어야 함을 말한 것으로 이해된다.

---

3) 제왕의……있겠는가 : 『帝王世紀』에 있는, '擊壤歌'에 관련한 다음 기사 참조 "요임금의 때에 천하는 크게 화평하여, 백성들은 아무런 문제도 없었다. 팔구십 먹은 노인이 흙을 일구며 노래를 불렀는데, 그 노래는 다음과 같았다. '해가 뜨면 나가 일하고 해가 지면 들어가 쉰다. 우물을 파서 물마시고 밭을 갈아먹으니, 나에게 임금의 힘이 어떻게 미칠 수 있겠는가?'(帝堯之世, 天下太和, 百姓無事, 有八九十老人擊壤而歌, 歌曰, 日出而作, 日入而息, 鑿井而飮, 耕田而食, 帝力于我何有哉)

위의 내용은 제17장이다.

右第十七章.

【총설】

　서명응은 『노자』 이해에서 독특하게 지신론知信論을 말하고 있는데, 이 장에서 그런 점을 엿볼 수 있다. 여기서는 지신론을 정치에 응용하고 있으며, 최상의 정치를 무위와 연계하는 것을 볼 수 있다. 이 밖에 지신론을 통하여 노자를 이해하고 있는 부분들은 17장과 21장, 37장, 81장 등이 있다.

제18장

큰 도가 사라지자 인의가 생겨났다.

大道廢, 有仁義.

'대도大道'는 앞의 장에서의 "최상의 정치는 군주가 있음만을 안다"를 지칭한 것이며, '인의仁義'는 앞의 장에서의 "그 다음 정치는 군주를 친애하고 그 정치를 칭송한다"를 지칭한 것이다. 노자의 뜻에 따르면, '대도'는 이른바 태극과 음양이며, '인의'는 곧 음양이 나뉘어 오행이 된 이후에 생겨난 것으로서 순수하게 아름답고 낡아짐이 없는 '대도'만 못하다고 여겼다. 그러나 이는 성인과 범인, 지혜로운 자와 어리석은 자가 나뉘는 근거가 될 뿐만 아니라, 기화가 열리고 닫힌 이후에 세대가 부침하는 것 또한 점칠 수 있게 하는 것이다. 당대의 한자韓子(한유)는 "노자가 인의를 과소평가하였지만 이것은 인의를 비난한 것이 아니다. 다만 그 보는 것이 편협하였을 따름이다. 그는 사소한 은혜를 인으로 보고 또 작은 선행을 의로 여겼으니, 그가 본 것이 마땅히 편협하다"[1]라고 말하였다. 인의 또한 마땅히 목과 금 두 기 가운데 들어 있는 태극이라고 할 수 있는 것이다. 그런데도 노자는 인의를 성명에 근본한 것으로 보지 않고 다만 작용의 차원에서만 다룰 뿐이었다.

大道, 上文之太上知有也, 仁義, 上文之其次親譽也. 老子之意, 以爲大道卽所謂

---

[1] 노자가……편협하다 : 韓愈의 「原道」에 나오는 말이다. 원문은 "老子之小仁義, 非毁之也, 其見者, 小也. 坐井而觀天, 曰天小者, 非天小也. 彼以煦煦爲仁, 孑孑爲義, 其小之也, 則宜"이다.

太極陰陽, 而仁義乃陰陽分爲五行然後生焉, 則不能如大道之純美無獘. 盖不惟聖凡知愚之所由分, 凡氣化開闢以後, 世代升降, 亦以此占之也. 韓子曰, 老子之小仁義, 非毀之也, 其見者, 小也. 彼以煦煦爲仁, 孑孑爲義, 其小之也, 則宜. 言仁義, 亦是木金二氣中之太極, 彼乃不本於性命, 而徒以其用爲仁義也.

【교감 및 주해】

죽간본과 백서본에는 "대도폐大道廢"가 "고대도폐故大道廢"로 되어 있다. "유인의有仁義"는 백서갑본에는 "안유인의案有仁義"로, 백서을본과 죽간본에는 "안유인의安有仁義"로 되어 있다.

서명응은 이 문장의 '대도大道'를 앞 장의 '최상의 정치'와 관련된다고 보면서 최상의 정치의 형이상학적 근거로 태극음양론적 시각을 제시하고 있다. 그는 인의가 목과 금 두 기 가운데 들어 있는 태극임에도 노자는 그것을 단지 작용의 면으로만 취급했다고 하여, 인의에 관한 노자의 해석을 비판적으로 이해한다. 이것은 인의를 중시하는 유가적 입장에서의 해석이라 할 수 있다.

지혜가 생겨나자 큰 거짓이 있게 되었다.

知慧出, 有大僞.

'지혜知慧'란 곧 앞의 장에서의 "그 다음의 정치는 군주를 두려워한다"에 해당한다. 오패五覇의 시대에는 위아래가 서로 지혜와 기교로써 어울렸으니, 이에 거짓된 인의로써 속임을 구제한다는 것이 있게 되었다.

知慧, 卽上文其次畏之也. 五伯以智慧機巧相上下. 於是有假仁義以濟其僞者.

【교감 및 주해】

죽간본에는 이 문장이 빠져 있으며, 백서을본에는 '안유대위安有大僞'로 되어 있다. 하상공은 "지혜를 써서 다스리는 군주는 덕을 천시하고 말을 귀하게 여기며 바탕을 천시하고 꾸밈을 귀하게 여기니, 백성들은 이에 응하여 큰 거짓과 간교한 속임수를 행한다"(智慧之君賤德而貴言, 賤質而貴文, 下則應之以爲大僞姦詐)라고 하였다.

서명응은 이 구절을 계속해서 앞 장의 문장과 관련지어 이해하면서, 지혜에 입각한 정치는 춘추시대 오패의 정치 행태와 관련이 있다고 본다.

육친이 조화롭지 못하자 효도와 자애로움이 있게 되었다. 국가가 혼란해지자 바른 신하가 있게 되었다.

六親不和, 有孝慈. 國家昏亂, 有忠臣.

영빈소씨(蘇轍)가 말하기를 "요[2]임금이 효를 행하지 않았던 것이 아님에도 유독 순[3]임금만을 칭송하는 까닭은 (요임금에게는) 고수瞽叟와 같은 포악한 부모가 없었기 때문이다. 이윤(伊尹)[4]과 주공(周公)[5]이 충을 행하지 않았던 것이 아님에도 유독 관용봉(關龍逢)[6]과 비간(比干)[7]만을 칭송하는 까닭은 (이윤과 주공에게는) 걸임금과 주임금 같은 포악한 군주가 없었기 때문이다. 메마른 못의 고기들은 서로 습기를 불어 주고 서로 물거품을 적셔 주지만 이것은 강이나 호수 속에서 서로를 잊어버리는 것만 못하다[8]"라고 하였다. 이 장에서는

---

2) 요 : 중국고대 전설상의 임금. 처음에는 陶에, 중간에 唐에 봉해졌기 때문에 帝堯陶唐氏라고도 불리운다.
3) 순 : 중국고대 전설상의 임금. 그 왕조를 虞라고 한다. 우는 또 순의 성이기도 하다. 사마천은 『사기』에서 「오제본기」에 집어넣고 있다.
4) 이윤 : 은대 초기의 재상으로, 이름은 贄이다. 탕왕을 섬기고 하의 걸왕을 토벌하고 해내를 평정하였다. 『서경』「商書」에 관련된 기록이 나온다.
5) 주공 : 주 문왕의 아들이고 무왕의 동생이다. 이름은 旦이고, 노나라의 시조이다.
6) 관용봉 : 하나라 걸왕 때의 현자로서 성은 關이다. 걸에게 黃圖를 인용해 간하다가 죽임을 당했다.
7) 비간 : 은나라 주왕의 諸父이다. 주의 음란을 간하다가 죽임을 당하였다. 箕子, 微子와 함께 은의 三仁으로 일컬어진다.
8) 메마른……못하다 : 『莊子』「大宗師」의 "샘이 마르니 고기들이 땅에 모여들어 서로 습기를

고금의 순수함과 경박함을 말하여 '근본되는 비롯함'이 '말단되는 마침'을 주재함을 밝힘으로써 이어지는 장들의 뜻을 일으켰다.

潁濱蘇氏曰, 堯非不孝也, 而獨稱舜, 無瞽瞍也. 伊尹周公非不忠也, 而獨稱龍逢比干, 無桀紂也. 涸澤之魚相呴以濕, 相濡以沫, 不如相忘於江湖. 此章言古今醇澆, 以明本始之主宰末終, 而起下章之意.

【교감 및 주해】

백서본 갑본에는 이 구절을 포함하여 『노자』에 나오는 대다수 '국國'자가 '방邦'으로 되어 있는데, 을본에는 모두가 '국國'으로 되어 있으며 하상공본·왕필본을 비롯한 후대 판본들 역시 마찬가지이다. 이에 대하여 많은 학자들은 본래 『노자』 고본古本에는 '국'자가 '방'자로 되어 있었는데, 한고조漢高祖 유방劉邦의 이름을 기휘하여 후대에 '국'자로 고쳤다고 주장한다. 죽간본에도 대다수 '국'자가 '방'으로 되어 있다. "유충신有忠臣"이 죽간본에는 "안유정신安有正臣"으로, 백서을본에는 '안유정신安有貞臣'으로 되어 있다. 부혁본·범응원본도 '정貞'으로 되어 있다.

이 구절에 대해 서명응은 소철의 말을 인용하여 역사적 인물들의 구체적인 예를 통해 고금의 순수함과 경박함을 말하여 '근본되는 비롯함'이 '말단되는 마침'을 주재함을 밝히고자 했다고 이해한다. 이것은 서명응이 자주 말하는 '이무제유以無制有'의 다른 표현이라고 할 수 있다.

위의 내용은 제18장이다.

右第十八章.

불어 주고 서로 물거품을 적셔 주지만 이것은 강이나 호수 속에서 서로를 잊어버리는 것만 못하다. 요임금을 성인이라고 칭찬하고 걸왕을 폭군이라고 비판하지만 이것은 서로를 잊고서 도에 동화되는 것만 못하다"(泉涸, 魚相與處於陸, 相呴以濕, 相濡以沫, 不如相忘於江湖. 與其譽堯而非桀也, 不如兩忘而化其道) 구절 참조

【총설】

이 장은 원래 유가들이 『노자』를 비판할 때 단골로 언급하는 장이다. 그것은 바로 노자가 유가의 핵심사상인 인의를 비판적으로 보고 있는 "대도폐大道廢, 유인의有仁義"라는 구절 때문이다. 이 구절에 대해 서명응은 태극음양론을 적용하여 해석하는 한편 인의를 중시하는 유가적 입장에 서서 노자의 해석을 비판적으로 이해하는 모습을 보인다.

제19장

'성聖과 지혜'를 끊으면 백성들의 이익이 백배나 더해질 것이며, 인과 의를 끊어버리면 백성들이 효도와 자애로움을 회복할 것이며, 재주와 이로움을 버리면 도둑이 없어질 것이다. 이 세 가지로는 문식이 되기에는 부족하다고 여긴다. 따라서 덧붙이게 하는 것이 있어야 한다.

絶聖棄智, 民利百倍, 絶仁棄義, 民復孝慈, 絶巧棄利, 盜賊無有. 此三者, 以爲文不足. 故令有所屬.

이 한 단락의 전후에 관해서는 주석가들이 모두 잘못 해석하여 본래의 뜻을 완전히 상실했을 뿐만 아니라 의취意趣가 귀착되는 바가 없도록 만들었다. 이제 모두 바로잡는다. 노자의 도는 '근본되는 비롯함'으로써 '말단되는 마침'을 제어함에 있다. 그래서 이미 앞의 장에서 세상 도의 '근본되는 비롯함'과 '말단되는 마침'에 대하여 두루 기술하였고, 여기에서는 사람들이 '근본되는 비롯함'을 숭상하고 '말단되는 마침'을 끊어버리게 되면 행해서는 안 되는 일이 생겨날 수 있음을 우려하여 또다시 "만약 성과 지혜의 학을 끊고 버리면 백성들로 하여금 생산을 도모하는 데 전심케 하여 백배의 이익을 거두어들일 것이다. 만약 인과 의의 행위를 끊고 버리면 백성들로 하여금 가정에 전심케 하여 효자孝慈의 실효를 회복할 것이다. 만약 재주와 이로움으로서의 쓰임을 끊고 버리면 백성들로 하여금 본업에 전심케 하여 도둑질의 우환을 그치게 할 수 있을 것이다"라고 말한 것이다. 그러나 성과 지혜, 인과 의, 재주와 이로움 이 세 가지는 도에서는 문식에 해당된다. 만일 이 세 가지를 끊어

버린다면 반드시 문식이 부족하게 되어 문식과 질박함이 서로 함께할 수 없다. 천지자연의 도는 오로지 그 안에 주와 객이 각각의 나뉨이 있어야 옳다. 그것을 끊어 버리게 하는 것이 어찌 옳겠는가? 그렇기 때문에 이 세 가지로 하여금 아래 문장의 '소박素朴'에 귀속시켰으니, '소박'이 주이고 세 가지는 객이다. 이것은 노자가 세운 도의 핵심으로, 만일 여기에서 하나라도 오차가 있게 되면 그 나머지도 모두 오차가 있게 된다.

此一段前後, 註家皆錯解之. 不惟全失本旨, 且使意趣無所歸宿, 今悉正之. 盖老子之道, 以本始制末終. 故上文旣歷敍世道之本始末終. 而又恐人徒尙本始棄絶末終, 則亦有所不可行者, 於是復言之曰. 若絶棄聖智之學, 則可以使民專力治產, 收百倍之利矣. 若絶棄仁義之行, 可以使民專力家政, 復孝慈之實矣. 若絶棄巧利之用, 則可以使民專力本業, 息盜竊之患矣. 然聖智仁義巧利, 此三者於道, 爲文. 若絶棄此三者, 則文必不足, 夫文質不可相與. 乃天地自然之道, 但於其中, 有主客之分, 則可也. 豈可使之絶棄哉. 故令此三者, 有所官屬於下文之素朴. 而素朴爲主, 三者爲客也. 此是老子立道之肯綮, 於此一差, 則其餘皆差.

【교감 및 주해】

이 구절이 죽간본에는 "절지기변絶知棄辯, 민리백배民利百倍, 절교기리絶巧棄利, 도적망무우유盜賊亡無又有, 절인기의絶仁棄義, 민복효자자民復孝子慈"로 되어 있다. "절성기지絶聖棄智"가 수주비본·부혁본·범응원본이나 『장자』「재유在宥」편에는 '절성기지絶聖棄知'로 되어 있고, 죽간본에는 '절지기변絶知棄辯'으로 되어 있다. "차삼자此三者"는 백서본에는 "차삼언야此三言也"로, 죽간본에는 "삼언三言"으로, 상이본에는 "차삼언此三言"으로 되어 있다. "부족不足"은 백서본·부혁본에는 "미족未足"으로 되어 있다. '절성기지'의 '성'에는 크게 두 가지 의미가 있다. 첫째는 인격의 완성이다. 통상적으로 성인이란 덕이 충만하여 그것이 저절로 발현되는 자를 뜻한다. 노자가 말하는 성인은 구체적으로 무위자연을 통해 도를 완전히 체득한 사람이다. 둘째는 최고의 영민함이다. 『서경』「홍범」에서 "영민함이 성을 이룬다"睿作聖라고 한 것이 그 예이다. 박세당은 "'성'은 '알다', '통하다'의 뜻이다. 지혜가 나오자

속임수가 생겨났기 때문에 앎과 지혜를 끊어 버리려고 한 것이다. 거짓이 그치면 해가 그치고, 해가 그치면 이익이 배나 커진다"(聖, 知也, 通也. 智慧出而詐僞興, 故欲絶聖去智. 僞息則害止, 害止則利倍)라고 하였다. 홍석주는 "노자가 말한 '성'이란 총명함을 말한 것일 뿐, 후세에서 말하는 성현의 성이 아니다"(老子之所謂聖, 猶言聰慧耳, 非後世所稱聖賢之聖也)라고 하였다.

서명응은 이 구절에 대해 노자의 도는 '근본되는 비롯함'으로써 '말단되는 마침'을 제어함에 있다고 보면서 기존 학설의 잘못을 바로잡고 있다. 그리고 문질론과 주객론을 응용하여, 성과 지혜, 인과 의, 재주와 이로움, 이 세 가지는 도에 있어서는 문식에 해당되는 것으로 문과 질이 조화를 이루어야 올바른 도가 될 수 있음을 강조한다. 문질의 조화를 말하면서 천지자연의 도를 주체와 객체로 구분하여 현실의 성·지와 인·의 등 객체에 해당하는 것도 소홀히 해서는 안 된다고 한 것은 유가적 차원에서의 이해라고 할 수 있다. 이 구절의 해석은 서명응의 학문적 자부심이 엿보이는 대목이기도 하다.

바탕을 드러내고 질박함을 껴안으며, 사사로움을 작게 하고 욕심을 적게 해야 한다.['현見'은 음이 '현現'이다.]

見素抱樸, 小私寡欲.[見音現]

'현見'이란 밖으로 드러냄이다. '소素'란 그림의 바탕이다. '박樸'이란 나무의 질박함이다. 그림을 그리는 자는 다섯 가지 색채로 그 흰 곳을 모두 칠할 수 없으니, 반드시 바탕의 질로 하여금 밖으로 드러나게 하여야 한다. 이것이 곧 '현소見素'(흰색을 드러냄)이다. 나무를 깎아서 새기는 자는 새기는 것으로써 그 질박을 모두 잠식할 수 없으니, 반드시 질박한 것으로 하여금 새김에 담겨 있게 해야 한다. 이것이 곧 '포박抱樸'(질박함을 껴안음)이다. 인심은 본래 사사로움을 작게 하고 욕심을 적게 해야 한다. 그러므로 '소사과욕小私寡欲'이 곧 인심의 본바탕(素)이요 질박함(樸)이다.

見, 著見於外也. 素. 畫之地也. 樸, 木之質也. 畫繪者, 不以五彩盡滅其素地, 而必使素質著見于外, 是爲見素也. 雕飾者, 不以刻鏤盡蝕其樸質, 而必使樸質爲刻鏤所抱, 是爲抱樸也. 盖人心本小私寡欲. 故小私寡欲, 爲人心之素樸也.

【교감 및 주해】

서명응은 이 구절에서 그림을 그리는 것과 조각을 새기는 것을 통하여 '현소포박見素抱樸'을 이해하는데, 이것은 유가의 회사후소繪事後素적 사유라고 할 수 있다. '소사과욕小私寡欲'을 인심과 관련하여 이해하는 것에서는 유가의 인심도심적 사유의 응용을 볼 수 있다.

위의 내용은 제19장이다.

右第十九章.

【총설】

서명응은 이 장을 노자의 도는 '근본되는 비롯함'으로써 '말단되는 마침'을 제어함에 있다는 관점에서 이해한다. 그리고 이 장의 내용을 앞의 두 장과 연계하여 이해하는 것에서 다른 주석가와 차이를 보인다. 전체적으로 서명응이 『노자』 이해를 통해서 지향하는 바가 무엇인지를 잘 보여 주는 장에 속한다.

제20장

학을 끊으면 배움의 근심이 없게 된다.

絶學無憂.

이 한 구절 또한 앞의 장(19장)에서 말한 "성과 지혜를 끊고 버리며 인과 의를 끊고 버린다"와 같은 문장인데, 만일 도학을 끊고 버리게 되면 나아가고 닦고자 하는 근심이 참으로 없어질 수 있을 것이다. 여기서는 이것으로써 아래 문장들에서 말하고 있는 '감히 학을 끊을 수 없다'는 뜻을 일으켰다. 옛 주에서는 '학學'을 세속의 학으로 여겨서 노자가 진실로 이것을 끊고자 했다고 생각하였다. 그러나 '세속世俗' 두 글자는 노자가 말했던 것이 아니다. 또한 『노자』 전편을 통틀어 볼 때 학을 말하지 않은 것이 없다. 하편에서도 "학을 하면 날로 더한다"(爲學日益)[1]라고 말하고 있는데, 어찌 학을 용납하는 말을 해 놓고서 다시 사람들이 그것을 끊어 버리기를 원하였겠는가? 결코 그렇지 않을 것이다.

此一句, 亦如上章, 絶聖棄智, 絶仁棄義之文, 而若絶棄道學, 則固可無進修之憂矣. 以起下文不敢絶學之意也. 舊註以學爲世俗之學, 而謂老子眞欲絶之. 則世俗二字, 旣非老子之所言, 且通篇無非言學. 下篇又曰, 爲學日益, 豈容言學, 而復欲人絶之哉. 必不然也.

---

[1] 학을……더한다 : 『노자』 48장에 나오는 말이다.

【교감 및 주해】

　귀유광歸有光·요내姚鼐 등 상당수의 학자들은 이 구절을 앞 장에 소속된 문장으로 보았는데, 죽간본은 이러한 주장들이 그릇된 것임을 단적으로 보여 주고 있다. 왜냐하면 "현소포박, 소사과욕"까지의 문장은 죽간갑본竹簡甲本에 실려 있는 반면에 이 "절학무우絶學無憂" 구절 이하는 죽간을본竹簡乙本에 따로 실려 있기 때문이다. 홍석주는 "'학문을 끊으면 근심이 없게 된다'는 한 구절은 아마도 앞 장(19장)에서 말한 '학'과 이어져야 할 것 같다. (이 문장은) 듣고 보고 기록하고 외우는 것을 가리켜 말한 것이다. 듣고 보고 기록하고 외우는 것으로 학문을 행하는 자는 구함에 있어서 마음이 외부로 치닫지 않을 수 없으며, 행하는 것에 있어서 또한 같고 다름, 옳고 그름의 논쟁이 없을 수 없다"(絶學無憂一句, 疑當屬上章老子之所謂學. 蓋指聞見記誦而言. 夫以聞見記誦爲學者, 其求之也, 心不能不騖乎外, 其行之也, 又不能無同異是非之爭)라고 하였다.

　서명응은 이 구절을 특이하게도 이전 학자들과 달리 '학學'을 '도를 닦음'으로 보고, 노자가 학을 끊을 것을 말한 것이 아니라 오히려 학의 중요성을 강조한 것이라고 해석하였다. '학'을 어떤 식으로 보느냐에 따라 서명응 식의 이해도 가능할 것이다. 서명응은 "절학무우"를 이후에서 말하는 "위학일익爲學日益"에 대한 이해와 관련하여 말하고 있는데, 이러한 이해는 유가적 차원에서의 이해라고 할 수 있다. 유가에서는 '학'을 도에 이르는 과정으로 중시하고 있기 때문이다. 서명응의 이 주석은 노자의 본지가 무엇인가에 대한 논의를 불러일으키는 주석이기도 하다.

'공손한 대답'(唯)과 '함부로 하는 대답'(阿) 사이의 차이가 얼마가 되겠는가?
선이라고 하는 것과 악이라고 하는 것의 차이가 어느 정도일까?
唯之與阿, 相去幾何, 善之與惡, 相去若何.

　'유唯'는 공손히 대답함이며 '아阿'는 함부로 대답함이다. 둘의 나누어짐은 단지 입술과 이의 높낮이 사이에 있을 따름으로, 서로의 거리는 터럭이나 한 올의 실처럼 미미하다. 그러나 자식이 부모에게 함부로 대답하면 자식답지 못하고, 신하가 임금에게 함부로 대답하면 신하답지 못하고, 아우가 형에게 함부로 대답하면 아우답지 못하니, 그 선과 악 사이의 거리는 곧 천양지차이다. 이것으로써 사람 마음에 한 터럭만한 사욕의 가림이라도 있게 된다면 그 실마리는 아주 작지만 그 폐해는 마침내 크다는 것을 밝혔다. 이것이 군자가 학을 걱정거리로 삼지 않으면 안 되는 이유이다.

唯, 應之恭也. 阿, 應之慢也. 二者之分, 只在脣齒低昂之間, 則其相去, 特毫忽之微矣. 然子阿於父則爲不子, 臣阿於君則爲不臣, 弟阿於兄則爲不弟. 其善惡相去, 直天壤之判耳, 以明人心有一毫私欲之蔽, 則其端甚微其害遂大. 此, 君子所以不得不以學爲憂也.

【교감 및 주해】

'아阿'자가 백서갑본에는 '가訶'로, 죽간본·백서을본에는 '가呵'로 되어 있다. '가訶'와 '가呵'는 통용되는 글자로서 '성내다'의 뜻이다. 홍석주는 '유唯'와 '아阿'에 대해 "'유'는 응대함에 있어서의 따름이며, '아'는 부화하는 데 마음을 두는 것이다. 양자 사이에는 별반 차이가 없지만 여기서 선악이 나뉜다"(唯, 應之順也. 阿, 則有意於附和矣. 兩者之間, 相去深近, 而善惡判焉)라고 하였다.

서명응은 이 구절에서 군자는 부득불 학을 걱정거리로 삼아야 한다고 말하여 마음 수양과 관련된 학의 효용성을 강조하고 있다. 이런 것은 유가적인 해석이라고 할 수 있다.

남들이 두려워하는 것은 두려워하지 않을 수 없으니, 도는 넓고 넓어서 그칠 수가 없구나!

人之所畏, 不可不畏, 荒兮, 其未央哉.

대략적인 것으로써 말한다면, 일반 사람들이 두려워하는 것에 대해서는 배우는 자도 두려워하지 않을 수 없다는 뜻이다. 앞 장(19장)의 "이 세 가지로는 문식이 되기에는 부족하다고 여긴다. 따라서 덧붙이게 하는 것이 있어야 한다"와 같은 말이 바로 이것이다. 세밀한 것으로써 말한다면, 도는 미묘하며 크고 깊어서 나아갈수록 더욱 그칠 수 없으니 대략적이고 얕은 것에 의거해서 충분하다고 여겨서는 안 된다는 뜻이다. 수장首章 이하의 구절들에서 한 말이 이것이다.

自其粗者而言之, 則衆人之所畏, 學者亦不可不畏, 如上章, 三者之文, 令有所屬是也. 自其精者而言之, 則道妙荒遠, 愈進愈未已, 不可以粗淺者據以爲足. 如首章以下所云是也.

【교감 및 주해】
"인지소외人之所畏, 불가불외不可不畏"가 백서을본에 "인지소외人之所畏, 역불가이불외인亦不可以不畏人"으로 되어 있고, 죽간본에는 "인지소외人之所畏, 역불가이불외亦不可以不畏"로 되어 있다.

서명응은 이 구절을 제19장의 주객론을 응용하여 이해한다.

세상 사람들이 희희낙락하는 것이 마치 큰 잔칫상을 향유하는 것 같고 봄날의 누대에 오르는 것 같건만 나만이 유독 담담하니, 어떠한 조짐도 보이지 않음은 마치 아직 웃지 못하는 갓난아이와 같고 이리저리 헤매는 모습은 마치 돌아갈 곳이 없는 듯하구나!

衆人熙熙, 如享太牢, 如登春臺, 我獨泊兮, 其未兆, 如嬰兒之未孩, 乘乘兮, 若無所歸.

'승승乘乘'이란 안주하지 못하는 모양이다. 여기서는 일반 사람들 모두가 스스로 즐겁게 노니는데 나만이 유독 배움이 (도에) 이르지 못한 것을 근심으로 삼고 있음을 말하였다.

乘乘, 不住貌. 此言衆人皆自樂, 而我獨以學未至爲憂.

【교감 및 주해】

후대의 많은 판본에는 본문과 같이 '여등춘대如登春臺'로 되어 있으나 하상공본·왕필본에는 '여춘등대如春登臺'로 되어 있다. 전자는 '봄날의 누대(春臺)에 오르는 것 같고'로 풀이가 되고, 후자는 '봄날에 누대에 오르는 것 같고'로 풀이가 된다. '승승乘乘'이 왕필본에는 '내내儽儽'로 되어 있다.

서명응은 여전히 '학'을 문제 삼아, 배움이 도에 미치지 못함을 근심으로 삼았다고 하여 유가적인 입장에서 이 구절을 해석하고 있다.

사람들은 모두 여유가 있는데 나만이 홀로 부족한 듯하구나!

衆人皆有餘, 而我獨若遺.

여기서는 일반 사람들이 모두가 스스로 만족해하는데 나만이 유독 배움이 부족함을 근심으로 삼았음을 말하였다.

此言衆人皆自足, 而我獨以學未足爲憂.

【교감 및 주해】

해동奚侗은 '유遺'에 대하여 "'유'는 '궤匱'의 차자로서, 부족하다는 뜻이다"(遺借作匱, 不足之意)라고 하였다. 해동의 설을 쫓아서 '부족하다'는 뜻의 '궤'자로 풀이하는 학자들이 많다.

서명응은 앞서와 마찬가지로 배움이 부족함을 근심으로 삼았다고 하여, 계속해서 배움을 중시하는 유가적 입장에서 이 구절을 해석하고 있다.

나는 어리석은 사람의 마음과 같구나!
我愚人之心也哉.

일반 사람들이 맛보지 않은 것을 맛보니 스스로 웃고 스스로 즐기는 것이다.
味衆人之所不味, 自笑且自喜也.

【교감 및 주해】
하상공은 "세속적인 사람들과 어울려 서로 따르는 것이 아니라 하나를 지켜서 옮김이 없으니, 마치 어리석은 자의 마음과 같다"(不與俗人相隨, 守一不移, 如愚人之心也)라고 하였다.
서명응은 이 구절의 '어리석은 마음'을 '스스로 웃고 즐기는 것'으로 해석하는 특징을 보인다.

흐리고 어둑함이여! 세상 사람들은 밝은데 나만 홀로 멍청한 듯하고, 세상 사람들은 자세하게 살피는데 나만 홀로 심란한 듯하구나! 아득함은 마치 어두운 듯하고, 고요함은 마치 그침이 없는 듯하구나!
沌沌兮. 俗人昭昭, 我獨若昏, 俗人察察, 我獨悶悶. 忽若晦, 寂若無所止.

'돈沌'은 '혼돈渾沌'의 '돈沌'이다. '민민悶悶'이란 심란함(憒憒)이라는 말과 같다. 여기서는 일반 사람들은 스스로 안다고 여기기만 나만은 유독 배움이 아직 밝지 않음을 근심으로 삼고 있음을 말하였다.

沌, 如渾沌之沌. 悶悶, 猶云憒憒也. 此言衆人自以爲知, 而我獨以學未明爲憂.

【교감 및 주해】

"홀약회忽若晦, 적약무소지寂若無所止"가 왕필본에는 "담혜기약해澹兮其若海, 요혜약무지飂兮若無止"로, 하상공본에는 "홀혜약해忽兮若海, 표혜약무소지漂兮若無所止"로 되어 있다. 마서륜·엄영봉 등은 15장에 있던 문장이 착간되어 잘못 들어온 것 같다고 하였다. 죽간본에는 이 두 구만 빠진 채 15장의 전문이 다 실려 있다.

서명응은 이 구절을 배움이 밝지 않음을 근심으로 삼았다고 해석하여 여전히 배움을 강조하는 특징을 보인다.

사람들은 모두 행함이 있건만, 나만이 홀로 완고하여 흡사 비루한 듯하구나!
衆人皆有以, 而我獨頑似鄙.

'이以'는 행함이다. 옛말에 "도읍은 아름답고 시골은 비루하다"는 말이 있다. 여기서는 사람들은 모두 행하는 바가 있으나 나만이 유독 배움에만 마음을 두어 다른 것에는 무지한 듯하다는 것을 말하였다.

以, 爲也. 古者謂都爲美, 野爲鄙. 此言衆人皆有所爲, 而我獨於學潛心, 不知其他也.

【교감 및 주해】

'이以'에 대해 왕필은 "이는 쓰임이다"(以, 用也)라고 하였고, 하상공은 "이는 유위이다"(以, 有爲也)라고 하였다.

서명응은 이 구절도 역시 배움과 관련지어 해석하고 있다.

나만이 유독 다른 사람들과 달라서 식모를 귀하게 여기고 있구나!
我獨異於人, 而貴食母.

임천오씨(吳澄)는 '식모食母'에 대해 "두 글자는 『예기』「내칙內則」에 보이니, 곧 유모를 뜻한다"[2]라고 하였다. 만물은 모두 음양에 의거해서 생겨나므로 음양은 곧 만물의 어미가 된다. 그래서 '식모'라고 한 것이다. 이 구절은 위의 문장들을 총결하여 결론을 맺은 것으로, "내가 귀하게 여기는 것은 남이 귀하게 여기는 것과는 다르니, (나는) 음양이 태극을 실어 만물의 어미가 되었음을 귀하게 여긴다"라는 뜻이다. 남들이 귀하게 여기는 것을 귀하게 여기지 않은 후에야 천지의 귀함을 귀하게 여길 수가 있다. 여기서 노자는 사람들에게 도에 들어가는 요지를 보여 주었다.

食母, 臨川吳氏以爲, '二字見禮記內則篇, 卽乳母也'. 萬物皆資陰陽而生, 則陰陽乃萬物之母也. 故曰, 食母也. 蓋至此, 總結上文曰, 我之所貴, 異於人之所貴, 而貴陰陽載太極, 爲萬物之母也. 夫唯不貴人之貴, 然後方能貴天地之貴. 此, 老子示人入道之要旨也.

【교감 및 주해】
하상공은 "'식食'은 '쓰임'이고, '모母'는 '도'이다. 나만이 유독 도를 귀하게 사용하고 있다는 뜻이다"(食, 用也. 母, 道也. 我獨貴用道也)라고 하였다.
서명응은 이 구절을 태극음양론적으로 이해하는 독특한 이해를 보인다. 『노자』를 역리적 시각에서 바라볼 때 나올 수 있는 이해라고 하겠다.

---

2) 식모 : 『예기』「內則」에 "대부의 자제들에겐 식모가 있었다"(大夫之子有食母)라고 한 것처럼, 나를 낳아주신 어머니에 대하여 젖으로 나를 길러주신 어머니란 뜻으로 乳母와 같은 말이다. 여기서의 식모는 곧 도를 가리킨다. 일상에서도 우리는 '식모'라는 말을 종종 사용하곤 하는데, '食'자에 있는 '먹이다'의 뜻을 살려서 본다면 '먹일 사'(食)의 발음을 살려서 엄밀하게는 '사모'라고 읽어야 할 것이다.

위의 내용은 제20장이다.

右第二十章.

【총설】

　서명응은 이 장의 '절학무우絕學無憂'에 대한 올바른 이해를 촉구하면서, 전체적인 의미를 유가에서 강조하는 '학學'의 중요성과 관련지어 이해하고 있다. 즉 노자가 말한 '절학무우'는 곧바로 절학을 주장한 것이 아니라는 말이다. 그는 특히 '위학일익爲學日益'의 '학'을 '박학이문博學以文'으로 보는데, 이는 '학'을 중시하는 유가의 차원에서 이해한 것이다. 이런 이해는 왕필 등이 "위학일익"의 학을 부정적으로 이해하는 것과는 다르다. 그리고 그는 '식모'를 태극음양론적 관점에서 이해하는 특징을 보이기도 한다.

제21장

굽으면 펴지고, 휘어지면 곧아진다. 움푹 파이면 가득 차게 되고, 낡으면 새롭게 된다. 적으면 얻고, 많으면 갈피를 잡지 못한다.

曲則全, 枉則直, 窪則盈, 敝則新, 少則得, 多則惑.

'곡曲'은 어느 한쪽으로 치우쳐 굽었다는 의미이다. 밖으로 굽은 것은 결국에는 반드시 안쪽으로 펴지게 마련이다. 앞쪽으로 휜 것은 결국에는 뒤쪽으로 바로 펴지게 마련이다. 이는 '인정人情의 항상 그러함'이라는 측면에서 말한 것이다. '와窪'는 흠이 나서 움푹 파였다는 의미이다. 땅바닥에 파인 구멍이나 바위에 뚫린 굴 같은 데에는 기가 되돌아와서 엉기게 되고 얼음이 와서 담기게 된다. '폐敝'는 낡아서 망가진다는 의미이다. 집의 마룻대가 기울거나 옷에 구멍이 나게 되면 내려앉는 것이 두려워 고치게 마련이고 벌거벗는 것이 싫어 수선해 입게 마련이다. 이는 '물리物理의 항상 그러함'이라는 측면에서 말한 것이다. 얻음이 적으면 반드시 더 보태어 주는 사람이 있게 마련이고 쌓임이 많아지면 현혹되는 근심이 생기게 마련이다. 이는 '인간사의 항상 그러함'이라는 측면에서 말한 것이다. 이 문장은 '가득 찬 것을 덜어 겸손한 것에 보태고'[1] '남는 데서 덜어 내어 부족한 것을 보충해 주는'[2] 자연의 상승하는

---

* 이 장은 『노자』 현행본의 22장에 해당한다. 이는 서명응이 임의로 21장을 37장으로 개편했기 때문이다. 서명응은 상편을 '도경 36장'으로, 하편을 '덕경 45장'으로 편집하고 있다.
1) 가득 찬……보태고: 『周易』, 謙卦의 괘사 "겸은 형통하니 군자는 마침이 있다"(謙, 亨, 君子有終)에 대한 「象傳」의 다음 해설 참조 "겸은 형통함이다. 하늘의 도는 아래를 구제하니 빛이 있고 밝으며, 땅의 도는 낮추나 위로 올라간다. 하늘의 도는 가득 찬 것을 덜어 겸손한

이치를 낱낱이 언급함으로써 아래의 내용을 일으키고 있다.

曲, 偏曲也. 曲於外者, 終必自全於內. 枉於前者, 終必自直於後. 此以人情之常而言也. 窪, 缺陷也. 土之竅, 石之穴, 氣歸而聚之, 氷趨而盛之, 敝, 毁也. 棟之傾, 衣之穿, 懼壓而易之, 惡裸而改之, 此以物理之常而言也. 得少則必有附益之人, 蓄多則必有眩惑之患, 此以人事之常而言也. 歷擧虧盈益謙, 損有餘補不足, 自然相乘之理, 以起下文之意.

【교감 및 주해】

'곡曲'은 '굽히다'로 풀이하는 경우와 '곡진히 하다'로 풀이하는 경우 두 가지가 있다. 하상공은 "자기를 굽혀서 무리를 쫓는다"(曲己從衆)로 풀이하여 전자의 뜻으로 보았다. 이에 비해 감산은 "곡은 '곡진히 하다'의 뜻으로서 곧 만물을 꼼꼼하게 이루면서도 빠뜨림이 없다는 말이다"(曲, 委曲, 曲成萬物而不遺之意)라고 하여 후자의 뜻으로 보았다. 박세당은 "천도는 가득 찬 것을 덜어내어 부족한 것에 더해 준다. 그래서 굽어진 것을 온전하게 할 수 있고 휘어진 것을 곧게 펼 수 있으며 움푹 팬 것을 가득 차게 할 수 있고 낡은 것을 새롭게 할 수 있으며 적은 것을 얻게 할 수 있다. 이것은 모두 겸손함으로써 이익을 얻음을 말한다"(天道虧盈, 而益謙, 故曲者能全, 枉者能直, 窪者能盈, 敝者能新, 少者能得, 皆以謙而得益也)라고 하였다.

서명응은 이 구절을 인정人情, 물리物理, 인사人事로 나누어 설명하고 있다. 특히 이 구절을 '가득 찬 것은 덜어내고 부족한 것은 더해 줌', '넉넉한 쪽에서 덜어다가 부족한 쪽에 보태어 줌'이라는 자연의 이치로 이해한 것은 역리적인 해석이라고 할 수 있다. 주희는 겸괘謙卦의 단사彖辭 "천도天道, 휴영이익겸虧盈而益謙"에 대해 "'가득 찬 것을 덜어 내어 겸손한 것에게 보태어 준다'는 것은 자연의 이치이다"(虧盈益謙, 是自然之理)라고 설명한 바 있다.

것에 보태어 준다."(謙亨, 天道下濟而光明, 地道卑而上行. 天道虧盈而益謙)
2) 남는 데서……보충해 주는 : 『노자』 77장, "하늘의 도는 남는 데서 덜어 내어 부족한 것을 보충해 준다"(天之道, 損有餘而補不足) 구절 참조

이 때문에 성인은 하나를 품어서 천하의 법식이 된다.

是以聖人抱一, 爲天下式.

여기서는 위의 내용을 받아서 성인은 안과 밖의 구분이 없고 앞과 뒤를 다 충족시키며 많고 적음을 함께 갖춘 '천하의 항상된 이치'를 알고 있기 때문에 명예를 이익을 도외시한다는 것을 말하였다. 제10장에서 말한 "(혼이) 백을 타고 영위하며 백이 하나(혼)를 안는 것"에 힘을 기울이게 되면, 가득 참에 처해도 가득 찼다고 여기지 않고 낡음에 처해도 항상 새롭다고 여기며 적음에 처해도 오히려 많다고 여기고 많음에 처해도 현혹되지 않아서, 마침내 천하의 법식이 된다.

承上文, 言聖人知天下無內外, 俱足前後, 兼備多少, 常適之理, 故遺外名利. 從事於第十章之載營魄抱一, 則處盈而不盈, 處獘而常新, 處少而猶多, 處多而不眩, 終爲天下法式也.

【교감 및 주해】

왕필은 "'일'이란 지극히 적은 것이다. '식'은 법칙과도 같다"(一, 少之極也. 式猶則也)라고 하였다. 하상공은 "'포'는 지킴이다. '식'은 법이다. 성인은 하나를 지켜서 만사를 알게 되는 존재이기 때문에 천하의 법식이 될 수 있다"(抱, 守也. 式, 法也. 聖人守一, 乃知萬事, 故能爲天下法式也)라고 하였다.

서명응은 '포일抱一'의 '일一'을 내외·전후·다소와 관련된 '항상 적절한 천하의 이치'로 풀이하고 있다. '일'을 전체성의 원리로 보고 있는 것이다. 여기서 그의 처세적 입장을 다시 한 번 엿볼 수 있다.

스스로 드러내지 않으므로 밝게 드러나고, 스스로 뽐내지 않으므로 공이 있으며, 스스로 자랑하지 않으므로 우두머리가 된다. 오로지 다투지

않으므로 어느 누구도 그와 다툴 수 없다.['현見'은 '현賢'과 '편遍'의 반절이다.]

不自見, 故明, 不自伐, 故有功, 不自矜, 故長. 夫唯不爭, 故天下莫能爭.[見賢遍反]

하나를 품으면 온전하게 된다. 스스로 드러내지 않고 스스로 뽐내지 않고 스스로 자랑하지 않는다는 것은 스스로를 굽힘으로써 처신한다는 말이다.

抱一, 全也. 不自見, 不自伐, 不自矜, 以曲自居也.

【교감 및 주해】

하상공은 "'벌伐'이란 취함이다. 성인은 자신의 덕스런 교화가 널리 행해져도 그 훌륭한 점을 취하려 하지 않기 때문에 천하에 공이 있게 된다"(伐, 取也. 聖人德化流行, 不自取其美, 故有功於天下), "'긍矜'이란 크게 여기는 것이다. 성인은 자신을 귀하고 위대하다고 여기지 않기 때문에 오래도록 위태롭지 않을 수 있다"(矜, 大也. 聖人不自貴大, 故能久不危)라고 하였다.

서명응은 이 구절을 '곡즉전曲則全'의 명제를 이용하여 풀이하고 있다. '포일' 즉 전全의 상태에 도달하기 위해서는 곡曲을 실천해야 한다는 것이다. 그의 처세적 입장도 엿볼 수 있다.

고인들이 말한 "굽히면 온전해진다"는 말이 어찌 빈말이겠는가? 진실로 온전히 하여 돌아가야 한다.

古之所謂, 曲則全者, 豈虛言哉. 誠全而歸之.

여기서는 지금까지의 내용을 총괄적으로 마무리하였다.

總結上文

【교감 및 주해】

감산은 "성인은 자신의 굽힘을 이와 같이 하기 때문에 오만가지 덕이 모두 그에게로 귀의하고 오만가지 아름다움이 모두 갖추어진다"(由其聖人委曲如此, 故萬德交歸, 衆美備具)라고 하였다.

서명응은 이 구절은 21장 전체를 총결하는 말로 보고 있다.

위의 내용은 제21장이다.
右第二十一章.

【총설】

서명응은 이 장을 먼저 자연의 상승하는 이치로 이해하되, 구체적으로는 '인정의 항상 그러함'의 측면, '물리의 항상 그러함'의 측면, '인간만사의 항상 그러함'의 측면으로 나누어 이해한다. 그리고 포일을 내외·전후·다소와 관련된 '항상 적절한 천하의 이치'로 풀이하여 포일의 '일'을 전체성의 원리로 보았다. 전체적으로는 처세적 입장에서의 이해라고 할 수 있다.

제22장

무위의 말은 천도가 저절로 그러한 것이다.

希言自然.

'희希'는 '없다'는 뜻이다. 무위의 말(希言)이란 곧 천도의 자연스러움을 따른다는 뜻이다.

希, 無也. 無爲之言, 順天道之自然也.

【교감 및 주해】

'희希'자가 부혁본에는 '희稀'로 되어 있다. 하상공은 "'희언'이란 말을 아낀다는 말이다. 말을 아끼는 것은 자연의 도이다"(希言者, 謂愛言也. 愛言者自然之道)라고 하였다. 왕필은 "듣고자 하여도 듣지 못하는 것을 '희'라고 한다"(聽之不聞, 名曰希)라고 하였다. 홍석주는 "'희언'은 '무언'과 의미가 가깝다. '자연'이라는 말은 곧 사물을 각 사물에 맡기고 자신은 간여하지 않는다는 의미이니, 바로 '불언지교'를 가리킨다"(希言, 近於無言矣. 自然者, 物各付物, 而我無與焉, 卽所謂不言之敎)라고 하였다.

서명응은 '희希'를 '무無'로 보아 '희언希言'을 '무위의 말'로 해석하였다.

---

* 현행본 23장이다.

거센 바람은 아침나절을 넘기지 못하고 세찬 비도 하루를 넘기지 못한다. 누가 이렇게 하는가? 천지이다. 천지도 오히려 장구할 수 없는데 하물며 인간에게 있어서랴.

飄風不終朝, 驟雨不終日, 孰爲此者, 天地也. 天地尙不能久, 而況於人乎.

'표풍飄風'은 거센 바람이고 '취우驟雨'는 세찬 비이다. 바람은 아침나절을 넘기지 못하고 비는 하루를 넘기지 못한다고 말하는 것은 바람이 비보다 더 빠르기 때문이다. 비록 천지의 변화라 하더라도 거세고 조급하고 모질고 빠르기만 하면 자연의 도를 잃어버려서 또한 장구할 수 없는데, 인간사는 오죽하겠는가?

飄風, 疾風也, 驟雨, 暴雨也, 風言不終朝, 而雨言不終日者, 風比雨, 尤疾速也. 雖天地之化, 若或剛燥暴急, 失其自然之道, 則亦不能長久, 而況於人乎.

【교감 및 주해】

오징은 "'표飄'는 사납고 빠름이다"(飄, 狂疾也)라고 하였다. '종조終朝'가 부혁본·범응원본에는 '숭조崇朝'로 되어 있다. '종終'과 '숭崇'은 옛날에 통용되는 말로서, '종조'란 날이 샐 때부터 아침밥을 먹을 때까지를 말한다. 『시경』「용풍鄘風」의 '체동蝃蝀'에서 "숭조기우崇朝其雨"라고 하였는데, 주희는 이에 대해 "'숭崇'은 '종'과 같은 말이니, 날이 새면서부터 아침밥을 먹을 때까지를 '종조'라고 한다"(崇, 終也, 從旦至食時爲終朝)라고 주석하였다. '취우驟雨'가 백서본·범응원본·소자유본에는 '폭우暴雨'로 되어 있다.

서명응은 이 구절에서 자연지도에 따른 처세와 양생의 두 가지 입장을 강조하고 있다. 서명응이 비나 바람도 자연의 도를 잃어버릴 수 있다고 보는 것에서 자연이 단순히 자연(nature) 혹은 자연현상을 가리키는 것이 아님을 알 수 있다.

그러므로 도에 종사하는 사람은 도와 같아지고, 덕에 종사하는 사람은 덕과 같아지고, 잃음에 종사하는 사람은 잃음과 같아진다.

故從事於道者, 同於道, 德者, 同於德, 失者, 同於失.

도는 태극이 지극히 고요한 속에 올라타서 음양의 추뉴[1]가 되는 것이니, 하나의 기가 두루 흘러 다함이 없는 것일 뿐이다. 천지가 장구한 까닭은 도와 하나가 되었기 때문이다. 따라서 사람이 도에 힘을 기울일 수 있다면 천지의 본체와 같아져서 항상 장구하게 된다. 덕은 작용하여 펼쳐짐이 양기의 텅 빔과 같고 거두어 저장함이 음기의 빨아들임과 같으니, 때마다 각각 그 때의 시작함과 끝남이 있어서 비록 도의 장구함과 똑같을 수는 없지만 또한 이른바 도에 버금가는 존재가 된다. 따라서 사람이 덕에 힘을 기울일 수 있다면 천지의 작용과 같아져서 장구하게 된다. 바람과 비의 경우를 보면, 바람과 비는 본디 신속한 존재이다. 그러나 거센 바람과 세찬 비는 거세고 조급하고 모질고 빠르니, 비와 바람이 자연(저절로 그러함)을 잃어서 그 빠름이 더욱 빠른 것이다. 사람이 만약 자연의 도를 상실한 채 일을 처리해 간다면 비와 바람이 자연을 잃은 것과 마찬가지로 장구하지 못할 것이 분명하다.

道者, 太極乘于至靜之中, 以樞紐於陰陽, 一氣周流無有窮已. 天地之所以長久, 以其與道爲一. 故人能從事於道, 則可以如天地之體, 常於長久也. 德者, 其發舒也, 象陽氣之虛, 其斂藏也. 象陰氣之吸, 一時各有一時之始終, 雖不能如道之長久, 而抑亦爲次於所謂道者矣. 故人能從事於德, 則可以如天地之用, 亦能長久也. 至於風雨, 本自疾速, 而飄風驟雨, 所以剛燥暴急, 又是風雨之失者, 其速尤速. 人若從事於失, 則可以如風雨之失, 其不能長久也, 審矣.

---

[1] 추뉴 : 문짝의 지도리를 뜻한다. 『장자』 「齊物論」에서는 "저것과 이것은 짝이 없기 때문에 도의 지도리(道樞)라고 한다. 지도리이기 때문에 비로소 원의 중심에 있으면서 무한한 변화에 응할 수 있었다"(彼是莫得其偶, 謂之道樞. 樞始得其環中, 以應无窮)라고 하였고, 주희는 「태극도설」의 '無極而太極'에 대해 "상천의 일은 소리도 없고 냄새도 없지만 실은 조화의 추뉴가 되고 품휘의 근저가 된다"(上天之載, 無聲無臭, 而實造化之樞紐, 品彙之根柢也)라고 주석하였다.

【교감 및 주해】

"고종사어도자故從事於道者, 동어도同於道"가 현행본에는 '도자道者' 두 글자가 반복되어 "고종사어도자故從事於道者, 도자道者, 동어도同於道"로 되어 있다. 역대로 이 반복되는 '도자道者'를 연문衍文으로 볼 것이냐 아니냐의 논란이 있어 왔다. 현행본처럼 볼 경우는 전체 주어를 '도자'로써 포괄하게 되는데, 여길보는 이러한 입장에서 "따라서 도에 종사하는 사람은 무아가 될 수 있다. 무아가 되면 곧 도니 덕이니 실이니 하는 것들에 대해 나는 그 차이점을 찾아볼 수 없다"(故唯從事於道者, 爲能無我. 無我則, 道也德也失也, 吾不見其所以異)라고 풀이하였다. 홍석주는 "'도자' 이하는 억지로 해석해서는 안 된다. 이 부분은 사물을 각기 사물에게 부친다는 의미이다"(道者以下, 不可强解, 蓋亦物各付物之意爾)라고 하였다. 백서본에는 "고종사故從事, 이도자동어도而道者同於道, 덕자동어덕德者同於德, 실자동어실失者同於失"로 되어 있다. 이에 의거하여 풀이해 보면 "따라서 그 종사함에 있어서, 도가 있는 사람은 도와 어울리게 되고 덕이 있는 사람은 덕에 어울리게 되며 도덕을 잃어버린 사람은 잃은 것에 어울리게 된다"가 된다. 이 경우 주어는 도자·덕자·실자가 된다. 유월은 통행본의 '도자' 두 자를 연문으로 보았고, 서명응 역시 마찬가지이다.

서명응은 도와 태극 및 음양과의 관계를 통해 천지가 장구한 까닭을 설명하고 있다. 장생은 다른 것이 아니라 자연에 따르고 도·덕과 하나가 되었을 때 가능하다는 것이다. 서명응은 전체적으로 도와 덕의 관계 및 의미를 통하여 인간의 바람직한 처세와 양생을 말하고 있다.

사람이 도와 같아지면 도 또한 얻음이 있고, 사람이 덕과 같아지면 덕 또한 얻음이 있으며, 사람이 잃음과 같아지면 잃음 또한 얻는 바가 있다.
同於道者, 道亦得之, 同於德者, 德亦得之, 同於失者, 失亦得之.

사람이 하늘의 도와 합일할 수 있으면 하늘의 도는 이로 인해 하늘의 도의 순서를 분명하게 밝히니, 이는 하늘의 도도 얻음이 있다는 말이다. 사람이 하늘의 덕과 합일할 수 있으면 하늘의 덕은 이로 인해 조화를 이루어 고루 적당하게 되니, 이는 하늘의 덕도 얻음이 있다는 말이다. 그렇지 않고 거세고 조급하고 모질고 빠르기만을 일삼는다면 아래로는 인사를 잃고 위로는 천기가 그에 응하여 거센 바람과 세찬 비가 항상 반응할 것이니, 이는 그 잃음이 어찌 또한 얻음이 있는 것이 아니겠는가?

人能合天道, 則天道以之章明順序, 是天道亦有得矣. 人能合天德, 則天德以之調和均適, 是天德亦有得矣. 不然而從事於剛燥暴急, 則人事失於下, 天氣應於上, 飄風驟雨常應之. 是其失豈不亦有得乎.

【교감 및 주해】

『주역』건괘 「문언전文言傳」에서는 "같은 소리끼리 서로 응하고, 같은 기운끼리 서로 구한다. 물은 습한 곳으로 흘러가고 불은 마른 곳으로 나아가며, 구름은 용을 쫓고 바람은 호랑이를 쫓는다. 성인이 태어나면 만물이 우러러본다. 하늘에 근본한 자는 위와 친하고, 땅에 근본한 자는 아래와 친하다. 즉 각각의 것들은 같은 종류끼리 따르는 것이다"(同聲相應, 同氣相求, 水流濕, 火就燥, 雲從龍, 風從虎. 聖人作而萬物覩, 本乎天者親上, 本乎地者親下, 則各從其類也)라고 하였다.

서명응은 이 구절에서 얻고 잃음을 천도 및 천덕과의 합일 여부를 통해 풀이하고, 특히 '강조포급剛燥暴急'하지 말 것을 경계하고 있다. 처세나 정치에 적용될 수 있는 구절이라 할 수 있다.

믿음이 부족하면 불신이 있게 된다.

信不足, 有不信.

이 두 구절이 여기에서 되풀이해서 언급되고 있으니, 사람들에게 정성스레 보여 주려는 의도가 간절하다. 대개 신信은 성誠이고 중中이고 토土이다. 토는 음양의 두 기를 충화하고, 중은 만물의 운행을 제어하며, 성은 만물의 변화를 다스리고, 신은 네 가지 덕(仁義禮智)을 꿰뚫는다. 그래서 위 문장의 "잃음 또한 얻은 것이 있다"(失亦得之)라는 말에 연유하여 사람이 품부받아 얻은 충기에다 근본을 미루었다. "잃음과 같아진다"(同於失者)는 것은 다른 말이 아니다. 처음 태어날 적에 충기를 충분히 품부받지 못하면 신실한 마음을 온전하게 지닐 수 없게 되어 도와 덕에 대해 스스로 믿지 못하게 되는데, 그리하여 마침내 잘못됨이 이런 지경에까지 이르게 된다는 것이다.

此兩句, 至是凡再言之, 其示人丁寧之意, 切矣. 盖信者, 誠也, 中也, 土也. 土沖二氣, 中制萬運, 誠統萬化, 信貫四德. 故因上文失亦得之之言, 推本於人所禀得之冲氣, 而曰同於失者, 無他, 言以其初生禀得冲氣不足, 未能全有信實之心. 故其於道德不自信, 及以致其失之如此也.

【교감 및 주해】

이 구절은 17장에도 보인다. 해동은 "두 구는 위 문장과 서로 응하지 않으며 이미 17장에 보이니, 여기에 거듭 나온 것이다"라고 하였으며, 마서륜도 착간되어 거듭나온 것이라고 보았다. 백서본에는 두 구가 없다.

서명응은 여기서 자신의 『노자』 이해의 특징인 '지신론知信論'을 운용하여 '신信'에 대한 다양한 해석을 하고 있다. 그는 '신'은 '성'이고 '중'이며 '토'로서 네 가지 덕을 꿰뚫는다고 하여 '신'을 강조한다. 이는 오행설에 입각한 것으로, 정통 주자학에서 인仁이 예·지·신을 포괄한다고 강조하는 것과 비교되는 사유라고 할 수 있다. 물론 주자학에서도 '신'을 성誠이나 실實과 관련지어 이해하고는 있지만 '인'에 비해 '신'을 더욱 중요시하는 것은 아니다. 이런 점과 비교할 때 서명응이 '인'보다 '신'을 강조하는 것에 주목할 필요가 있다.

위의 내용은 제22장이다.

右第二十二章.

【총설】

 이 장에서는 무위에 대한 서명응의 견해를 엿볼 수 있다. 서명응은 무위란 천도의 자연스러움을 따르는 것이라고 하면서 도와 덕의 합일을 말하고 있다. 특히 그는 지신론을 응용하여 이 장을 설명하면서, 유가가 인仁을 존중하는 것에 비해 신信을 더욱 중시하고 있다. 전체적으로 처세와 양생에 대한 견해를 엿볼 수 있는 장이다.

제23장

발뒤꿈치를 들고 있는 사람은 제대로 서 있을 수 없다.

跂者不立.

발뒤꿈치를 드는 것을 '기跂'라고 한다. '발뒤꿈치를 들고 서는 사람'은 원래 더 높아지려고 하지만 도리어 스스로 서 있을 수 없다.

擧踵曰跂. 跂者, 本欲增高而反不能自立.

【교감 및 주해】

'기跂'가 왕필본에는 '기企'로 되어 있고, 하상공본·어주본·광명본에는 '기跂'로 되어 있다.

너무 멀리 내딛는 사람은 잘 다닐 수 없다.

跨者不行.

걸음걸이를 넓게 하는 것을 '과跨'라고 한다. '다리를 쭉 펴서 멀리 내딛는 사람'은 본래 보폭을 넓혀 더 멀리 가고자 하지만 도리어 제대로 걸을 수

---

* 현행본 24장이다.

없다. 이상의 두 구절은 모두 아래의 네 구절을 이끌어 일으키는데, 이는 마치 『시경』에 '흥興'1)이 있는 것과 같다.

張脚曰跨. 跨者, 本欲增濶而反不能自行. 凡此兩句, 皆引起下文四句, 猶詩之有興.

스스로 드러내는 자는 밝지 못하고, 스스로 옳다고 여기는 자는 드러나지 않고, 스스로 뽐내는 자는 공이 없고, 스스로 잘난 체하는 자는 오래 가지 못한다.['현견'은 '현현'과 '편편'의 반절이다.]

自見者不明, 自是者不彰, 自伐者無功, 自矜者不長.[見賢遍反]

'스스로 드러낸다'는 말은 '스스로 겉으로 드러낸다'는 뜻이다.

自見, 謂自表顯之也.

【교감 및 주해】

이 문장은 『도덕지귀』 21장(현행본 22장)의 "부자견고명不自見故明, 부자벌고유공不自伐故有功, 부자긍고장不自矜故長"의 의미와 연결되고 있다.

이런 것들은 도의 입장에서 보면 모두 먹다 남은 음식이며 쓸데없는 행동이기에 만물도 모두 그런 것들을 싫어한다.['행行'은 거성이다.]

其於道也, 曰餘食贅行, 物或惡之.[行去聲]

---

1) 흥 : 『시경』의 '六義'(興, 賦, 比, 風, 雅, 頌)의 하나. "흥이란 먼저 다른 사물을 말함으로써 읊고자 하는 것을 일으키는 말을 의미한다"(興者, 先言他物以引起所詠之辭)라고 한 주희의 주석 참조

'여식餘食'은 먹다 남은 음식이다. '췌행贅行'은 불필요한 행동이다. 본래 먹음 직스러운 음식일지라도 먹다 남은 것은 더러운 쓰레기가 된다. 그리고 본래 선한 행동일지라도 불필요한 행동이라면 미움의 대상이 된다. 이런 내용을 언급함으로써 위의 문장(自見者不明 이하의 글)의 의미를 밝힌 것이다. '옳은 것'(是) 또한 도이지만 스스로 옳다고 여기는 것은 도의 입장에서는 남은 음식이나 군더더기 행동이 되고,, '훌륭한 결과'(功)도 도이지만 스스로 뽐내면 도의 입장에서는 남은 음식이나 군더더기 행동이 되며, '오래감'(長) 역시 도이지만 잘난 척하면 도의 입장에서는 남은 음식이나 군더더기 행동이 된다. 그래서 사람의 마음과 사물의 실정은 이것을 미워하지 않음이 없다. 이 때문에 드러내지 않고, 훌륭한 결과가 있다고 여기지 않으며, 오래간다고 여기지도 않는다고 말한다. 노자는 아마도 사물의 실정과 사람의 마음에 대해서 무엇을 헤아려야 할지를 익숙하게 잘 알고 있었을 것이다. 그렇기 때문에 그 말이 이렇게 뼈에 사무치도록 절실한 것이다.

餘食, 食之殘者也. 贅行, 行之疣者也. 盖食本美矣, 其殘則可穢也. 行本善矣, 其疣則可厭也. 言此以明上文之意, 是亦道也. 而自是則爲餘贅于道也. 功亦道也, 而自伐則爲餘贅于道也. 長亦道也, 而自矜則爲餘贅于道也. 人心物情, 莫不憎惡. 於此所以不彰無功不長也. 老子盖於物情人心, 諳練孰揣, 故其言若是刺骨.

【교감 및 주해】

'췌행贅行'에 대해 여러 학자들은 '췌형贅形'의 오사誤寫로 보았다. 가령 초횡은 "'췌'는 (불필요한) '혹'이라는 뜻이다. '행'은 마땅히 '형'으로 되어야 하니, 옛 글자에서는 통용되었다"(贅, 肬贅也. 行當作形, 古字通也)라고 하였다. 여러 학자들이 이처럼 '췌행'을 '췌형'의 오사로 본 까닭은 '췌'가 '혹'이라는 형태적인 것을 가리키므로 뒤의 말도 형태적인 것이 되어야 한다고 보았기 때문이다. 하상공은 "이러한 사람이 (높은) 지위에 있으면 욕심을 일으켜 해를 끼치게 된다. 따라서 만물 중에 그를 두려워하고 미워하지 않는 것이 없다"(此人在位, 動欲傷害. 故物無有不畏惡之者)라고 말한다. 후쿠나가 미쓰지(福永光司)는 "물은 만물이란 뜻이지만 여기서는 사람과 거의 같은 뜻이다"라고 하여 물을 사람으로 보았다.
　이 구절에서 서명응은 도의 입장에서 인간의 행동양식을 비판적으로 바라보고 있다. 처세술과 관련이 있는 내용이다.

그러므로 도가 있는 사람은 거기에 거처하지 않는다.
故有道者, 不處也.

그런 것들은 도가 아니기 때문에 도가 있는 사람은 거처하지 않는 것이다.
以其非道, 故有道者, 不居也.

【교감 및 주해】
　서명응은 이 구절을 도의 소유 여부에 따라 풀이하고 있다. 역시 그의 처세적 입장을 볼 수 있다.

위의 내용은 제23장이다.
右第二十三章.

【총설】
　서명응은 이 장을 인간의 마음과 행동양식을 도의 입장 혹은 도의 소유에 따른 입장에서 풀이하되, 특히 처세적 입장과 관련지어 풀이하고 있다.

17장부터 23장까지는 7개의 장이 한 절을 이루고 있는데 이는 소양이 7을 머금고 있는 것을 본뜬 것이다.

自第十七章至此, 凡七章爲一節, 而象少陽之含七.

【교감 및 주해】

선천역의 사상에서 소양은 3과 7의 조합이다. 그래서 소양이 7을 머금고 있다고 한 것이다.[2]

---

[2] 이에 관한 자세한 의미는 '해제' 참조

제24장

혼연히 이루어진 물이 있으니 천지보다 먼저 생겨났다.

有物混成, 先天地生.

'혼混'은 '혼渾'과 뜻이 통한다. '물物'은 '무극無極'을 가리킨다. 천지가 있지 않았을 적에 먼저 무극이 있어서 태극의 바탕이 됨을 말하니, 이른바 『노자』 제1장의 "이름 없음은 천지의 시작이다"(無名, 天地之始)가 바로 이것이다.

混, 與渾通. 物, 無極也. 未有天地, 先有無極, 以爲太極之本. 所謂無名天地之始, 是也.

【교감 및 주해】

'혼성混成'의 '혼混'은 '혼渾'과 같은 말로서 서로 뒤섞여 있음을 뜻한다. 홍석주는 "황홀하여 볼 수 없는 것 또는 원만하고 온전하여 나누어지지 않는 것을 '혼'이라고 한다. 혼성이라는 것은 사람의 힘을 빌리지 않고 자연히 이루어졌다는 말이다. 도는 무형이지만 천지는 유형이다. 유형한 것은 그것이 비록 천지라 하더라도 이루어짐과 어그러짐이 없을 수 없다. 무형하면 선후가 없고 또한 생이니 미생이니 말할 것도 없다. 그러나 이 도가 있고 나서 천지가 있기 때문에, 천지보다 앞서 생겼다고 말하는 것이다"(荒乎難見之謂混, 圓全而不分, 亦謂之混. 混成者, 不費人力, 自然而成也. 道無形, 而天地有形, 有形者, 雖天地亦不能無成毀, 無形則無先後, 亦無生與未生之可言也. 然有是

---

* 현행본 25장이다.

道, 而後有天地. 故曰先天地生)라고 하였다.

 서명응은 이 구절을 통해서 태극과 무극의 관계에 대해 "무극은 혼연한 것으로 천지에 앞선 것이며, 그것이 태극의 바탕이 된다"라고 말하고 있다.

조용하고 고요하구나. 홀로 우뚝 서서 바뀜이 없다. 두루 운행하지만 위태롭지 않으니 천하의 어미가 될 수 있다.

寂兮寥兮. 獨立而不改. 周行而不殆, 可以爲天下母.

'적寂'과 '요寥'는 '소리 없고 냄새 없음'을 의미한다. '홀로 우뚝 서서 바뀜이 없다'(獨立而不改)는 것은, '무극은 음양 중에 떨어져 태극이 되는데 이 태극이 탁연히 홀로 우뚝하여 결코 음양에 의해 그 형체가 섞이거나 바뀌지는 일이 없다'는 것을 말한다. '두루 운행하지만 위태함이 없다'(周行而不殆)는 것은, '태극이 음양의 추뉴가 되어 오만가지로 변화하지만 처음부터 끝까지 한결같아서 조금의 차질도 없다'는 것을 의미한다. '천하의 어미가 된다'(爲天下母)는 말은, 음양이 열리고 닫히는 사이에 만물들이 모두 이것(太極)을 말미암아서 화생하는 것이이 마치 자녀가 어머니에게서 태어나는 것과 같다는 뜻이다.

寂寥, 無聲無臭也. 獨立而不改, 言無極墮在陰陽之中, 則遂爲太極, 卓然獨立, 而不爲陰陽所雜改其形體也. 周行而不殆, 言太極樞紐陰陽, 萬轉萬變, 終始一轍, 無所差跌也. 爲天下母, 言陰闔陽闢之間, 萬物由是化生, 如子女之生於母也.

【교감 및 주해】

 죽간본・백서본에는 "주행이불태周行而不殆" 구절이 빠져 있다. 홍석주는 "'고요하고 고요하다'는 것은 소리와 형체가 없다는 말이다. 도는 하나뿐이어서 만물이 상대할 수 없기 때문에 '홀로 서 있다' 하였고, 과거의 것들과 현재의 것들이 모두 이 도이기 때문에 '바뀜이 없다'고 하였다. 있지 않음이 없고 머금지 않음이 없으며 만물이 상처를 줄 수 없기 때문에 '두루 다니지만 위태롭지 않다'고 하였다. 만물의 생성이 모두 이 도를 말미암기 때문에 '천하의 어미'라고 하였다"(寂兮寥兮, 無聲與形也. 道一而已矣. 萬物莫能與對, 故曰獨立. 古往今來, 皆是道也. 故曰不改. 無乎不在, 無所不包, 而物莫能傷之, 故曰周行而不殆. 萬物之生, 莫不由之, 故曰爲天下母)라고 말한다.

이 구절에서는 서명응이 생각하는 무극과 태극 및 음양의 관계를 단적으로 엿볼 수 있다. 특히 무극이 음양 가운데 떨어진 것을 태극이라 해석한 대목은 주목할 만 하다. 이런 점을 볼 때 그는 주로 음양과의 관련성을 통해 태극을 이해하고 있음을 알 수 있다.

나는 그의 이름을 알지 못하기에 자字하여 '도'라고 한다.
吾不知其名, 字之曰道.

이것이 무극인지 태극인지 알지 못하기에 그 이름을 결정할 수 없다. 그래서 도로써 그것의 '자字'를 삼았다.

不知是無極乎, 太極乎, 未定其名, 故以道爲其字也.

【교감 및 주해】

부혁본·범응원본에는 '자지왈도字之曰道' 앞에 '강强'자가 있다.

서명응은 '도로써 그것의 이름을 삼았다는 것'을 '무극인지 태극인지 알지 못하기 때문'이라는 인식불가능성과 관련지어 이해함으로써 여타의 주석가와 차별화된 해석을 보여 준다.

억지로 이름하여 '대大'라고 한다.

强爲之名曰大.

이는 음양으로써 말한 부분이다. 대개 위의 문장에서 이미 태극의 자字를 도라 하였으니, 지금 여기서 다시 태극에 이름 붙일 이유가 없다. 제1장에서 '이름 있음은 만물의 어미이다'라고 했는데, 음양은 이름할 수 있는 것이다. 그러나 '이름 붙일 수 있는 이름은 항상된 이름이 아니다' 했으니, 그 '이름'은 곧 억지로 붙인 이름이다. '대大'는 '성대하게 유행한다'는 뜻이다.

此, 以陰陽言之. 盖上文旣以道而字太極, 則今不應復名之故也. 有名萬物之母, 則陰陽可以名矣. 然名可名非常名, 故其名强爲之名也. 大, 盛大流行之意也.

【교감 및 주해】

이 구절을 통하여 서명응이 이해한 태극과 음양의 관계를 엿볼 수 있다. 특히 '도'와 '대大'를 동일시하지 않고 음양에 대해 '대'라고 이름 붙일 수 있다고 본 것이나, '대'를 성대하게 유행한다는 의미로 이해하는 것은 흥미롭다.

성대하면 가고, 가면 멀어지고, 멀어지면 돌아온다.

大曰逝, 逝曰遠, 遠曰反.

'서逝'는 『논어』에서 "물이 흘러감이 이와 같구나"[1]라고 할 때의 '가다'(逝)라는 뜻이다. 이는 '해가 가면 달이 오고 추위가 가면 더위가 오는 것이 모두 음양이 태극을 태우고 유행함이 그침이 없는 것'이라는 말이다. '원遠'은 『주역』「계사전하」의 '먼 것으로써 말하자면 다함이 없다'[2]라고 할 때의 '멂'(遠)

---

[1] 물이……같구나 : 『論語』, 「子罕」, "공자가 냇가에 서 있다가 말하기를, '물이 흘러감이 이와 같구나, 아침저녁으로 그침이 없도다' 하였다"(子在川上曰, 逝者如斯夫. 不舍晝夜) 참조

과 같다. 이것은 '음양이 태극의 도를 태우고 아무리 먼 곳이라도 도달하지 않음이 없으니 한정되거나 그침이 없다'는 말이다. '반反'은 "선천은 대대對待이고 후천은 반대反對이다"라는 말에서의 '반'과 같은 뜻이다.3) 이는 선천의 끝은 반드시 후천이 되고, 대대의 끝은 반드시 반대가 된다는 말이다.

逝, 如論語逝者如斯之逝, 言日往而月來, 寒往而暑來, 皆陰陽承載太極之道, 繼續不已也. 遠, 如易繫遠則不禦之遠, 言陰陽承載太極之道, 無遠不到莫得以限止之也. 反, 如先天對待後天反對之反. 言先天之終, 必爲後天, 對待之終, 必爲反對也.

【교감 및 주해】

'서逝'는 『이아爾雅』 「석고釋詁」에서 "서는 '감'이다"(逝往也)라고 했듯이 '가다'의 뜻이다. 박세당은 "'반反'이란 곧 대大로 돌아옴을 말한다. 여기서는 이미 도체의 큼을 극언한 데 이어서 도가 이미 크니 천지 또한 크다는 것을 말하였다"(曰反者, 復反於大也. 此旣極言道體之大, 繼之曰, 道旣大矣, 天地又大矣)라고 하였다.

서명응은 이 구절에서 서逝·원遠·반反을 모두 역리적 사유와 연계하여 이해한다. 이런 점에서 서명응의 태극음양론과 선천후천론에 대한 개괄적인 이해를 볼 수 있다.

그래서 도가 크고, 하늘도 크고, 땅도 크고, 왕도 크다. 세상에 네 가지 큰 것이 있으니 왕이 그 중 하나를 차지한다.

---

2) 먼 것으로써……없다: 『周易』, 「繫辭傳上」, 제6장, "대저 역은 넓고도 크도다. 먼 것으로써 말하자면 다함이 없다"(夫易, 廣矣大矣. 以言乎遠則不禦) 참조. 주희는 "不禦란 無窮을 말한다"(不禦言無窮)라고 주석하였다.
3) 반은……뜻이다: 『先天四演』, 「先後天箋」에는 "지금 선천, 후천 두 역을 가지고 천지의 체와 용을 참구해 보면, 선천은 '대대'이고 후천은 '반대'이다. '대대'는 천에 있는 것이고 '반대'는 지에 있는 것이다"(今以先後二易, 參究天地之體用, 則先天, 對待也, 後天, 反對也. 對待, 在天者也. 反對, 在地者也)라는 구절이 있다.

故道大, 天大, 地大, 王亦大, 域中有四大, 而王居其一焉.

'역域'은 하늘이나 땅 같은 '구역'을 말한다. 도는 하늘의 가운데가 되고, 하늘은 땅의 가운데가 되고, 땅은 하늘의 가운데가 된다. 왕 또한 천지의 가운데서 주인 노릇을 한다. 대개 하늘과 땅 가운데 두 기운이 오르고 내림에 왕은 진실로 추뉴가 된다. 그래서 『서경』「홍범」의 황극皇極[4]도 '왕의 마음'으로 말하는 것이다.

域, 上天下地之界域也. 道爲天之中, 天爲地之中, 地爲天之中, 而王又主天地之中. 盖天地之中, 二氣升降, 王實爲之樞紐. 故洪範皇極, 亦以王心言之.

【교감 및 주해】
"왕역대王亦大"가 부혁본·범응원본에는 "인역대人亦大"로 되어 있고, "이왕거기일언而王居其一焉"이 부혁본에는 "왕처기일존王處其一尊"으로, 범응원본에는 "이인거기일언而人居其一焉"으로 되어 있다. 장순휘張舜徽는 노자가 여러 곳에서 왕王을 적극 긍정하고 있다는 점을 들어 『노자』는 곧 '군주를 위한 학'이라고 하면서 이 문장을 그 단적인 예로 삼고 있다. 이에 반하여 어떤 학자들은 노자의 사상은 오히려 위정자의 권력을 비판하고 있다는 점을 내세워, 여기서의 '왕'은 마땅히 '인人'이 되어야 한다고 보았다.

서명응은 '인人'이 아닌 '왕王'으로 보고 있다. 아마도 이 구절을 해 영·정조시대의 왕권강화를 염두에 두고 주석한 것이 아닌가 한다.

사람은 땅을 본받고, 땅은 하늘을 본받고, 하늘은 도를 본받고, 도는 자연을 본받는다.

---

4) 황극 : 『書經』, 「周書·洪範」, 제9장, "五는 황극이다"(五皇極) 참조

人法地, 地法天, 天法道, 道法自然.

사람 마음의 겸허함과 유약함은 땅의 허정함을 본받고, 땅의 허정함은 하늘의 가물한 생생지덕을 본받고, 하늘의 가물한 생생지덕은 도의 태극과 음양을 본받고, 도의 태극과 음양은 또한 무극의 자연을 본받는다. 이 때문에 무극의 자연이 하늘과 땅과 인간의 도가 되는 것이다. 소자邵子(소옹)는 『황극경세서』에서도 '지법천地法天, 천법도天法道'라는 말을 인용하여 "대개 노자의 이 말은 정밀하고 깊고 미묘하여 대역大易의 요지를 얻었다"라고 하였다. 하지만 스스로 태극과 음양에 머물러서 오행 이하는 모두 가볍게 여겨 도와 함께 하지 못하게 하였으니 이것이 유가의 도와 다른 점이다.

人心之謙冲柔弱, 法地之虛靜, 地之虛靜, 法天之玄穆, 天之玄穆, 法道之太極陰陽, 道之太極陰陽, 又法無極之自然也. 此所以天地人之道也. 邵子皇極經世書, 亦引用地法天天法道之言, 盖老子此言, 精深微妙, 得大易之要旨. 但其自居於太極陰陽, 而五行以下皆藐視之, 不使與於道者, 與儒道爲不同也.

【교감 및 주해】

왕필은 "자연이란 (일정한 구체적 사물을) 지칭함이 없다는 말이며, 궁극적인 상황을 표현하는 말이다"(自然者, 無稱之言, 窮極之辭也)라고 하였다. 오징은 "도가 대인 까닭은 도가 자연스럽기 때문이다. 따라서 자연을 본받는다고 하였으니, 도 밖에 따로 자연이 있는 것은 아니다"(道之所以大, 以其自然. 故曰法自然, 非道之外別有自然也)라고 말한다.

서명응은 이 구절의 '도법자연道法自然'을 해석하면서 "도의 태극과 음양은 또한 무극의 자연을 본받는다"라는 독특한 이해를 한다. 태극과 음양을 도에, 무극을 자연에 연관시키고 있는 것이다. 그는 또 노자가 태극과 음양만 밝히고 오행 이하는 모두 가볍게 여겨 버린 점이 바로 유도와 다른 것이라 하여 오행을 중시하는 유가와의 차이점을 밝히고 있다. 여기서 서명응이 유독 '오행 이하'를 강조한 것은 주돈이의 「태극도설」에 보이는, '태극에서 음양으로, 음양에서 오행으로, 오행에서 만물로 나아가는' 과정을 기준으로 한 것이 아닌가 한다. 『도덕지귀』 1장에서와 같이 그가 종종 오행을 통해 『노자』를 이해하는 것도 이런 의식과 관련이 있다고 생각된다.

위의 내용은 제24장이다.
右第二十四章.

【총설】
이 장에서는 서명응의 우주생성론, 즉 무극과 태극의 관계나 '도법자연'에 대한 독특한 이해 등을 확인할 수 있다. 그는 천지가 있지 않았을 적에 무극이 있어서 태극의 바탕이 된다는 말로써 무극과 태극의 관계를 설명하고 있다. 이 장은 또한 유가와 도가의 차이점이 무엇인가를 보여 주는 장이기도 하다. 전체적으로 볼 때 왜 서명응이 『노자』를 주석했는지를 알 수 있게 하는 장으로, 조화설의 입장에서 『노자』를 이해하고자 했다는 사실의 전형을 보여 준다.

제25장

무거움은 가벼움의 뿌리가 되고, 고요함은 조급함의 임금이 된다.

重爲輕根, 靜爲燥君.

나무를 보면 뿌리와 밑동은 반드시 무겁지만 가지와 잎은 반드시 가벼우니, 이것이 바로 무거움은 가벼움의 뿌리가 된다는 말이다. 사람의 몸을 보면 마음은 고요하지만 다섯 감각기관은 조급하게 움직이니, 이것이 바로 고요함은 조급함의 임금이 된다는 말이다.

觀於樹木, 則根本必重, 枝葉必輕, 是重爲輕之根. 觀於人身, 則心君安靜, 五官燥動, 是安靜爲燥動之君也.

【교감 및 주해】

박세당은 "사물 가운데 무거운 것은 아래에 있고 가벼운 것은 위에 있으니, 이것이 '무거움은 가벼움의 뿌리가 된다'는 말이다. 사물 가운데 고요한 것은 편안하고 조급한 것은 수고로우니, 이것이 '고요함은 조급함의 임금이 된다'는 말이다"(凡物重者下, 輕者上 是重爲輕根. 靜者逸, 躁者勞, 是靜爲躁君)라고 하였다.

서명응은 이 구절을 일상적으로 접할 수 있는 자연계의 구체적인 현상이나 인체의 감각기관과 연계하여 풀이하고 있다.

이 때문에 군자는 종일토록 다녀도 '치중거輜重車'를 떠나지 않으며, 비록 화려한 관람을 하여도 편안히 거처하여 초연하다.

是以君子終日行, 不離輜重, 雖有榮觀, 燕處超然.

'군자君子'는 '지위가 있는 사람'을 이른다. '치중輜重'은 '군자를 봉양할 물건을 싣는 수레'이다. 대개 옛날에는 좋은 길에는 승거乘車1)를 타고 군사의 행렬에는 병거兵車2)를 탔는데, 모두 치중거가 있었다. (치중거는) 덮개로 앞뒤를 가리고 옷과 음식과 그릇과 기계를 싣고서 승거나 병거의 뒤를 따르는데, (행렬의) 가고 멈춤이 수레(치중거)에서 떨어지지 않았다. 이 또한 "가벼움과 조급함은 무거움과 고요함을 근본으로 한다"라는 의미이다. '영관榮觀'은 '화려하고 빛나는 관람'이다. 『공양전』에서는 "'일상적인 일'일 경우는 '견見'한다 하고 '일상적이지 않는 일'일 경우는 '관觀'한다 한다"3)라고 했다. '연처초연燕處超然'이란 '화려한 관람을 하더라도 마음을 조급히 하거나 몸을 가벼이 하지 않고 물러나 편안히 뭇 사물의 밖에 우뚝 자처한다'는 뜻이다.

君子, 有位者之稱也. 輜重, 所以載其奉養君子者. 盖古者, 吉行乘乘車, 師行乘兵車, 皆有輜重. 衣蔽前後, 載服食器械, 隨車之後, 行止不離, 亦輕躁本重靜之義也. 榮觀, 榮耀之觀. 公羊傳云, 常事曰, 見, 非常曰, 觀. 燕處超然, 謂不躁心輕身於榮觀, 而斂退閑居, 居高出衆物之表也.

【교감 및 주해】

하상공·왕필본에는 '군자君子'가 '성인聖人'으로 되어 있다.

---

1) 승거 : 4마리 말이 끄는 수레.
2) 병거 : 전쟁에 사용하는 수레.
3) 일상적인……한다 : 이것은 『春秋』 隱公 5년조에 나오는 "5년 봄에 은공이 당에 고기를 보러 갔다"(五年, 春, 公觀魚于棠)라는 구절에 대한 주석인데, 실제로는 『公羊傳』이 아닌 『穀梁傳』의 설명이다. 서명응은 『春秋穀梁傳』을 『春秋公羊傳』으로 잘못 기억하고 쓴 것 같다. '常事曰見' 또한 잘못 쓴 것이다. 『춘추곡량전』에는 "일상적으로 보는 것을 '視'라 하고 일상적인 것이 아닌 것을 '觀'이라 한다"(常事曰視, 非常曰觀)라고 되어 있다.

서명응은 이 구절의 '군자'를 지위가 있는 사람으로, '관觀'을 자주 볼 수 없는 특별한 것을 관람하는 것으로 이해한다. '연처초연燕處超然'에 대한 이해에서는 처세술과 관련된 의미도 찾을 수 있다.

어찌 만승의 주인이 되어서 자기 한 몸을 위해 천하를 가벼이 여기겠는가? 가벼우면 신하를 잃고, 조급하면 임금의 지위를 잃는다.
奈何萬乘之主, 而以身輕天下, 輕則失臣, 躁則失君.

"가벼우면 신하를 잃는다"라는 말은 군주가 가벼워서 상도를 벗어나게 되면 신하가 그를 위해 쓰임이 되려는 뜻이 없음을 말한다. "조급하면 임금 자리를 잃는다"라는 말은 군주가 조급하고 들떠 날뛰게 되면 군주 자신에 의해 나라를 잃게 됨을 말한다.
輕則失臣, 謂人君輕脫, 則臣下不爲其用也. 躁則失君, 謂人君躁擾, 則人君自失其國家也.

【교감 및 주해】

백서본에는 '내하奈何'가 '약하若何'로, '만승지주萬乘之主'가 '만승지왕萬乘之王'으로, '이신경천하以身輕天下'가 '이신경어천하以身輕於天下'로 되어 있다. 경복비본에도 역시 '이신경천하以身輕天下'에 '어於'자가 첨가되어 있다. '경즉실근輕則失根'의 '실근'이 왕필본·백서본은 '실본失本'으로, 하상공본에는 '실신失臣'으로 되어 있다. 주겸지는 "이 문장은 의당 '경즉실근輕則失根, 조즉실군躁則失君'으로 되어야 위에 있는 '중위경근重爲輕根, 정위조군靜爲躁君'의 문장과 상대를 이룰 수 있다"라고 하였다.

위의 내용은 제25장이다.

右第二十五章.

【총설】
　서명응은 이 장을 자연이나 인간사에서 실재하는 예들을 통해 이해하는데, 이를 통해 관념적 이해가 아닌 구체적이고 실질적인 『노자』 이해를 엿볼 수 있다. 또한 마음의 고요함과 조신한 행동을 강조하는 것에서 양생과 처세의 입장도 볼 수 있다.

제26장

잘 다니는 것은 바퀴 자국이 없고, 좋은 말은 흠잡을 것이 없고, 좋은 계산은 산가지를 쓰지 않고, 좋은 잠금 장치는 빗장을 치지 않아도 열 수 없고, 좋은 매듭은 매듭을 맺지 않아도 풀 수 없다.

善行無轍跡, 善言無瑕謫, 善計不用籌策, 善閉無關楗而不可開, 善結無繩約而不可解.

'철철轍'은 수레바퀴 자국이고 '적跡'은 '자취를 살핌'이니, '무철적無轍跡'이란 '자취를 찾을 만한 바퀴 자국이 없다'는 뜻이다. '하瑕'는 흠결이고 '적謫'은 '책망함'이니, '무하적無瑕謫'이란 '책망할 만한 흠이 없다'는 뜻이다. '주책籌策'은 대나무로 만든 것인데, 계산하는 사람은 이것을 손에 쥐고서 일을 헤아린다. 장량이 "청컨대 앞의 젓가락을 빌려 대왕을 위해 헤아리고자 합니다"¹⁾라고 말할 때의 '헤아린다'는 말이 바로 이것이다. '관건關楗'은 '문에다 가로지르는 나무'이다. '약約'은 묶는다는 말이다. 차례로 이상과 같은 말을 하여, '천하의 지극히 선한 것은 허에서 다함이 없고 무에서 쓰임이 있는²⁾ 것으로, 태극과 음양이 비록 조짐도 없고 형체도 없지만 천지의 온갖 변화를 유출시

---

* 현행본 27장이다.
1) 청컨대……합니다 : 『史記』 「留侯世家」에 나오는 말이다. 원문은 "張良對曰, 臣請藉前箸爲大王籌之"이다. 서명응은 '藉'자를 '借'자로 쓰고 있다.
2) 천하의……쓰임이 있는 : 『노자』 5장의 "텅 비어 있으나 다함이 없다"(虛而不屈) 구절 및 11장의 "있음을 이로움으로 삼을 수 있었던 까닭은 비어 있음을 쓰임으로 삼았기 때문이다"(有之以爲利, 無之以爲用) 구절 참조

켜 내는 것임을 밝힌 것이다.

轍, 車跡也. 跡, 尋跡也. 無轍跡, 言無轍可跡也. 瑕, 疵也. 謫, 責也. 無瑕謫, 言無瑕可謫也. 籌策, 以竹爲之, 計者執以度事. 如張良所謂請借前箸, 爲大王籌之, 是也. 關鍵, 拒門木也. 約, 束也. 歷言此以明天下之至善, 不屈於虛, 有用於無者, 乃太極陰陽, 無兆朕無形體, 而出天地之萬化也.

【교감 및 주해】

'하적瑕謫'의 '적謫'이 부혁본·임희일본·범응원본·초횡본에는 '적讁'으로 되어 있다. 많은 주석가들은 '적謫'과 '적讁'을 같은 글자로 보아 '꾸짖다', '책망하다'의 뜻으로 풀이한다.

서명응은 이 구절에서 말하는 몇 가지 내용을 태극 및 음양과 연계시켜 이해하는 특징을 보인다.

그래서 성인은 항상 사람을 잘 구제하기 때문에 사람을 버림이 없고, 항상 사물을 잘 구제하기 때문에 사물을 버림이 없다. 이를 일러 '거듭 밝음'(襲明)이라고 한다.

是以聖人常善救人, 故無棄人. 常善救物, 故無棄物. 是謂襲明.

재앙과 걱정거리로부터 사람을 구하면서 그 자취를 밖으로 드러내면 재앙이나 걱정을 끼친 사람은 도리어 미움 받고 버림받는 사람이 될 것이니, 비록 한 사람은 구제받았지만 한 사람은 온전하지 못하게 된다. 이것은 내가 볼 때 사람을 잘 구한 것이라고 말할 수 없다. 다만 성인은 그렇지 않으니, 그 구제한 자취를 드러내지 않고 양쪽을 동시에 온전하게 할 방도를 마련한다. 사물을 구제하는 것도 또한 이와 같다. '습襲'은 '거듭해서'라는 의미이다. 사람을 구제하는 것은 곧 '밝음'이기 때문에, 사람을 잘 구제하는 것은 '거듭 밝음'(襲明)이 되는 것이다.

救人於禍患, 而使救人之跡, 彰著於外, 則其禍人患人者, 反爲可惡可棄之人, 而一人雖救, 一人不全. 是在我者, 不可謂之善救人矣. 惟聖人則不然, 使其跡未嘗彰著, 以爲兩全之道焉. 救物倣此. 襲, 重也. 救人爲明, 故善救人爲重明也.

【교감 및 주해】

'습명襲明'의 '습襲'에 대해서는 '계승하다', '따르다'의 뜻으로 풀이하는 견해와 '거듭'의 뜻으로 풀이하는 견해가 있다. 감산憨山은 "본래의 밝음을 계승하여 가려진 것을 통하게 하므로 '습명'이라 하였다. '습'은 '승承'의 뜻으로, '따르다'와 같은 의미이다"(承其本明, 因之以通其蔽, 故曰襲明. 襲, 承也, 猶因也)라고 하였다. 박세당은 "'습명'은 '거듭 밝다'는 의미이다. 밝고 또 밝다는 뜻이니, 매우 밝다는 말과 같다"(襲明, 重明也. 明而又明, 猶言大明也)라고 하였다.

서명응은 '습襲'을 박세당처럼 '거듭'의 의미로 풀이하는데, 이러한 이해는 실제 정치에서 사람을 거듭 구제하는 것이 중요함을 강조하기 위해서라고 생각된다.

그러므로 선한 사람은 불선한 사람의 스승이 되고, 불선한 사람은 선한 사람의 밑천이 된다.

故善人者, 不善人之師. 不善人者, 善人之資.

(불선한 사람이) 본받지는 않더라도 항상 본받는 바가 될 수 있기 때문에 '스승'(師)이라 하고, (선한 사람에게) 쓰이지는 않지만 항상 쓰이는 바가 될 수 있기 때문에 '밑천'(資)이라고 한다.

無法而可爲法, 故曰師. 不用而常見用, 故曰資.

【교감 및 주해】

"고선인자故善人者, 불선인지사不善人之師"가 백서본에는 "고선인자故善人者, 선인지사善人之師"로 되어 있다. 백서본에 의거할 경우 전통적인 해석과는 전혀 다르게 "선한 사람은 선한 사람의 스승이 되고"로 풀이된다. 홍석주는 "'자資'는 도구라는 의미이다. 선하지 못한 사람은 선한 사람을 얻어서 교화되니, 진실로 귀하게 여기지 않을 수 없다. 선한 사람은 선하지 못한 사람을 얻어서 교화를 펴니, 이 또한 내가 불선인을 대상으로 덕을 펴고 인을 행하는 도구로 삼는다는 것이다'(資, 猶具也. 不善人得善人而化, 是固不可以不貴也. 善人得不善人, 以施其敎, 此亦吾所以布德行仁之具也)라고 하였다.

서명응은 이 구절에서 사師와 자資의 의미를 분명하게 밝히고 있다.

스승을 귀하게 여기지 않고 밑천을 아끼지 않으며 비록 지혜롭더라도 아주 미혹한 척하니, 이를 가리켜 '종요롭고 현묘함'(要妙)이라고 한다.

不貴其師, 不愛其資, 雖智大迷, 是謂要妙.

'스승을 귀하게 여기지 않고 밑천을 아끼지 않음'이란 『노자』 5장의 "천지는 어질지 않고", "성인은 어질지 않다"는 말과 같은 용례이다. 남의 스승이 됨을 스스로 귀하게 여기지 않고 나의 밑천이 됨을 스스로 아끼지 않으며 비록 높은 지혜가 있다 하더라도 스스로는 아주 미혹하다고 여기는 것은 곧 '지극히 종요롭고 지극히 현묘한' 도가 된다. 대개 도는 태극과 음양인데, 태극과 음양은 텅 비고 고요하며 감정이 없어서 스스로 귀하게 여기지 않고 스스로 아끼지 않고 스스로 지혜롭다고 여기지 않는다. 그러므로 도를 행하는 자는 이를 본받아서 그렇게 한다.

不貴不愛, 猶第五章天地不仁, 聖人不仁之語. 言不自貴其爲人之師, 不常愛其爲吾之資也. 雖有高智, 自視亦若大迷者, 是爲至要至妙之道. 蓋道則太極陰陽,而太極陰陽, 冲澹無情, 不自貴不自愛不自智. 故爲道者, 亦象之而然也.

【교감 및 주해】

'요묘要妙'에 대해 오징은 "'요'는 '지극하다'는 말과 같다. '묘'는 현묘하여 깊이를 측량할 수 없음이다. 현묘하여 깊이를 측량할 수 없는 지극함을 '요묘'라고 말한 것이다"(要猶云至極也. 妙者玄不可測. 妙不可測之至極, 曰要妙)라고 하였다.

서명응은 이 구절을 태극과 음양의 텅 비고 고요함을 통하여 해석하면서 그것을 본받는 것이 올바른 처세술이 된다고 하여, 처세술의 형이상학적 근거가 어떤 것인지를 말하고 있다.

위의 내용은 제26장이다.
右第二十六章.

【총설】

서명응은 이 장을 기본적으로 태극과 음양의 의미를 통하여 이해하되, 특히 도와 일체가 된 인간상을 거론하면서 올바른 처세술이 무엇인가를 밝히고 있다. 태극과 음양의 텅 비고 고요함을 통한 처세술의 형이상학적 근거를 말하고 있는 점이 주목된다.

제27장

수컷을 알고 암컷을 지키면 천하의 계곡이 된다. 천하의 계곡이 되면 항상된 덕이 떠나지 않아 다시 갓난아이로 되돌아간다.['復復'는 '扶'와 '又'의 반절이다. 아래도 같다.]

知其雄, 守其雌, 爲天下谿. 爲天下谿, 常德不離, 復歸於嬰兒.[復扶又反, 下同]

'안다'(知)는 말은 지知의 측면이고 '지킨다'(守)는 말은 행행의 측면이다. 수컷과 암컷은 양과 음의 상징이다. 양은 음을 통어하고 수컷은 암컷을 통어한다. 수컷을 들면 암컷이 그 가운데 있지만 암컷이 수컷을 겸할 수는 없다. '계谿'는 골짜기의 여러 물줄기가 모여드는 곳이다. '항상된 덕'(常德)은 바로 도와 합일된 덕이다. '갓난아이'(嬰兒)는 나이든 사람의 근본이요 시작이다. 대개 '지혜'란 숭상하는 것으로서 하늘을 본받음이니,1) 하늘은 포용하지 않음이 없다. 그러므로 지혜에 있어서는 음과 양, 암컷과 수컷에 모두 통달하여 그것들을 아울러 알고자 해야 한다. '지킴'이란 낮추는 것으로서 땅을 본받음이니, 땅은 항상 아래 있어 터전이 된다. 그러므로 고요함은 움직임의 아래에서 움직임의 터전이 되고, 겸손함은 명예의 아래에서 명예의 터전이 되는 것이

---

* 현행본 28장이다.
1) 대개 지혜는……본받음이니 : 『周易』, 「繫辭傳上」, 7장, "공자가 말하였다. 역, 그 지극함이여. 대저 역은 성인이 덕을 숭상하고 업을 넓히는 것이다. 지혜는 숭상하고 예는 낮추니, 숭상하는 것은 하늘을 본받는 것이고 낮추는 것은 땅을 본받는 것이다"(子曰, 易其至矣乎. 夫易, 聖人所以崇德而廣業也. 知崇禮卑, 崇效天, 卑法地) 구절 참조. 이어지는 '지킴'에 관한 서명응의 설명은 이 「계사전」 구절의 '예'와 관련된 것이다.

다. 대저 이와 같이 하면 인심 또한 기꺼이 달려가는 것이 마치 여러 물줄기들이 모두 계곡으로 모여들듯이 하여, 도와 합일한 덕이 자신에게서 떠나지 않을 것이다. 이를 세대를 기준으로 본다면 태고가 되고 사람을 기준으로 본다면 갓난아이가 된다. 갓난아이에 대해서는 비록 굳세고 포악한 사람일지라도 사랑하지 않을 수 없다.

知以識言, 守以行言. 雄雌, 陰陽之象也. 陽統乎陰, 雄統乎雌, 擧雄則雌在其中, 雌不能兼雄也. 谿, 谷之衆水所注也. 常德, 卽與道合一之德也. 嬰兒, 所以本始於長老也. 蓋知崇象天, 天無不包, 故通陽雄陰雌, 而欲其幷知之也. 守卑[2]法地, 地常在下爲基, 故靜在動下, 爲基於動. 謙在名下, 爲基於名也. 夫如是, 則人心亦恰然趨向, 如衆水咸注於谿谷, 而與道合一之德 不離於身. 以世則爲太古, 以人則爲嬰兒. 嬰兒, 雖剛暴之人, 莫不愛之也.

【교감 및 주해】

홍석주는 "갓난아이란 타고난 성품이 순전하여 기교와 거짓의 싹이 없는 상태를 가리킨다"(嬰兒, 純乎天而無巧僞之萌者也)라고 하였다.

서명응은 이 구절을 음양 등과 연계하여 이해하되 처세의 관점을 가미하여, 노자가 왜 갓난아이로 돌아가라고 했는지를 설득력 있게 밝히고 있다. 항상된 덕을 도와 합일된 덕으로, 갓난아이를 태고시대로 보는 특징을 드러낸다. 서명응은 여러 곳에서 이러한 말을 되풀이하는데, 갓난아이 등과 관련된 언급에서 '원형회복의 의지'를 읽을 수 있다.

흰 것을 알고 검은 것을 지키면 천하의 모범이 된다. 천하의 모범이 되면 항상된 덕이 어긋나지 않아서 다시 무극으로 되돌아간다.

知其白, 守其黑, 爲天下式. 爲天下式, 常德不忒, 復歸於無極.

---

2) 守卑 : 원본에는 '卑'를 '畢'로 오기하고 있다.

'흰 것'(白)과 '검은 것'(黑)은 음양의 색깔로 말한 것이니, 이것은 『참동계』에서 말한 (오행의) 금金과 수水의 색과는 다르다.3) '특忒'은 '어긋나다'의 의미이다. '무극無極'이라는 것은 태극의 '본래 그러함'(本然)이다. 그런데 오로지 음의 고요함만이 무극의 본연을 닮았고, 양이 움직인 다음에는 기氣의 기틀이 성대하게 움직여서 다시는 그 본연을 볼 수가 없다. 그러므로 사람이 마음을 두고 일을 세움에는 항상 고요함을 주로 해야 한다. 예컨대 '종용함'이란 기상을 고요하게 함이고, '삼가는 것'이란 말을 고요하게 함이다. '깊고 치밀함'이란 일처리를 고요하게 함이고, '빛남을 가리고 화려함을 거둠'이란 몸과 명예를 보존하는 것을 고요히 함이다. 진실로 이런 것들에 능숙하여 참으로 힘을 쌓음이 오래된다면 무극의 본연에로 다시 되돌아갈 수 있으니, (이 경지는) 갓난아이라고 말할 필요도 없다. "다시 무극에로 되돌아간다"(復歸無極)라는 말은 『중용』 편말(33장)의 "(군자의 도는) 담박하고 간소하고 온화하며 (상천의 일은) 소리도 없고 냄새도 없다"4)라는 말과 같은 의미이다. 대저 천도는

---

3) 『참동계』에서……다르다 : 서명응은 자신의 저서인 『參同攷』에서 "이것은 금과 수의 색으로 말한 것이다. 금은 기를 주로 하니, 기는 작위할 수 없다. 그러나 그 이치가 이와 같음을 알면 자연히 궤도를 따른다. 그러므로 지라고 했다. 수는 정을 주로 한다. 정은 반드시 작위하는 바가 있지만 삼가고 숨기기를 굳게 한 연후에야 바야흐로 가득 찰 수 있다. 기가 조화롭고 정이 가득 차면 신명은 구하지 않아도 저절로 이른다.…… '정과 기의 사이에서'라는 것은 정과 기가 사귀어 신이 저절로 생겨남을 밝힌 것이다"(此以金水之色言之. 金主氣, 氣不可以作爲. 但知其理之如此, 則自然循軌. 故曰知也. 水主精, 精必有所作爲而固守謹秘然後, 方能克滿. 故曰守也. 氣調精滿, 則神明不求而自至……於精氣之間者, 明精氣之交神之所自生也)라고 주석하였다. 이를 본문의 『도덕지귀』의 내용과 관련지어 보면 다음과 같이 설명할 수 있다. 신체 장기 중의 폐는 오행의 금에 해당하고 색으로는 백이며, 기를 주관한다. 그리고 신장은 오행의 수에 해당하고 색은 흑이며, 정을 주관한다. 그런데 기는 작위할 수 없고, 정은 작위하지만 누설되기 쉽다. 따라서 폐금의 기가 이러함(작위할 수 없음)을 잘 알면 자연히 기가 궤도를 따르고 (누설되기 쉬운) 심수의 정을 굳게 지키면 신명이 저절로 이르니, 이로써 혼백이 왕성해져 장생할 수 있다.

4) 담박하고……냄새도 없다 : 『중용』, 33장, "『시경』에서 이르기를, '비단옷을 입고 홑옷을 더한다'고 하니, 그것은 비단옷의 문채가 드러나는 것을 싫어한 것이다. 그러므로 군자의 도는 어두운 듯하나 날로 빛나며, 소인의 도는 뚜렷한 듯하나 날로 멸망하는 것이다. 군자의 도는 담박하지만 싫지 않으며, 간소하나 문채가 나며, 온화하나 조리가 있다……(상천의 일은) 소리도 없고 냄새도 없으니 지극하도다"(詩曰, 衣錦尙絅, 惡其文之著也. 故君子之道, 闇然而日章, 小人之道, 的然而日亡, 君子之道, 淡而不厭, 簡而文, 溫而理……上天之載, 無聲無臭, 至矣) 구절 참조.

지극히 커서 인자한 자와 지혜로운 자의 견해가 비록 다를 수 있지만5) 그 대단과 전체가 귀숙하는 바는 바꿀 수 없다.

白黑, 以陰陽之色言之, 與參同契言金水之色不同矣. 忒, 差也. 無極者, 太極之本然也. 無極本無聲臭, 本無方體, 而及其乘陰陽運陰陽也, 惟陰靜, 肯無極之本然. 至於陽動之後, 則氣機推盪, 不復見其本然. 故人之處心立事, 常主於靜, 如從容者, 氣象之靜也. 謹愼者, 言語之靜也. 深密者, 措處之靜也. 韜光斂華者, 保全身名之靜也. 誠能於此, 眞積力久, 則可以復歸於無極之本然, 而嬰兒又不足言矣. 復歸無極, 如中庸篇末, 淡簡溫無聲無臭之意, 大抵天道至大, 仁知之見, 雖或參差, 而其大段全體之所歸宿, 則不能易也.

【교감 및 주해】

박세당은 "'식忒'은 모든 것을 머금을 수 있어서 사람들이 본받을 기준이 된다는 의미이다.⋯⋯ '무극無極'은 크다는 의미이다"(忒, 言能含容而爲人所則也. ⋯⋯ 無極, 言其大也)라고 하였다. 홍석주는 이 구절과 위의 구절을 함께 주석하여 "암컷과 수컷은 강함과 약함을 가리키고, 흰 것과 검은 것은 밝음과 어두움을 가리킨다. 수컷을 모르면서 암컷만을 지키거나 흰 것을 모르면서 검은 것만을 지킨다면 마침내는 암약하게 될 뿐이다. 수컷만을 알고 암컷을 지키지 못하거나 흰 것만을 알고 검은 것을 지키지 못하면 너무 강해서 부러지고 너무 밝아서 뽐내게 되니, 세상의 재앙을 사는 이유가 된다"(雌雄, 猶言强弱也. 白黑, 猶言明晦也. 不知其雄, 而徒守其雌, 不守其白, 而徒守其黑, 則終於闇弱而已. 知其雄, 而不能守雌, 知其白, 而不能守黑, 則太强而折, 太明而衒, 適所以買世禍也)라고 하였다.

서명응은 무극을 '태극의 본래 그러함'으로 이해하면서, 양생론적 관점과 처세적 관점에서 고요함을 중시하는 사유를 보인다. '무극'을 『중용』 33장의 '무성무취無聲無臭'와 관련지어 이해하는 것에서는 유가적 사유의 틀을 확인할 수 있다.

---

5) 인자한 자와⋯⋯있지만 : 이와 관련된 원문은 『周易』「繫辭傳上」 5장의 "仁者見之, 謂之仁, 知者見之, 謂之知"이다.

영화로움을 알고 욕됨을 지키면 천하의 골짜기가 된다. 천하의 골짜기가 되면 항상된 덕이 충족해져서 박박으로 돌아간다. 통나무(樸)가 흩어지면 그릇이 되니, 성인은 이(樸)를 써서 관의 우두머리가 된다. 그러므로 참으로 위대한 마름(制)은 재료를 자르지 않는 것이다.

知其榮, 守其辱, 爲天下谷. 爲天下谷, 常德乃足, 復歸於樸. 樸散則爲器, 聖人用之, 則爲官長, 故大制不割.

영화로움을 알면서도 욕됨을 지킴은 마치 서유자徐孺子6)・한강백韓康伯7)이 현달한 재주가 있음에도 거울을 팔고 약을 팔며 은둔한 경우와 같은 것이다. '박樸'은 다듬지 않은 온전한 목재이다. 다듬지 않은 목재를 자르고 쪼개면 각자 쓰임새 있는 그릇이 되지만 쓰임새는 한정된다. 성인의 쓰임새는 그렇지 않다. 마치 관의 우두머리가 어떤 특정한 직책은 없지만 모든 직책을 통하지 않음이 없음과 같고, 큰 통나무가 하나의 그릇은 아니지만 모든 그릇을 갖추지 않음이 없는 것과 같다. 그래서 큰 것을 마름질하고 만드는 사람은 그 전체를 모두 쓰기에 애초에 자르고 쪼갬이 없다. 주자가 말하기를 "노자의 학은 다만 한 걸음 물러나고 부드럽게 숙여 남과 더불어 다투고자 하지 않으니, 조금이라도 주장하고 계교하고 사려하는 마음만 있어도 이 기는 곧 거칠어진다. 그래서 '천하의 계곡이 되고' '천하의 골짜기가 된다'고 말하는 것이다. 이른바 계곡은 아래에 처하여 높은 곳을 양보하니, 그것(계곡)은 다만 아래에 있을 뿐 남과 전혀 다투지 않는다"8)라고 하였다.

知榮守辱, 如徐孺子韓康伯, 有顯達之才, 而隱于賣鏡賣藥, 是也. 樸, 木之渾然者也. 渾然之木, 割裂分散, 各爲一器之用, 其用者狹. 若聖人之用, 則不然. 如官

---

6) 서유자 : 후당의 남창인 徐穉를 가리킨다. 유자는 그의 자로서, 집이 가난하여 직접 농사를 지으며 생계를 꾸렸다. 『後漢書』 83, 「高士傳下」 참조
7) 한강백 : 후한의 霸陵人 韓康을 가리킨다. 자는 伯休이다. 장안의 저자에서 30여 년 동안 약을 팔았는데 결코 에누리하는 일이 없어서 이름이 나자, 이를 한탄하여 패릉산 속으로 은둔하였다.
8) 노자의 학은……않는다 : 『朱子語類』, 권125, 「老氏・老子書」에 나온다.

長無一職, 而衆職無不統, 如大樸無一器, 而衆器無不具. 故裁制之大者, 盡用其全體, 初不割裂斷裁也. 朱子曰, 老子之學, 只要退步柔伏 不與儞爭, 才有一毫主張計較思慮之心, 這氣便粗了. 故曰, 爲天下谿, 爲天下谷. 所謂谿谷, 只是低下處, 讓儞在高處, 他只要在卑下處, 全不與儞爭.

【교감 및 주해】

"고대제불할故大制不割"이 백서본에는 "부대제무할夫大制无割"로 되어 있고, 돈황본·범응원본·경룡비본·부혁본에는 '불不'이 '무無'로 되어 있다. 박세당은 "'박樸'은 바탕을 의미한다. 바탕은 도의 본체이다. '통나무(樸)가 흩어지면 그릇이 된다'는 말은 도가 천지만물을 낳는다는 의미이다"(樸, 言其質也. 質者道之體, 樸散而爲器, 言道生天地萬物也)라고 하였다. 홍석주는 "지知라는 것은 도를 인식함이 분명한 것이고, 수守라는 것은 처신함이 겸손한 것이다. 성인은 지혜가 만물에 두루 미침에도 아무 말도 못하는 것처럼 조심하고 기세가 천지에 가득 참에도 감당할 수 없다는 듯이 물러서니, 이는 모두 도를 쓰기 때문이다"(知者, 見道之明也. 守者, 處己之謙也. 聖人知周萬物而恂恂如不能言, 氣塞天地, 而退然如不勝矣, 用是道也)라고 하였다.

이 구절을 통하여 서명응의 처세술과 통치술에 대한 견해를 엿볼 수 있다.

위의 내용은 제27장이다.

右第二十七章.

【총설】

많은 주석가들은 이 장의 "수기흑守其黑, 위천하식爲天下式. 위천하식爲天下式, 상덕불특常德不忒, 복귀어무극復歸於無極. 지기영知其榮"이 후대에 새롭게 첨가된 문장이라고 주장한다. 가령 역순정易順鼎은 "생각건대, 이 장에는 후대 사람이 슬쩍 집어넣은 말이 있으니, 모두 노자의 원문이 아니다. 『장자』「천하」편에서는 노담의 말을 인용하여 '수컷을 알고 암컷을 지키면 천하의 계곡이 된다. 천하의 계곡이 되면 항상된 덕이 떠나지 않아 다시 갓난아이로 되돌아간다. 흰 것을 알고 욕됨을 지키면 천하의 골짜기가 된다'(知其雄, 守其雌, 爲天下谿, 爲天下谿, 常德不離, 復歸於嬰兒, 知其白, 守其辱, 爲天下谷)라고 말하였으니, 이것이야말로 『노자』의 원문이다. 아마도 원본에서는 '자雌'와 '웅雄', '욕辱'과 '백白'이 대가 되었던 것 같다. '욕'자에는 '흑黑'의 뜻이 있다. 『의례주儀禮注』에 '흰 것으로써 검은 것으로 나아감을 욕이라 한다'(以白造緇曰辱)라는 말이 있으니, 이것이 바로 옛날의 뜻이었다. 후인들은 '욕'과 '백'이 대가 됨을 알지 못하여, 반드시 '흑'이라야 '백'과 대구가 될 수 있고 '영'이라야 '욕'과 대구가 될 수 있다고 생각하였다. 이와 같이 해서 '수기흑守其黑' 한 구절을 '지기백知其白'의 아래에 더하고 '지기영知其榮' 한 구절을 '수기욕守其辱'의 위에 더한 뒤에 다시 '위천하식爲天下式, 위천하식爲天下式, 상덕불특常德不忒, 복귀어무극復歸於無極' 네 구절을 보태어 '흑黑'이라는 운에 부합되게 했으니, 몰래 고친 흔적이 역력하다'라고 하였다. 마서륜과 고형도 이 견해가 옳다고 보았다.

서명응은 이 장을 처세적 관점과 양생적 관점을 함께 운용하여 이해하는데, 고요함을 중시하는 사유를 엿볼 수 있다. 무극을 태극의 본연으로 보면서 오로지 음의 고요함이어야 무극의 본연을 닮을 수 있다고 한 데서 보듯이 그는 무극을 강조하고 음을 중시하였는데, 이는 정통 성리학자들이 태극을 강조하고 음양을 고루 중시하는 것과 구별된다. 갓난아이와 태고시대를 강조하는 것으로부터 원형회복을 통해 시대의 혼란상을 극복하고자 하는 의도도 읽을 수 있다.

제28장

장차 천하를 취하고자 인위를 쓰지만, 나는 그 할 수 없음을 볼 뿐이다.
將欲取天下而爲之, 吾見其不得已.

'취取'는 '이르다'는 말과 같다. '위지爲之'는 '인위적으로 도모하다'의 뜻이다. '부득不得'은 '다스릴 수 없음'을 말한다. '이已'는 어조사이다.
取, 猶致也. 爲之, 謂有爲而爲之也. 不得, 不得於治. 已, 語辭.

【교감 및 주해】

'부득이不得已'에 대해 『노자』 30장에서는 "목적을 달성하여도 부득이한 것이었다고 여긴다"(果而不得已)라고 하였고, 『장자』 「재유在宥」 편에서는 "군자는 부득이한 경우에만 천하에 임한다"(君子不得已而臨涖天下)라고 하였다. 홍석주는 "'이'는 어조사이다"(已, 語辭)라고 말한다.

서명응은 '부득'을 정치적 상황과 관련지어 '다스릴 수 없음'으로 이해한다.

천하는 '신神'(태극)과 '그릇'(음양) 같아서 인위적으로 도모할 수 없다. 하려는 자는 패하고 잡으려는 자는 잃는다.

---

* 현행본 29장이다.

天下神器, 不可爲也. 爲者敗之, 執者失之.

'신神'은 태극과 같고 '기器'는 음양과 같으니, 방향과 장소가 없고 일정한 형체가 없어서 억지로 하거나 잡을 수 있는 물건이 아니다. 속수사마씨(사마광)는 "하려고 하면 스스로 그러함에 손상을 입히고, 잡으려고 하면 통함과 변화함에 어긋난다"라고 말했다.

神, 猶太極. 器, 猶陰陽. 無方所無定體, 非可爲可執之物也. 涑水司馬氏曰, 爲之則傷自然, 執之則乖通變.

【교감 및 주해】

'신기神器'에 대해 하상공은 "'기'는 사물이니, 사람이야말로 천하의 신령한 사물이다"(器, 物也. 人乃天下之神物也)라고 하였다. 왕필은 "'신'은 형체도 없고 일정한 공간도 없으며, 그릇이란 여러 요인들이 합하여 이루어진 것이다. 무형으로써 합하였기에 그것을 '신기'라고 하였다"(神, 無形無方也. 器, 合成也. 無形以合, 故謂之神器也)라고 하였다. 박세당은 "신기는 큰 물건과 같다"(神器, 猶言大物也)라고 하였다.

서명응은 태극음양론의 입장에서 '신神'을 태극으로 보고 '기器'를 음양으로 보는 독특한 이해를 한다. 『노자』를 역리적 입장에서 이해하는 단적인 예를 확인할 수 있다.

그래서 만물은 앞서기도 하고 뒤따르기도 하며, 더운 입김을 내기도 하고 차가운 바람을 내기도 하며, 강하기도 하고 파리하기도 하며, 싣기도 하고 떨어뜨리기도 한다.

故物, 或行或隨, 或呴或吹, 或强或羸, 或載或隳.

천하의 사물은 앞장서서 앞이 되기도 하고 뒤따라서 뒤가 되기도 하며, 호호

불어 따뜻하게 하기도 하고 후 불어서 차갑게 하기도 하며, 강해서 단단하기도 하고 파리해서 약하기도 하며, 실어 올리기도 하고 떨어뜨려 내리기도 하니, 그 변화의 양상이 무수하여 제각기 다르다. 이는 또한 음양이 닫히고 열리는 자연의 기세이기도 하다. 이에 만약 사람의 입장에서 (제각각으로 다른 것들을) 하나로 가지런히 하고자 한다면 더욱 번거롭고 어지럽고 복잡하고 어수선해져서 다만 일을 그르쳐서 근심만 떠안게 된다.

天下之物, 或行而先, 或隨而後, 或呴而溫, 或吹而寒, 或强而剛, 或羸而弱, 或載而升, 或墮而降, 變態千萬至不齊焉. 此亦陰闔陽闢自然之勢也. 於此, 若欲以人爲一之. 則愈見其煩擾雜亂. 適足以敗事取患也.

【교감 및 주해】

'고물故物'의 '고故'자가 경룡비본・수주비본・돈황정본敦煌丁本에는 '부夫'로, 부혁본・소자유본・오징본・박세당본・홍석주본에는 '범凡'으로 되어 있다. "혹구혹취或呴或吹"의 '구呴'자가 왕필본에는 '허歔'로, 상이본・경룡비본・수주비본・돈황정본・팽사본彭耜本에는 '허噓'로, 경복본에는 '후煦'로 되어 있다. "혹재혹휴或載或隳"가 왕필본에는 "혹좌혹휴或挫或隳"로 되어 있다.

서명응은 이 구절을 음양론에 입각해서 음양이 닫히고 열리는 현상의 다양하게 표현한 것으로 이해한다. 여기서 그는 음양이 지배하는 천하 사물에 대해 인간이 인위적 입장에서 하나의 기준을 세워 획일화하는 잘못된 것을 지적하고 있다.

그러므로 성인은 지나침을 제거하고 사치함을 제거하며 방자함을 제거한다.
是以聖人去甚, 去奢, 去泰.

'사奢'는 '넘치다'의 의미이고 '태泰'는 '방자하다'는 뜻이다. 위의 내용을 이어서, 성인은 자연의 기세를 따르면서 다만 그 가운데서 지나친 것을 덜어내어 대응할 뿐임을 말하고 있다. 이는 대개 다스리는 방법의 하나인 허정에 입각하여 대상의 처지에 따라(因) 대처하는(應) 방법이다. 『한서』「황패전黃覇傳」1)에서는 "무릇 다스림의 도란 방자하고 지나친 것을 제거하는 것일 뿐이다"라고 했는데, 그 말은 대개 여기에 근본하고 있다. 살펴보건대 태사공(사마천)은 "노자는 허무한 도가 대상의 처지에 따라 대응해 가면서 무위에서 변화해 나가는 것을 귀하게 여겼다"2)라고 하였고, 주자 또한 "도가의 학설에서는 이 '인因'을 가장 중요하게 여긴다. 모든 일이 다만 내게 다가오는 대상 사물의 사태에 따라 처리해 나갈 뿐이니"3) 운운하였다. 그러나 '인응因應'이란 말은 『노자』에는 보이지 않고 선진시기의 제자백가서에서 분명하게 나타난다. 『관자』에서는 말하기를 "'그 응함은 곧 베푸는 것이 아니요, 그 움직임은 곧 취하는 것이 아니다'라는 말은 인因을 설명한 것이다. '인'이란 자기를 버리고 사물로써 법을 삼음이다. 감촉하여 응하는 것은 (작위적으로) 베푸는 것이 아니고 이치에 연유하여 움직이는 것은 (의도적으로) 취하는 것이 아니다"4)라고 하였다. 『장자』에서는 '허무虛無'5)와 '인因'6)·'응應'7)을 말했고, 『여씨춘추』에서는 "'인因'은 군주의 술수이고 '함'(爲)은 신하의 도이니, 하면 동요하고 따르면 고요하다. 겨울에 순응하여 춥다 하고 여름에 순응하여 덥다 하니 군주가 무엇을 일삼겠는가? 그러므로 인군의 도는 앎이 없고 함이 없지만 앎이 있고 함이 있는 이보다 낫다고 말함이 옳다"8)라고 하였다. 어찌 '인응' 두 글자가 본래 경문의 고본에는 있었다가 이후에 탈간된 것이겠는가?

---

1) 『한서』「황패전」: 『漢書』 권89의 「循吏傳」 제59에 나온다. 黃覇는 한 무제 때 사람으로, 자는 次公이며 시호는 定이다.
2) 노자의……것이다 : 『史記』「老子韓非列傳」에 나온다.
3) 도가의……뿐이니 : 『朱子語類』 권125 「老氏」에 나온다.
4) 그 응함은……아니다 : 『管子』「心術上」에 나온다.
5) 허무 : 『莊子』, 「刻意」, "대저 염담, 적막, 허무, 무위 같은 것들은 천지의 근본이며 도덕의 바탕이다.…… 허무염담하여야 천덕에 합한다"(夫恬惔寂漠虛無無爲, 此天地之本而道德之質也……虛无恬惔,乃合天德) 참조
6) 인 : 『莊子』「在宥」, "사물에 인하여 떠나지 않는다"(因於物而不去) 구절 참조
7) 응 : 『莊子』,「天運」, "예의 법도는 때에 응하여 변한 것이다"(禮義法度者, 應時而變者也) 구절 참조
8) 인은……옳다 : 『呂氏春秋』「審分覽」 제37에 나온다.

도리어 후세에 노자의 학문을 하는 사람들이 이 개념을 새롭게 세운 듯하니, 마치 '이발已發'과 '미발未發'에 대해 공자께서는 말씀하지 않으셨지만 자사가 이를 말한 것과 같다.

奢,濫也.泰,肆也.承上文言聖人因天下自然之勢,而但於其中,損去泰甚者以應之.此盖治道之虛靜因應也.漢書黃霸傳曰,凡治道,去其泰甚者耳.其言盖本諸此.愚按太史公曰.老子所貴道虛無因應變化於無爲,而朱子亦曰,道家之說,最要這因.萬件事,只因來做云云.然因應之說,不見於老子,而其見於諸子,則盖班班焉.管子曰,其應非所設也,其動非所取也.此言因也.因也者,捨己而以物爲去[9]者也.感而後應,非所設也.緣理而動,非所取也.莊子曰,虛無因應.呂氏春秋曰,因者,君術也.爲者,臣道也.爲則擾矣.因則靜矣.因冬爲寒,因夏爲暑,君奚事哉.故君道無知無爲,而賢於有知有爲則得之矣.豈因應二字,本在經文古本,而後或脫簡歟.抑後人之爲老子者,創立此名,如已發未發,孔子未之言而子思言之也歟.

【교감 및 주해】

서명응은 이 구절을 자연의 기세에 맞지 않는 것을 제거한다는 치도治道의 입장에서 허정함과 인응의 원리를 적용하여 풀이한다. 그는 제자백가서에 나타난 '인응'에 대한 개념들을 종합적으로 살피면서 인응의 의미를 풀이하고 있다.

위의 내용은 제28장이다.

右第二十八章.

【총설】

서명응은 '천하신기天下神器'에서의 '신神'과 '기器'를 태극과 음양으로 풀이하여

---

9) 因也者, 捨己而以物爲去 : 이 문장의 원문인 『管子』「心術上」의 "因也者, 舍己而以物爲法者也"를 참조할 때 본문의 去는 法의 오기이다.

역리적 사유에서 『노자』를 이해한 단적인 예를 보여 준다. 아울러 음양이 지배하는 천하 사물에 대해 인간이 인위적 입장에서 하나의 기준을 세워 획일화하는 것을 비판하면서, 도가의 핵심 용어인 '인응'에 대해 고증하고 있다. 전반적으로 서명응의 정치에 대한 견해를 볼 수 있다.

제29장

도로써 군주를 돕는 사람은 군대로 천하를 강제하지 않으니, 그 일이 잘 돌아오기 때문이다.['호好'는 거성이다. '환還'은 '선旋'과 통한다.]

以道佐人主者, 不以兵强天下, 其事好還.[好去聲, 還旋通]

'(곧바로) 잘 돌아온다'(好還)라는 말은 '여기서 나온 것이 다시 여기로 돌아온다'[1]는 뜻이다. "군대로 천하를 강제하지 않는 까닭은 (군대로 천하를 강제한) 그 일이 곧바로 그 일을 한 그 사람에게로 잘 돌아오기 때문이다"라는 것을 말하고 있다.

好還, 猶云出乎爾反乎爾也. 言不以兵强天下者, 盖以其事之好還故也.

【교감 및 주해】

"이도좌인주자以道佐人主者"가 경룡비본에는 "이도작인주자以道作人主者"로 되어 있다. 박세당은 "사물이 극에 달하면 반드시 되돌아오는 것은 이치의 늘 그러함이다"(物極而必反, 理之常也)라고 말한다.

서명응은 이 구절을 '군대로 강제한 것은 그 대가가 곧바로 자신에게 되돌아온다'라는 명제를 가지고 이해한다. 군대를 예로 든 것은 통치자가 무력을 사용하지 말 것을 당부하려는 뜻인 듯하다.

---

* 현행본 30장이다.
1) 여기서……돌아온다. 『孟子』 「梁惠王下」 12장의 "出乎爾者, 反乎爾者也"에서 따온 말이다.

군대가 머무는 곳에는 가시풀이 돋아나고, 대군이 일어난 다음에는 반드시 흉년이 든다.

師之所處, 荊棘生焉. 大軍之後, 必有凶年.

"가시풀이 돋아난다"는 말은 군대의 진영이 농토를 모두 뒤덮어서 농사일을 완전히 망쳐 놓는다는 뜻이다. "흉년이 든다"는 말은 모든 조화를 죽여 음양의 조화가 어그러지고 숨는다는 의미이다. 여기서는 앞의 "곧바로 자신에게로 잘 돌아온다"(好還)는 말을 거듭 말하여 결론지었다.

荊棘生者, 營壘遍地, 農務盡廢也. 有凶年者, 殺伐千和, 陰陽愆伏也. 此申終上文好還之語.

【교감 및 주해】

백서본・경룡비본・차해본次解本・성현영소에는 "대군지후大軍之後, 필유흉년필有凶年"이 빠져 있고, 강사재본强思齋本에는 "사지소처師之所處, 형극생언荊棘生焉"이 빠져 있다. 후쿠나가 미쓰지(福永光司)는 이 구절에 대해, 『여씨춘추呂氏春秋』「응동應同」편에 "사지소처師之所處, 필생극초必生棘楚"라는 말이 있는데 노자의 인용이라고 하지 않았고 또 당나라 때의 『노자』 판본들 중 "대군지후大軍之後, 필유흉년必有凶年"이 빠진 것이 셋이나 된다는 점을 들어 후대에 덧붙여진 것이라고 하였다.

서명응은 '흉년이 든다'는 것을 역리적 시각에서 이해하여 음양의 조화가 어그러진 것으로 풀이하고 있다.

군대를 잘 사용하는 사람은 과감하게 할 뿐 감히 억지로 하려 하지 않는다. 과감하지만 뽐내지 않고, 과감하지만 잘난 체하지 않고, 과감하지만 교만하지 않고, 과감하지만 부득이할 뿐이고, 과감하지만 억지로 하지 않는다.

善者, 果而已, 不敢以取强. 果而勿矜, 果而勿伐, 果而勿驕, 果而不得已 ,果而勿强.

'선善'이란 군대를 잘 쓴다는 말이다. '과果'는 결단성이 있다는 뜻이다. "군대를 잘 사용하는 자는 다만 신속하게 결정하고 그만둘 따름이지 감히 천하를 억지로 하지 않는다"라는 것을 말하고 있다. 『시경』에서는 "머무르지도 않고 거처하지도 않는다"[2]라고 했고 손무孫武는 "병법에 '서툴지만 빠르게 한다'는 말은 들었어도 '잘한다고 하여 오래 끄는' 것은 보지 못했다"[3]라고 했으니, 모두 이 뜻이다. 여기서는 위의 "군대로써 천하를 강제하지 않는다"(不以兵强天下)라는 말을 펼쳐서 설명한 후 결론지었다.

善, 謂善用兵也. 果, 決也. 言善用兵者,但疾決而止,不敢以取强於天下. 詩曰, 不留不處. 孫武曰, 兵聞拙速, 未覩巧之久, 皆此意也. 此申終上文不以兵强天下之語.

【교감 및 주해】

"선자과이이善者果而已, 불감이취강不敢以取强"이 백서본에는 "선자과이의善者果而已矣, 무이취강언毋以取强焉"으로 되어 있다. "선자과이이善者果而已"가 왕필본에는 "선유과이이善有果而已"로, 상이본·이현본·경양본慶陽本·누고본·범응원본에는 "고선자과이이故善者果而已"로 되어 있다. "불감이취강不敢以取强"이 죽간본·수주비본에는 "불이취강不以取强"으로 되어 있다. 유월은 '감敢'을 연문으로 보았다. '과果'에는 다양한 견해들이 있다. 왕필은 "'과'는 '구제하다'와 같다"(果, 猶濟也)라고 하였으며, 하상공은 '과'를 "과감히 하다"(果敢)로 풀이하였다. 사마광은 "'과'는 '소기의 목적을 이룬다'와 같다"(果, 猶成也)라고 하였고, 여길보는 "'과'는 적을 이김이다"(果者, 克敵者也)라고 하였으며, 소철은 "'과'라는 것은 결단함을 말한다"(果者, 決也)라고 하였다.

---

2) 머무르지도……않는다 : 『詩經』 「大雅·蕩之什」 '常武'에 나온다.
3) 병법에……못했다 : 『孫子兵法』 「作戰篇」 제2에 나온다.

서명응은 '과과'를 소철과 같이 '결단함'으로 해석하고, 이 문장을 '군대로 천하를 강제하지 않음'을 강조한 것으로 이해한다.

사물은 왕성하면 늙는데, 이를 '도 아닌 것'(不道)이라고 한다. 도 아닌 것은 일찍 그친다.
物壯則老, 是謂不道. 不道早已.

무릇 사물은 강하고 왕성하면 곧 늙고 쇠약해진다. 오직 도만은 그렇지 않다. 그래서 왕성하여 늙으면 도가 아니며, '도 아닌 것'(不道)은 장구할 수 없다. 이 구절은 이 장 첫머리의 도에 대해 반어적으로 결론을 지어 말한 것이니, 대저 장 전체에 통하는 것은 모두 군대를 사용하는 데 있어서의 허정과 인응이다. 다음 장도 이와 같다.
凡物强壯便老而衰. 唯道不然. 故壯而老則非道, 非道則不能久也. 言此以反結章首之道. 大抵通全章, 皆用兵之虛靜因應. 下章放此.

【교감 및 주해】
'부도不道'가 상이본·성현영소·부혁본·경룡비본에는 '비도非道'로 되어 있다.
서명응은 이 구절에서 '도란 무엇인가'에 대해 설명하면서 도는 장구한 것이라고 말한다. 그는 이 문장을 관통하는 전체적인 맥락으로 용병에서의 '허정'과 '인응'을 거론하고 있다.

위의 내용은 제29장이다.
右第二十九章.

【총설】

서명응은 이 장에서 도의 장구성에 대해 말하면서 장 전체를 관통하는 의미로서 용병에서의 '허정'과 '인응' 두 개념을 들고 있다. 이런 이해는 다른 주석들과 차이를 보이는 독특한 해석이라고 할 수 있다.

제30장

좋은 군대는 상서롭지 못한 도구여서 사람들은 항상 그것을 싫어한다. 그래서 도 있는 자는 그것에 처하지 않는다.[4]
夫佳兵者, 不祥之器, 物或惡之. 故有道者不處.

속수사마씨(사마광)가 말하기를 "군대가 좋을수록 사람을 해침은 더욱 많아진다"라고 했다.
涑水司馬氏曰, 兵愈佳, 則害人愈多.

【교감 및 주해】

이 장은 여러 문장들이 서로 난잡하게 뒤섞여 있는 듯이 보인다. 특이한 점은 이 장 전체에 대한 왕필주王弼注가 빠져 있다는 사실이다. 이 때문에 많은 학자들은 왕필이 주석한 내용이 『노자』에 잘못 삽입되어 그 본문으로 된 것이 아닌가 의심하기도 한다. 죽간본에는 이 장의 전문이 다 수록되어 있으면서도 유독 이 문장만 빠져 있다.

서명응은 이 구절을 사마광의 견해를 통해 군대가 좋을 경우에 나타날 수 있는 부정적인 면을 거론하는 문장으로 해석하고 있다.

---

* 현행본 31장이다.

군자는 평소에는 왼쪽을 귀하게 여기고, 군사를 쓸 적에는 오른쪽을 귀하게 여긴다.

君子居則貴左, 用兵則貴右.

왼쪽은 양이고 살아 있음이며, 오른쪽은 음이고 죽음이다.

左爲陽爲生, 右爲陰爲死.

【교감 및 주해】
'귀좌貴左'에 대해 하상공은 "부드럽고 약한 것을 귀하게 여긴 것이다"(貴柔弱也)라고 하였고, '귀우貴右'에 대해 하상공은 "강하고 굳센 것을 귀하게 여긴 것이다"(貴剛强也)라고 하였다. 동사정董思靖은 "왼쪽은 양이 되는데 양은 생을 좋아한다. 오른쪽은 음이 되는데 음은 죽임을 주관한다"(左爲陽, 陽好生. 右爲陰, 陰主殺)라고 말한다. 박세당은 "평상시에는 왼쪽을 귀하게 여기고 군대를 부릴 적에는 오른쪽을 귀하게 여기는 이유는, 길한 일에는 왼쪽을 높이고 흉한 일에는 오른쪽을 높이기 때문이다"(居則貴左, 用兵則貴右, 吉事尙左, 凶事尙右故也)라고 하였고, 홍석주는 "군자는 양을 귀하게 여기고 살리는 일을 좋아하기 때문에 거처함에 반드시 왼쪽을 높이고, 오직 상사에서나 군대를 일으킬 때에는 오른쪽을 높이는데 그것들이 흉사이기 때문이다"(君子, 貴陽而好生, 故居必尙左, 唯喪與兵尙右, 以其爲凶事也)라고 하였다.
서명응은 왼쪽과 오른쪽을 음양론적으로 보아서 음과 양 및 생과 사로 설명한다.

군대는 상서롭지 못한 기물이니 군자가 사용하는 기물이 아니다. 부득이해서 사용하더라도 허정을 최상으로 삼고, 설령 이기더라도 자랑스럽게 여기지 않는다. (군대를) 자랑스럽게 여기는 자는 살인을 즐기는 자이다. 살인을 즐기는 자는 천하에 뜻을 얻지 못할 것이다.

兵者, 不祥之器, 非君子之器. 不得已而用之, 恬澹爲上, 勝而不美. 而美之者, 是樂殺人也. 夫樂殺人者, 則不可得志於天下矣.

여기서는 이 장 제일 처음 구절의 내용을 마무리했다. '염담恬澹'이란 '분노함과 욕심'[1]의 반대로서 '허정虛靜'의 의미이기도 하다. '자랑스럽게 여긴다'(美之)는 것은 '과시하고 뽐낸다'는 뜻이다. 그 일이 잘 돌아오기[2] 때문에 살인을 즐기는 자는 천하에 뜻을 얻지 못한다.

此終首節之文. 恬澹, 忿慾之反, 亦虛靜之意也. 美之, 猶言夸伐也. 其事好還, 故樂殺人者. 不可得志於天下也.

【교감 및 주해】

"병자兵者, 불상지기不祥之器, 비군자지기非君子之器, 부득이이용지不得已而用之"가 백서갑본에는 "고병자故兵者, 비군자지기야非君子之器也. 병자兵者, 불상지기야不祥之器也, 부득이이용지不得已而用之"로 되어 있다.

서명응은 '염담恬澹'을 허정으로 이해한다. 이런 대목은 특히 허정을 강조하는 사유를 보여 주는 것이라고 할 수 있다. 그는 이 구절을 정치적 측면에서 이 장 처음 문장과 관련지어 이해한다.

좋은 일에는 왼쪽을 높이고 나쁜 일에는 오른쪽을 높인다. 편장군은 왼쪽에 있고 상장군은 오른쪽에 있으니, 이는 (전쟁을) '상례喪禮'로 처리한다는 말이다. 사람이 많이 죽으면 슬픈 마음으로 울어 주고, 전쟁에서 승리를 거두어도 상례로 처리한다.

---

[1] 분노함과 욕심:『周易』, 損卦「象傳」, "상에서 말하기를, 산 아래 못이 있는 것이 손괘이다. 군자는 이것을 사용하여 분노함을 징계하고 욕심을 막는다"(象曰, 山下有澤, 損. 君子以, 懲忿窒欲) 참조.
[2]『도덕지귀』 29장의 말.

吉事尚左, 凶事尚右. 偏將軍處左, 上將軍處右. 言以喪禮處之, 殺人之衆, 以哀悲泣之, 戰勝以喪禮處之.

여기서는 이 장의 두 번째 구절의 내용을 종결지었다. '예禮'에서 좋은 일에는 왼쪽을 높이고 나쁜 일에는 오른쪽을 높인다. 병거兵車의 경우, 편장군은 낮추어 왼쪽에 있게 하고 상장군은 높여서 오른쪽에 있게 하니, 이는 오른쪽을 높이는 경우이다. 오른쪽을 높이는 것은 상례이다. 옛날의 병거의 제도가 이와 같은 것은 대개 (전쟁을 치르면) 사람이 많이 죽게 되기 때문에 애통한 마음으로 슬퍼함을 드러내려는 의도이다. 그렇기 때문에 전쟁에서 승리를 거두었다 하더라도 반드시 상례로써 처리하는 것이다.

此終次節之文. 禮, 吉事上左, 凶事上右, 而兵車, 偏將軍以卑居左, 上將軍以尊居右, 是則上右也. 上右者, 喪禮也. 古之車制, 如此者, 盖以殺人衆多, 以悲哀泣之之意. 故戰勝之後, 亦必以喪禮處之也.

【교감 및 주해】

"편장군거좌偏將軍居左, 상장군거우上將軍居右, 언이상례처지言以喪禮處之"가 박세당본에는 "시이편장군거좌是以偏將軍居左, 상장군거우上將軍居右, 언거상세言居上勢, 즉이상례처지則以喪禮處之"로 되어 있다. 홍석주본에는 "언이상례처지言以喪禮處之" 다음에 "편장군처좌偏將軍處左, 상장군처우上將軍處右" 구절이 추가되고, "이애비읍지以哀悲泣之"가 "이비애읍지以悲哀泣之"로 되어 있다.

서명응은 이 구절의 의미를 전쟁을 상례로 취급하는 예禮의 제도를 통하여 논증하고 있다.

위의 내용은 제30장이다.

右第三十章.

【총설】

　서명응은 이 장을 앞의 29장과의 연계선상에서 풀이하면서, 전체적으로는 앞에서 거론한 두 구절을 뒤에서 구체적으로 풀이하는 식으로 이해한다. 왼쪽과 오른쪽에 대해서는 음양론을 가미하여 좌양우음左陽右陰의 논리로 해석하되, 길과 흉의 상황에 따른 차이점을 구체적으로 설명하고 있다.

제31장

'항상된 도'는 이름붙일 수 없다. 통나무는 비록 작지만 천하의 그 누구도 감히 신하로 삼을 수 없다.

道常無名. 樸, 雖小, 天下不敢臣.

'도상道常'은 '도의 항상됨'을 말하는 것과 같으니 곧 『노자』 1장에서 말한 '상도常道'·'상명常名'으로, '항상 일정하여 변하지 아니함'을 말한다. '박樸'은 쪼개지도 조각하지도 않은 상태의 통나무이니, 시대로 말하자면 태고시대가 이에 해당하고 사람으로 말하자면 갓난아기가 이에 해당한다. 화려하게 꾸미지 않고 물러나 은밀한 데에 감추어 두면[1] 매우 작은 듯이 보이기도 하지만, 만물이 존재한 이래로 박보다 앞선 것은 없다. 그러니 천하의 그 누가 박을 신하로 여겨 부릴 수 있겠는가?

道常, 猶言道之常, 即首章常道常名, 謂經常也. 樸, 木之不斲不雕者, 以世則太古, 以人則嬰兒也. 不加華飾, 退藏於密, 則疑若甚小, 然有物之後, 未有先於樸者, 天下孰能臣使之乎.

【교감 및 주해】

'도상무명박道常無名樸'은 '도상무명道常無名, 박樸'으로 구두점을 찍는 것과 '도

---

* 현행본 32장이다.
1) 물러나……감추어 두면 : 『周易』, 「繫辭傳上」, 11장, "성인은 이것으로써 마음을 씻어 은밀한 데다 감춰둔다"(聖人以此洗心, 退藏於密) 참조

상道常, 무명박無名樸'으로 구두점을 찍는 두 가지 독법이 있다. 전자의 경우는 "도의 본체는 이름이 없다. 통나무는"으로 풀이되며 후자의 경우는 "도의 본체는 이름 없는 통나무이니"로 풀이된다. 전자로 찍는 것이 일반적이나, 고형高亨은 후자의 견해를 지지한다. 유의할 점은 구두점을 어디에 찍느냐에 따라서 주어가 달라진다는 점이다. 가령 "도상무명道常無名, 박樸"의 경우 "비록 작지만"의 주어는 '통나무'가 되지만, "도상道常, 무명박無名樸"의 경우 "비록 작지만"의 주어는 '도상'이 된다. 그리고 '도상'의 '상'자를 '항상'으로 볼 것인지, 아니면 '(도의) 항상됨'으로 볼 것인지 하는 차이도 있다. '천하불감신天下不敢臣'이 죽간본에는 '천지불감신天地弗敢臣'으로, 왕필본에는 '천하막능신야天下莫能臣也'로 되어 있다.

서명응은 '도상道常'을 '도의 항상됨'을 뜻한다고 보아 『노자』 1장에서 말하는 '상도常道'와 관련지어 이해한다. 이런 것은 도의 항상성을 강조한 것이라 할 수 있다. '박樸'을 단순히 통나무와 관련지어 이해하지 않고 시대로는 태고시대, 인간으로는 갓난아이로 보는 것에서 노자의 '박'에 대한 서명응의 이해를 볼 수 있다.

제후나 천왕이 만약 박을 지킬 수 있다면 만물이 장차 저절로 손님처럼 복종할 것이다. 천지가 서로 만나 단 이슬을 내리니, 백성들은 시키지 않더라도 저절로 고르게 될 것이다.
侯王若能守之, 萬物將自賓. 天地相合, 以降甘露, 民莫之令而自均.

'후侯'는 제후를, '왕王'은 천왕을 말한다. '수守'는 박樸을 지킨다는 것이고, '빈賓'은 손님처럼 와서 복종한다는 것이다. 만물은 모두 '박'에서 시작되니, 근본으로 되돌아가는 것은 만물이 지닌 늘 그러한 본성이므로 만물은 저절로 '박'에 복종하게 된다. '천지의 박'은 음양의 열리고 닫힘일 뿐이다. 따라서 천지간에 있는 후왕이나 만물이 진실로 능히 '박'에 한결같을 수 있다면 흘러가는 기를 끌어들여 음양의 근본에 합치시킴으로써 그 태화太和가 모아 빚은 바가 달콤한 이슬을 이루게 될 것이다. 따라서 백성 중에 혹 외면을 화려하게 꾸미거나 특이한 앎과 견해를 지니거나 엇길로 빠진 의론을 일삼는 등 '박'에 한결같을 수 없는 자가 있더라도 여기에 이르러서는 고르게 됨을 기약하지 않더라도 저절로 고르게 된다.

侯,諸侯也,王,天王也.守,守樸也,賓,賓服也.盖萬物皆始於樸,而反本歸根,物性之常,故自然賓服於樸也.天地之樸,陽開陰闔是已.故侯王萬物在天地之中者,誠能一於樸,則導達流行之氣,使合陰陽之本,太和所鍾釀,成甘露.於是,民或有緣飾之文,知見之異,議論之歧,而不能一於樸者,至此則不期均而自均矣.

【교감 및 주해】

'후왕候王'이 부혁본·경룡비본 등에는 '왕후王侯'로 되어 있다.

서명응의 '박樸'에 대한 이해는 여타의 주석가와 다른 면이 있는데, 여기서도 박과 관련된 음양론적 시각을 엿볼 수 있다. 특히 이 구절에서 "참으로 박에 한결같은 상태에 도달하게 되면 백성들이 특이한 앎과 견해를 지니거나 혹은 엇길로 빠진 의론을 일삼더라도 끝내는 저절로 고르게 된다"라고 한 것은 탕평책과 관련지어 이해할 수 있다고 본다.

제도를 만들기 시작하자 명칭이 있게 되었다. 명칭이 이미 존재하면 아무쪼록 장차 그칠 줄 알아야 한다. 그칠 줄 알므로 위태하지 않다.

始制有名. 名亦旣有, 夫亦將知止. 知止, 所以不殆.

태고 이래로 성왕이 차례로 나타나 제도를 창제함으로써 다양한 이름들이 성립되었고, 이로 인해 백성들의 일상생활이 풍요롭게 되어 더 이상 유감이 없게 되었다. 명칭들이 이미 성립되고 나면 곧바로 그것을 적절히 그치게 함으로써 사람들이 지나치게 (명칭들의) '문文'에 치중함이 없도록 해야 한다.

만약 지나치게 문에 치중하게 되면 문이 바탕을 소멸시켜 싸움이 계속될 것이고, 그리하면 반드시 위태한 지경에 이르게 된다. 대녕설씨(설혜)가 말하기를, "'제制'는 그 '박'을 재단하여 나누고 쪼개는 것이다. 인류의 역사가 점차 오래됨에 따라 제왕의 제도가 번갈아 생겨났다. 혹은 기장쌀을 돌 위에 얹고 돌을 불로 달구어 구웠고 돼지고기를 찢어서 뜨겁게 단 돌 위에 놓아 익혔으며,2) 혹은 적대炙臺 위에서 (소나 양의) 골체骨體를 꺾어 그릇에 올려 손님에게 제공하니,3) 음식에 관한 예가 생겨나게 되었다. 혹은 (여름에 거처할) 섶나무 집을 만들고 (겨울에 거처할) 굴을 만들기도 하며4) 혹은 마룻대를 올리고 처마를 내리니,5) 궁실에 관련된 제도가 흥성하게 되었다. 혹은 재물의 유무를 소통시키니 경제 관념이 나타나게 되었다. 혹은 (백공이) 여덟 가지 재료6)를 가지고 부지런히 일하게 되자 기계를 활용할 수 있는 방법이 갖추어졌다. 혹은 백성의 풍속을 살피고 정교를 폄으로써7) 관부의 다스림이 성립되었다.

---

2) 기장쌀을……익혔으며 : 이것은 『禮記』 「禮運」의 "대저 예의 처음은 음식에서 시작되었으니, 기장쌀을 돌 위에 얹고 돌을 불로 달구어 구웠으며, 돼지고기를 찢어서 뜨겁게 단 돌 위에 놓아 익혔다"(夫禮之初, 始諸飮食, 其燔黍捭豚)라는 것에서 따온 말이다.

3) 적대 위에서……제공하니 : 『禮記』 「少儀」에는 "술을 마시는 것을 '기'라 하고 '초'라 하는데, 절조가 있을 때는 앉지 않는다"(飮酒者, 磯者, 醮者, 有折俎, 不坐)라는 말이 있다. 여기서 '기'는 목욕한 뒤 술 마시는 것, '초'는 관례를 행한 뒤 술 마시는 것, '절조'는 炙臺 위에서 骨體를 꺾어 그릇에 올려서 손님에게 제공하는 것이다. 기나 초는 작은 일이요 절조는 중한 것이기 때문에 감히 앉아서 하지 못하는 것이다.

4) 섶나무 집을……만들기도 하며 : 이것은 『禮記』 「禮運」의 "옛날에 선왕들이 궁실이 없었을 때 겨울에는 영굴에서 거처하고 여름에는 증소에서 거처하였다"(昔者, 先王未有宮室, 冬則居營窟, 夏則居檜素)라는 말에서 따온 것이다. '영굴'은 흙을 여러 번 겹쳐 쌓아서 굴을 만든 것으로 태곳적 사람들이 겨울에 살던 곳이다. 땅이 높으면 바로 굴혈을 팠고, 땅이 낮으면 흙을 겹쳐 쌓아서 굴혈을 만들었다. '증소'는 태곳적 사람들이 섶과 나무를 모아 쌓아서 새집처럼 만들어 놓고 여름에 거처하던 곳이다.

5) 마룻대를……내리니 : 『周易』, 「繫辭傳下」, "상고시대에는 혈거하면서 들에서 거처하였는데, 후세 성인은 궁실로 바꾸어 마룻대를 올리고 처마를 내리어 바람과 비에 대비하였다"(上古穴居以野處, 後世聖人易之以宮室, 上棟下宇以待風雨) 참조.

6) 여덟 가지 재료 : 기계를 만드는 珠・象・玉・石・木・金・草・羽의 재료를 말한다. 『周禮』 「天官・大宰」의 "아홉 가지 직으로써 만민을 맡긴다.…… 다섯 번째는 백공이 여덟 가지 재료로 부지런히 일함을 말한다"(以九職任萬民,…… 五曰, 云云, 百工飭化八材)에 대한 주석에서는 "八材, 珠曰折, 象曰磋, 玉曰琢, 石曰磨, 木曰刻, 金曰鏤, 草曰剝, 羽曰析"라고 하여 折・磋・琢・磨・刻・鏤・剝・析의 여덟 가지 일을 밝히고 있다.

7) 백성의……폄으로써 : 『周易』, 觀卦 「象傳」, "선왕이 그것으로써 사방을 살피고 백성의 풍속

혹은 토지에 따라 공물을 차이 나게 받치게 함으로써[8] 세금을 징수하는 법령이 정리되었다. 이처럼 천하의 명칭은 일이 번잡해짐에 따라 점차 많아지게 되었는데, 때에 맞추어 적절하게 그쳐야 함을 알기만 한다면 당연히 괜찮다. 그러나 여기에서 그치지 않고 계속해 나간다면 간단해야 할 것이 번잡해지고 검소해야 할 것이 사치해지며 질박해야 할 것이 부화하게 되어, 도가 쇠미해져서 부박한 기풍이 일어나고 쇠퇴한 형세가 형성될 것이다. 대체로 기울어진 것을 잘 안정시키는 자는 아직 위태할 정도로 기울어지지 않았을 때 먼저 손을 쓴다. 쇠미한 것을 능수능란하게 구제하는 자는 그것이 막 왕성하려 할 즈음에 미리 일을 처리한다. 이 때문에 명칭이 이미 존재하게 되면 적절한 때에 곧 그칠 줄을 알아야만 다스림을 항구하게 보전할 수 있고 위태로움에 빠지는 근심이 없다"라고 하였다.

洪荒以後, 聖王迭興, 刱爲制度, 立之衆名, 以贍民用, 無復餘憾. 則名之旣立, 遂卽止之, 不使至於彌文. 苟其彌文, 則文滅其質, 爭鬪相尋, 必至於危殆也. 大寧薛氏曰, 制者, 裁其樸而分析之也. 天下之生漸久, 帝王之制迭作, 或燔黍捭[9]豚, 或折俎加豆, 而飮食之禮起矣. 或檜巢營窟, 或上棟下宇, 而宮室之制興矣. 或貿遷有無, 而食貨之利出矣. 或餙[10]化八材, 而器械之用備矣. 或觀民設教, 而官府之治立矣. 或任土作貢, 而財賦之法修矣. 天下之名, 因事寖[11]多, 於斯時也, 知止可也. 過此以往, 簡者繁, 儉者奢, 質者華, 衰薄之風作, 而陵夷之勢成矣. 夫善定傾者, 先其未危, 工救衰者, 及其方盛. 故名旣有而知止, 所以保恒久之治, 無危殆之患也.

【교감 및 주해】

'제制'에 대하여 위원魏源은 "제라는 것은 통나무를 재단하여 나누는 것이다"(制

을 보아서 정교를 폈다"(先王, 以省方觀民, 設教) 참조
8) 토지에……함으로써: 『書經』, 「禹貢」, "우임금이 구주를 나누어 산을 따라 내를 준설하였고 토지에 따라 공물을 차이 나게 받치게 하였다"(禹別九州, 隨山濬川, 任土作貢) 참조
9) 捭 : '捭'자의 오자이다.
10) 餙 : '飭'자의 오자로 보인다.
11) 寖 : 전후문맥으로 볼 때 '점점'의 의미를 가진 '寖'자의 오자라고 생각된다.

者, 裁其樸而分之)라고 하였다.

　서명응은 '박樸'이 재단되어 명칭이 이미 존재하게 되었다면, 즉 이미 현실을 무시할 수 없게 되었다면 적절한 때에 그칠 줄을 알아야만 다스림을 항구하게 보전할 수 있고 위태로움에 빠지는 근심이 없다고 하여, 이미 명칭이 존재했을 때 어떤 행동을 하는 것이 바람직한 것인지를 말하고 있다. 이는 당시의 시대적 상황을 극복할 수 있는 대안을 제시하는 것이라고 생각된다. 또한 그는 일종의 '문文'과 '질質'의 관계를 통하여 '문'에 치중하고 있는 시대적 문제점을 지적하고 있다.

비유컨대 도가 천하에 있는 것은 마치 작은 시내들이 강이나 바다로 흐르는 것과 같다.

譬道之在天下, 猶川谷之與江海.

　영빈소씨(소철)는, "강물이나 바닷물은 물이 모인 것이고, 작은 시내의 물은 물이 나뉘어 있는 것이다. 도는 만물의 마루이고 만물은 도의 끝이다. 모두 같은 물이기 때문에 작은 시내의 물은 물이 모인 데로 돌아가고, 모두 같은 도이기 때문에 만물은 만물 자신이 영예롭게 여기는 도에 손님처럼 찾아든다"라고 말하였다.

潁濱蘇氏曰, 江海之水鍾也, 川谷之水分也, 道, 萬物之宗也, 萬物, 道之末也. 皆水也, 故川谷歸其所鍾, 皆道也, 故萬物賓其所榮.

【교감 및 주해】

　"유천곡지여강해猶川谷之與江海"가 왕필본에는 "유천곡지어강해猶川谷之於江海"로, 경룡비본·돈황정본·수주비본에는 "유천곡여강해猶川谷與江海"로, 백서본에는 "유소곡지여강해야猶小浴(谷)之與江海也"로 되어 있다.

　서명응은 "도는 만물의 마루이고, 만물은 도의 끝이다"라는 소철의 견해를 지지

262

하고 있다. 이는 근본만 중시하고 말단을 경시하는 태도가 아닌 근본과 말단을 모두 중시하는 태도라 할 수 있다.

위의 내용은 제31장이다.

右第三十一章.

【총설】

이 장에서는 서명응의 '박樸'에 대한 음양론적 이해 및 '박'이 재단되어 이름을 가지게 되었을 때와 관련된 정치적 이해 등을 엿볼 수 있다. '박'을 현실적으로 응용하고 적용하였을 때 어떤 결과가 있었는가를 역사적 맥락에서 고찰하면서 '문文'의 중시가 불러오는 폐단을 지적하고 있다. 이런 것은 서명응이 당시 현실의 문제점을 극복할 수 있는 하나의 대안을 얻고자 한 것이라고 할 수 있다.

24장부터 여기까지의 8장이 한 절이 된다. 이는 소음이 8수를 포함하고 있는 것을 본뜬 것이다.

自第二十四章12)至此, 凡八章爲一節, 而象少陰之含八.

【교감 및 주해】

일반적으로 후천역은 오행의 사상이기 때문에 태양 1·6, 소음 2·7, 소양 3·8, 태음 4·9의 수로 구성되고, 선천역은 음양의 사상이기 때문에 태양 1·9, 소음 2·8, 소양 3·7, 태음 4·6으로 구성된다.13) 그래서 서명응은 『선천사연』에서 하도의 중

---

12) 二十四章 : 원문에는 '二十五章'으로 되어 있지만 이것은 24장이어야 맞다. 25장이라 한 것은 착각인 듯하다.
13) 『啓蒙圖說』, 「河圖四象生天四象圖」, "於是兩儀上生太陽少陰, 陰儀上生少陽太陰, 一陰一

궁中宮을 둘러싸고 있는 흑권黑圈과 백권白圈을 음양으로 구분하고, 이를 다시 넷으로 나누어 음양의 사상四象으로 규정하면서 후천의 오행과 구분하여 설명한다. 그는 선천의 사상에 대해 "양의陽儀를 포함하는 수 가운데 9·1 태양은 밖에서 둘러싼 곳에 위치하고 3·7 소양은 가운데 위치하며, 음의陰儀를 포함하는 수 가운데 2·8 소양은 밖의 둘러싼 곳에 위치하고 4·6 태음은 가운데 위치한다"[14]라고 말한다. 이러한 점에서 "소음이 8수를 포함한다"는 장하주章下註는 사상의 소음이 2라는 생수와 8이라는 성수로 이루어지는 데 따른 것이다.

陽又相間錯, 此兩儀之上, 不得不有九一之太陽, 二八之少陰, 三七之少陽, 四六之太陰, 而二太各居本位, 二少各得交位也" 참조

14) 『先天四演』, 「河圖象箋二」, "然陽儀所含之數, 九一太陽包于外, 三七少陽居于中, 陰儀所含之數, 二八所陰包于外, 四六太陰居于中" 참조

제32장

남을 아는 자는 꾀가 있고, 스스로를 아는 자는 명철하다.

知人者智, 自知者明,

스스로를 아는 것이 남을 아는 것보다 어렵다. 스스로를 아는 명철함이 있다면 남을 아는 지혜로움에 관해서는 말할 필요도 없다.

自知難於知人, 明則智不足言矣.

【교감 및 주해】

왕필은 "남을 아는 것은 꾀만 있는 것일 따름이니, 스스로를 아는 것만 못하다. (스스로를 아는 것은) 최상의 지모조차 넘어서는 것이기 때문이다"(知人者, 智而已矣, 未若自知者, 超智之上也)라고 하였다.

서명응은 이 구절을 스스로를 아는 것이 어렵다는 것으로 풀이하고 있다.

남을 이기는 자는 힘이 있고, 자신을 이기는 사람은 강하다.

勝人者有力, 自勝者强.

---

* 현행본 33장이다.

스스로 물욕의 얽매임을 이겨낼 수 있는 것은 지극한 강함이 아니면 불가능하다. 스스로 물욕을 이길 수 있는 정도의 강함을 지니고 있다면 남을 이길 수 있는 힘에 관해서는 말할 필요도 없다.

自勝其物慾之累者, 匪至强不能. 强則有力不足言矣.

【교감 및 주해】

하상공은 "남을 이길 수 있는 자는 무력을 사용하는 것에 불과하다. 사람이 스스로 자기의 정욕을 이길 수만 있다면 천하사람 중에는 자기와 더불어 다툴 자가 없기 때문에 강하다고 말한다"(能勝人者不過以威力. 人能自勝己情欲, 則天下無有能與己爭者, 故爲强)라고 하였다. 이이李珥는 "남을 이기는 것은 혈기로서의 힘이고, 스스로를 이기는 것은 의리로서의 진정한 용기이다"(勝人者血氣之力也, 自勝者義理之勇也)라고 하였다.

서명응은 자신을 이기는 사람이 강하다는 것을 물욕을 이길 수 있는 것과 관련지어 이해한다.

만족할 줄 아는 자는 풍요롭고,

知足者富,

마음이 항시 만족할 줄 알면 비록 가난하더라도 부자와 같다.

心常知足, 則雖貧如富也.

【교감 및 주해】

서명응은 마음과 관련지어 '지족知足'의 효용성을 말하고 있다.

굳세게 행위하는 자는 뜻을 지닌 것이다.

強行者有志,

'뜻'(志)이란 자신의 의지를 행사에 드러내고자 하는 것이니, 만약 굳세게 행위하지 못하는 경우라면 뜻을 지니고 있다고 말할 수 없다.

志者, 將欲見諸行事, 若不强行, 不可謂有志也.

【교감 및 주해】
왕필은 "부지런히 행할 수만 있다면 뜻을 반드시 얻게 된다"(勤能行之, 其志必獲)라고 하였다.
서명응은 이 구절을 '뜻을 가지고 굳세게 행해야 함'을 통하여 풀이하는데, 이는 실천을 강조하는 유가적 이해라고 할 수 있다.

제자리를 잃지 않는 자는 오래가니,

不失其所者久,

자신이 지키고 있어야 할 자리를 자주 옮기게 되면 비록 얻음이 있더라도 곧 잃어버리게 된다. 오직 제자리를 잃지 않게 된 후에야 장구할 수 있다.

頻遷其所, 則雖得旋失. 惟不失其所, 然後能長久也.

【교감 및 주해】
서명응은 장구할 수 있는 것을 '제자리를 잃지 않는 것'으로 이해한다.

몸이 죽더라도 명예로운 이름이 사라지지 않는 자는 오래 사는 자이다.
死而不亡者壽.

    몸은 비록 죽었지만 이름이 상존하고 있다면 이는 그 몸이 오래 보존됨과 다르지 않다. 구산양씨(楊時)는 "안연顔淵1)과 도척盜跖2)의 수명이 같지 않다는 것은 무슨 뜻인가? 노자는 '사이불망자수死而不亡者壽'라고 말했다. 안연의 몸이 비록 빨리 죽긴 했지만 죽고 나서도 여전히 없어지지 않는 것이 있었으니, 성性을 알고 하늘을 아는 자3)가 아니라면 그 누가 이런 진리를 알리요"라고 말했다. 이에 대해 주자는 "양씨(양시)는 노담老聃의 말을 인용하고 있는데, 우리 유자로서는 할 말이 아니다. 우선 이른바 '없어지지 않는 것'이란 과연 무엇인가? 그것이 만약 하늘이 명령해서 품부 받은 성4)이라면, 이는 고금의 성인이나 어리석은 자들이 모두 함께 하는 것이니 안연만이 오로지할 수 있는 것이 아니다. 만약 (육신이 죽어) 기氣가 흩어지고 난 다음에도 여전히 정신과 혼백이 존재하는 것이라면, 이는 '사물임에도 변화하지 않는 것'5)이라는 의미가 포함되어 있어서 오히려 어둡고 망연하여 꽉 막히게 된 것이니 안연에 관한 말로는 더욱 적절하지 않다"라고 하였다. 내(서명응)가 생각건대, 노자의 의도는 오로지 죽은 후에도 훌륭한 이름이 상존함을 말하고자 한 것일 뿐인데 이를 양씨가 지나치게 미루어 감으로써 '진성眞性(육체가 소멸한 후에도 여전히 존재하는 참된 본성)이 항상 존재한다'는 불교의 논설에 빠져들게 된 것이고, 이 때문에 주자가 따져 말하게 된 것이다.

身雖死而其名常存者,亦無異其身之長存也.龜山楊氏曰,顔蹠之壽夭不齊,何也.老子曰,死而不亡者壽,顔雖夭而不亡者猶在也.非夫知性知天者,其孰能識

---

1) 안연 : 공자의 수제자인 顔淵을 말한다.
2) 도척 : 중국 고대의 대표적인 큰 도적인 盜蹠을 말한다. 흔히 盜跖이라 적는다.
3) 성을 알고……아는 자 :『孟子』,「盡心上」, 1장, "맹자가 말하기를, 그 마음을 다한 자는 그 성을 알고 그 성을 아는 자는 그 하늘을 안다 하였다"(孟子曰, 盡其心者, 知其性也. 知其性, 則知天矣) 참조.
4) 하늘이……받은 성 :『中庸』1장의 "天命之謂性" 참조.
5) 사물임에도……않는 것 : 이는 氣不滅說을 부정하는 사유라고 할 수 있다.

之. 朱子曰, 楊氏引老聃之言, 非吾儒之所宜言也. 且其所謂不亡者, 果何物哉. 若曰, 天命之性, 則是古今聖愚公共之物, 而非顔子所能專. 若曰氣散, 而其精神魂魄, 猶有存者, 則是物而不化之意, 猶有滯於冥漠之間, 尤非所以語顔子也. 愚按老子之意, 專言令名之常存, 而楊氏推之太過, 流入佛氏眞性尙在之說, 故朱子辨之.

【교감 및 주해】

'망亡'이 백서본에는 '망忘'으로, 경복비본에는 '망寏'으로 되어 있다.

서명응은 몸이 비록 죽었지만 이름이 상존하고 있다면 죽지 않은 것과 마찬가지라고 함으로써, 흔히 말하는 삼불후三不朽 즉 입덕立德, 입공立功, 입언立言을 가치 있는 것으로 보는 유가적 차원에서 이 구절을 이해하고 있다. 또한 그는 주희의 말을 빌려 기불멸설氣不滅說을 부정하고 있다.

위의 내용은 제32장이다.

右第三十二章.

【총설】

서명응은 이 장에서 노자가 말한 "사이불망자死而不亡者"란 육체적인 차원의 영원불멸을 말한 것이 아니라 명예 등이 영원불멸함을 말한 것이라고 이해한다. 이는 입덕立德, 입언立言, 입공立功을 삼불후三不朽로 보는 유가적 가치관에 입각한 것이라고 할 수 있는데, 서명응이 어떤 삶을 바람직한 삶으로 여겼는가를 보여 주는 장이라고 하겠다.

제33장

'대도大道'의 둥둥 떠 있음이여, 그 중심이 흔들리지 않으니 좌우로 휩쓸리지 않도다.

大道汎兮, 其可左右.

'대도大道'는 마음에 갖추어진 도로서, 온갖 변화의 근본이 된다. '범범'은 '유범游汎'(물 위에 배를 띄우고 노니는 것)의 '범'이니, 둥둥 떠서 정욕과 사려가 없는 모양이다. '기가좌우其可左右'는 정욕과 사려가 없으면 왼쪽으로 치우치지도 않고 오른쪽으로 치우치지도 않아서 항시 한곳에 중심을 잡고 있을 수 있다는 말이다. 여기서는 도의 본체에 대해 말하였다.

大道, 道之具於方寸, 爲萬化之本者也. 汎如游汎之汎, 汎兮無情慾思慮貌, 其可左右, 言無情慾思慮, 則旣不之左, 又不之右, 而常在一處也. 此道之體也.

【교감 및 주해】

'범범'이 이현비본・경양본・팽사본・초횡본에는 '범범'으로 되어 있는데, 왕필본을 비롯한 많은 판본에는 '범氾'으로 되어 있다. 왕필은 '범'을 '범람' 즉 '넘치다'의 뜻으로 보았으며, 많은 학자들이 이 견해를 따르고 있다. 그러나 고형高亨은 『광아廣雅』 가운데 「석고釋詁」에서는 '범이란 넓다는 뜻이다'(氾, 博也)라고 하였고 「석언釋言」에서는 '범이란 널리라는 뜻이다'(氾, 普也)라고 하였다. 이것은 도체가 광대

---

* 현행본 34장이다.

하여 왼쪽으로 가고 오른쪽으로 가서, 그 가지 못하는 곳이 없음을 말한다"라고 하여, '널리'의 뜻으로 보았다. 『장자』 「열어구列禦寇」에서는 "둥둥 떠다니는 것이 마치 매여 있지 않은 배와 같다"(汎若不繫之舟)라고 하였다.

서명응은 대도는 "마음에 갖추어진 도로서, 온갖 변화의 근본이 된다"라고 풀이하면서 다음 장(『도덕지귀』 34장)에서는 이를 '태극'이라고 규정한다. 대도를 정욕·사려와 관련지어 중심을 잃지 않는 인간의 마음으로 이해한 것으로부터 그가 유가의 중용적 사유를 통해 노자의 큰 도를 이해하고 있음을 엿볼 수 있다. 서명응은 이런 점을 도의 본체라고 말한다.

만물이 도에 의지하여 생겨나더라도 도는 이를 말로 드러내지 않으며, (만물이 도에 의지하여) 공을 이루더라도 도는 그 공을 명예롭게 여기지 않으며, 만물을 잘 기르지만 주인처럼 굴지 않는다.

萬物恃之以生而不辭, 功成不名有, 愛養萬物, 而不爲主.

'불명유不名有'란 도가 스스로 자신이 세운 공을 명예롭게 여기지 않는다는 뜻이다. '만물이 복귀하는 바가 될 따름'이라는 측면에서 말하여 "도는 말로 드러내지 않는다"라고 하였고, '도 자신이 만물을 기른다'는 측면에서 말하여 "도는 주인처럼 굴지 않는다"라고 한 것이다. 여기서는 도의 작용에 대해 말하였다.

不名有, 不自名其有功也. 自萬物之歸己而言, 則曰不辭. 自己之養萬物而言, 則曰不爲主, 此道之用也.

【교감 및 주해】

'이以'가 왕필본에는 '이而'로 되어 있다. 백서본에는 "만물시지이생이불사萬物恃之以生而不辭"가 빠져 있고, "공성불명유功成不名有"가 "성공수사이불명유야成功遂事

而弗名有也"로 되어 있다. '애양愛養'이 왕필본에는 '의양衣養'으로, 부혁본·휘종본·범응원본에는 '의피衣被'로 되어 있다. 백서본에는 "의양만물衣養萬物"이 "만물귀언萬物歸焉"으로 되어 있다.

서명응은 이 구절을 도의 작용으로 이해한다.

항시 무욕하니 '작다'고 이름할 수 있고,
常無欲, 可名於小,

'무욕無欲'이란 정욕과 사려가 없음을 말한다. 작다(小)는 것은 한 몸으로써 말한 것으로, (비록 작지만) 이 또한 도의 본체이다.
無欲, 無情慾思慮也. 小, 以一身而言之, 此又道之體也.

【교감 및 주해】
고환본·이영본李榮本·차해본次解本 등에는 '상무욕常無欲'이 빠져 있다.
서명응은 도의 체를 정욕과 사려 없는 무욕의 상태로 보면서 '소小'자를 일신상의 도와 연결시켜서 파악하고 있는데, 이것은 곧 양생론적 이해라고 할 수 있을 것이다. 일신(육신)을 정욕과 사려가 없는 상태 즉 도의 체로 되돌리려는 문제의식을 담고 있기 때문이다.

만물이 (도에로) 돌아가지만 주인노릇을 하지 않으니 크다고 이름할 수 있다.
萬物歸焉, 而不爲主, 可名爲大.

크다(大)는 것은 만물로써 말한 것으로, (비록 크지만) 이 또한 도의 작용이다.

大, 以萬物而言之, 此又道之用也.

【교감 및 주해】

왕필은 "만물이 모두 도로 돌아감으로써 살아갈 수 있지만, (도는) 그 말미암은 곳을 애써 알지 못하게 한다. 이것은 '소'가 아니기에 다시 '대'라고 이름할 수 있다"(萬物皆歸之以生, 而力使不知其所由. 此不爲小, 故復可名於大矣)라고 하였다.

여기서는 서명응의 대소 관계를 적용한 도의 체와 용에 대한 견해를 볼 수 있다.

이리하여 성인은 끝내 (스스로) 크다고 여기지 않기 때문에 도리어 크게 될 수 있다.

是以聖人終不爲大, 故能成其大.

이 장(33장)의 전체를 결론 맺은 것이다.

總結上文.

【교감 및 주해】

하상공은 "성인은 도를 본받아서 덕과 명예를 안에 감추고 크다고 여기지 않는다. 성인은 솔선수범하여 만물을 이끄니, 말하지 않더라도 교화되고 만사가 다스려진다. 그러므로 큼을 이룰 수 있다"(聖人法道, 匿德藏名, 不爲滿大. 聖人以身師導, 不言而化, 萬事修治, 故能成其大)라고 하였다.

위의 내용은 제33장이다.

右第三十三章.

【총설】

이 장의 전체 내용을 도의 체와 용으로 구분하여 설명하는 것에서부터 도의 체와 용에 대한 서명응의 견해를 엿볼 수 있다. 특히 도의 체를 정욕과 사려가 없는 것으로 이해하는 것은 양생론적 이해라고 할 수 있다.

제34장

'대상大象'을 잡으니, 천하가 와서 귀의한다.

執大象, 天下往,

앞 장(33장)의 '대도大道'는 태극으로 말한 것이고, 이 장의 '대상大象'은 음양으로 말한 것이다. 음양은 대상이다. 음양이 나뉘어 오행이 되는데, 이는 소상小象이다. 오행은 각각 하나의 사물로 구체화되어 있지만 음양은 전체를 아울러 통괄하고 있다. 그러므로 대상을 잡으니 천하가 귀의해 오게 되는 것이다. 대개 천하의 큰 원칙을 총괄할 수 있기 때문이다.

前章, 大道以太極言, 此章, 大象以陰陽言. 陰陽, 大象也. 自陰陽分爲五行, 則小象也. 五行各具一物, 陰陽兼統全體. 故執大象則天下往焉, 蓋以能總其綱也.

【교감 및 주해】

'대상大象'에 대해 하상공은 "상은 도이다"(象, 道也)라고 하였고, 임희일은 "대상이란 상이 없는 상이다"(大象, 無象之象也)라고 하였다. '천하왕天下往'에 대해 하상공은 "성인이 대도를 지키면 천하사람이 마음을 옮겨 그에게로 돌아간다"(聖人守大道, 則天下萬民, 移心歸往之也)라고 하여, '천하가 그에게로 돌아감'으로 풀이하였다.

서명응은 '대상'을 음양론과 관련지어 이해한다. 대도를 태극으로 보고 대상을 음양으로 보는 것은 『노자』를 태극음양론의 틀로써 이해하고 있음을 보여 주는 단

---

* 현행본 35장이다.

적인 예이다. 음양을 '대상', 오행을 '소상'이라 한 것에서 음양과 오행의 관계를 알 수 있고, 주돈이의 「태극도설」의 구조를 응용한 흔적도 엿볼 수 있다. 이 구절의 해석에서는 음양의 현실적인 적용, 즉 음양과 현실정치와의 관계에 대해서도 말하고 있다.

귀의해 오더라도 해를 끼치지 않으니, 편안하고 고르며 크게 펼쳐진다.
往而不害, 安平泰.

천하가 이미 귀의해 온 후에도 만약 허정하고 '인응因應'할 뿐 유위로써 천하를 해치는 일이 없다면, 천하의 풍속이 저절로 편안해지고 고르게 되며 크게 펼쳐질 것이다.
天下旣往之後, 若能虛靜因應, 不以有爲而害之, 則風俗自然安寧平均泰舒也.

【교감 및 주해】
'안평태安平太'에 대한 해석에서, 많은 학자들은 '안'과 '평'과 '태'를 따로 풀이하고 있다. 반면에 하상공은 "만물이 돌아가더라도 해로움을 입지 않게 되니, 국가가 편안해져 태평에 이른다"(萬物歸往而不傷害, 則國家寧而致太平矣)고 하여, '안'과 '평태'로 나누어 풀이하였다. 부혁본은 '태泰'가 '태太'로 되어 있는데, 일반적으로 '태大'와 '태太'와 '태泰'는 모두 서로 통용되는 글자로서 '크다'의 뜻이다. 왕인지王引之는 "안安은 '어시於是'와 같은 말로서, '내乃'나 '즉卽'의 뜻이다"(安, 猶於是也, 乃也, 則也)라고 하여 '안安'을 어조사로 보았다.
서명응은 도를 체득한 성인의 허정·인응에 입각한 정치의 효용성을 말하고 있다. 이런 점은 서명응『노자』이해의 한 전형이다.

음악과 음식은 지나가던 객을 멈추게 하지만,
樂與餌, 過客止,

'악樂'은 북을 치며 연주하는 음악이다. '이餌'는 마실 것과 먹을 것이다. 음악은 사람의 귀를 자극할 뿐이며, 음식은 사람들의 입을 즐겁게 할 뿐이다. 그럼에도 불구하고 음악과 음식은 지나던 객으로 하여금 차마 갈 길을 빨리 가지 못하고 머뭇거리게 한다. 하물며 사람들의 마음을 감동시켜 기쁨을 주는 도에 있어서랴? (도가 사람들을 기쁘게 하는 것은) 사람들의 이목에 기쁨을 주는 음악이나 음식에 비할 바가 아니다. 그러니 천하에 사람의 마음을 지닌 자라면 그 누가 즐거이 이 도에로 달려가지 않겠는가?

樂, 鼓樂也. 餌, 飮食也. 樂, 只是感人之耳, 餌, 只是說人之口. 猶且使過去之客, 遲徊停止, 不忍遽去, 況道之感悅人心, 又非口耳之比. 則凡天下之有人心者, 孰不樂趣往之乎.

【교감 및 주해】
　서명응은 이 구절에서 도의 정치적 효용성을 말하고 있다. 백성들의 도에 대한 귀의를 말함으로써 당시의 정치상황에서 어떤 식의 정치가 바람직한 것인지를 간접적으로 제시하는 것이라고 할 수 있다.

도는 입으로 나온다 해도 담담하여 맛이 없으니, 보려 해도 보이지 않고 들으려 해도 들리지 않다. 그러나 그 작용은 다함이 없다.
道之出口, 淡乎其無味, 視之不足見, 聽之不足聞, 用之不可旣.

　도가 '입으로 나온다'(出口)고 했으니, 마음에 뿌리하고 있음을 알 수 있다. 마음에 뿌리한 도가 입으로 나올 경우에는 맛도 없고 색이나 소리도 없지만 도리어 끊임없이 낳고 낳는 그 작용은 다함이 없음을 말하였다.

日出口, 則可見其根心也. 言根心之道出于口, 無味色與聲, 而反其用之生生, 不可窮也.

【교감 및 주해】

"도지출구道之出口, 담호기무미淡乎其無味"가 왕필본·하상공본에는 "도지출구道之出口, 담호기무미淡乎其無味"로, 누고본에는 "도지출구道之出口, 허호기무미虛乎其無味"로, 고환본에는 "도출언道出言, 담호무미淡乎無味"로, 부혁본·범응원본에는 "도지출언道之出言, 담혜기무미淡兮其無味"로, 수주비본에는 "도출언道出言, 담무미淡乎無味"로, 백서본은 "고도지출언아故道之出言也, 왈담가무미야曰淡呵无味也"로 되어 있다. 이처럼 판본마다 약간씩 다른데, 중요한 것은 크게 '구口'로 된 판본과 '언言'으로 된 판본으로 구분된다는 점이다.

서명응은 도는 마음에 뿌리한 것으로서 정치는 그 마음에 뿌리한 도를 통해 이루어져야 함을 강조한다. 정치의 근간이 어디에 있어야 하는지를 밝힌 대목이다.

위의 내용은 제34장이다.

右第三十四章.

【총설】

서명응은 이 장에서 상象과 음양 및 오행 등의 관계를 밝히고, 이를 통해 위정자들이 도를 마음속에 담고 그것을 현실에 적용해야 함을 말하고 있다. 서명응의 『노자』를 통한 정치철학을 엿볼 수 있다.

제35장

장차 닫으려 한다면 반드시 먼저 열어야 하고, 장차 약해지려 한다면 반드시 먼저 강해져야 하며, 장차 없애려 한다면 반드시 먼저 일으켜야 하고, 장차 빼앗으려 한다면 반드시 먼저 주어야 한다. 이를 일러 '은미하면서도 밝게 드러남'(微明)이라 한다.

將欲歙之, 必固張之, 將欲弱之, 必固强之, 將欲廢之, 必固興之, 將欲奪之, 必固與之, 是謂微明.

장차 어떤 것을 끝내는 말을 하고 싶을 때는 반드시 그 시작이 되는 말을 먼저 들어야 하니, (본문의 다양한 경우들은) 모두 음양 조화의 스스로 그러한 기틀이 되는 것으로써 말하였다. 무릇 천하의 이치는, '펼쳐 여는 것'은 '닫아 수렴시키는 것'의 기틀(탈것)이 되고, '강하고 굳셈'은 '부드럽고 약함'의 기틀이 되며, '일어나고 흥함'은 '폐하고 떨어짐'의 기틀이 되고, '밀어서 줌'은 '빼앗아 취함'의 기틀이 되는데, 어느 경우에나 모두 한쪽이 왕성하면 나머지 한쪽은 쇠미하게 마련이다. 이는 흡사 '들숨'을 쉬기 위해서는 '날숨'이 없을 수 없고 눈을 뜨기 위해서는 먼저 눈을 감지 않을 수 없는 것과도 같다. 이는 우리네 세태가 상황에 따라 순응할 수밖에 없는 저절로 그러함인 것이다. '미微'는 '숨어 있어 미미한 것'이고, '명明'은 '밝아 드러난 것'이니, 그 이치가 은미하면서도 밝게 드러남을 말하였다.

---

* 현행본 36장이다.

將欲要其終之辭, 必固據其始之辭, 皆以陰陽造化自然之機而言之也. 凡天下之理, 張開者, 歙闔之機, 强剛者, 柔弱之機, 作興者, 廢墜之機, 推與者, 奪取之機, 皆一端爲盛, 一端爲衰. 如吸之不能不呼. 視之不能不瞬, 而乃世態因應之自然者也. 微, 隱微也, 明, 昭明也, 言其理隱微而昭明也.

【교감 및 주해】

'歙歙'이 하상공본·돈황본·경복본에는 '噏噏'으로, 『한비자』(「喩老」)·고환본·부혁본·범응원본에는 '翕翕'으로 되어 있다. 범응원은 "흡이란 거두어들임이며, 합치됨이며, 모음이다"(翕者, 斂也合也聚也)라 하였고, 이 문장 전체에 대해서는 "천하의 이치는 베푸는 것이 있으면 반드시 거두어들이는 것이 있고, 강함이 있으면 반드시 약함이 있고, 흥함이 있으면 반드시 폐함이 있고, 줌이 있으면 반드시 취함이 있다. 이는 봄에 생겨나고 여름에 자라나고 가을에 거두고 겨울에 저장하는 조화는 사라짐·자라남·채워짐·비워짐의 운세가 본래 그러한 것임을 말한 것이다. 그러므로 펴고 강하게 하고 일으키고 주는 등의 기미 속에는 이미 거두어들이고 약하게 하고 폐하고 빼앗는 등의 조짐이 그 안에 잠복되어 있다. 조짐은 비록 그윽하고 미세하지만 일에 있어서는 이미 밝음을 드러내고 있으니, 그렇기 때문에 이를 '미명微明'이라 한 것이다. 혹자는 몇 구를 예로 들어서 권모술수로 여겼으나 잘못된 견해이다"(天下之理, 有張必有翕, 有强必有弱, 有興必有廢, 有與必有取. 此春生夏長秋斂冬藏造化, 消息盈虛之運固然也. 然則張之, 强之, 興之, 與之之時, 已有翕之, 弱之, 廢之, 取之之幾伏在其中矣. 幾雖幽微而事已顯明也. 故曰是謂微明. 或者以數句爲權謀之術, 非也)라고 설명하였다.

서명응은 이 구절에 언급된 다양한 경우들을 법가식의 이해인 권모술수로 보는 경향을 취하지 않고, 모두 음양 조화의 자연스런 이치를 말한 것으로 이해한다. 역리적 시각에서 접근하면 서명응과 같이 이해할 수 있다. '미명'을 그 이치가 은미하면서도 밝게 드러남을 말한 것이라고 보는 이해는 『중용』의 "비이은費而隱"을 떠올리게 한다. 서명응은 이 구절에서도 '인응因應'을 강조하고 있다.

부드러운 것은 굳센 것보다 낫고, 약한 것은 강한 것보다 낫다.

柔勝剛, 弱勝强.

'승勝'은 '낫다'는 의미이다. 어떤 이는 '승부勝負'라 할 때의 '이길 승'자로 보기도 한다. 위 문장을 이어받아 아래의 문장을 일으키는 구절로, 이러한 이치로써 미루어 보건대 '부드러움이 굳셈보다 낫고 약함이 강함보다 낫다'는 것이 마치 밝게 타는 불과 같이 매우 명백하다는 것을 말하였다.

勝, 愈也. 或讀如勝負之勝. 承上文以起下文, 曰, 以此理推之, 柔之勝剛, 弱之勝强, 灼然明甚也.

【교감 및 주해】

이 구절이 왕필본·하상공본에는 "유약승강강柔弱勝剛强"으로 되어 있고, 백서을본에는 "유약승강柔弱勝强"으로, 부혁본·범응원본·팽사본에는 "유지승강柔之勝剛, 약지승강弱之勝强"으로 되어 있다.

서명응은 '승勝'을 낫다는 뜻으로 보아 유약柔弱을 강조하고 있다. 이는 강강剛强을 숭상하는 유가의 입장과 대응되는 것으로, 이런 점에서 그가 『노자』를 양생과 처세의 일환으로 이해하고 있음을 알 수 있다.

물고기는 연못을 벗어나서는 아니 되며, 나라의 날카로운 병기는 남들에게 보여서는 아니 된다.

魚不可脫於淵, 國之利器, 不可以示人.

강하고 굳셈을 피하고 부드럽고 약함을 지켜야 한다는 말이다. 물고기가 자신의 굳세고 맹렬한 기력을 믿고서 연못을 뛰쳐나온다면, 기력을 펼침이 극에 이른 후에는 반드시 기력이 오그라들게 되어 반드시 사람들에게 사로잡히게 될 것이다. 임금이 위엄과 권세라는 날카로운 무기를 믿어 법령을 엄중히 하고 함부로 전쟁을 하여 무덕武德을 더럽히면서까지 사람들에게 이를 과시한다면, 또한 기력이 극도로 펼쳐진 끝에 기력의 줄어듦이 이어져서 반드시 다른 사람들에게 정벌을 당하게 될 것이다.

避剛强守柔弱也. 魚恃其剛猛之氣力, 而跳躍脫淵, 則張極歟至, 必爲人所捕矣. 君恃其威權之利器, 而峻法黷武夸示於人, 則亦張極歟至, 必爲人所伐矣.

【교감 및 주해】

하상공은 "'이기利器'란 권도權道를 말하는 것이다. 나라를 다스리는 데 있어서 권도는 일을 집행하는 신하에게 보여서는 안 되며, 자신을 다스리는 데 있어서 도는 남에게 보여서는 안 된다"(利器者謂權道也. 治國, 權者不可以示執事之臣也, 治身, 道者不可以示非其人也)라고 하였다. 왕필은 "'이기利器'란 나라를 이롭게 하는 도구이다. 오직 사물의 본성에 따를 뿐, 형벌을 빌려서 사물을 다스리지 않는다. 그 그릇은 보이지 않지만 사물이 그로 인해 각기 그 마땅함을 얻게 되니, 이것이 곧 나라의 이기이다. 사람에게 보인다는 것은 형벌에 맡김이다. 형벌로써 나라를 이롭게 하려고 한다면 실패하고 만다. 마치 물고기가 연못에서 벗어나면 반드시 실패하는 것과 같다. 나라를 이롭게 하는 그릇일지라도 형벌을 세워서 사람들에게 보이게 되면 이 또한 반드시 실패하고 만다"(利器, 利國之器也. 唯因物之性, 不假刑以理物. 器不可覩, 而物各得其所, 則國之利器也. 示人者, 任刑也. 刑以利國, 則失也. 魚脫於淵, 則必失矣. 利國之器而立刑以示人, 亦必失也)라고 하였다.

서명응은 이 구절을 강하고 굳셈을 피하고 부드럽고 약함을 지켜야 한다는 점을 강조한 것이라고 해석하였다. 그는 '이기利器'를 '날카로운 무기'로 보아서 임금의 위엄과 권세, 전쟁, 기력 등 다양한 측면에 응용하되 '물극필반物極必返'의 이치를 적용하여 강하고 굳셈이 가질 수 있는 문제점을 지적한다. 암암리에 이 문장을 통하여 바람직한 정치적 행태가 무엇인지를 말하고 있다.

위의 내용은 제35장이다.

右第三十五章.

【총설】

정이나 주희는 이 장을 권모술수를 말한 장으로 이해하지만 서명응의 그러한 견해를 취하지 않고 일종의 자연의 이치를 밝힌 장으로 이해한다. 그는 강함과 굳셈, 기력의 지나침을 문제로 삼는데, 구체적 현실에서 나타날 수 있는 다양한 사례들을 들어 말하고 있어서 설득력이 있다. '미명微明'에 대한 이해가 『중용』의 '비이은費而隱'과 관련된다는 점에도 주목할 만하다. 전체적으로 바람직한 정치란 어떤 것인가를 은유적으로 말하고 있다.

제36장

도는 항상 함이 없지만 하지 못하는 것도 없나니,

道常無爲而無不爲,

'함이 없음'(無爲)이란 저절로 그러함을 따라서 아무런 자취를 남기지 않는 것이다. '하지 못함이 없음'(無不爲)이란 해 나가는 바가 모두 성공적으로 이루어지는 것이다. '함이 없음'은 체體이고 '하지 못함이 없음'은 용用이다.

無爲, 順自然而無跡也. 無不爲, 惟所往而皆通也. 無爲, 體也, 無不爲, 用也.

【교감 및 주해】

백서본에는 "도항무명道恒無名" 구절만 있고 "이무불위而無不爲"가 빠져 있는데, 고명은 후인들에 의해 "이무불위而無不爲"가 첨가된 것이라고 주장한다.

서명응은 '무위無爲'를 '저절로 그러함에 따름으로 아무런 자취를 남기지 않는 것'이라 보아 특히 자취를 남기지 않는다는 점을 강조한다. 이는 왕필이 말하는 '자연에 순응하는'(順自然) 차원을 더욱 구체화시킨 것이라고 할 수 있다. 또한 '무위'와 '무불위'를 체와 용의 관계로 이해한 것은 유가의 체용일원의 논리가 적용된 것이라고 할 수 있는데, '무위'와 '무불위'를 체와 용의 관계로 이해하는 것은 유가가 『노자』를 이해하는 중요한 사유틀이기도 하다.

---

* 현행본 37장이다.

후왕이 만약 무위를 지킨다면 만물이 장차 저절로 교화될 것이다.

侯王若能守, 萬物將自化.

'지키다'(守)란 말은 '믿음'(信)으로써 말한 것이다. 후왕이 무위를 미더워한다면 만물이 장차 저절로 교화되지 않음이 없다.

守, 以信言之, 守無爲則無不化也.

【교감 및 주해】

하상공은 "도는 무위를 항상됨으로 삼는다. 왕이 만약 도를 지킬 수만 있다면 만물은 장차 저절로 교화되어 자기에게서 본받게 됨을 말한 것이다"(道以無爲爲常也. 言侯王若能守道, 萬物將自化效於己也)라고 하였다.

서명응은 위정자가 무위의 정치적 효용성을 '믿는다'는 전제조건하에서의 만물의 저절로 교화됨을 강조하고 있다. '믿음'을 강조하는 점은 유가적 차원의 이해라고 할 수 있다.

(백성들이) 저절로 교화되다가 욕심이 일어나게 되면 나는 장차 '이름 없는 박'(無名之樸)으로써 그것을 진정시킬 것이다.

化而欲作, 吾將鎭之以無名之樸.

'일어난다'(作)는 것은 '발동한다'는 의미이다. '무명의 박'(無名之樸)이란 『노자』 1장의 "이름 없음은 천지의 시작이다"라는 것을 말하니, 혼연히 순박함이다. 백성들이 비록 저절로 교화되더라도 오랜 시간이 지나면 간혹 욕심이 발동하여 '문文'이 '질質'을 이기는 경우가 생기기도 하는데, 이때에는 마땅히 '무명의 박'으로 진압하여 '문'이 '질'을 소멸시키는 상황으로 전개되지 않도록 한다는 것을 말하였다.

作, 動也. 無名之樸, 卽首章所謂無名天地之始, 渾然淳樸也. 言民雖自化, 而及其旣久, 或欲動作, 以文勝質, 則當鎭壓之以無名之樸, 使不流於文滅其質也.

【교감 및 주해】
죽간본에는 '오吾'자가 빠져 있다.
서명응은 이 구절을 백성의 교화라는 측면과 연계하여 풀이하되 문질론을 통해 전개하고 있다. 특히 욕심과 관련된 양생적 측면이 주목된다.

'이름 없는 박'을 쓰면 욕심내지 않을 것이요, 욕심내지 않아 고요하면 천하가 장차 저절로 올바르게 될 것이다.

無名之樸, 亦將不欲, 不欲以靜, 天下將自正.

위의 문장을 이어서 '이름 없는 박'을 말한 것은, 다름이 아니라 도는 다만 천하의 모든 일에 욕심을 부리지 않을 뿐이라는 뜻이다. 천하의 모든 일에 욕심을 부리지 않는다는 것은, 또한 다른 것이 아니라 도는 다만 허정虛靜할 뿐이라는 뜻이다. 대저 이와 같이만 된다면 천하는 올바름을 기약하지 않아도 저절로 올바르게 될 것이다.

承上文言無名之樸, 亦無他, 道只是天下事皆不欲而已. 天下事皆不欲, 亦無他, 道只是虛靜而已. 夫如是, 則天下不期正而自正也.

【교감 및 주해】
이 구절이 죽간본에는 "부역장지족夫亦將知足, 지이정知以靜, 만물장자정萬物將自定"으로 되어 있고, 백서을본에는 "진지이무명지박鎭之以无名之樸, 부역장불욕夫

亦將不辱欲, 불욕욕이정不辱欲以靜, 천지장자정天地將自定"으로 되어 있다. 왕필본에는 "역장불욕亦將不欲"이 "부역장무욕夫亦將無欲"으로, "천하장자정天下將自正"이 "천하장자정天下將自定"으로 되어 있다.

'무명의 박'을 천하의 모든 일에 욕심을 부리지 않는 것으로 이해하는 것은 양생적 측면에서의 이해이다. 서명응은 이 구절에 대한 이해에서 허정을 중요시하는 면을 보이고 있다.

위의 내용은 제36장이다.
右第三十六章.

【총설】

서명응은 '무명의 박'을 『노자』 제1장의 "무명無名, 천지지시天地之始"의 '무명'으로 보되 특히 천하의 모든 일에 욕심을 부리지 않는 것과 연계하여 이해함으로써 양생론적 차원에서 해석한다. '무위無爲'와 '무불위無不爲'에 대한 풀이에서는 유가의 체용일원적 사유를 보여 준다. 또한 문질론을 통해 문이 질을 소멸시켜서는 안 된다고 함으로써 문보다 질을 중시하는 한편, 결론적으로는 이 '질'을 유지하기 위한 조건으로 '허정'을 강조하고 있다. 이런 식의 이해는 서명응의 『노자』 이해의 전반적인 특징이다.

道德指歸卷下 德經

도덕지귀 권하 덕경

道德指歸卷下德經

달성 사람 서명응이 주석하다

達城徐命膺註

제37장

큰 덕의 모습은 오직 도만 따를 뿐이니,

孔德之容, 惟道是從,

'공孔'은 '크다'는 의미이다. '대덕大德'은 '도道'를 형용한 것이기 때문에 덕이 여기에 있으면 도 또한 여기에 있음을 말한 것이다.

孔, 大也. 言大德所以形容乎道, 故德在此, 則道亦在此也.

【교감 및 주해】

'공孔'을 '대大'로 보는 견해와 '공空'으로 보는 견해가 있다. 하상공은 "공은 큰 것이다"(孔, 大也)라고 하였고, 왕필은 "공은 빈 것이다"(孔, 空也)라고 하였다. '덕德'에 대해 육덕명은 "덕은 도의 작용이다"(德者, 道之用也)라고 하였고, 소철은 "덕이란 도가 드러난 것이다"(德者, 道之見也)라고 하였다.

서명응은 여기서 도와 덕의 불가분리不可分離의 관계에 대해 말하고 있다. '대덕大德'이란 도를 형용한 것이라는 설명이 그것이다. 유가들은 노자가 도와 덕을 둘로 나누어 보고 또 도와 인의仁義를 둘로 나누어 본다고 비판하는데, 이런 점에서 볼 때 서명응이 도와 덕의 불가분리성을 말하는 것은 유가적 이해에 바탕한 해석이라고 할 수 있다.

---

* 현행본 21장이다.

도라는 존재는 오직 황홀할 뿐이로다. 도의 홀황함이여! 그 속에 형상이 있도다. 도의 황홀함이여! 그 속에 사물이 있도다. 도의 그윽하고 깊숙함이여! 그 속에 정미함이 있도다. 그 정미함은 매우 참되어, 그 가운데 미더움이 있도다.

道之爲物, 惟恍惟惚, 惚兮恍兮, 其中有象. 恍兮惚兮, 其中有物. 窈兮冥兮, 其中有精. 其精甚眞, 其中有信.

'황홀恍惚'이란 홀연히 여기에 있다가 또 홀연히 저기에 있기도 하여 그 모습을 언어로 표현할 수 없음을 말한다. '요명窈冥'이란 그윽하고 깊어 볼 수 없음을 말한다. '상象'은 '신神'의 측면에서 말한 것이고 '물物'은 '혼魂'의 측면에서 말한 것이며 '정精'은 '백魄'의 측면에서 말한 것이니, '백'은 '혼'에서 생겨나고 '혼'은 '신'에서 생겨난다. '신信'에 이르는 것은, 오행(宅)으로 보면 '토土'요, 방위로써 보면 '중中'이요, 그 본체를 온전히 하는 것으로써 보면 '성誠'이요, 그 작용의 신묘함으로 보면 '일一'이요, 기氣를 오로지한다는 점으로 보면 '충冲'이다.

恍惚, 謂忽然在此, 又忽然在彼, 而不可名狀也. 窈冥者, 幽深不可見也. 象, 以神而言之, 物, 以魂而言之, 精, 以魄而言之. 魄生於魂, 魂生於神. 至於信者, 以其宅則土也, 以其位則中也, 以其全體則誠也, 以其妙用則一也, 以其專氣則冲也.

【교감 및 주해】

왕필은 "황홀이란 형태가 없어서 얽매이지 않음에 대한 감탄이다"(恍惚, 無形不繫之歎)라고 하였다. 감산은 "황홀이란 있는 듯 없는 듯하여 무엇이라고 지칭할 수 없다는 말이다"(恍惚, 謂似有若無, 不可指之意)라고 하였다. 소철은 "도는 유도 아니요 무도 아니기 때문에 황홀로써 말한 것이다. 그런데 도가 운행하여 형상을 이루게 되면 드러나 사물을 이루기 때문에 황홀에서 나오지 않는 것이 없다"(道非有無, 故以恍惚言之. 然及其運而成象, 著而成物, 未有不出於恍惚者也)라고 하였다. '요窈'·'명冥'에 대해 왕필은 "요명은 깊고 먼 것에 대한 감탄이다. 깊고 멀어서 볼 수가 없지만 만물은 그것으로 말미암는다"(窈冥, 深遠之歎. 深遠不可得而見, 然而萬物由之)라고 하였다. '정精'은 백서본에는 '청請'으로 되어 있는데, 이에 근거하여 고명高明은 "'청請'의 본자는 '정情'으로서, 『장자』「대종사大宗師」에 나오는 '부도夫道, 유정유신有情有信'에서의 정情과 같다"라고 하였다.

서명응은 여기서 황홀과 관련하여 "말로써 뜻을 다 표현할 수 없다"(言不盡意)는 입장을 표명하고 있다. 그리고 양생론적 관점에서 노자의 '상象', '물物', '정精'을 해석하되, 특히 '신信'을 토土, 중中, 성誠, 일一, 충冲 등으로 이해한다. 자세한 것은 『도덕지귀』 81장 맨 아래에 있는 서명응의 해설을 참조할 것.

예로부터 지금에 이르기까지 음양의 이름은 바뀐 적이 없으니, 이로써 천지만물을 두루 본다.

自古及今, 其名不去, 以閱衆甫.

'명名'은 음양의 이름을 가리킨다. 음양이라 말하는 순간, 이는 곧 태극을 이어 싣고 있는 것임을 알 수 있다. '불거不去'는 '바꾸어 고침이 없음'을 말한다. '열閱'은 두루 관련 맺음이며, '중보衆甫'는 천지만물을 가리킨다.

名, 陰陽之名也. 曰陰陽, 則是乃承載太極者也. 不去, 謂無所更改也. 閱, 閱歷也, 衆甫, 天地萬物也.

【교감 및 주해】

"자고급금自古及今"이 백서본·부혁본·범응원본에는 "자금급고自今及古"로 되어 있다. '중보衆甫'에 대해 왕필은 "중보는 사물의 시작이다"(衆甫, 物之始也)라고 하였다.

서명응은 '명名'을 음양으로 보면서 태극과 관련지어 이해하고 또 '중보衆甫'를 천지만물로 보았는데, 이는 역리적 관점에서의 해석이라 할 수 있다.

내가 어떻게 천지만물의 모습을 알겠는가? 바로 이에 근거해서이다.
吾何以知衆甫之狀哉, 以此.

천지만물은 어찌하여 고금에 걸쳐 늘 그러할 수 있는가? 태극을 이어 싣고 있는 음양이 천지만물 속을 꿰뚫어 천지만물의 근본이 되기 때문이다.
天地萬物, 何爲亙古今常然哉. 以有承載太極之陰陽, 貫徹其中, 爲之楨榦[1]也.

【교감 및 주해】
서명응은 이 장을 태극음양론의 역리적 사유를 통해 풀이하고 있다.

이 장은 구본의 경우 착간錯簡되어 상편 '절학무우絶學無憂'장(현행본 제20장) 다음(즉 제21장)에 위치해 있는데, 덕德과 신信을 주제로 삼아 말한 것으로 보아 하편의 수장首章임이 분명하다. 때문에 바로잡아 여기에 둔다.
此章舊本錯簡, 在上篇絶學無憂之下, 今以言德言信, 明是下篇之首章, 故更正在此.

위의 내용은 제37장이다.
右第三十七章.

---

[1] 楨榦 : 정간이란 담을 칠 때 담의 두 끝에 세우는 기둥을 말한다. 담을 치는 데 중요한 것이므로 그 의미가 전환되어 '근본', '기초'의 뜻으로 쓰이며, 인재에 비유되기도 한다.

【총설】

　이 장은 서명응의 '덕德'과 '신信'에 대한 기본 개념을 볼 수 있는 장이다. 원래 현행본 21장에 해당하는데, 서명응은 이 장이 '덕'과 '신'을 말하고 있다는 점에서 '덕경德經'의 시작이 되어야 한다고 본다. 흔히 『노자』를 『도덕경』이라 부르면서 도경을 상경, 덕경을 하경으로 삼는 점을 참조한다면 이 장을 덕경의 첫머리에 놓는다는 서명응의 말이 이해되기도 한다. 그런데 이 장을 덕경의 첫머리로 삼는 또 다른 근거로서 서명응은 토土, 중中, 성誠, 일一, 충沖 등으로 설명되는 '신信'을 거론하고 있다. 이는 그만의 독특한 『노자』 이해라고 할 수 있다. 이 장에서 서명응은 '대덕大德'은 도를 구체화한 모습이기 때문에 덕이 있으면 도 또한 함께 있다고 하여 도와 덕의 불가분성을 강조하는 전통적인 유가적 입장을 드러내고 있다. 또한 양생적 관점에 입각한 『노자』 이해의 전형을 보여 주기도 한다.

제38장

'높은 덕'(上德)은 스스로 덕이 있노라 자처하지 않으니, 이 때문에 덕이 있고,
上德不德, 是以有德,

'높은 덕'(上德)은 도와 하나이다. 유가에서 말하는 '성聖'에 가까운 개념이다. '부덕不德'이란 도가 스스로 자처하지 않음을 본받는 것이다.
上德, 與道爲一. 在儒家則幾於聖者也. 不德, 法道之不自居也.

【교감 및 주해】

'덕德'에 대해『한비자』「해로」에서는 "덕이란 안에 이미 갖추어진 것이고, 득得이란 밖으로부터 얻는 것이다"(德者, 內也, 得者, 外也)라고 하였고, 왕필은 "덕이란 얻음이다"(德者, 得也)라고 하였다. 소철은 "도는 무형無形이지만, 그것이 운행하여 덕이 되면 곧 형용함이 있게 된다. 그러므로 덕이란 도의 드러남이다. 이로써 미루어 보건대 만물의 모습은 모두 도가 사물 가운데 드러난 것이다"(道無形也, 及其運而爲德則有容矣. 故德者道之見也. 自是推之則衆有之容皆道之見于物者也)라고 하였다.

여기에서 서명응은 '높은 덕'(上德)을 유가적 차원에서 이해하고 있다. 앞서 보았듯이 도와 덕을 일원적으로 파악하였기 때문에 그는 '높은 덕'을 도와 같은 경지로 설명하고 있으며, '높은 덕'은 곧 유가가 궁극적으로 지향하는 덕의 최고 상태인 '성聖'과 같은 개념이라고 보았다.

'낮은 덕'(下德)은 덕을 잃지 않으려 하니, 그래서 덕이 없다.

下德不失德, 是以無德.

'불실덕不失德'은 스스로 덕을 지녔다고 자처하려는 것이니, 스스로 덕이 있음을 자처하려 하면 이미 '함이 있음'(有爲)을 면치 못하여 그 마음이 비어 있지 않다. 그러므로 '덕이 없다'(無德)고 말한다.

不失德, 謂欲以德自居也, 欲以德自居, 則已不免有爲, 而其心不虛, 故又曰無德.

【교감 및 주해】

"하덕불실덕下德不失德"에 대해 왕필은 "낮은 덕이란 구하여 얻고 행하여 이루니, 선을 세워서 사물을 다스리는 것이다. 그러므로 덕이라는 이름이 있게 되었다. 구하여 얻으면 반드시 잃음이 있고 행하여 이루면 반드시 실패함이 있으니, 선이라는 이름이 생기면 곧 불선이 있어 여기에 응한다. 그러므로 낮은 덕은 행함에 있어 유위적인 것이 있게 된다"(下德, 求而得之, 爲而成之, 則立善以治物. 故德名有焉. 求而得之, 必有失焉, 爲而成之, 必有敗焉, 善名生, 則有不善應焉. 故下德爲之而有以爲也)라고 하였다.

서명응은 '불실덕不失德'을 인위적인 측면, 특히 '마음이 비어 있지 않음'과 연계하여 이해하는 특징을 보인다.

'높은 덕'(上德)은 무위로서 유위하려는 의도가 없고,

上德無爲而無以爲,

'높은 덕'(上德)은 본래 무위로서 유위하려는 의도가 없다.

固自無爲, 而亦無可以爲之者也.

【교감 및 주해】

이 구절이 백서본에는 끝에 '야也'가 하나 더 붙어 "상덕무위이무이위야上德無爲而無以爲也"로 되어 있고, 엄준본·부혁본·범응원본에는 "상덕무위이무불위上德無爲而無不爲"로, 한비자본韓非子本에는 "상덕무위이무불위야上德無爲而無不爲也"로 되어 있다. '무이위無以爲'에 대해 왕필은 "'무이위'란 한곳에 치우쳐 행함이 없음이다"(無以爲者, 無所偏爲也)라고 하였고, 임희일은 "'이以'란 마음이 있는 것이다. '무이위'란 무심히 행하는 것이다"(以者有心也. 無以爲, 是無心而爲之也)라 하였으며, 고형은 "'무이위'란 의거하는 것 없이 행한다는 의미로서, 인위적으로 행함이 없이 행하는 것이다"(無以爲者, 無所因而爲之, 無所爲而爲之)라고 하였다.

'낮은 덕'(下德)은 유위로서 유위하려는 의도가 있다.

下德爲之而有以爲.

'낮은 덕'(下德)은 유위함으로 인해 도리어 폐단을 낳으니, 알맞게 다스려 극복하려 하는 것은 곧 참으로 행하고자 하는 마음이 있는 것이다.

因其爲之, 却生弊端, 而合當克治, 則是眞有可以爲之者也.

【교감 및 주해】

"하덕위지이유이위下德爲之而有以爲"가 부혁본·범응원본·누고본에는 "하덕위지이무이위下德爲之而無以爲"로 되어 있다. 백서본이나 『한비자』「해로」에는 이 구절이 빠져 있다.

'높은 인'(上仁)은 유위로서 유위하려는 의도는 없고,

上仁爲之而無以爲,

음양이 움직임과 고요함, 열림과 닫힘을 거듭한 연후에 목木과 금金을 낳으니, 목의 신神은 '인仁'이 되고 금의 신은 '의義'가 된다. '인'은 만물을 이롭게 하는 것을 위주로 하므로 '인'이 만물을 이롭게 하지 않을 수 없지만, 스스로 인에 자처하지 않으니 또한 인위적으로 '인'을 하는 것이 아니다. 그러나 이를 '높은 덕'과 비교해 보면 이미 차등이 있다.

陰陽動靜闔闢, 然後乃生木金, 而木神爲仁, 金神爲義. 仁主於利物, 則不能不爲之利物, 而不自居, 則無可以爲之. 視上德已有等級矣.

【교감 및 주해】
　서명응은 이 구절을 음양오행의 관점에서 이해하는데, 이러한 이해는 유가에서 일반적으로 '인'과 '의'를 오행으로 이해할 때 '목'과 '금'으로 이해하는 것과 통한다. 그런데 이러한 인은 이미 큰 틀에서는 인위에 속한다. 따라서 서명응은 이 '높은 인'을 '도'나 '성聖' 혹은 '무위'로 이해되는 '높은 덕'(上德)과는 차등이 있다고 말하는 것이다.

'높은 의'(上義)는 유위로서 유위하려는 의도가 있으며,

上義爲之而有以爲,

'의義'는 만물에 대처하는 것을 위주로 한다. 내 몸에 있어서는 그 마땅함을 구하는 것이므로 유위하지 않을 수 없고, 사물에 있어서는 그 적의함을 구하는 것이므로 또한 유위하려는 바가 있는 것이다. '높은 인'(上仁)과 비교해 보면 또 그 아래이다.

義主於處物, 則在我求其當, 故不能不爲之. 在物求其宜, 故亦有可以爲之. 視上仁又盖下矣.

【교감 및 주해】

서명응은 '의義'의 의미를 마땅함 및 적의함과 관련지어 이해하되 그것을 만물에 대해 적용하여 풀이하고 있다. 즉 앞에서는 '높은 인'(上仁)의 의미를 밝히되 인과 의를 음양오행적 관점에서 이해한 것에 비하여 여기서는 '높은 의'(上義)를 만물과 관련지어 말하되 철저하게 유위적 차원에서 이해하고 있는 차별성을 보인다. 이러한 이해는 주돈이가 「태극도설」에서 '무극이태극無極而太極', 음양과 오행, 화생만물化生萬物의 순서를 밝힌 사유를 빌려서 무위와 인위에다 차별적으로 적용하여 해설한 것이라고 할 수 있다.

'높은 예'(上禮)는 유위한데다가 행위에 대한 응답이 없으면 팔을 걷어붙이고서 다툼으로 대응한다.

上禮爲之而莫之應, 則攘臂而仍之.

'잉仍'은 나간다는 의미이다. 예禮에는 서로 가고 옴이 있으니, 응답이 없으면 다툼으로 이에 대응해 나간다. 예에는 사리에 따라 알맞게 조절함이 있으니, 부합하지 않으면 책망으로 이에 대응해 나간다. 예에는 상례常禮와 변례變例가 있으니, 거기에 맞지 않으면 뒤엎고 비난하는 것으로 이에 대응한다. 이 때문에 예를 좋아하는 사람들을 가리켜 '송사訟事를 모은다'고 하는 것이다. 예를 인과 의에 비교해 보면 아래이다. 대개 예는 '인仁'의 가지가 번다해질 즈음에 생기니, 기운의 변화가 쇠퇴해질수록 더욱 폐단을 드러내게 되는 것은 형세가 저절로 그러한 것이다. 따라서 예로 인한 폐단은 '인의仁義'보다 더욱 심하다. 이 점을 말함으로써 근본되는 처음에 힘쓰지 않을 수 없음을 나타내 보인 것이다.

仍, 就也. 禮有往來, 不答則爭鬪而就之. 禮有節文, 不合則責望而就之. 禮有常變, 不同則覆難而就之. 故好禮之家, 謂之聚訟. 視仁義又益下矣. 蓋禮生於仁之條達, 而氣化之漸推漸獘, 乃其勢之自然. 故禮之獘, 甚於仁義也. 言此以見本始之不可不務焉.

【교감 및 주해】

'仍'이 왕필본에는 '扔'으로 되어 있다.

서명응은 예의 폐단을 경계하면서 근본되는 처음에 힘써야 함을 강조한다. 구체적으로는 인간 수양이라는 관점에서 도와 덕, 인과 의 및 예의 등급을 밝힌 것이라고 아래에서 말하고 있다.

그러므로 도를 잃어버린 후에 덕이 있고, 덕을 잃어버린 후에 인이 있으며, 인을 잃어버린 후에 의가 있고, 의를 잃어버린 후에 예가 있다.

故失道而後德, 失德而後仁, 失仁而後義, 失義而後禮.

앞에서는 인간 수양이라는 관점에서 도와 덕과 인과 의와 예의 등급을 밝혔고, 이 글부터는 또 세태 변화의 오르내림(乘降)이라는 관점에서 도와 덕과 인과 의와 예의 등급을 밝혔다. 대개 복희씨[1]와 신농씨[2]의 순박한 도가 희미해지자 오제五帝[3]의 성스럽고 밝은 덕이 되었고, 오제의 성스럽고 밝은 덕이 또 희미해지자 순임금과 우임금의 빛나고 밝은 인이 되었고, 순임금과 우임금의 빛나고 밝은 인이 또 희미해지자 탕임금과 무임금이 행한 정벌征伐의 의[4]가 되었고, 탕임금과 무임금의 정벌의 의가 또 희미해지자 주나라 말기의

---

1) 복희씨 : 고대중국의 전설상의 삼황의 하나. 처음으로 백성들에게 고기잡이, 사냥, 목축 등을 가르치고 팔괘와 문자를 만들었다고 한다. 大皞, 庖犧라고도 함.
2) 신농씨 : 고대중국의 전설상의 삼황의 하나. 농사짓는 법을 처음으로 가르쳤다고 한다.
3) 오제 : 고대중국의 전설상의 다섯 황제. 『사기』 「五帝紀」에서는 黃帝, 顓頊, 帝嚳, 堯, 舜을 말한다. 또는 太皞, 炎帝, 황제, 少昊, 전욱이라 하기도 한다.

'문文'이 '질質'을 이긴 예5)가 되었다. 일원一元6)을 들어 살펴보면 일세一世의 변화를 알 수 있고, 일세를 들어 살펴보면 한 사람의 몸의 변화를 알 수 있다.

前, 以人之自修, 而明道德仁義禮之等級. 此以下, 又以世變之升降, 而明道德仁義禮之等級. 盖自羲農淳樸之道, 降而爲五帝聖哲之德, 自五帝聖哲之德, 又降而爲虞夏熙皥之仁, 自虞夏熙皥之仁, 又降而爲湯武征伐之義, 自湯武征伐之義, 又降而爲周末文勝質之禮, 擧一元則一世之化可知也. 擧一世則一人之身可知也.

【교감 및 주해】

서명응은 이 구절을 세태 변화의 승강이란 점을 통하여 도와 덕과 인과 의와 예의 등급을 밝히되, 특히 유가의 요-순-우-탕-문-무로 내려오는 도통관道統觀과 소옹邵雍의 『황극경세서皇極經世書』를 응용한 역사적 경험을 통하여 구체적으로 설명하고 있다. 여기에서 그는 시대적 문제점을 예측하고 진단할 수 있다는 의도를 은연중에 드러내고 있다.

저 '예禮'는 '충忠'과 '신信'이 엷어진 결과이며 어지러움의 시작이다. '미리 앎'(前識)은 '도道'의 화려함이면서 '어리석음'(愚)의 시작이다.

夫禮者, 忠信之薄, 而亂之首. 前識者, 道之華, 而愚之始.

'예禮'는 말단이고 '충忠'과 '신信'은 근본이며, '예'는 '문文'이고 '충'과 '신'은 '질質'이다. 말단은 근본을 덮어 가리는 것이고, 문은 질을 아름답게 꾸미는 것이다. 그러므로 예는 충과 신이 엷어진 데서 생겨나는 것이니, 그 엷어진

---

4) 정벌의 의 : 탕왕과 무왕이 하의 桀과 은의 紂를 방벌하고 천하를 얻은 것을 말한다.
5) 주나라……이긴 예 : 『禮記』 「表記」에는 "우하의 때는 문이 질을 이기지 못하였고, 은주의 때는 질이 문을 이기지 못하였다"(虞夏之文, 不勝其質, 殷周之質, 不勝其文)라는 말이 있다.
6) 일원 : 邵雍의 『皇極經世書』에 의하면 12만 9천 6백년=4320世이다. 여기서 1世는 30년이다.

것을 두터이 하여 본래의 충과 신을 유지시키고자 하는 것이다. 이 문장은 예가 다시 폐단을 만들어 내게 되면 거친 싸움이 일어나서 도리어 화란禍亂의 시초가 됨을 말하고 있다. '전식前識' 이하에서는 넌지시 오덕五德 중의 (인·의·예에 이은) '지知'를 거론하여 그 폐단을 말하였다. 도를 지녔다고 자처하는 자는 저절로 '미리 안다'(前識)고 여기는데, 이는 충신을 자처하는 자에게 저절로 예가 있는 것과 같다. 이 때문에 (전식을) 도의 화려함이라 말한다. 그러나 한결같이 자주 적중시키는 데 빠져서 거기에만 힘쓴다면 정신이 밖으로 치달아 그 본체를 잃게 될 것이니, 이를 가리켜 '안으로 어리석은 자'라고 한다. 경방京房이나 곽박郭璞과 같이 화복禍福을 예언하는 데 빠져서 남으로부터 중상모략을 받게 된 자는 '밖으로 어리석은 자'이다.

禮, 末也. 忠信, 本也. 禮, 文也. 忠信, 質也. 末所以庇本, 文所以飾質. 故禮生於忠信之薄, 而所以厚其薄, 使維持其忠信也. 此其所以禮又生獘, 則爭鬪起而反爲禍亂之始也. 前識以下, 暗擧五德之知, 而言其獘, 有道者自然前識, 猶忠信者自然有禮, 故曰道之華也. 然一向耽其屨中, 以是爲務, 則神馳於外, 而迷其本體者, 愚於內也. 豫言禍福, 爲人中傷, 如京房郭璞之爲者, 愚於外也.

【교감 및 주해】

범응원은 "'전식'이란 선견을 말한다. 예를 제정한 사람이 스스로 선견을 지녔다고 여겨 세세한 조리를 만들어서 인간사의 표준으로 삼음을 말하는데, 이것은 사람들로 하여금 질을 버리고 문을 숭상하도록 만드는 것이다"(前識猶言先見也. 謂制禮之人, 自謂有先見, 故爲節文, 以爲人事之儀則也, 然使人離質尙文)라고 하였다.

서명응은 이 구절을 '문'과 '질' 및 말단과 근본과 연계하여 설명하고 있는데, 특히 '전식前識'과 관련해서는 경방이나 곽박처럼 역학을 통해 미래를 예측하려는 인물들의 어리석음을 비판하고 있다.

이런 까닭에 대장부는 그 두터운 것에 머물 뿐 그 엷은 것에 거처하지 않으며, 그 실질적인 것에 머물 뿐 그 화려한 것에 거처하지 않는다. 그러므로 '저것을 버리고 이것을 취하는 것'이다.

是以大丈夫處其厚, 不處其薄, 居其實, 不居其華. 故去彼取此.

두터운 것은 '충'과 '신'이고, 엷은 것은 '예'이다. 실질적인 것은 '도'이고, 화려한 것은 '전식'이다. 그 엷은 것과 화려한 것을 버리고 그 두터운 것과 실질적인 것을 취하는 것이 이른바 '저것을 버리고 이것을 취하는 것'이다.

厚, 忠信也. 薄, 禮也. 實, 道也. 華, 前識也. 去其薄與華, 而取其厚與實, 所謂去彼取此也.

【교감 및 주해】

서명응은 두터운 것을 충과 신으로, 엷은 것을 예로, 실질적인 것을 도로, 화려한 것을 전식으로 이해하여 앞의 내용을 더욱 구체적으로 설명하고 있다. 이 장에 나오는 "거피취차去彼取此"는 『노자』 12장과 72장에도 나온다.

위의 내용은 제38장이다.

右第三十八章.

【총설】

서명응은 이 장에서 '높은 덕'(上德)이 '도'와 하나라 하여 '높은 덕'과 도의 관계를 밝히고 있다. 그는 또 '높은 덕'을 무위로, '낮은 덕'을 유위로 나누어 보고, '높은 인'·'높은 의'·'높은 예'를 각각 무위와 유위의 다양한 측면으로 이해하되 「태극도설」의 구조를 응용하여 이해하는 특징을 보인다. 전체적으로는 앞부분의 내용은 인간 수양이라는 관점에서, 뒷부분은 세태 변화의 승강이라는 관점에서 도와 덕과 인과 의와 예의 등급을 밝힌 것이라고 하여 이 장을 인간 수양의 측면과 세태 변화의 승강이라는 두 가지 관점에서 풀이하는데, 특히 세태 변화와 관련된 풀이는 여타의 주석과 차별성을 갖는다. 그리고 '전식前識'을 통해 경방이나 곽박 같은 상수역학자들을 비판하는 것에서 실질을 중시하는 서명응의 역학관을 알 수 있다. 전반적으로 서명응의 『노자』 이해의 창의성이 매우 돋보이는 장이다.

제39장

옛날의 '일一을 얻음'에 대해 말하자면, 하늘은 '일'을 얻어 맑았고, 땅은 '일'을 얻어 안정되었으며, '신神'은 '일'을 얻어 영험하였고, 계곡은 '일'을 얻어 가득 찼으며, 후왕은 '일'을 얻어 천하의 올바름으로 삼았으니, 그 이치는 모두 하나이다.

昔之得一者, 天得一以清, 地得一以寧, 神得一以靈, 谷得一以盈, 侯王得一以爲天下貞, 其致之一也.

'일一'은 '성실하고 한결같아서 둘이 아님'을 말한다. '정貞'은 '올바르면서도 꿋꿋함'이다. 하늘은 가볍고 맑으며 성실하고 한결같아서 둘이 아니기 때문에 그 맑음을 늘 유지할 수 있다. 땅은 안정되고 고요하며 성실하고 한결같아서 둘이 아니기 때문에 그 안정됨을 늘 유지할 수 있다. 귀신은 영험하고 밝으며 성실하고 한결같아서 둘이 아니기 때문에 그 영험함을 늘 유지할 수 있다. 시내 계곡은 텅 비어 만물을 받아들이며 성실하고 한결같아서 둘이 아니기 때문에 그 채움을 늘 유지할 수 있다. 이것은 후왕이 '성실하고 한결같아서 둘이 아닌 도'를 체득하여 '천하를 다스리는 올바르고 꿋꿋한 도'로 삼기 때문에 그 올바르면서 꿋꿋함이 항상 올바르면서 꿋꿋할 수 있음을 말한다. '그 이치는 모두 하나'라는 것은 많든 적든, 높든 낮든, 크든 작든, 숨어 있든 드러나든, 그 이치는 모두 동일하다는 뜻이다.

一者, 誠一不貳也. 貞, 正而固也. 天, 以輕清而誠一不貳, 故其清常清. 地, 以寧靜而誠一不貳, 故其寧常寧. 鬼神, 以靈昭而誠一不貳, 故其靈常靈. 川谷, 以虛受而誠一不貳, 故其盈常盈. 此侯王所以體誠一不貳之道, 以爲天下貞固之道, 而其貞常貞也. 其致之一, 謂洪纖高下大小幽顯, 其理皆同也.

【교감 및 주해】

'정정貞'이 백서본・하상공본・경룡비본・경복본에는 '정正'으로 되어 있다. '일一'에 대해 왕필은 "일은 수의 시작이며 사물의 궁극이다"(一, 數之始而物之極也)라고 하였고, 임희일은 "일은 도의 숫자이다"(一者, 道之數也)라고 하였다. 왕필본을 비롯한 대부분의 판본에는 "곡득일이영谷得一以盈" 다음에 "만물득일이생萬物得一以生" 구절이 있는데 『도덕지귀』에는 없다.

서명응이 '일一'을 성실하고 한결같아서 둘이 아닌 것으로 이해하고 '정貞'을 올바르면서도 꿋꿋함이라 한 것은 『중용』 20장의 '성誠'에 대한 이해와 『주역』 건괘의 덕인 원형이정元亨利貞의 '정'을 떠올리게 한다. 주희는 건괘의 덕을 설명할 때 '원'을 '대大'로, '형'을 '통通'으로, '이'를 '의宜'로 풀이하면서 '정'을 '정이고正而固'로 풀이하고 있다. 서명응이 '일'과 관련된 다양한 현상들을 설명하면서 구체적으로 홍섬洪纖・고하高下・대소大小・현미顯微(幽顯) 등에 있어서 '이치가 하나임'을 말하고 있다고 이해한 것은 유가적 차원의 이해라고 할 수 있다. 즉 유가의 '비이은費而隱'적 사유로 볼 수 있는 것이다.

하늘은 의도적으로 맑고자 함이 없나니, (씀이 있다면) 장차 분열될 것이다. 땅은 의도적으로 안정되고자 함이 없나니, (안정되고자 한다면) 장차 안정을 잃고 발동하게 될 것이다. 귀신은 의도적으로 영험하고자 함이 없나니, (영험하고자 한다면) 장차 영험한 작용이 멈추게 될 것이다. 계곡은 의도적으로 만물을 채움이 없나니, (채우고자 한다면) 장차 고갈될 것이다. 후왕은 의도적으로 올곧아서 고귀해지고자 함이 없나니, (올곧아서 고귀해지고자 한다면) 장차 뒤엎어질 것이다.

天無以淸, 將恐裂. 地無以寧, 將恐發. 神無以靈, 將恐歇. 谷無以盈, 將恐竭. 侯王無以爲貞而貴高, 將恐蹶.

'이以'는 사용한다는 의미이고, '발發'은 움직인다는 의미이며, '궐蹶'은 엎어진다는 의미이다. 하늘이 비록 항상 푸르지만 스스로 푸르고자 하지는 않는다. 하늘이 의도적으로 스스로 푸르고자 한다면 극도로 고고하다 못해 장차 터져 갈라지게 될 것이다. 땅이 비록 항상 안정되어 있지만 스스로 안정되고자 하지는 않는다. 땅이 의도적으로 스스로 안정되고자 한다면 극도로 막히다 못해 장차 발동하기에 이를 것이다. 신이 비록 항상 신령스럽지만 스스로 신령스럽고자 하지는 않는다. 신이 의도적으로 스스로 신령스럽고자 한다면 극도로 낭비되고 새어 나가 장차 다하게 될 것이다. 후왕은 스스로 굳세고 올발라서 높고 귀하게 되고자 하지 않는다. 후왕이 의도적으로 굳세고 올발라서 높고 귀하게 되고자 한다면 장차 전복되는 지경에 이를 것이다.

以, 用也. 發, 動也. 蹶, 仆也. 天雖常淸, 而不自用其淸. 自用其淸, 則孤高之極, 將恐至於坼裂也. 地雖常寧, 而不自用其寧. 自用其寧, 則堙鬱之極, 將恐至於發動也. 神雖常靈, 而不自用其靈. 自用其靈, 則費洩之極, 將恐至於止歇也. 侯王不自用其正固而貴高, 自用其正固而貴高, 則將恐至於顚仆也.

【교감 및 주해】

'궐蹶'에 대해 초횡은 "'궐蹶'의 음은 '궐厥'로서, 전복됨이다"(蹶, 音厥, 顚仆也)라고 하였다. 왕필본을 비롯한 대부분의 판본에는 "곡무이영장공갈谷無以盈將恐竭" 다음에 "만물무이생장공멸萬物無以生將恐滅" 구절이 있는데 『도덕지귀』에는 없다.

서명응은 '이以'를 사용한다는 뜻의 '용用'으로 본다.

그러므로 귀함은 천함을 근본으로 삼고 높음은 낮음을 기초로 삼는다. 이 때문에 후왕은 스스로를 '외로운 사람'(孤), '덕이 부족한 사람'(寡), '착하지 못한 사람'(不穀)이라 지칭한다. 이것이야말로 천한 것을 근본으로 삼는 자세가 아닌가? 그렇지 않은가?

故貴以賤爲本, 高以下爲基. 是以侯王自謂孤寡不穀. 此非以賤爲本邪, 非乎.

이는 두 번째 단락의 글을 마무리한 것이다. 귀한 것은 그 자체로 귀한 것이 아니라 천한 것을 바탕으로 해서 비로소 귀하게 되고, 높은 것은 그 자체로 높은 것이 아니라 낮은 것을 바탕으로 해서 비로소 높게 된다. 가로와 세로, 굽음과 바름이 모두 이 이치 아닌 것이 없다. 이 때문에 후왕은 지극히 고귀함에도 불구하고 스스로를 '고孤'라 부르는데, '고'란 아비 없는 딱한 백성을 지칭하는 말이다. 또 후왕은 스스로를 '과인寡人'이라 부르는데, '과인'이란 덕이 부족한 하품下品의 사람을 지칭하는 말이다. 또 후왕은 스스로를 '불곡不穀'이라 부르는데, '곡'은 '착함'이니 '불곡'이란 착한 모습이라고는 한 가지도 없음을 지칭하는 말이다. 모두 '천한 것'을 근본으로 여기는 의미를 담고 있다. '그렇지 않은가'(非乎)라는 것은 과연 그렇지 않겠는가 하고 반복해서 질문함으로써 간절한 뜻을 다한 것이다.

此終第二段之文. 貴不自貴, 以賤爲本而貴焉. 高不自高, 以下爲基而高焉. 橫竪曲直, 無往非此之理. 故以侯王之至貴至高, 而自稱曰孤, 則孤者, 窮民無父之稱也. 又自稱曰寡人, 則寡人者, 下民寡德之稱也. 又自稱曰不穀, 則穀, 善也. 不穀者, 無一善狀之稱也. 凡此皆以賤爲本之義也. 非乎者, 復設問其果不然乎, 以致其丁寧之意.

【교감 및 주해】

서명응은 이 구절을 전반적으로 '천한 것을 근본으로 여긴다'는 것과 관련지어 풀이하고 있다.

이 때문에 수레를 끝까지 세어 가면 수레가 없는 지경에까지 이르게 될 것이니, 이는 도가 녹록한 옥과 같이 되고자 하지도 않고 낙락한 돌과 같이 되고자 하지도 않기 때문이다.['수數'는 상성이다.]

故致數輿無輿, 不欲琭琭如玉, 落落如石.[數上聲]

이는 첫 번째 단락의 글을 마무리한 것이다. '치致'는 끝까지 미루어 가는 것이고, '수數'는 사물을 세는 것이며, '여輿'는 수레이다. 대개 주축 위에 판을 더한 것을 '상箱'이라 하고, 상의 뒤에 가로지른 나무를 '교較'라 하며, 상 앞에 가로지른 나무를 '식軾'이라 하고, 상의 좌우에 가로지른 나무를 '장檣'이라 한다. 이 넷을 합쳐서 '진軫'이라 하고, '진' 사이에 가로지른 나무를 '령軨'이라 한다. 이는 모두 수레를 부분별로 나누어 세어 가는 것이다. 이처럼 수레를 나누다 보면 결국은 수레라는 명칭(개념)조차 사라져 버린 상태가 된다. 이를테면 '일一'이 천지와 신곡神谷과 후왕의 도이지만 천지, 신곡, 후왕을 언급할 때는 그 정해진 이름과 정해진 위치를 볼 수 없는 것과 같다. 그 이유는, 도는 녹록한 옥처럼 순수하고 맑고자 하거나 낙락한 돌처럼 잘라져 툭툭 튀어 나오고자 하지 않기 때문이다. 도의 겸하謙下하고 충허冲虛함이 이와 같으니 덕을 높이는 자라면 (마음에) 그려볼 만하지 아니한가?

此終第一段之文. 致, 推致也. 數, 物之數也. 輿, 車輿也. 盖輻軸之上加板謂之箱, 箱後橫木謂之較, 箱前橫木謂之軾, 箱左右橫木謂之檣, 又合其四圍謂之軫, 軫間橫木謂之軨. 是車輿之數. 分之又分, 盖無輿之名矣. 譬如一爲天地神谷侯王之道. 然言天地神谷侯王, 又不見一之定名定位也. 所以然者, 不欲琭琭如玉之粹潔, 不欲落落如石之斗截故爾. 道之謙下冲虛如此, 則尙德者, 其可不象之乎.

【교감 및 주해】

"고치수여무여故致數輿無輿"의 두 '여輿'자가 하상공본에는 '거車'로 되어 있고, 부혁본·왕방본王雱本·범응원본에는 '예譽'로 되어 있다.

서명응은 이 구절에서 '수數'자에 의미에 주목하면서 도의 겸하하고 충허함을 본받을 것을 말한다. 일종의 '도법자연道法自然'적 사유라고 할 수 있다.

위의 내용은 제39장이다.
右第三十九章.

【총설】
　서명응은 이 장에서 '일一'에 대한 다양한 해석 가운데 '성실하고 한결같아서 둘이 아님'에 주목하면서 이러한 '일'이 천지 및 인간세계에 그대로 적용되어야 함을 역설한다. 그리고 '성실하고 한결같아서 둘이 아닌' 일一을 인간세계에 적용하면 천한 것이 근본이 됨을 알게 된다고 하여 도의 겸하고 충허함을 본받아야 한다고 강조한다. 일종의 '도법자연'적 사유이다.

제40장

되돌아가 회복함은 도의 움직임이고,

反者, 道之動,

이 장은 오로지 "동지에 일양一陽이 처음 움직이는 것"으로써 도의 오묘한 모습을 그려내고 있는데, 그 가운데 이 단락은 그 기틀에 대해 말하고 있다. '반反'이란 '되돌아와 회복하는 것'(反復)이요 '동動'이란 '와서 회복되는 것'(來復)이니, 와서 회복되는 것의 기틀은 실로 되돌아와 회복하는 것의 속에 있음을 말한 것이다. 그러므로 사람이 그 심신을 응취하고 수렴함으로써 내 몸을 되돌아오게 하여 회복할 수 있다면 천기天機 또한 그 가운데서 되돌아와 회복될 것이다.

此章, 專以一陽初動於冬至, 狀道之妙, 而此一段言其機也. 反者, 反復也. 動者, 來復也. 來復之機, 實在於反復之中. 故人能凝聚收斂其心神, 使反復吾身, 則天機亦反復于其中也.

【교감 및 주해】

"반자反者, 도지동道之動"이 죽간본과 백서본에는 "반자야反者也, 도지동야道之動也"로 되어 있다. 조지견본趙志堅本에는 '반反'이 '반返'으로 되어 있다. 임희일은 "'반'이란 돌아감이며, 고요함이다"(反者, 復也, 靜也)라고 하였으며, 초횡은 "'반'은 돌아감이다. 모름지기 움직임이 극도에 달하면 반드시 돌아간다. 이것이 바로 반이다"(反, 復也. 須動之極, 則必歸也. 是其反也)라고 하였다.

서명응은 『노자』 사상을 풀이하는 데 있어 종종 동지를 중심으로 역리적 측면에서 접근하고 있는데, 이 구절에서도 역시 복괘 초효의 '일양'과 관련지어 풀이하고 있다. 여기에서는 특히 역리적 시각뿐만 아니라 양생적 시각을 함께 연계하여 풀이하고 있다.

약함은 도의 작용이다.
弱者, 道之用.

이 단락은 도의 '펼쳐짐'(施)을 말한 것이다. 바야흐로 '일양'이 처음 움직일 때는 그 기운이 지극히 미약하니, 태사공(사마천)의 "기氣처럼 가늘고 소리처럼 미미하다"[1]라는 말이 이것이다. 그러나 오직 이 미약한 기운이야말로 조화하고 발육하는 작용에서 근본이 된다. 이 때문에 사람이 마음을 세우고 일을 처리해 나감에 있어서는 결코 강포強暴해서는 아니 되니, 강포함은 기의 본래 그러함이 아니기 때문이다.

此一段, 言其施也. 方一陽之初動, 其氣至弱, 太史公所謂 '細若氣, 微若聲' 是也. 然惟此微弱之氣, 爲本於造化發育之用. 故人之立心處事, 切不可強暴, 非氣之本然也.

【교감 및 주해】

서명응은 이 구절을 『주역』 복괘의 '일양'이 처음 움직일 때의 상황과 관련지어 말하면서, 그것을 통해 일종의 처세술과 마음 다스림을 말하고 있다.

---

[1] 기처럼……미미하다 : 『史記』 권25 「律書」에 나온다. 『史記正義』에서는 '氣'는 太易의 기요 '聲'은 오성의 성이라고 하였다.

천하의 만물은 유에서 생겨나고, 유는 무에서 생겨난다.
天下之物, 生於有, 有生於無.

'유有'는 '드러나 움직임'이고, '무無'는 '수렴하여 고요함'이다. 덕의 겸허함이 무한한 도리를 만들어 내는 이치가 어찌 이와 다르겠는가? 대녕설씨(설혜)는 다음과 같이 말하였다. "횡거 장재張載 선생은 '위대한『주역』에서는 유와 무를 말하지 않았으니, 유와 무를 말한 것은 뭇 학자들의 비루함일 뿐이다'라고 했는데, 그렇다면 주염계의 '고요함은 무이고 움직임은 유이다'라는 말 역시 비루한 말이라 할 것인가? 대저 고인이 이치를 명명한 말 중에는 내용은 같되 명칭만 다른 것이 있으니, 예를 들어『주역』의 '고요하게 움직이지 않음'과 '느껴서 천하의 일에 통함'2)이 곧『노자』의 유와 무요『주역』의 '인仁에서 드러남'과 '용用에서 잠김'3)이 곧『노자』의 유와 무이다."

有, 發動也. 無, 翕寂也. 德之謙虛, 生出無限道理, 何以異於此哉. 大寧薛氏曰, 橫渠張子云, 大易不言有無, 言有無諸子之陋也. 然則周子之言靜無而動有何也, 亦將謂之陋乎. 大抵古人名理之辭, 同實而異名, 如大易之寂感, 卽老子之有無也, 顯藏, 卽老子之有無也.

【교감 및 주해】

"천하지물天下之物"이 왕필본에는 "천하만물天下萬物"로 되어 있다. 왕필은 "천하만물은 모두가 유를 위주로 삼는데, 유의 시작됨은 무를 근본으로 삼은 것이니 장차 유를 온전히 하고자 한다면 반드시 무로 돌아가야 한다"(天下之物, 皆以有爲主. 有之所始, 以無爲本, 將欲全有, 必反於無也)라고 하였다. 초횡은 "'천하만물이 유에서 생겨났다'는 말은 이른바 '유명은 만물의 어미이다'를 가리킨다. '유는 무에서 생겨났다'는 말은 이른바 '무명은 천지의 시작이다'를 가리킨다. 무는 반드시 유를 생겨나게 하

---

2) 고요하게……통함 :『周易』「繫辭傳上」10장의 "寂然不動, 感而遂通, 天下之故" 참조.
3) 인에서……잠김 :『周易』「繫辭傳上」6장의 "顯諸仁, 藏諸用" 참조.

기 때문에 그 돌아감을 귀하게 여긴 것이니, 반이란 무로 돌아감을 말한다. 유는 무에서 생겨나기 때문에 그 약함을 귀하게 여긴 것이니, 약함이란 무와 유사한 것이다'(天下萬物生於有, 所謂有名萬物之母是已. 有生於無, 所謂無名天地之始是已. 無必生有, 是故貴其反. 反者, 反於無也. 有生於無, 是故貴其弱, 弱者, 無之似也)라고 하였다.

이 구절은 유학자들이 『노자』를 비판하는 대표적인 문장 중의 하나이다. 이러한 비판은 이미 설혜가 거론한 장재의 말에서부터 명백하게 드러나고 있다. 체용일원적 사유에서 유와 무를 동일한 근원으로 이해하는 유학자들에게는 '무를 근본으로 삼는'(以無爲本) 왕필식으로 이해될 수 있는 이 구절이 문제가 되었던 것이다. 그러나 서명응은 설혜가 말한 "고인이 이치를 명명한 말 중에는 내용은 같되 개념만 다른 것이 있다"라는 입장에서 『노자』의 유와 무를 이해하고 있다. 즉 유와 무를 역리적 시각에서 이해하고 있는 것이다. 이렇게 되면 "유생어무有生於無"는 무를 중시하는 것이 아니라 유학 일반에서처럼 유와 무를 일원적 사유에서 이해하는 것이 된다. 한편, 여기서의 무를 서명응은 흔히 유학자들이 노자의 '무'나 불가의 '공空'을 비판할 때 쓰는 '허무虛無'와 '적멸寂滅'의 개념으로 보고 있지 않다는 점도 주목할 필요가 있다.

위의 내용은 제40장이다.
右第四十章.

【총설】

역대로 유학자들은 노자의 우주론을 비판할 때 대표적으로 이 장을 거론하였다. 즉 노자가 말하는 "유생어무有生於無"는 무를 근본으로 하는 사유로서, 이런 사유는 무성무취無聲無臭로 형용되는 '무'와 유성유취有聲有臭로 형용되는 '유'가 동일한 근원에서 나온 것이라는 유학의 체용일원적 사유와는 맞지 않다는 것이다. 이러한 문제점을 서명응은 역리적 시각에서 유와 무의 관계를 이해함으로써 해결한다. "유생어무有生於無"의 유와 무를 우주자연의 운동변화의 양면성을 드러낸 것으로 이해하는 것이다. 노자의 유와 무를 『주역』의 '적연부동寂然不動'과 '감이수통感而遂通'의 측면에서 이해한 것은 이런 점을 잘 말해 준다. 또한 주목되는 것은, 이러한 자연의 운동변화를 본받아 사람이 자신의 심신을 모으고 수렴하여 내 몸을 회복할 수 있다면 천기도 그 가운데서 회복될 것이라는 식의 해석이다.

제41장

뛰어난 선비는 도를 들으면 부지런히 행하고 평범한 선비는 도를 들으면 도가 있는 듯 없는 듯 하며(의심하며) 못난 선비는 도를 들으면 크게 비웃나니, 못난 선비가 크게 비웃을 정도가 되지 못하면 도일 수 없다.

上士聞道, 勤而行之, 中士聞道, 若存若亡, 下士聞道, 大笑之, 不笑不足以爲道.

뛰어난 선비는 아직 도와 덕에 미치지는 못했지만 도와 덕을 배워 실천하는 사람이다. 도를 아는 것이 참으로 절실하므로 부지런히 실천한다. 평범한 선비는 의심과 믿음이 반반이므로 도를 있는 듯 없는 듯이 여긴다. 못난 선비는 도를 전혀 본 바가 없으므로 도에 관해 들으면 크게 비웃는다. 그러나 도는 숨어 있어 이름이 없으므로, 만약 못난 선비가 비웃지 않는다면 곧 얕고 가까우며 쉽게 볼 수 있는 것이어서 진정한 도가 아니다. 엄군평(엄존)은 "평범한 선비가 들은 것은 진정한 아름다움이 아니고 못난 선비가 본 것은 지극한 선이 아니다. 평범한 선비가 헷갈리고 못난 선비의 비웃음거리가 되어야만 아름답고 선한 것 중에서도 최고의 것이다"라고 하였다.

上士, 未及乎道德, 而學爲道德者也. 知道眞切, 故勤而行之. 疑信相半, 故若存若亡. 全無所見, 故大笑之. 然道隱無名, 若下士不笑, 則淺近易見, 而非道也. 嚴氏君平曰, 中士所聞, 非至美也, 下士所見, 非至善也. 中士所眩, 下士所笑, 乃美善之美善者也.

【교감 및 주해】

"근이행지勤而行之"가 백서을본·수주비본에는 "근능행지勤能行之"로, 돈황을본 敦煌乙本에는 "근능행勤能行"으로, 죽간본에는 "근능행어기중勤能行於其中"으로 되어 있다. "약존약망若存若亡"이 죽간본에는 "약문약망若聞若亡"으로 되어 있다. "약문약망若聞若亡"의 경우는 '듣는 둥 마는 둥 하다'로 해석된다. "대소지大笑之"에 대해서는 "대이소지大而笑之"로 보아 '터무니없이 커서 현실성이 없다고 여기며 비웃는다'로 풀이하기도 한다.

서명응은 '뛰어난 선비'(上士)를 '아직 도와 덕에 미치지는 못했지만 도와 덕을 배워 실천하는 사람'이라고 하여 성인보다 한 단계 낮은 차원의 인간상을 말하고 있다. 유가의 수양론적 차원에서 풀이한 것이라 할 수 있다. '도는 숨어 있어 이름이 없다'(道隱無名)는 것은 일종의 인식론적 차원의 이해이다.

그러므로 옛말에 "밝은 도는 어두운 듯하고, 나아가는 도는 물러나는 듯하며, 평탄한 도는 울퉁불퉁하다" 하였다.['류纇'의 음은 '류類'이다.]

故建言有之, 明道若昧, 進道若退, 夷道若纇.[纇音類]

'건언建言'은 옛날에 성립된 말이고, '이夷'는 평탄함이며, '류纇'는 실에 마디가 있는 것이다. (밝은 도는) 총명을 배척하므로 어두운 듯하고, (나아가는 도는) 허랑하게 뜬 것을 덜어내므로 물러서는 듯하며, (평탄한 도는) 온갖 더러움을 용납하므로 (실에 마디가 있는 것처럼) 울퉁불퉁해 보이는 것이다.

建言, 古之立言也. 夷, 平夷也. 纇, 絲有節也. 黜聰明, 故若昧, 損浮浪, 故若退, 容衆垢, 故若纇.

【교감 및 주해】

'고故'자가 죽간본과 백서본에는 '시이是以'로 되어 있고, 이현본·경복본·반계본·수주비본·소자유본에는 '고'자가 없다. 백서을본·부혁본·범응원본에는 "고건언유지故建言有之" 뒤에 '왈曰'자가 있다. 죽간본과 백서본에는 세 '약若'자가 모두 '여如'자로 되어 있다. "이도약뢰夷道若纇"의 '뢰纇'자가 백서을본·하상공본·경룡비본·경복본·고환본·초횡본에는 '류類'로 되어 있다.

서명응은 '밝은 도'와 '총명'을, '나아가는 도'와 '허랑하게 뜬 것'을, '평탄한 도'와 '온갖 더러움'을 각각 연계시켜서 도의 다양한 모습을 겸하謙下적 시각에서 풀이하고 있다.

높은 덕은 골짜기 같고, 아주 깨끗한 것은 더러운 것 같고, 넓은 덕은 부족한 것 같고,

上德若谷, 大白若辱, 廣德若不足,

수컷을 알고 암컷을 지키기 때문에[1] 골짜기와 같다. 빛을 누그러뜨리고 티끌을 같게 하기 때문에[2] 더러운 것 같다. 자긍심을 갖지도 않고 자랑하지도 않기 때문에[3] 부족한 것 같다.

知雄守雌, 故若谷. 和光同塵, 故若辱. 不矜不伐, 故若不足.

【교감 및 주해】

"상덕약곡上德若谷"의 '곡谷'이 죽간본에는 '욕浴'으로 되어 있고, 돈황을본과 수주비본에는 '속俗'으로 되어 있다. 성현영은 "'곡谷'은 원본에 또한 '속俗'자로 되어 있다. 또한 덕을 잊을 수 있음이 시끌벅적한 세속과 다르지 않음을 말한 것이다"(谷, 本亦作俗字者, 言亦能忘德, 不異囂俗也)라고 하였고, 마서륜은 "여러 판본에는 '곡谷'으

---

1) 수컷을……지키기 때문에 : 『노자』 28장에 나온다.
2) 빛을……동화하기 때문에 : 『노자』 4장에 나온다.
3) 자긍심을……않기 때문에 : 『노자』 22장에 나온다.

로 되어 있으나, '속俗'자의 '인亻'변이 생략된 것이다. 높은 덕을 가진 사람은 도리어 '세속과 함께한다'(流俗)는 것이니, 곧 '화광동진和光同塵'의 뜻과 같음을 말한 것이다"(各本作谷, 俗之省也. 言上德之人, 反如流俗卽和光同塵之義)라고 하였다.

서명응은 이 구절을 노자가 말한 "지웅수자知雄守雌", "화광동진和光同塵", "불긍불벌不矜不伐" 등과 연계하여 이해하는데, 일종의 양생술과 처세술의 입장에서 이해한 것이라고 할 수 있다.

굳건한 덕은 구차한 것 같고, 질박한 참됨은 변하는 듯하고, 큰 반듯함은 모퉁이가 없고,

建德若偸, 質眞若渝, 大方無隅,

'굳건한 덕'이란 '높은 덕'(上德)에 미치지는 못하나 홀로 설 수 있는 덕을 말한다. '투偸'는 구차함이고, '투渝'는 변함이다. '약투若渝'란 '꾸밈이 질박함을 이기는 것'으로 변해 가는 듯함을 말한다. (굳건한 덕은 자신의 덕을 남과) 비교하지도 않고 다투지도 않기 때문에 구차한 것처럼 보인다고 한 것이다. (질박한 참됨은) 화려함도 꾸밈도 멀리하기 때문에 (문이 질을 이기는 상황으로) 변해 가는 것 같다고 한 것이다. (큰 반듯함은) 날카로움도 숨기고 모난 곳도 숨기기 때문에 모퉁이가 없다고 한 것이다.

建德, 謂不及於上德, 而能自立於德也. 偸, 苟且也. 渝, 變也. 若渝, 言若可變, 而趣於文勝也. 不較不爭, 故若偸. 去華去餙, 故若渝. 隱廉隱角, 故無隅.

【교감 및 주해】

『이아爾雅』「석언釋言」에서 "투는 변하는 것이다"(渝, 變也)라고 하였다.

서명응은 이 문장을 일종의 처세술의 입장에서 이해한다. 문질론에 대한 견해도 볼 수 있다.

큰 그릇은 늦게 이루어지고, 큰 음은 소리가 희미하고, 큰 형상은 형체가 없고, 도는 숨어서 이름이 없다.

大器晩成, 大音希聲, 大象無形, 道隱無名.

(큰 그릇은) 모든 것을 갖추어야 하기 때문에 늦게 이루어진다. (큰 소리는) 평범하고 담박하며 조화롭고 느리기 때문에 소리가 희미하다. (큰 형상은) 아득히 넓으면서도 은미하고 기묘하기 때문에 형체가 없다. (도는) 어둑하여 깊이 숨어 있기 때문에 이름이 없다.

完備具足, 故晚成. 平淡和緩, 故希聲. 渾灝微妙, 故無形. 窈冥幽隱, 故無名.

【교감 및 주해】
'만晚'자가 백서을본에는 '면免'으로, 죽간본에는 '만曼'으로 되어 있다. 진주陳柱는 "'만晚'은 '면免'의 빌린 글자이다. '면성免成'이란 '이룸이 없다'는 뜻으로서, 앞의 '무우無隅', 뒤의 '희성希聲'·'무형無形'과 같은 예이다"(晚者免之借字. 免成猶無成, 與上文無隅, 下文之希聲無形, 一例)고 하였다.
서명응은 아래 구절의 설명에서 이 구절의 말은 도와 덕의 '기상氣象'을 두루 언급한 것이라 함으로써 덕을 도에서 분리하여 이해하지 않는 특징을 보인다.

오직 도만이 잘 빌려 주고 잘 이루어 낸다.

夫唯道, 善貸且成.

앞에서 도와 덕의 기상을 두루 언급한 데 이어 여기에 이르러 그 공효를 지적하였으니, 오직 도만이 만물에게 잘 빌려 줄 뿐만 아니라 (만물의 존재와 운동을) 잘 성취시킬 수 있음을 말하였다.

上文歷言道德之氣象, 至此指其功效, 曰惟道善假予萬物, 而且能成就之也.

【교감 및 주해】

"선대차성善貸且成"이 백서을본에는 "선시차선성善始且善成"으로, 돈황본에는 "선시차성善始且成"으로, 범응원본에는 "선대차선성善貸且善成"으로 되어 있다.

서명응은 이 구절이 도와 덕의 공효를 말한 것이라 보았는데, 도를 덕과 연계하여 이해하고 있음을 확인할 수 있다.

위의 내용은 제41장이다.

右第四十一章.

【총설】

서명응은 이 장이 도와 덕의 기상을 두루 언급한 뒤 그 공효에 대한 말로써 총괄하는 말을 대신하고 있다고 보았다. 전체적으로 그의 처세술과 문질론 등 다양한 견해를 볼 수 있다.

제42장

도가 '일一'을 낳고, '일'이 '이二'를 낳고, '이'가 '삼三'을 낳으며, '삼'이 만물을 낳는다.

道生一, 一生二, 二生三, 三生萬物.

'일一'은 양陽의 일(奇數)이고, '이二'는 음陰의 이(偶數)이며, '삼三'은 음양의 사귐을 통해 성립되는 충기冲氣이다. 음양이 충기를 얻은 후에 만물이 여기에서 생겨난다. 속수사마씨(사마광)는 "'도가 일을 낳는다'는 것은 '무에서 유가 발생함'을 말한다. '일이 이를 낳는다'는 것은 음과 양으로 나누어짐을 말한다. '이가 삼을 낳는다'는 것은 음과 양이 서로 교합하여 충화를 발생시킴을 말한다. '삼이 만물을 낳는다'는 것은 충화한 기가 모여들어 만물을 발생시킴을 말한다"라고 하였다.

一者, 陽之一也. 二者, 陰之二也. 三者, 冲氣立于陰陽之交也. 陰陽得冲氣, 然後萬物生焉. 涑水司馬氏曰, 道生一, 自無而有, 一生二, 分陰分陽, 二生三, 陰陽交而生和, 三生萬物, 和氣聚而生萬物.

【교감 및 주해】

이가모는 "도가 '일'을 생하니, 도가 도로서 있을 때에는 일 또한 아직 생겨나지 않았다. 이미 '일'이 없다고 하였으니 어찌 '이'가 있을 수 있겠는가? '이'가 없음은 곧 '일'이 분산되지 않음이다. 그러므로 '이'가 아니라는 것은 곧 아직 '일'도 있지 않음을 말한다. '일'이 있다고 하는 데 이르러서는 곧 '이'도 있게 된다. 양이 있다는 것은 곧 음이 있다는 것이며, 음이 있고 양이 있다는 것은 또한 음양의 교합이 있게 됨을 말한다. 따라서 '이'가 있으면 곧 '삼'이 있게 되는 것이다. 이렇게 '삼'에까지 이르게 되면 있지 않는 것이 없게 된다"(道生一, 方其爲道, 則一亦未生. 一旣不生, 則安得有二. 無二則一不散. 故所以爲之不二, 言其未有一也. 及其有一卽有二. 有陽卽有陰, 有陰有陽, 則又有陰陽之交. 故有二則有三. 至于三則無所不有矣)라고 하였다.

서명응은 이 구절을 역리적 시각에서 풀이하고 있다. 즉 '일'을 양의 수(기수)로 보고 '이'를 음의 수(우수)로 보면서 '삼'을 음기와 양기의 합인 '충기'로 풀이하고 있는 것이다. 이와 같은 해석은 주희에 의해 시도된 이래로 유학자들이 특히 선호하는 방식 중의 하나가 되어 왔다.

만물은 '음'을 지고 '양'을 품으며, '충기'로써 조화를 이룬다.

萬物負陰而抱陽, 沖氣以爲和.

이것은 '삼'이 만물을 낳는 이유를 거듭 설명한 것이다. 만물이 모두 '삼'을 갖추지 않음이 없다는 것으로써 '덕'이 왜 '덕'이 될 수 있는지를 밝히고 있다. 무릇 만물은 뒤에 있는 것은 '음'에 속하므로 고요하고 '앞'에 있는 것은 양에 속하므로 움직인다. 동물의 경우로써 말해 보면, '(뒤의) 등이 움직이지 않는 것'은 음을 지고 있는 것이고 '(앞의) 눈·코·입·귀가 움직이는 것'은 양을 품고 있는 것이다. 식물의 경우로써 말해 보면, '뿌리가 땅에 박혀서 움직이지 않는 것'은 음을 지고 있는 것이고 '가지·잎·꽃·열매가 움직이는 것'은 양을 품고 있는 것이다. 저 '충기' 같은 것은 앞과 뒤에서 운행하여 앞과 뒤를 조화롭게 한다. 노자는 아마도 다른 사람들이 천지는 오행이 없이는 조화를 이루어 낼 수 없다고 여겨서 자기(노자)의 말을 꾸짖을까 봐 미리 이런 논리를 전개하여 예상되는 비난을 꺾어 놓은 것이다.

此申言三生萬物故. 萬物莫不具三, 以明德之所以爲德也. 凡物在後者, 屬陰而靜, 在前者, 屬陽而動. 以動物言, 則背之止, 負陰也. 耳目口鼻之動, 抱陽也. 以植物言, 則根之止, 負陰也, 枝葉華實之動, 抱陽也. 若夫冲氣, 則運行于前後, 而和其前後焉. 老子恐人以爲天地若無五行, 不能成造化云爾, 而詰己之言, 故預爲是論以折之也.

【교감 및 주해】

이가모는 "만물이 양을 품고 있다는 것은 '일'을 말한 것이고, 음을 지고 있다는 것은 '이'를 말한 것이며, 이 음과 양이 교감하여 충기로써 화한다는 것은 '삼'을 말한 것이다. 만물 중에 이 세 가지를 구비하지 않은 것이 무엇이 있겠는가?"(萬物抱陽, 一也, 負陰, 二也, 陰陽交而冲氣爲和, 三也. 萬物孰不具此三者)라고 하였다.

서명응은 이 구절은 '삼생만물三生萬物'을 설명한 것으로 이해하되, 그것을 '덕이 덕 되는 이유'를 밝힌 것으로 풀이하고 있다.

사람들이 싫어하는 것은 '외로운 사람'(孤), '덕이 부족한 사람'(寡), '착하지 못한 사람'(不穀)인데, 왕공은 이로써 스스로를 부르는 칭호로 삼는다. 사물은 혹 덜어 내면 가득 차게 되고, 혹 가득 채우면 덜어 내게 된다.

人之所惡, 唯孤, 寡, 不穀, 而王公以爲稱. 故物, 或損之而益, 或益之而損.

왕공은 지극히 높은 지위에 있다. 이 때문에 반드시 스스로 억제하고 덜어 내어 (孤, 寡, 穀과 같이) 사람들이 싫어하는 말로 스스로를 부르는 호칭으로 삼는다. 이렇게 하면 많은 백성들은 그 겸손과 조화의 정신을 기꺼워하여 모두 왕공에게로 돌아가 의지한다. 이것이 이른바 '덜어 내면 가득 차게 된다'는 것이다. 만약 왕공이 그렇게 하지 않고 스스로 으스대면서 높이면, 이는 높은 것을 더욱 높이는 것이니 반드시 전복될 것이다. 이것이 이른바 '가득 채우면 덜어내게 된다'는 것이다. 이 구절은 겸손과 조화가 덕의 충기임을 말한 것이다.

王公居至高之位. 故必自抑損, 而以人之所惡者自稱. 則衆民悅其謙沖, 咸歸附之. 此所謂損之而益也. 不然而或自矜高, 則高而益高, 必致顚覆. 此所謂益之而損也. 此言謙沖爲德之冲氣也.

【교감 및 주해】

'인人'이 백서갑본에는 '천하天下'로 되어 있다. 또한 백서본에는 "왕공이위칭王公以爲稱"이 "왕공이자명야王公以自名也"로 되어 있다. 부혁본·범응원본에는 '왕공王公'이 '왕후王侯'로 되어 있다.

서명응은 이 구절을 궁극적으로는 겸손과 조화가 덕의 충기임을 말한다는 것으로 이해하고, 그것을 통한 처세술을 말하고 있다.

다른 사람들이 가르치는 내용을 나 또한 가르치나니, "억센 자는 제 명에 죽지 못한다는 것", 나는 장차 이것을 가르침의 아비로 삼으리라.

人之所教, 我亦教之, 强梁者, 不得其死, 吾將以爲教父

세상 사람들이 서로 가르치는 것이면서 내가 본래 늘 말해 온 것이 있으니, 곧 아래 문장의 "억센 자는 제 명에 죽지 못한다"는 말이 이것이다. 지금 나 역시 이것으로 가르치리라. 대개 '부드럽고 약한 것'이 도이고 '강하고 굳센 것'은 도가 아니라는 점에 대해서는 여러 소리 할 것 없이 명백하다. "억센 자는 제 명에 죽지 못한다"는 이 주장을 잘 살펴서 구체적인 사실에다 하나하나 징험해 보면 '부드럽고 약한 것이야말로 삶의 무리'임을 알 수 있다. 어미가 낳고 아비가 가르치기 때문에 '가르침의 아비'라 했다. 이 구절은 '부드럽고 약함'은 덕이 음의 속성을 지닌 고요함임을 드러낸다는 것을 말하고 있다.

世人之所相敎, 我者固有恒言, 卽下文强梁者不得其死, 是也. 今我亦當以此敎之. 盖柔弱之爲道, 强剛之爲非道, 不待多言. 但觀强梁者不得其死之說, 一一有驗, 則可知柔弱爲生之徒也. 母生之, 父敎之, 故曰敎父. 此言柔弱爲德之陰靜也.

【교감 및 주해】

'교부敎父'가 백서갑본・부혁본・범응원본에는 '학보學父'로 되어 있다. 주겸지朱謙之는 "'교보敎父'란 곧 '학보學父'이니, 지금의 '사부'라는 말과 같다"(敎父卽學父, 猶今言師傅)라고 하였다.

서명응은 부드럽고 약함이야말로 덕이 본질적으로 음의 속성을 지닌 것임을 말해 준다고 하는데, 음을 특히 덕과 연계해 이해하는 것에 주목할 필요가 있다. 서명응의 처세적 입장을 볼 수 있다.

위의 내용은 제42장이다.

右第四十二章.

【총설】

서명응이 이 장의 맨 처음 구절을 역리적 시각에서 풀이하고, "삼생만물三生萬物" 이하를 덕과 연계하여 풀이하는 특징을 보이고 있다. 즉 겸손과 조화는 덕의 충기이며 '부드럽고 약함'은 덕이 본질적으로 음의 속성을 지닌 것임을 말해 준다는 이해가 바로 그것이다. 이런 점에서 음을 중시하는 사유와 처세술에 관한 이해도 엿볼 수 있다.

제43장

천하의 가장 부드러운 것이 천하의 가장 견고한 것 위를 달리고,

天下之至柔, 馳騁天下之至堅,

수레바퀴는 지극히 부드러운 것이지만 지극히 견고한 돌산 위를 달리고, 말발굽은 지극히 부드럽지만 지극히 견고한 '잔로棧路'[1]를 달리니, 모두 이와 같은 예들이다.

車輪之至柔也, 而馳騁山石之至堅, 馬蹄之至柔也, 而馳騁棧路之至堅, 皆是類也.

【교감 및 주해】

"치빙천하지지견馳騁天下之至堅"이 백서본・범응원본에는 "치빙어천하지지견馳騁於天下之至堅"으로 되어 있다.

서명응은 부드러운 것의 효용성을 구체적인 예를 들어 말하고 있다.

'무극無極'이 '안 없는 속'(無間)에 들어간다.

無有入無間.

---

1) 잔로 : 대개 棧道라고 하는데, 험한 벼랑에 선반을 매듯 낸 길을 뜻한다.

'무유無有'는 무극을 가리키고, '무간無間'은 '안이 없음'을 말한다. '무극의 참됨'은 항상 '안 없는 속'으로 들어간다.

無有, 無極也. 無間, 無內也. 無極之眞, 常入於無內之中也.

【교감 및 주해】

이 구절이 부혁본・범응원본에는 "출어무유出於無有, 입어무간入於無間"으로, 경룡비본에는 "무유입어무문無有入於無聞"으로 되어 있다. 왕필은 "기는 들어가지 못하는 곳이 없고, 물은 지나가지 못하는 곳이 없다"(氣無所不入, 水無所不經)라고 하였다.

서명응은 '무유'를 '무극'으로 보고 이 구절을 '무극의 참됨'을 말한 것으로 이해하는데, 여기서 '무극'이나 '무극의 참됨'이라는 해석은 바로 「태극도설」에서 "무극이태극無極而太極"과 "무극지진無極之眞, 이오지정二五之精"의 사유를 응용한 것으로 보인다.

나는 이로써 무위가 유익함을 안다.

吾, 是以知無爲之有益.

물리와 천리를 통해 사람이 덕을 행함에 있어서도 또한 '응당 무위를 유익하게 여겨야 함'을 알게 된다는 것이다. 이는 그 (도의) 체를 말한 것이다.

以物理天理, 知人之爲德, 亦當以無爲爲有益. 此盖言其體也.

【교감 및 주해】

왕필은 "허무와 유약은 통하지 않음이 없다. 무는 다할 수 없고 지극한 유는 꺾이지 않는다. 이로써 미루어 보건대 무위의 유익함을 알 수가 있다"(虛無柔弱, 無所不通.

無有不可窮, 至柔不可折. 以此推之, 故知無爲之有益也)라고 하였다.

서명응은 무위를 결국 덕을 행함과 관련지어 풀이하는데, 서명응의 덕에 관한 견해를 엿볼 수 있다. 서명응은 이 구절과 뒤의 구절을 체와 용의 관계로 풀이한다.

'말없는 가르침'과 '함이 없는 이익'에 대해 천하에 미치는 자가 드물다.
不言之敎, 無爲之益, 天下希及之.

'말없는 가르침'(不言之敎)이란 (가르침을 베푸는 사람이) 몸소 실천해 나감으로써 (가르침을 받는 사람이) 이를 따르기 때문에 번거롭게 말하지 않는다는 뜻이다. 이는 대개 그 용用을 말한 것이다. 엄군평(엄준)은 "유위有爲의 함은 못쓰게 됨만 있고 볼만한 성과는 없으나, 무위無爲의 함은 (공을) 이룸이 끝이 없다. 천지는 만들고, 인물은 흥기한다. 소리가 있는 소리는 백 리 정도 들리지만 소리가 없는 소리는 하늘 밖까지 움직여 가서 사해를 진동시킨다. 말로써 하는 말은 다른 부류와는 소통되지 않지만, 말하지 않는 말은 음양의 변화요 천지의 위엄이다. 도와 덕은 무위하나 천지가 이루어지고, 천지는 말하지 않으나 사계절이 운행된다. 이 두 가지는 신명의 징표이며 자연의 징험이다"라고 말했다.

不言之敎, 爲躬行而率之, 不煩言說. 此盖言其用也. 嚴氏君平曰, 有爲之爲, 有廢無功, 無爲之爲, 成遂無窮. 天地是造, 人物是興. 有聲之聲, 聞於百里, 無聲之聲, 動於天外, 震於四海. 言之所言, 異類不通, 不言之言, 陰陽化天地威. 且道德無爲, 而天地成, 天地不言, 而四時行. 此二者, 神明之符, 自然之驗也.

【교감 및 주해】

"천하희급지天下希及之"가 백서갑본에는 "천하희능급지의天下希能及之矣"로, 부혁본에는 "천하희급지야天下稀及之也"로, 휘종본·팽사본에는 "천하희급지야天下希及

之也"로 되어 있다.

    서명응은 앞의 구절은 체를, 이 구절은 실천과 관련된 용을 말한 것으로 이해한다. 그가 이 구절에 대해 말하고자 한 것은, 무위와 유위에 대한 엄준의 음양론적 사유에 입각한 천지자연에 관한 다양한 이해라고 할 수 있다.

위의 내용은 제43장이다.
右第四十三章.

【총설】

    서명응은 이 장에서 '무유無有'를 '무극' 및 '무극의 참됨'(無極之眞)으로 풀이하는데, 이는 주돈이가 「태극도설」에서 말한 '무극'과 '무극지진'의 의미를 응용하여 풀이한 것이라고 할 수 있다. '무위'를 덕을 행함과 관련지어 이해한다든지, '무위지익無爲之益'과 '불언지교不言之敎'를 체와 용을 통해 이해하는 것은 서명응의 독특한 이해이다.

제44장

명예와 몸 중에서 어느 것이 절실한가,

名與身孰親,

몸이 명예보다는 절실하다는 것은 많은 말을 할 필요가 없다. 그런데도 세상 사람들은 쉴 새 없이 명예를 추구할 뿐, 자신의 몸과 마음을 잃어버리는 줄을 모른다. 이 때문에 이와 같은 질문을 하여 스스로 살펴 깨닫게 했다. 아래의 구절들도 이와 같다.

身親於名, 不待多言. 而世人逐逐於名, 不知其身心之亡. 故設此問, 使自省悟, 下句放此.

【교감 및 주해】
서명응은 '몸이 명예보다 절실하다는 것'을 구체적으로 풀이하고 있다.

몸과 재물 중에서 어느 것이 중요한가,

身與貨孰多,

'다多'는 무겁다는 의미이다.

多猶重也.

【교감 및 주해】
서명응은 '다多'의 의미를 '무거움'으로 풀이하고 있다.

얻음과 손상되는 것 중에서 어느 것이 병통인가?
得與亡孰病.

'득得'은 귀해짐을 얻음을 일컫고, '망亡'은 화를 당해 몸이 손상되는 것을 가리킨다.
得, 謂得貴也, 亡, 指取禍亡身也.

【교감 및 주해】
'망亡'자가 이도순본李道純本과 장사성본張嗣成本에는 '실失'로 되어 있다.
서명응이 '망亡'을 몸이 손상되는 것으로 이해한 것은 처세 및 양생론적 이해에 속한다.

그러므로 너무 아끼면 반드시 크게 낭비하게 되고,
是故甚愛必大費,

씨앗이 자라는 것을 위한답시고 인위적으로 싹을 뽑아 올리고[1] 식물의 표피

---

1) 씨앗이……뽑아 올리고: 『孟子』「公孫丑上」 2장에 나온다. 원문은 "宋人有閔其苗之不長而揠之者……其子趨而往視之, 苗則槁矣……助之長者, 揠苗者也"이다.

를 손톱으로 긁어 대면 싹이 말라 죽어서 다시 파종해야 하는 낭비가 생긴다. 먹고 마시는 것을 아낀답시고 음식을 두터이 포장해서 깊숙하게 저장해 두면 상하고 문드러져서 음식을 다시 장만해야 하는 낭비를 피할 수 없다. 몸을 아끼고 명예를 추구하는 것 또한 같은 결과인 것이다.

愛種植, 而捃苗瓜膚, 則必致枯失改種之費. 愛飮食, 而厚裹深藏, 則必致糜爛改造之費. 愛身求名, 亦由是也.

【교감 및 주해】
서명응은 이 구절을 결국 몸을 아끼고 명예를 추구하기는 하되, 인위적인 행위를 통해서는 하지 말라는 뜻으로 이해한다.

지나치게 쌓아 두면 반드시 많이 잃게 될 것이다.

多藏必厚亡.

재물 쌓기를 많이 하면 반드시 재물을 잃을 일이 많이 생겨난다.

積財多, 則必有損財之事多也.

【교감 및 주해】
왕필은 "지나치게 아끼면 사물들과 소통할 수 없고, 지나치게 많이 간직하면 재물을 나누어 줄 수 없다. 구하는 것이 많고 공략하는 것이 많으면 재물로 인한 병폐가 생긴다. 따라서 크게 낭비되고 크게 잃어버린다"(甚愛不與物通, 多藏不與物散. 求之者多, 攻之者衆, 爲物所病. 故大費厚亡)라고 하였다.
서명응은 이 구절의 '쌓아 둠'(積)을 '재물을 쌓아 둠'으로 풀이하는데, 일반적인 이해라고 할 수 있다.

만족할 줄 알면 욕되지 않고 그칠 줄 알면 위태롭지 않으니, 오래갈 수 있다.
知足不辱, 知止不殆, 可以長久.

'부족함이 또한 족한 것'임을 알면 더 이상 구하지 않으니, 더 이상 구하지 않는데 어찌 욕됨이 있겠는가? 아직은 그치지 않을 즈음에 미리 그칠 만함을 알면 싸움이 없게 될 것이니, 싸움이 없는데 어찌 위태로움이 있겠는가? 한나라 소광疏廣과 소광의 형의 아들인 수受[2]는 사문斯文(『노자』)에 느낀 바가 있어, 하루아침에 벼슬을 그만두고 고향으로 돌아갔다. 이로써 그들은 살아서는 재앙과 근심을 면하여 타고난 수명을 다 누렸고 죽어서는 훌륭한 명성을 백세까지 전했으니,[3] 이 어찌 장구한 자라 하지 않겠는가?

知不足之亦足則無求, 無求則豈有辱乎. 知未止之可止則無爭, 無爭則豈有殆乎. 漢疏廣・受二子有感斯文, 一朝致仕歸鄕. 生免禍患, 而盡其天年, 沒留令名, 而垂之百世, 豈非長久者乎.

【교감 및 주해】
죽간본・백서본・경룡비본・수주비본・엄준본에는 이 구절 앞에 '고故'자가 붙어 있다. 『노자』 46장에서는 "그러므로 만족할 줄 아는 만족이야말로 한결같은 만족이다"(故知足之足, 常足矣)라고 하였다.
서명응은 이 구절을 처세술과 관련지어 한층 구체적으로 풀이하고 있다.

위의 내용은 제44장이다.
右第四十四章.

---

2) 소광과……아들인 수 : 소광은 한대 蘭陵 사람으로 자는 仲翁이다. 『춘추』에 능통했다. 소광은 少傅가 되었고, 수는 太子家令이 된 후 나중에 소부가 되었다.
3) 하루아침에……전해지게 했으니 : 『漢書』 권71 「雋疏于薛平彭傳」에 나온다.

【총설】

　서명응은 처세술 혹은 명예를 추구하고 몸을 아끼는 것과 관련된 것을 현실적인 삶에서 겪을 수 있는 다양한 경우의 수를 통하여 말함으로써 이 장을 이해하는 데 도움을 주고 있다.

제45장

크게 이루어진 것은 이지러진 것 같으나 그 쓰임은 닳음이 없고

大成若缺, 其用不弊,

'그러한 듯하다'(若)고 말한 것은, 외부에서 볼 때는 이지러진 것 같지만 진실로 이지러진 것은 아니라는 뜻이다. 하늘조차도 서북쪽에는 부족하고 땅도 동남쪽에는 가득 차지 않으며,1) 태양은 밤에 숨고 달은 그믐에 어그러진다. 이 때문에 조화를 이룰 수 있고, 그것을 쓰더라도 영원토록 닳지 않을 수 있는 것이다.

曰若, 則自外見其似然, 而非眞缺也. 天不足西北, 地不滿東南, 日匿於夜, 月虧於晦. 故能成造化, 其用萬古不弊也.

---

1) 하늘조차도……가득 차지 않으며 : 邵雍은 『皇極經世書』에서 「六十四卦方圓圖」에 대해 말하면서 "'육십사괘방원도」에서 (둥글게 배열되어 있는) 圓圖를 보면, 乾卦는 午의 가운데에서 다하고, 坤卦는 子의 가운데에서 다하며, 離卦는 卯의 가운데에서 다하고, 坎卦는 酉의 가운데에서 다한다. 陽은 자의 가운데에서 생겨나 오의 가운데에서 극에 이르고, 陰은 오의 가운데에서 생겨나 자의 가운데에서 극에 이른다. 양은 남쪽에 있고 음은 북쪽에 있다. (네모나게 배열되어 있는) 方圖를 보면, 건괘가 서북쪽에서 시작하고 곤괘가 동남쪽에서 마치며, 양은 북쪽에 있고 음은 남쪽에 있다. 이들 방원도는 모두 음양 對待의 수이다. 바깥에 원으로 있는 것은 양이 되고, 안에 방으로 있는 것은 음이 된다. 원은 움직여 하늘이 되고, 방은 고요하여 땅이 된다"(「六十四卦方圓圖」, 六十四卦圓布者, 乾盡午中, 坤盡子中, 離盡卯中, 坎盡酉中. 陽生於子中, 極於午中. 陰生於午中, 極於子中. 其陽在南, 其陰在北. 方布者, 乾始於西北, 坤盡於東南. 其陽在北, 其陰在南. 此二者, 陰陽對待之數. 圓於外者爲陽, 方於中者爲陰. 圓者, 動而爲天, 方者, 靜而爲地者也)라는 말을 한 적이 있다.

【교감 및 주해】

'폐弊'자가 부혁본・팽사본・초횡본에는 '폐敝'로, 죽간본・백서갑본에는 '폐幣'로 되어 있다.

서명응은 이 구절을 역리와 관련된 자연의 현상을 통해 이해하고, 특히 조화는 이지러짐이 있기 때문에 도리어 무궁할 수 있음을 강조한다. 인간의 삶도 이러해야 한다는 것을 암암리에 말하고 있다.

크게 찬 것은 비어 있는 듯하나 그 쓰임은 다함이 없다.

大盈若沖, 其用不窮.

산과 계곡은 텅 비어 있기 때문에 온갖 시냇물이 모여들고, 강과 바다는 텅 비어 있기 때문에 온갖 흐름들이 몰려든다. 이 때문에 보물과 재화, 물고기와 자라 등을 생산해 낼 수 있어 그 쓰임이 영원토록 다하지 않는 것이다.

山谷之沖虛也,而百川注之,河海之沖虛也,而衆流趣之.故能生寶貨魚鼈,其用萬古不窮也.

【교감 및 주해】

'충沖'이 돈황본・수주비본・부혁본에는 '만滿'으로, 범응원본에는 '충盅'으로 되어 있다.

서명응은 다음 구절에서 이 구절과 위의 구절은 천지의 조화작용에 있어서의 허虛를 말한 것이라고 이해한다.

크게 곧은 것은 굽은 듯하고, 큰 기교는 서툰 듯하며, 큰 언변은 어눌한 듯하다.

大直若屈, 大巧若拙, 大辯若訥.

위의 두 구절은 천지의 조화작용에 있어서의 허虛를 말하였고, 이 한 구절은 인간사에 있어서의 허를 말하였다. '큰 곧음'(大直)은 덕이고, '큰 기교'(大巧)는 재주이며, '큰 언변'(大辯)은 말이다.

上兩節, 天地造化之虛, 而此一節, 人事之虛也. 大直, 德也, 大巧, 才也, 大辯, 言也.

【교감 및 주해】
"대교약졸大巧若拙"에 대해 왕필은 "뛰어난 솜씨는 저절로 그러함에 따라 그릇을 이루며 특이한 것을 만들지 않는다. 따라서 서툰 것 같다"(大巧因自然而成器, 不造爲異端. 故若拙也)라고 하였다.
서명응은 이 구절을 인간사에 있어서의 '허虛'를 말한 것이라고 이해함으로써 위의 두 구절과 구별한다. 흔히 위의 구절들과 이 구절을 동일한 경지에서 이해하지만, 서명응은 각각을 천지조화의 작용과 인간사라는 두 측면으로 구별하고 있는 것이다. 전체적으로 '허'를 통해 풀이하는 서명응의 입장을 엿볼 수 있다.

조급함은 추위를 이기고 고요함은 더위를 이기니,
躁勝寒, 靜勝熱,

조급히 움직이면 양기의 뜨거움으로 추위를 이기고, 고요히 쉬면 음기의 차가움으로 더위를 이긴다. 음이 양보다 근본임을 안다면, 사람이 실천하는 도 또한 마땅히 고요함을 근본으로 삼아야 한다.

躁動則陽熱故勝寒. 靜息則陰寒故勝熱. 知陰之爲本於陽, 則人之爲道, 亦當以靜爲本也.

【교감 및 주해】

이 구절이 죽간본에는 "조승창燥勝滄, 청승열淸勝熱"로 되어 있다. '조躁'가 백서본에는 '조趮'로 되어 있다. 마서륜은 "'조躁'는 『설문』에는 '조趮'로 되어 있는데, 이는 '빠르다'와 같은 뜻이다. 지금에 와서는 '조躁'로 통용하여 쓰지만, 여기서는 마땅히 '조燥'가 되어야 한다"(躁, 說文作趮, 疾也. 今通作躁, 此當作燥)라고 하였다.

서명응은 이 구절을 음양론적으로 이해하면서, 실천적 차원에서는 도법자연道法自然을 말하고 있다. 아래 구절에서는 이 구절에 대해 천지의 조화작용에 있어서의 고요함을 말한 것이라 풀이한다.

'맑고 고요함'(淸靜)은 천하의 올바름이 된다.

淸靜爲天下正.

위의 두 구(躁勝寒, 靜勝熱)는 천지가 조화의 작용을 할 때의 고요함을 말한 것이고, 이 한 구는 인간사에서의 고요함에 관해 말한 것이다.

上兩句, 天地造化之靜, 而此一句, 人事之靜也.

【교감 및 주해】

하상공은 "맑고 고요하면 천하의 우두머리가 될 수 있고, 바름을 견지하면 끝내 그치는 때가 없게 된다"(能淸靜則爲天下長, 持正則無終已時也)라고 하였다. 고형은 "'정正'이란 '어른'이나 '임금'을 말한다"(正, 長也, 君也)라고 하였다.

서명응은 이 구절을 위의 구절과 구별하여 인간사에서의 고요함에 관해 말한 것이라고 이해한다.

위의 내용은 제45장이다.

右第四十五章.

【총설】

서명응은 이 장을 이해할 때 각각의 구절을 의미에 따라 크게 천지의 조화작용에 있어서의 '허' 및 '고요함'과 인간사에 있어서의 '허' 및 '고요함'이라는 두 가지 틀에서 구분하고, 특히 '허'를 강조한다. 아울러 음이 양보다 근본임을 알아서 사람의 실천적 행위도 고요함을 근본으로 삼아야 한다고 말함으로써 음과 고요함을 중시하는 사유를 드러내고 있다. 전체적으로 허와 정을 중시하는 입장을 엿볼 수 있는데, 이런 점은 서명응의 처세술의 형이상학적 근거가 되기도 한다.

제46장

천하에 도가 있으면 전장에서 달리던 말을 되돌려 밭을 일구게 하고, 천하에 도가 없으면 군마가 성 밖에서 자란다.

天下有道, 却走馬以糞, 天下無道, 戎馬生於郊.

천하에 도가 있으면 군대를 쓰지 않으므로 달릴 수 있는 말들을 되돌려 농사에 필요한 도구를 싣게 할 수 있다. 천하에 도가 없으면 빈번히 군대를 일으켜 늘 말이 부족하게 되니, 먼 곳까지 가서 말을 사들이고서도 오히려 부족함을 염려하여 근교 민간의 말들을 긁어모아 전쟁에 충당하는 것이다.

有道, 則師旅不用, 故却能走之馬, 載糞田之具. 無道, 則頻年興師, 買馬遠方猶患不足, 括近郊民間之馬, 以充之也.

【교감 및 주해】

'분糞'이 부혁본에는 '파播'로 되어 있는데, 필원은 "'분'과 '파'는 옛날에 통용되었다"(糞播古通用)라고 하였다. 오징본에는 '분糞'이 '분거糞車'로 되어 있다. '각却'에 대해 육덕명은 『음의音義』에서 "각이란 제거함이다"(却, 除也)라고 하였다.

서명응은 이 구절에 대한 일반적인 해석 즉 말이 농사에 쓰이고 암말이 전쟁터에서 새끼를 낳는다는 해석을 취하지 않고, '천하유도'와 '천하무도'의 상황을 각각 '농사에 필요한 도구를 싣는 것'과 '근교 민간의 말까지 전쟁에 충당하는 것'으로 이해한다.

'죄罪'는 욕망을 추구하는 것보다 더 큰 것이 없고, '화禍'는 만족할 줄 모르는 것보다 더 큰 것이 없고, '허물'(咎)은 손에 넣고자 욕망하는 것보다 더 큰 것이 없다.

罪莫大於可欲, 禍莫大於不知足, 咎莫大於欲得.

위의 문장을 이어서 말하였다. 땅에 대한 탐욕으로 인해 살인과 정벌을 제멋대로 자행한다면 죄가 더 이상 클 수 없다. 뒤의 두 구는 첫 구의 주장을 반복하여 말함으로써 간곡한 뜻을 다한 것이다. 대개 당시의 제후를 넌지시 지칭한 문장이다.

承上文言, 因貪慾土地, 使殺伐肆行, 其罪莫大也. 下二句反復言之, 以致其丁寧之意. 此盖暗指當時諸侯.

【교감 및 주해】

이 문장이 왕필본에는 '죄막대어가욕罪莫大於可欲'이 없이 "화막대어부지족禍莫大於不知足, 구막대어욕득咎莫大於欲得"으로 되어 있고, 죽간본에는 "죄막후호심욕罪莫厚乎甚欲, 구막참호욕득咎莫憯乎欲得, 화막대호부지족禍莫大乎不知足"으로 되어 있다. 백서갑본·하상공본·『한비자』(「喩老」)에는 "구막대어욕득咎莫大於欲得"이 "구막참어욕득咎莫憯於欲得"으로 되어 있다.

서명응은 이 구절의 '죄'나 '화', '허물'을 모두 제후들의 땅에 대한 탐욕과 관련지어 이해하여 노자가 말한 '죄'와 '화', '허물' 등이 무엇을 의미하는지를 밝히고 있다.

그러므로 만족할 줄 아는 만족이야말로 한결같은 만족이다.

故知足之足, 常足矣.

만족할 줄 알면 비록 부족하더라도 또한 만족하게 된다.

知足, 則雖不足, 亦足矣.

위의 내용은 제46장이다.

右第四十六章.

【총설】

　서명응은 이 장을 통해 노자 당시의 제후들이 보여 준 땅에 대한 탐욕과 만족하지 못하는 행태를 비판하고 있다. 이런 사유에는 암암리에 그와 같은 논지를 당시 현실에도 그대로 적용하고자 하는 의도가 담겨 있는 것은 아닌지 하는 생각이 드는데, 만약 그렇게 볼 수 있다면 서명응의 『노자』 이해는 결코 관념적인 차원의 이해에 머무른 것이 아니었다고 할 수 있다.

제47장

문을 나가지 않아도 천하를 알고,

不出戶, 知天下,

자기 한 몸을 살펴서, 정욕이 담박하게 되면 혈기가 법도에 맞게 흐르는 것을 알 수 있다. 이러한 원리를 천하에 되돌려 적용한다면, (천하의) 인심이 맑고 고요해지면 풍속이 평안해짐을 알 수 있다.

觀于一身, 知情慾恬淡, 而血氣循軌, 則反之天下, 可知人心淸靜, 而風俗寧謐也.

【교감 및 주해】

일반적으로는 이 구절을 직관적 영지靈知를 통해 천하의 형세와 실정을 이해하는 것으로 이해하는데, 서명응은 이러한 이해의 방식을 취하지 않고 자기 한 몸에 대한 양생적·생리적 이해를 통한 수양론으로 받아들여 천하 다스림을 말하고 있다. 한 몸과 천하를 유기체적인 관계로 풀이하고 있다.

들창을 엿보지 않아도 천도를 보나니,

不窺牖, 見天道,

우리의 몸이 숨을 들이마셨다 내쉬고 잠들었다 깨어나고 움직이다 고요해지는 것과, 천도가 굽혔다 펴고 낮이 되었다 밤이 되고 소멸하였다 자라나는 것은 모두 동일한 이치이다.

一身之喘息寤寐動靜, 天道之屈伸晝夜消長, 一理也.

【교감 및 주해】

서명응은 이 구절을 인간의 생리적 작용과 천도의 작용을 일치시켜 풀이하고 있다. 역리적 이해와 관련이 있다고 할 수 있다.

그 드러냄이 멀수록 그 앎은 더욱 적어진다.

其出彌遠, 其知彌少.

'출出'은 밖으로 드러냄을 말한다. 밖으로 드러내는 자의 경우, 신지神知가 쉽게 흐려지고 견문이 쉽사리 잡박해져 버린다. 단지 귀와 눈을 통해 습득된 것만을 지식으로 간주한다면 그 지식은 유한할 수밖에 없다. 이것은 '지知'의 허정虛靜함을 가지고 말한 것이다.

出, 謂暴露於外也. 暴露於外者, 神知易淆, 見聞易雜. 但以耳目所及爲知識, 而其知識有限. 此以知之虛靜而言之也.

【교감 및 주해】

"기출미원其出彌遠" 구절이 백서을본·『한비자』(「喩老」)·『회남자』(「道應訓」·「精神訓」)·『여씨춘추』(「君守」)에는 "기출미원자其出彌遠者"로 되어 있다.

서명응은 '지知'의 허정함의 측면에서 이 구절에 주목하여, 감각적으로 획득된 '지'의 유한성을 문제삼고 있다.

이 때문에 성인은 돌아다니지 않아도 알고, 드러내지 않아도 이름이 나게 되며, 유위有爲하지 않고도 이룬다.

是以聖人, 不行而知, 不見而名, 不爲而成.

'현見'은 (『주역』 건괘의) "현룡재전見龍在田"[1]이라는 말의 '현見'과 같으니, 그것이 세상에 드러남을 말한 것이다. (성인은) 바삐 뛰어다니지 않고도 그 도에 이르고, 문채 나게 드러내지 않고도 그 이름을 얻고, 작위함이 없어도 그 일을 이루니, 신묘함의 극치이다. 임천오씨(오징)는 "걸어 나가지 않고도 그곳에 도달한 것 같기 때문에 문을 나서지 않고도 천하를 안다고 했고, 엿보지 않고도 그 이치에 걸맞은 이름을 붙일 수 있기 때문에 들창을 엿보지 않아도 천도를 본다고 했다. 오직 다니지 않고도 도달하며 나타나지 않고도 이름을 얻기 때문에 '유위를 기다리지 않고도 만사가 성사된다'고 말한 것이다"라고 하였다.

見, 與見龍在田之見同, 言其見于世也. 無所奔走, 而造其道, 無所章見, 而得其名, 無所作爲, 而成其事, 神之至也. 臨川吳氏曰, 不待行出, 而如至其處, 故不出戶, 知天下, 不待其窺, 而能名其理. 故不窺牖, 見天道也. 惟其不行而至, 不見而名, 故不待有所作爲而事無不成也.

【교감 및 주해】

백서갑본·장사성본張嗣成本·위대유본危大有本에는 '명名'이 '명明'으로 되어 있다. 장석창은 "'명名'과 '명明'은 옛날에 비록 통용되었지만, 노자에서는 '명明'으로 되어 있지 '명名'으로 되어 있지 않다. 22장의 '부자현고명不自見故明'과 52장의 '견소왈명見小曰明'이 모두 '현(견)見'과 '명明'을 연결하여 말하고 있으니, 바로 그 증거가 된다. 여기서는 장사성본에 의거하여 고치는 것이 마땅하다"라고 하였다.

---

1) 현룡재전 : 『周易』, 乾卦, "九二는 드러난 용이 밭에 있는 것이니, 대인을 봄이 이롭다"(九二, 見龍在田, 利見大人) 참조

서명응은 이 구절의 '현見'을 '드러남'의 뜻으로 풀이하여 '볼 견'(見)자의 의미로 보는 해석과 차이를 보인다.

위의 내용은 제47장이다.
右第四十七章.

【총설】

서명응은 이 장을 직관적이고 신비적인 측면으로 풀이하는 일반적인 해석과는 다른 관점에서, 인간 몸의 생리적 작용을 천도의 작용과 일치시키는 유기체적이면서 양생론적인 측면에서 풀이하고 있다. 흔히 유기체적인 사유에서는 개인, 사회, 우주의 존재 및 운동의 원리 등을 모두 동일한 것으로 간주하는데, 이 장의 풀이에서 그런 면이 보이고 있는 것이다.

제48장

배운다는 것은 날로 더하는 것이고,

爲學日益,

(배움은) 지식을 넓혀 나가는 것이다. 이 때문에 '날로 더한다'(日益)고 했다. 이는 유가의 '널리 문을 익히는'(博文)[1] 일을 말한다.

廣知識, 故日益, 此儒家博文之事也.

【교감 및 주해】

백서을본에는 "위학자일익爲學者日益"으로 되어 있다. 하상공은 "'학學'이란 정치적 교화나 예악과 같은 학을 말한다. 나날이 더한다는 것은 정욕과 문식이 나날이 더해져 많아짐이다"(學, 謂政敎禮樂之學也. 日益者, 情欲文飾日以益多)라고 하였다.

많은 주석가들은 '위학爲學'의 내용을 유가적 학문의 습득으로 보아 부정적으로 이해한다. 그래서 이 구절은 유학자들이 『노자』를 주석할 때 많은 논란을 불러일으키는 구절이 되기도 한다. 그러나 서명응은 "위학일익爲學日益"을 유학에서 말하는 '박문博文'으로 이해함으로써 노자의 '위학'을 긍정적으로 풀이하고 있다.

---

1) 널리……익히는: 『論語』, 「雍也」, "공자가 말하기를, '글을 널리 배우고, 요약하여 행하기를 예로써 하면 또한 위반되지 않을 것이다' 하였다"(子曰, 君子, 博學於文, 約之以禮, 亦可以弗畔矣夫) 참조

도를 행한다는 것은 날로 덜어내는 것이다.

爲道日損.

(도를 행함은) 겸손과 비움을 지키는 것이다. 이 때문에 '날로 덜어낸다'(日損)고 했다. 이는 유가의 '돌이켜 예로써 요약하는'(反約)²⁾ 일을 말한다.

守謙虛, 故日損. 此儒家反約之事也.

【교감 및 주해】
백서을본에는 "위도자일손爲道者日損"으로 되어 있다.
서명응은 '위도爲道'를 겸손과 비움을 지키는 것으로 보아 겸손과 비움을 강조하되, 전체적으로는 유학의 입장에서 '반약反約'의 의미로 이해하고 있다. 결국 서명응은 위의 구절과 이 구절을 유학의 '박문약례博文約禮'로 풀이하고 있는 것이다.

덜어 내고 또 덜어 내어 무위에 이르니,

損之又損, 以至於無爲,

겸손하면 교만함과 인색함이 꺾이어 숨게 되고, 비우면 물욕이 물러나 천명을 듣게 된다. 습성이 본성에 따라 이루어져³⁾ 지극한 경지에까지 도달하면 이런저런 생각이 드러날 때라 해도 맑고 고요함이 자재하여 인위와 사사로운 지혜가 그 사이에 절대로 끼어들 수 없으니, 도의 무위함과 하나가 된다. 이는 덕의 체를 말한 것이다.

---

2) 돌이켜……요약하는 : 각주 1) 참조
3) 습성이……이루어져 : 『論語』, 「陽貨」, "공자가 말하기를, '인간의 본성은 서로 비슷하지만, 습성은 서로 차이가 난다' 하였다"(子曰, 性相近也, 習相遠也) 참조

謙則驕吝摧伏, 虛則物慾退聽. 習與性成, 以造其極, 則念慮之發, 淸靜自在, 絕無人爲私智介於其間, 與道之無爲, 合以爲一. 此德之體也.

【교감 및 주해】

"손지우손損之又損"이 부혁본·범응원본·초횡본에는 "손지우손지損之又損之"로 되어 있다. 감산은 "처음에는 지혜로써 욕정을 제거하기에 '던다'고 말할 수 있다. 욕정을 잊게 되면 지혜도 사라지게 되기에 '또한 던다'고 하였다. 이와 같이 하면 마음과 바깥 경계 양쪽을 모두 잊어 사사로운 욕망이 다 없어져서 맑게 되니, 무위에 이르렀다고 할 만하다"(初以智去情, 可謂損矣. 情忘則智亦泯, 故又損. 如此則心境兩忘, 私欲淨盡, 可至於無爲)라고 하였다.

서명응은 이 구절을 겸손함과 비움에 초점을 맞추어 이해한다. 그리고 후천적인 습성이 선천적인 본성에 의해 이루어져 지극한 경지에 이르렀을 때의 효용성을 도의 무위함과 하나가 되는 것으로 풀이하되, 특히 그것을 덕의 체와 연계하여 이해하고 있다. 이 구절에 대한 해석에서 서명응의 처세술과 양생술, 그리고 유가적 수양론을 엿볼 수 있다.

무위하되 하지 못함이 없다.

無爲而無不爲矣.

이미 인위와 사사로운 지혜가 생각 사이에 끼어듦이 없는 것이 흡사 도의 무위함과 같으면 일과 행위에 미루어 나가더라도 통하지 않음이 없을 것이니, 또한 도의 하지 못함이 없는 것과 같다. 이는 덕의 용을 말한 것이다.

旣無人爲私智, 介於念慮, 如道之無爲, 則推之事爲, 莫不皆通, 亦如道之無不爲. 此德之用也.

【교감 및 주해】

서명응은 이 구절을 도의 무위적 측면과 연계하되 '덕의 용'의 입장에서 해석함으로써 위의 구절과 함께 덕을 체와 용으로 구분하여 이해하는 특징을 보인다. 유학자들을 포함하여 많은 학자들은 '무위'와 '무불위'를 종종 체와 용의 관계로 풀이하는데, 서명응은 이런 점을 특히 '덕'의 체용으로 이해하는 것이다.

천하를 취함은 항상 일 없음으로써 하나니, 일 있음에 이르면 천하를 취하기에 부족하리라.

取天下, 常以無事, 及其有事, 不足以取天下.

위 문장의 '무불위無不爲'를 이어서 거듭 말한 것이다. 천하의 인심을 취하는 것은 항상 맑고 고요하고 일 없음으로써 해야 한다. 만약 저 번거롭게 일이 있으면 천하의 인심은 다시 하는 것을 꺼려하고 지리함을 싫어하기 때문에 기쁘게 복종하는 바가 없게 된다.

承上文無不爲而復申之. 取天下之人心, 常以淸靜無事. 若夫煩擾有事, 則天下之人心, 憚於更作, 厭於支離, 不能有所悅服也.

【교감 및 주해】

'취取'에 대해 하상공은 "취는 다스림이다"(取, 治)라고 하였다. 감산은 "옛 주에서는 '취'자를 '위爲'로 풀이하였는데, 이는 포섭하여 교화한다는 뜻이다. 이는 의당 『춘추』에 나오는 '취국取國'의 취로서, 얻기 쉬움을 말한 것이다"(舊注取字訓爲, 攝化之意. 應如春秋取國之取, 言得之易也)라고 말한다.

서명응은 '무불위'와 관련된 '천하 인심을 취하는 것'으로서 청정무위를 강조하고 있다. 이것은 서명응이 당시의 위정자에게 요구한 덕목이라고 하겠다.

위의 내용은 제48장이다.

右第四十八章.

【총설】
　이 장을 이해하는 키워드는 '위학爲學'과 '위도爲道'이다. 서명응은 이것들을 각각 유가의 '박문博文'과 '약례約禮'의 관점에서 이해하고 있는데, 이는 흔히 하는 해석처럼 둘의 관계를 단절로 보는 것이 아니라 연속으로 파악하는 것이다. 원래 단절로 보는 것이 노자의 본의에 가깝다고 할 수 있다. 서명응은 이어서 덕의 체용론을 적용하여, 도의 무위함과 부합함으로써 하나가 되는 것을 '덕의 체'로 이해하고 '하지 못함이 없음'을 '덕의 용'이라고 이해하는 독특함을 보여 준다.

제49장

성인은 고정된 마음이 없으니, 백성의 마음을 자신의 마음으로 여긴다.
聖人無常心, 以百姓心爲心.

『예기』에서는 "인정人情이 성왕聖王의 밭이다"¹⁾라고 했는데, 이 문장과 뜻이 같다. 아래의 문장들은 바로 (성인이) 백성의 마음을 (자신의) 마음으로 여긴 사례들이다.

記曰, 人情聖王之田, 與此同意. 下文乃百姓心爲心之事.

【교감 및 주해】

'무상심無常心'이 경룡비비본·돈황본·고환본에는 '무심無心'으로 되어 있고, 백서을본에는 '항무심恒无心'으로 되어 있다. 장순일張純一과 엄영봉은 마땅히 '상무심常無心'이 되어야 한다고 주장한다. 황등산黃登山은 "'상심常心'이란 『장자』「제물론」에서 말하는 '성심成心', 공자가 말하는 '무아毋我'의 '아我'로서, 사심이나 편견의 뜻이다"라고 하였다.

서명응은 성인의 '상심常心'을 '인정'으로 보아, 유가의 치국治國적 관점에서 이해하고 있다.

---

1) 인정이……밭이다 : 『禮記』「禮運」, "그러므로 인정은 성인의 밭이다"(故人情者, 聖王之田也) 참조

백성이 '좋다' 하는 것을 나는 '좋다' 하고, 백성이 '좋지 않다' 하는 것을 나는 '또한 좋다' 하며,

善者, 吾善之, 不善者, 吾亦善之,

'선자善者'와 '불선자不善者'는 백성들이 '좋다' 하고 '좋지 않다' 하는 것을 말한다. '선지善之'와 '역선지亦善之'는 성인이 '좋다' 하고 '또한 좋다' 하는 것을 말한다. (백성이) '좋다' 하는 것에 대해서는 (성인 역시) 곧바로 '좋다'고 말하지만 (백성이) '좋지 않다' 하는 것에 대해서도 (성인은) '또한 좋다'고 말하니, 본디 저절로 구별되는 차등이 있다.

善者, 不善者, 謂百姓善之, 不善之也. 善之, 亦善之, 謂聖人善之, 亦善之也. 然於善則直曰善, 於不善則乃曰亦善, 固自有差等之別也.

【교감 및 주해】

이 구절의 끝에는 왕필본에는 '덕선德善'이, 경룡비본·수주비본에는 '득선得善'이, 엄준본·부혁본·오징본에는 '득선야得善也'가, 백서본에는 '덕선야德善也'가 덧붙어 있다. 여기서 '덕德'으로 보느냐 '득得'으로 보느냐에 따라 해석이 달라진다. '덕선德善'은 '선을 덕으로 여기기 때문이다'로 풀이되고, '득선得善'은 '선을 얻었기 때문이다'로 풀이된다. 하상공河上公은 "백성들이 선을 행하면 성인도 이에 의거하여 선하게 대하고, 백성 중에 설령 선하지 못한 자가 있다 하더라도 성인은 그를 교화시켜 선하게 만든다"(百姓爲善, 聖人因而善之, 百姓雖有不善者, 聖人化之使善也)라고 하였다.

흔히 이 구절의 '선자善者'를 '착한 사람'으로, '불선자不善者'를 '착하지 못한 사람'으로 풀이하는 것에 비해, 서명응은 그것을 백성들이 '좋다고 하는 것'과 '좋지 않다고 하는 것'으로 이해한다. 이것도 치국의 관점에서 이해한 것이라 할 수 있다.

이치가 믿을 만한 것이면 나는 그것을 믿고, 이치가 믿을 만한 것이 아니라 해도 나는 또한 그것을 믿는다. 믿음을 덕이라 여기기 때문이다.

信者, 吾信之, 不信者, 吾亦信之. 德信矣.

앞의 '신자信者'의 '신信'은 이치가 믿을 만하다는 것이다. 뒤의 '신지信之'의 '신信'은 (성인의) 마음이 그것을 믿는다는 것이니, 이는 흡사 (정나라 대부) 자산子産이 고기를 놓아 주었다는 어인魚人의 말을 믿은 것²)과 같다.

上信信, 理之可信也. 下信信, 心之信之也. 如子産之信圉人放魚是已.

【교감 및 주해】

"덕신의德信矣"가 왕필본에는 '덕신德信'으로, 경룡비본·수주비본에는 '득신得信'으로, 엄준본·부혁본·오징본에는 '득신야得信也'로, 백서본에는 '덕신야德信也'로 되어 있다. 이 구절도 앞의 구절과 마찬가지로 '덕德'으로 보느냐 '득得'으로 보느냐에 따라 해석이 달라진다. '덕신德信'은 '신의를 덕으로 여기기 때문이다'로, '득신得信'은 '신의를 얻었기 때문이다'로 풀이된다.

서명응은 기본적으로 '믿을 신'(信)자를 강조하면서, 이치와 관련지어 이치적으

---

2) 자산이……믿은 것 : 『孟子』「萬章上」 2장에 나온다. 전문은 다음과 같다. "그렇다면 순임금은 거짓되게 즐거워한 것입니까? 하고 묻자 이렇게 답하였다. 옛날에 정나라 자산에게 살아 있는 고기를 준 자가 있었다. 자산은 연못을 담당하는 관리에게 연못에서 기르라고 하였는데, 관리는 고기를 삶아 먹고 돌아와서는, '놓아 준 처음에는 고기가 꾸물거리더니 조금 있다가는 훨씬 자유롭게 노니다가 기분 좋게 멀리 갔습니다'라고 보고하였다. 이 말을 들은 자산은 '고기가 그 살 곳을 얻었구나, 그 살 곳을 얻었구나'라고 하였다. 관리가 나가면서 말하기를, '누가 자산이 지혜롭다 말하는가? 내가 이미 삶아 먹었는데도 그는 고기가 그 살 곳을 얻었구나, 그 살 곳을 얻었구나 하고만 있으니' 하였다. 그러므로 군자는 그 도로써는 속일 수가 있고, 그 도가 아닌 것으로는 가리기가 어려운 것이다. (순임금의 동생인) 象은 그 형을 사랑하는 도로써 왔기 때문에 참으로 믿고 기뻐한 것이지, 어찌 거짓으로 즐거워한 것이겠는가?"(曰, 然則舜僞喜者與. 曰, 昔者, 有饋生魚於鄭子産. 子産使校人畜之池, 校人烹之, 反命曰, 始舍之圉圉焉, 少則洋洋焉, 攸然而逝, 子産曰, 得其所哉, 得其所哉. 校人出曰, 孰謂子産智. 予旣烹而食之, 曰得其所哉, 得其所哉. 故君子可欺以其方, 難罔以非其道. 彼以愛兄之道來, 故誠信而喜之, 奚僞焉)

로 믿을 만한 것이 아니라도 믿는다는 이해를 보인다. 위정자의 이성적 사려분별보다는 백성에 대한 사랑과 포용력을 말함으로써 그것의 현실적 적용을 강조하고자 한 것이 아닌가 생각된다.

성인은 천하에 임함에 위태하고 두려운 듯이 하고 천하를 위함에 그 마음을 혼일하게 하니, 백성은 모두 그 귀와 눈을 (성인에게로) 집중하고 성인은 (백성을) 모두 어린아이와 같이 여긴다.['첩惵'의 음은 '첩帖'이다.]
聖人之在天下惵惵, 爲天下渾其心, 百姓皆注其耳目, 聖人皆孩之.[惵音帖]

'첩첩惵惵'은 위태롭고 두렵다는 뜻이다. 성인은 위태롭게 두려운 듯이 혹여 천하의 인심을 잃어버리지나 않을까 근심하며 스스로 그 마음을 혼일하게 해서 (백성들의) '선善'과 '불선不善', '신信'과 '불신不信'을 분별하지 않으니, 백성들은 모두 귀와 눈을 (성인에게로) 집중하여 성인에게 시시비비를 맡기고 성인은 (모든 백성을) 한결같이 보아서 마치 (부모가) 어린아이를 돌보듯이 고르게 대접한다는 것이다. 어린아이에 대해서는 인품의 고하를 막론하고 부모된 자는 누구나 사랑하여 젖을 먹이고 옷을 입히지 아니하는 사람이 없으니, 일찍이 (부모의 자식사랑에는) 두텁다거나 엷다거나 하는 식의 차등을 매기는 일이 있을 수 없었다.

惵惵, 危懼也. 言聖人惵惵然危懼, 恐或失天下心, 而自渾一其心, 不分別善不善信不信. 而百姓皆注其耳目, 以決是非於聖人. 聖人一視均待, 如孩兒然也. 孩兒, 勿論人品高下, 爲父母者, 莫不愛之而乳哺衣服, 未嘗以厚薄差等也.

【교감 및 주해】

'첩첩惵惵'이 왕필본·부혁본·범응원본에는 '흡흡歙歙'으로, 하상공본에는 '출출怵怵'로 되어 있다. 범응원范應元은 "'흡歙'이란 거두어들인다는 뜻이다"(歙, 收斂

也)라고 하였다. 백서본·부혁본·범응원본·사마광본·이약본·오징본에는 "성인재천하첩첩聖人在天下惵惵" 뒤에 '언焉'자가 있다. '해孩'가 부혁본·범응원본에는 '해咳'로, 엄준본에는 '해駭'로, 돈황본·수주비본에는 '해㤥'로 되어 있다. 하상공은 "'주注'는 사용함이다. 백성들은 모두가 이목을 사용하여 성인이 보고 듣는 것을 보고 듣는다"(注, 用也. 百姓皆用其耳目爲聖人視聽也)라고 말한다.

서명응은 성인의 다스림을 부모가 자식을 사랑하는 것과 연계하여 이해하면서 그 사랑에 차등이 없다고 한 것은 유가적인 해석이라고 할 수 있다. 전체적으로 당시의 탕평책과도 연결될 수 있는 문장으로 보인다.

위의 내용은 제49장이다.
右第四十九章.

【총설】

서명응은 이 장에서 천하를 다스리는 데 있어서는 어떤 마음가짐을 지녀야 하는지에 초점을 맞추어 다양하게 논의하고 있다. 따라서 여기서는 치국에 대한 서명응의 구체적인 견해를 엿볼 수 있다. 그는 '신信'과 관련된 의미를 이치적 측면에서 풀이하고 있는데, 여기서 이치에 맞지 않는 것이라도 백성들이 좋다고 여기면 수긍한다고 한 것은 당시 위정자의 차별 없는 사랑을 암암리에 강조하고자 하는 것이라고 이해할 수도 있다.

제50장

나옴은 삶이요 들어감은 죽음이니,

出生入死,

삶과 죽음의 관계는 음양이나 밤낮의 관계와 같다. 삶이 아니면 죽음이요, 죽음이 아니면 삶이다. 따라서 사람이 일상생활에서 행위하는 바는 모두 삶과 관련된 일이 아니면 곧 죽음과 관련된 일이고, 죽음과 관련된 일이 아니면 곧 삶과 관련된 일이다. 아래의 문장에서 이에 대해 상세히 말했다.

生與死, 如陰陽晝夜. 非生則死, 非死則生. 故人之日用所爲, 非生之事, 卽死之事, 非死之事, 卽生之事. 下文詳言之.

【교감 및 주해】

'출생입사出生入死'에 대해 오징은 "나옴은 삶이고 들어감은 죽음이다. 나옴이란 무로부터 유에로 나타남을 말한 것이며, 들어감이란 유로부터 무에로 들어감을 말한 것이다"(出則生, 入則死, 出謂自無而見於有, 入謂自有而歸於無)라고 하였다.

서명응은 삶과 죽음을 음양 및 밤낮의 관계로 이해하는데, 이런 이해는 삶과 죽음을 역리적 사유로 이해하는 것이다.

자연 그대로의 삶에 맡겨 오래 사는 무리가 열 가운데 셋이요, 삶을 손상시키면서 죽음에로 가는 무리가 열 가운데 셋이다. 사람들 중에는 삶을 탐하다가 느닷없이 죽음의 땅에 빠지는 무리가 또한 열 가운데 셋이니, 그렇게 되는 이유는 무엇인가? 삶을 삶으로 여김을 두터이 했기 때문이다.

生之徒十有三, 死之徒十有三, 人之生, 動之死地者, 亦十有三. 夫何故, 以其生生之厚.

'동動'은 '느닷없이'(輒)라는 뜻이고, '지之'는 '가다'(適)라는 뜻이다. 세간에 자연 그대로의 삶에 맡겨 오래 사는 무리가 열에 셋이고, 자연 그대로의 삶을 손상시켜 생명을 단축하는 무리가 또한 열에 셋이며, 또 악착같이 삶을 탐하다가 느닷없이 죽음의 땅에 빠지는 무리도 있으니 이 역시 열에 셋이다. 대저 삶을 추구하다가 도리어 죽게 되는 것은 무슨 이유인가? 그 마음이 삶을 삶으로만 여겨 이를 두텁게 하려 하다가, 지나쳐서 도리어 사사로운 뜻이 일어나게 되어 삶을 미혹하게 만든 것이다. 이는 저 천지가 조화해 나가는 방식과는 다르다. 이 때문에 도리어 죽음의 구렁텅이에 빠져드는 것이다.

動, 輒也. 之, 適也. 世間任其生而久其生者, 十分之中有三分焉, 傷其生而促其生者, 亦十分之中有三分焉, 又有人營營貪生, 輒適死地者, 亦十分之中有三分焉. 夫求生而反適死者, 是何故乎. 其心以生爲生, 太過於厚, 則私意起而反惑. 與夫天地之化不相似, 所以反入於死也.

【교감 및 주해】

"부하고夫何故, 이기생생지후以其生生之厚"에 대해 하상공은 "활동하다 죽는 곳으로 간 까닭은 삶을 살아가는 데 있어서 지극한 두터움을 구하였기 때문이니, 이는 도에 어긋나고 하늘을 거역하는 것으로서 함부로 행동하여 기강을 잃은 것이다"(所以動之死地者, 以其求生活之事太厚, 違道忤天, 妄行失紀)라고 하였다. 고형은 "'생생'이란 '삶을 기른다'고 한 것과 같다"(生生猶養生也)라고 하였다.

서명응은 올바른 삶과 죽음은 사사로운 뜻에 맞추지 않고 천지조화의 방식을 따르는 것이라고 말하는데, 이것은 '도법자연道法自然'적 사유를 양생적 차원과 결합하여 이해한 것이라 할 수 있다.

듣자 하니 섭생을 잘 하는 사람은 산길을 다녀도 외뿔소나 호랑이 같은 맹수를 만나지 않고 전쟁터에서도 병기에 다치지 않는다. 외뿔소가 그 뿔로 들이받을 곳이 없고, 호랑이가 그 발톱으로 할퀼 곳이 없으며, 병기가 그 칼날로 찌를 곳이 없다. 무슨 까닭인가? 죽음에 이르게 할 여지가 없기 때문이다.
蓋聞善攝生者, 陸行不遇兕虎, 入軍不被甲兵. 兕無所投其角, 虎無所措其爪, 兵無所容其刃. 夫何故, 以其無死地.

'섭攝'은 '보양하여 기른다'는 의미이다. 대개 양생의 도에 매진할 수 있는 자는 위 문장에서 말한 9분分의 무리들[1] 외에 겨우 10분의 1이 있을 뿐이다. 그러나 다만 섭생만 말하고 어떻게 섭생할 것인지 그 구체적인 방법에 대해서는 언급하지 않은 것은 '활시위를 당기기만 할 뿐 화살을 쏘지는 않는 것'과 같은 이치이니, 짐짓 각각의 사람들로 하여금 스스로 깨치게 하려는 것이다. 이 문장의 세 가지는 『참동계』에서 "물에 들어가도 젖지 아니하며, 불에 뛰어들어도 그슬리지 않는다"[2]라고 한 것과 같으니, 대개 섭생의 효과를 말한 것이다. '죽음에 이를 여지가 없다'는 말은 (지극한 경지에 오른 사람은) 그 도와 덕을 온전히 하기에 만물이 (그를) 사랑하고 공경하며 보호하지 아니함이 없다는 말이다. 이것이 바로 '지극한 경지에 오른 사람'(至人)은 죽음에 이를 만한 여지가 없는 이유인 것이다.

---

[1] 9분의 무리들 : '자연 그대로의 삶에 맡겨 오래 사는 무리', '삶을 손상시켜 생명을 단축하는 무리', '악착같이 삶을 탐하다가 느닷없이 죽음의 땅에 빠지는 무리'를 모두 합한 것이다.
[2] 물에 들어가도……않는다 : 『參同契』上篇, "복식하기를 3년 하면 몸이 가벼워져서 멀리 갈 수 있으며 불에 들어가도 타지 않고 물에 들어가도 젖지 않으니, 삶과 죽음이 자재하고 오래도록 즐거이 걱정이 없을 수 있다"(服食三載, 輕擧遠游, 跨火不焦, 入水不濡, 能存能亡, 長樂無憂) 참조.

攝, 持養也. 盖於上文九分之外, 能善其道於養生者, 僅有一分也. 但曰攝生, 而
不言所以攝生之工者, 引而不發, 故使人自爲之領悟也. 三者猶參同契所謂, 入
水不濡, 入火不焦. 盖攝生之效也. 無死地, 謂全其道德, 物莫不愛敬之保護之.
此其所以至人無可死之地也.

【교감 및 주해】

'피被'가 하상공본에는 '피避'로, 『한비자』「해로」편에는 '비備'로 되어 있다. 고형
은 "왕필본의 '피被'로 된 것이 옳다. '피'는 받는다는 뜻이다"(王作被是也. 被猶受也)라
고 하였다.

서명응은 이 구절의 섭생을 『참동계』의 내용과 관련지어 이해하는데, 특히 '지극
한 경지에 오른 사람'(至人)은 도와 덕을 온전히 한다는 점을 강조하고 있다.

위의 내용은 제50장이다.
右第五十章.

【총설】

서명응은 이 장에서 인간의 삶과 죽음을 음양이나 밤낮의 관계로 이해하는데,
이것은 역리적 차원에서의 이해인 동시에 유가적 사생관의 일면을 보여 주는 것이
기도 하다. 서명응은 특히 '지극한 경지에 오른 사람'이 도와 덕을 온전히 할 수
있음을 강조하는 것을 통해 섭생과 양생에 대한 견해를 밝히고 있다. 즉 도와 덕의
온전함이 섭생과 양생의 중요한 내용임을 말하고 있는 것이다.

제51장

도는 만물을 낳고,

道生之,

'도道'는 태극을 가리킨다. '그것을 낳는다'는 것은 도가 만물의 아비임을 말하고 있다.

道, 指太極也. 曰生之者, 萬物之父也.

【교감 및 주해】
『노자』의 '도道'를 '태극'으로 이해하고 만물의 아버지로 보는 것은 역리적 이해이다. 서명응이 '도'를 '태극'으로 보는 것은 일관된 사유이다.

덕은 만물을 기르고,['휵畜'은 '허許'와 '육六'의 반절이다. 아래도 같다.]

德畜之,[畜許六反, 下同]

'휵畜'은 기르는 것이다. '덕德'은 음양을 가리킨다. '그것을 기른다'는 것은 덕이 만물의 어미임을 말하고 있다.

畜, 養也. 德, 指陰陽也. 曰畜之者, 萬物之母也.

【교감 및 주해】

　서명응은 '덕'을 음양으로 이해하고 만물의 어미로 보는데, 이것은 도와 덕의 관계를 태극과 음양의 관계로 파악한 것이다. 이 구절이나 아래 구절의 해석을 통해서 볼 때 그는 이 장을 「태극도설」의 구조를 가지고 이해하였다고 할 수 있다.

물은 만물을 형성하고,

物形之,

　'물物'은 오행을 가리킨다. 만물은 모두 오행이 착종함으로써 생겨난다.

　物, 指五行也. 萬物, 皆五行之錯綜以生也.

【교감 및 주해】

　서명응이 이 구절에서 '물物'을 '오행五行'으로, '만물'을 '오행'이 착종한 결과물로 보는 것은 「태극도설」에서 '오행' 이후 "건도는 남을 이루고 곤도는 음을 이룬다"(乾道成男, 坤道成女) 및 "만물을 변화시키고 낳는다"(化生萬物)의 구조를 가지고 해석한 것으로 이해된다.

세가 만물을 이루고,

勢成之,

　'세勢'는 조화의 기틀을 가리킨다. 만물은 모두 조화의 기틀이 운행을 주재하여 생긴 것이다.

　勢, 指化機也. 萬物, 皆化機之幹運以成也.

【교감 및 주해】
　서명응이 '세勢'를 조화의 기틀로 이해하는 것은 태극·음양·오행·만물의 관계를 총체적으로 결론지은 것이라 할 수 있다.

그러므로 만물은 도를 높이고 덕을 귀하게 여기지 않음이 없다. 만물이 도를 높이고 덕을 귀하게 여김은 명령하는 자가 없이도 항상 저절로 그러하다.
是以萬物莫不尊道而貴德, 道之尊, 德之貴, 夫莫之命而常自然.

사람이 도를 높이고 덕을 귀하게 여기는 것은 원래 그러한 것이다. 하늘을 나는 용¹⁾과 안개에 숨는 호랑이조차도 모두 도와 덕에 굴복하니, 만물이 또한 모두 도를 높이고 덕을 귀하게 여기는 것을 알겠다. 누군가 명령하는 자가 있는 것인가? 아니다, 저절로 그러할 뿐이다.
人之尊道貴德固也. 至如龍之天飛, 虎之霧隱者, 亦皆伏於道德, 可知萬物亦皆尊道貴德也. 是孰有命之者乎. 自然而然也.

【교감 및 주해】
　서명응은 아래 구절에서 이 구절은 '도'와 '덕'을 아울러 말한 것이라고 한다. 도와 덕의 관계를 엿볼 수 있다.

도는 만물을 낳고 길러 주며 이루어지고 성숙되게 하며 안정적으로 잘 설 수 있게 하며 돌보고 덮어 준다. (그러나) 낳되 소유하지 않고 해 주되 자랑하

---

1) 하늘을 나는 용 : 『周易』 乾卦, "구오는 하늘에서 나는 용이니, 대인을 봄이 이롭다"(九五, 飛龍在天, 利見大人) 참조

지 않으며 길러 주되 주재하지 않으니, 이를 일러 현덕이라 한다.

夫道生之畜之, 成之熟之, 亭之毒之, 養之覆之. 生而不有, 爲而不恃, 長而不宰, 是謂玄德.

위의 문장에서는 도와 덕을 아울러 말하였는데, 여기서는 또 도에 중점을 두고 있다. '소유하지 않는다'(不有), '자랑하지 않는다'(不恃), '주재하지 않는다'(不宰)는 것은 모두 하늘의 도가 자신의 빛을 덜어 내어 아래를 구제하기 때문이다.2) '현덕玄德'은 가물하고 멀고 심오한 덕을 말하는 것이니, 덕의 가장 높은 것으로서 도와 더불어 하나가 된다.

上文, 以道德幷言之. 此又歸重於道. 不有不恃不宰, 皆天道謙光, 所以下濟者也. 玄德, 謂玄遠幽深之德, 德之最高, 而與道爲一也.

【교감 및 주해】

'독毒'에 대해 『설문해자』에서는 "'독'은 두터움이다"(毒, 厚也)라고 하였고, 『광아廣雅』에서는 "편안함이다"(安也)라고 하였다. 곽상郭象은 『장자』 「인간세人間世」에 나오는 '무문무독無門無毒'의 '독'에 대해 "다스림이다"(治也)라고 주석하였다.

서명응은 "도생지道生之, 덕흑지德畜之"라는 판본을 따르지 않고 "도생지흑지道生之畜之"를 취하여 이 구절을 도에 중점을 두는 것으로 이해하고 있으며, '현덕玄德'을 도와 동일한 경지로 풀이함으로써 도와 덕의 관계를 밝히고 있다.

위의 내용은 제51장이다.

右第五十一章.

---

2) 하늘의 도가······ 때문이다 : 『周易』, 謙卦 「彖傳」, "겸은 형통하니, 하늘의 도는 아래로 이루어 주는데도 그 도는 밝다"(謙, 亨. 天道下濟而光明) 참조

【총설】

　서명응은 기본적으로 「태극도설」의 태극・음양・오행・만물의 순서를 취하여 이 장 각각의 구절을 해석하고 있다. 또한 '현덕玄德'을 덕의 가장 높은 것으로 보면서 도와 하나가 된다고 한 것은 서명응이 도와 덕의 관계를 어떤 식으로 이해하는가를 단적으로 보여 준다. 즉 유가적 사유 속에서는 '도'와 '덕'은 별개의 것이 아니라는 것이다. 이러한 접근은 서명응이 취하고 있는 역리적 입장에서의 『노자』해석의 전형이라고 할 수 있다.

37장에서부터 여기까지의 15장이 한 절이 된다.
自第三十七章至此, 凡十五章爲一節.

【교감 및 주해】

　37장에서부터 여기까지의 15장이 하나의 절이 된다는 것은 하도河圖의 수를 통하여 이해한 것이다. 하도 중궁中宮의 수가 15이므로 15장을 여기에 해당시켰다.

제52장

천하는 처음이 있으니, 그 처음을 천하의 어미로 삼는다.
天下有始, 以爲天下母.

오행이 빚어 낸 온갖 사물과 온갖 일은 음양에서 시작하지 않음이 없으니, 마치 사람의 몸이 '어미의 태'(母胎)에서 시작하는 것과 같다.
五行所成之萬物萬事, 莫不始於陰陽, 如人身之始於母胞也.

【교감 및 주해】

소철은 "무명은 천지의 시작이고, 유명은 만물의 어미이다. 도는 바야흐로 이름이 없지만 만물이 이에 의존하여 시작을 이루게 되었고, 이름이 있음에 미쳐서는 만물이 이에 의존하여 생겨나게 되었다. 따라서 그것을 시始라고 말하고, 또한 그것을 모母라고 말하였다. 그 자식이란 만물이다"(無名, 天地之始, 有名, 萬物之母. 道方無名, 則物之所資始也, 及其有名, 則物之所資生也. 故謂之始, 又謂之母. 其子則萬物是也)라고 하였다.

서명응은 이 구절을 오행과 음양의 관계를 통하여 이해하는데, 음양을 오행의 근거로 본다. 이는 「태극도설」의 입장을 따른 것이라 할 수 있다.

이미 그 어미를 얻어 그 자식을 알고, 이미 그 자식을 알아서 다시 그 어미를 지킨다면, 죽을 때까지 위태롭지 않다.

既得其母, 以知其子, 既知其子, 復守其母, 沒身不殆.

음양의 자식은 오행이다. 음양으로부터 오행이 생성되어 나오는데, 오행은 강성하고 음양은 유약하다. 그러나 강성함을 알지 못하면 어찌 유약함이 유약함을 알겠는가? 그러므로 그 자식을 알아야만 한다. 비록 강성함과 유약함을 모두 알더라도, 만약 강성함을 지키고자 한다면 유약함에 있어야 한다. 그러므로 또 그 어미를 지킨다고 했다. 이와 같이 하면 죽을 때까지 위태롭지 않을 수 있다. 『참동계』가 또한 이것을 인용하여 수양의 법을 밝혀서 말하기를, "'백을 알아서 흑을 지키면 신명이 스스로 이른다'[1]고 했는데, 이것은 폐의 금金의 기氣를 알아서 신장의 수水의 정精을 지키면 혼과 백이 자연히 장성하고 왕성해진다. 대개 기는 알아서 이끌어 올 수 있고, 정은 지켜서 단단히 감출 수 있다는 것을 말한 것이다. 또 『참동계』에서는 말하기를, "'금'은 '수'의 어미가 되고, 어미는 자식을 태에 감추니, '수'는 '금'의 자식이고 자식이 어미의 태에 감추고 있다"[2]라고 하였다. 이것은 폐의 기운이 왕성하면 아래

---

1) 백을 알아서……이른다 : 『參同契』 상편의 "백을 알고 흑을 지키면 신명은 스스로 온다"(知白守黑, 神明自來)를 말한 것이다. 서명응은 『參同攷』에서 이 부분에 대해 "이것은 金과 水의 색으로 말한 것이다. 금은 기를 주로 하니, 기는 작위할 수 없다. 그러나 그 이치가 이와 같음을 알면 자연히 궤도를 따른다. 그러므로 지라고 했다. 수는 정을 주로 하니, 정은 반드시 작위하는 바가 있지만 삼가고 숨기기를 굳게 한 연후에는 바야흐로 가득 찰 수 있다. 기가 조화롭고 정이 가득 차면 신명은 구하지 않아도 저절로 이른다…… '정과 기의 사이에서'라는 것은 정과 기가 사귀어 신이 저절로 생겨남을 밝힌 것이다"(此以金水之色言之, 金主氣, 氣不可以作爲, 但知其理之如此, 則自然循軌, 故曰知也. 水主精, 精必有所作爲而固守謹秘然後, 方能克滿. 故曰守也. 氣調精滿則神明不求而自至……於精氣之間者明精氣之交神之所自生也)라고 말한다. 이와 관련해서는 이미 『도덕지귀』 27장의 주 3)에서 밝힌 바 있다.
2) 금은……감추고 있다 : 『參同契』 상편의 "금은 수의 어미가 되니 어미는 자식을 배태한 것을 숨기고, 수는 금의 자식이 되니 자식은 어머니 태에 감추어져 있다"(金爲水母, 母隱子胎, 水爲金子, 子藏母胞)라는 것을 말한다. 이 부분은 연정과 연기의 부분이다. 연정의 과정은 우선 폐금이 아래로 신수를 생성하고, 신장의 신이 위로 폐의 기를 품부한다. 서명응은 『參同攷』에서 이에 대해 "그 처음에는 폐금이 아래에서 신수를 생성하므로 금은 수의 어미가 된다고 하고, 그 마침에는 신수가 위에서 폐금을 흘리므로 어미가 자식을 배태한 것을

로 신장의 정에 거주할 수 있고 신장의 정이 강성하면 위로 폐의 기운에 거주할 수 있다는 말이니, 모두 오행으로 말한 것이다. 오행을 기준으로 보면 도가와 선가가 나뉘는 것을 알 수 있다.

陰陽之子, 五行是也. 自陰陽生出五行, 而五行强盛, 陰陽柔弱. 然不知强盛, 則安知柔弱之柔弱. 故不得不知其子. 雖幷知强盛柔弱, 而若其守之, 則在於柔弱. 故又守其母. 夫如是, 則可以殁身不殆也. 參同契, 亦引此, 以明修養之法曰, 知白守黑, 神明自來, 言知肺金之氣而守腎水之精, 則魂魄自然壯旺. 盖氣可以知而導引, 精可以守而固秘也. 又曰, 金爲水母, 母隱子胎, 水者, 金子, 子藏母胞, 言肺氣旺, 則可以下宅腎精, 腎精壯則可以上宅肺氣也. 皆以五行言之. 觀于此, 則道家仙家之所由分可知也.

【교감 및 주해】

부혁본에는 "이지기자以知其子"가 "가이지기자可以知其子"로 되어 있다. 왕필王弼은 "모母는 근본이오, 자子는 말단이다. 근본을 얻어 이로써 말단을 알면 근본을 버리고서 말단만을 좇는 일을 행하지 않게 된다"(母, 本也. 子, 末也. 得本以知末, 不舍本以逐末也)라고 하였다. 고형은 "모는 도이다. 자는 천하이니, 만물을 말한다"(母者, 道也. 子者, 天下也, 爲物也)라고 하였다.

서명응은 기본적으로 오행을 음양의 자식으로 보고, 선천역과 후천역을 구분하는 기준으로 음양과 오행을 든다. 서명응은 『선천사연』에서 선천역은 음양만을 말하고 오행을 말하지 않으며, 후천역은 오행을 중심으로 말한다고 한다. 따라서 노자

숨긴다고 한다. 인사로 말하면 이것은 어미가 자식을 배태한 상이다"(其始也. 肺金下生腎水. 故曰, 金爲水母. 其終也. 腎水上溶肺金. 故曰, 母隱子胎. 以人事言之. 此卽母懷子胎之象也)라고 하고, 또 "그 처음에는 신신이 위로 폐기를 품부하므로 수는 금의 자식이라고 하고, 그 마침에는 신신이 위로 폐실에서 조회하므로 자식은 어미의 태에 감추어져 있다고 한다. 사람의 일로 말하면 이것은 곧 자식이 어미의 태에 있는 상이다. 흰 것을 알고 검은 것을 지킨다는 것에서부터 여기에 이르기까지 모두 금과 수의 서로 거처함을 말함으로써 앞의 절을 마무리하고 아울러 공혈의 뜻에 이른 것이다"(其始也, 腎神上稟肺氣. 故曰水者, 金子. 其終也. 腎神上朝肺室. 故曰子藏母胞. 以人事言之, 此卽子在母胞之象也. 自知白守黑至此, 皆言金水之互宅, 以終前節兩至孔穴之意)라고 하였다.

는 음양을 말하고 오행은 말하지 않았으므로 선천역이며, 노자가 유독 오행 중에서 '토'만을 취했다는 점에서 내단사상과 연관성을 갖는다고 말한다. 이 구절에서는 특히 "오행을 기준으로 보면 도가와 선가의 나뉨을 알 수 있다"에 주목할 필요가 있는데, 이 주석은 『노자』를 양생의 입장에서 이해한 구체적인 예에 속한다. 이 점에 대해 보다 자세한 것은 이 장의 『참동계』 관련 주석 참조.

그 입을 닫고 그 문을 닫으면 종신토록 고갈되지 않고, 그 입을 열고 그 일을 이루고자 하면 종신토록 구할 수 없다.
塞其兌, 閉其門, 終身不勤, 開其兌, 濟其事, 終身不救.

'태兌'는 입이니, 『주역』에는 "태는 입이다"[3]라는 말이 있다. '문門'은 정情이 출입하는 문이요, '근勤'은 다함이다. '종신불근終身不勤'은 정精과 기氣가 종신토록 고갈되지 않음을 말한다. '제濟'는 이룸이다. 모든 일을 반드시 이루고자 한다면 '정'을 수고롭게 하고 몸을 해쳐서 구할 수 없다. 『참동계』는 또한 "그 입을 막아서 닫는다" 하고, 또 "입을 닫아서 말하지 않는다"라고 하였다.[4]

---

3) 태는 입이다 : 『周易』, 「說卦傳」, "兌爲口."
4) 『참동계』는……하였다 : 서명응은 『參同攷』에서 "귀, 눈, 입의 세 보물을 닫아 움직이지 않게 하면 정이 가득 차고 신이 왕성해져서 강궁진인이 정수의 가운데서 침잠하여 그 떠오르고 노니는 것이 마음을 벗어나지 않는다는 것을 말한 것으로, 대개 마음이 밖으로 내달리지 않는다는 의미이다"(言耳目口三寶, 閉塞勿發, 則精盛神旺, 絳宮眞人, 沈潛于精水之中, 其一浮一游, 不出方寸之中, 盖謂心不外馳也)라고 풀이한다. 여기서 三寶論을 보자. 서명응은 『參同攷』에서 삼보론을 괘상과 결합하여 설명한다. 귀는 水인 감괘가 되고, 눈은 火인 리괘가 되며, 입은 澤인 태괘가 된다. 그런데 내단사상에서는 감괘와 리괘가 교구하여 金丹을 형성하는 것을 비유적으로 설명한다. 이를 坎離交媾라고 한다. 이는 수와 화인 감괘와 리괘가 중효를 교환하여 순양을 회복하는 것이기도 하다. 감괘의 중효인 양효가 리괘의 중효인 음효와 자리를 바꾸어 순양인 건괘를 회복하는 것은 바로 금단을 형성하는 것으로 비유된다. 그런데 이러한 금단을 형성하는 과정에서 귀와 눈과 입을 닫아 精과 氣가 산란하지 않게 하는 것이 중요하다. 그래서 서명응은 『參同攷』에서 "그러므로 귀가 듣지 않으면 감괘인 수가 안으로 맑으며, 눈이 보지 않으면 리괘인 기가 안으로 경영하고, 입이 말하지 않으면 태금이 울지 않는다. 세 가지 것은 장기의 신이 갖춘 것이다. 그러므로 그것들을

兌, 口也. 易曰, 兌爲口也. 門者, 情所出入之門也. 勤, 竭也. 終身不勤, 謂精氣終身不竭也. 濟, 成也. 每事必欲其成, 則勞精弊身, 不能救也. 參同契, 亦言閉塞其兌, 又曰, 兌合不以談.

【교감 및 주해】

죽간본에는 "색기태塞其兌, 폐기문閉其門"이 "폐기문閉其門, 색기태塞其兌"로 되어 있고, 또 "종신불구終身不救"에서의 '구救'가 '구逑'로 되어 있다.

서명응은 이 구절을 양생적 입장에서 이해하고 있는데, 『주역』이나 『참동계』를 통한 『노자』 이해의 한 단면을 볼 수 있다.

(사려가) 미미하고 작은 것을 보는 것을 '밝음'이라 하고, 유약함을 지키는 것을 '강함'이라 한다.

見小曰明, 守柔曰强.

'소小'는 미미하고 작은 것으로, 사려가 처음 발하는 기미를 가리킨다. '유柔'는 유약함으로, 사려가 아직 장성하지 않은 때를 가리킨다. 대개 사물이 성대하면 쉽게 보이지만 작으면 보기 어렵기 때문에 미미하고 작은 것을 보는 것을 '밝음'이라 하였고, 사물을 이기는 것이 강함이 아니라 자기 스스로를 이기는 것이 강함이기 때문에 유약함을 지키는 것을 '강함'이라 하였다.[5]

小, 微小也. 此指思慮初發之幾而言之. 柔, 柔弱也. 此指思慮未壯之時而言之. 凡物盛大則易見, 微小則難見. 故見小爲明也. 勝物非强, 自勝爲强. 故守柔爲强也.

칭하여 세 가지 보배라고 한다"(故耳不聽, 則坎水內澄, 目不視, 則離氣內營, 口不言, 則兌金不鳴, 三者乃藏神之具. 故稱之爲三寶)라고 말한 것이다.
[5] 대개 사물이……하였다 : 『노자』 32장의 "다른 사람을 아는 것은 꾀가 있는 것이지만 스스로를 아는 것은 명철한 것이며, 남을 이기는 사람은 힘이 있지만 자신을 이기는 사람은 강하다"(知人者智, 自知者明, 勝人者有力, 自勝者强)라는 것과 유사한 내용이다.

【교감 및 주해】

하상공은 "싹이 아직 활동하지 않고 재난이 아직 보이지 않음이 '소小'이고, 환히 홀로 봄이 '명明'이다. 유약함을 지키되면 날로 강대해진다"(萌芽未動, 禍亂未見爲小, 昭然獨見爲明. 守柔弱, 日以强大也)라고 하였다.

서명응은 '견소見小'와 '수유守柔'를 사려와 관련지어 이해한다.

그 비춤을 써서 그 밝음으로 되돌아가면 몸에 재앙이 남지 않게 되니, 이것이 '항상됨을 거듭하는 것'(襲常)이다.

用其光, 復歸其明, 無遺身殃, 是爲襲常.

'광光'은 이 마음의 '정미하게 비추는'(精光) 작용을 말하고, '명명'은 이 마음의 '신령하게 밝은'(神明) 본체를 말한다. 이 마음을 정미하게 비추어 이 마음의 신명한 본체로 돌아가면[6] 혼과 백이 껴안아서 서로 생성함[7]이 왕성해지니, 곧 온갖 질병이 일어나지 않고 몸에는 재앙과 허물이 없게 됨을 말하는 것이다. '습襲'은 거듭한다는 뜻이다. '작은 것을 보고 유약함을 지키는 것'이 '항상됨'(常)이다. 그러므로 '이 빛을 써서 밝음으로 되돌아가는 것'은 항상됨을 거듭하는 것이다.

光者, 此心精光之用也. 明者, 此心神明之體也. 言以此心精光之用, 歸此心神明之體, 魂與魄抱互相生旺, 則百疾不作, 身無殃垢也. 襲, 重也. 見小守柔, 常也. 故

---

6) 광은……돌아가면 : 『朱子語類』, 권126, 「諸子·釋氏」, "불씨는 이 마음을 매우 정밀하고 세밀하게 가는 것일 뿐이니, 이것이 마치 하나의 물건이 있으면 껍질을 벗겨 내고 또 벗겨 내어 더 이상 벗겨 낼 것이 없는 상태에 이르는 것과 같다. 그래서 갈고 닦아서 이 마음의 정미한 빛을 얻는 것을 그들은 성이라고 생각하는 것이다"(只是佛氏磨擦得這心極精細, 如一塊物事, 剝了一重皮, 又剝一重皮, 至剝到極盡無可剝處, 所以磨弄得這心精光. 他便認做性) 참조.

7) 혼과 백이……생성하니 : 혼과 백은 眞陽과 眞陰을 간직한 것으로 음양이기도 하다. 여기에서 心精은 진음에 해당하고 心神은 진양에 해당하는 것으로, 진양과 진음을 간직하는 혼과 백이 서로 껴안아 서로 생성하는 혼백론을 의미한다.

用光歸明爲重常也.

【교감 및 주해】

'習襲'이 왕필본·하상공본에는 '습習'으로 되어 있다. 왕필王弼은 "용기광用其光, 복귀기명復歸其明"에 대해 "도를 드러냄으로써 백성들의 미혹됨을 제거한다"(顯道以去民迷)라고 하였다.

서명응은 체용론을 운용하여 '광光'과 '명明'을 각각 마음의 작용과 본체로 이해하고 또 이것을 혼백론과 관련지어 말하고 있는데, 이것은 양생적 차원의 이해라고 할 수 있다.

위의 내용은 제52장이다.
右第五十二章.

【총설】

서명응은 이 장을 「태극도설」의 구조와 『주역』 및 『참동계』의 내용을 통하여 이해한다. 서명응의 『노자』 이해에서의 역리적 사유와 양생론적 입장을 잘 보여주는 장이라고 할 수 있다. 특히 오행을 기준으로 보면 도가와 선가가 나뉘는 것을 알 수 있다고 말하는 것에서 서명응이 도가와 선가를 명확하게 구별하고 있음을 확인할 수 있다.

제53장

가령 나로 하여금 문득 보고 안 바가 있다 하여 대도를 행하게 한다면 오직 베푸는 것을 두려워할 따름이다.

使我介然有知, 行於大道, 唯施是畏.

'개연介然'이란 '문득'이라는 뜻이다. 가령 나로 하여금 문득 보고 안 바가 있다고 하여 대도를 행하게 한다면 오직 베푸는 바가 있는 것을 두려워할 따름이니, 그 (베풂이 있어) 도로부터 더욱 멀어지고 적어지게 되는 것은 이른바 자식을 알고 어미를 지키는 뜻이 아니기 때문이다.

介然, 猶云暫也. 言雖使我暫有知見, 而行於大道, 惟恐有所施設者, 以其彌遠彌少, 非所謂知子守母之義也.

【교감 및 주해】

'아我'에 대해 왕진王眞은 "'아我'는 후왕이다"(我, 候王也)라고 하였고, 범응원은 "'나로 하여금'이란 노자가 의탁한 말이다"(使我者, 老子託言也)라고 하여 노자 자신으로 보았다. '시施'에 대해서는 '베풀 시'로 보는 견해와 '기울 이'로 보는 견해가 있다. 왕필·하상공은 모두 '베풀다'라는 의미인 '시위施爲'로 풀이하였다. 『한비자』 「해로」편에는 "이른바 '이施'라는 것은 삿된 길이다"(所謂施也者, 邪道也)라고 하였고, 왕염손王念孫은 "'이施'는 곧 '이迤'이니, '이迤'는 '삿된 것이다. 큰길을 걸어감에 있어서 삿된 길로 들어서게 되는 것을 오직 두려워함을 말한다"(施讀爲迤. 迤, 邪也.

言行於大道之中, 唯懼其入於邪道也)라고 하였다.

서명응은 이 구절을 앞 장의 '지자수모知子守母'와 연계하여 이해한다.

대도는 너무나 평이한 것인데도, 사람들은 지름길을 좋아한다.
大道甚夷, 而民好徑.

위 글을 이어서, 대도는 탄탄하고 평이하여, 윗사람이 담담하고 고요하게 욕심을 줄여서 항상 위를 덜어 아래에 더하는[1] 정치를 하는 것에 지나지 않음을 말하였다. 그러나 세상 사람들은 도리어 지름길을 좋아하고 빨리 하고자 하는 마음이 있어 샛길로 내달리니, 어찌하여 내가 아는 바와 같지 않은가?
承上文, 言大道坦夷, 不過上之人恬靜寡欲, 常行損上益下之政而已. 世人反有好徑欲速之心, 馳走他岐, 何其與我之所知者不同也.

【교감 및 주해】

'경徑'이 엄준본에는 '경逕'으로, 하상공본·경룡비본·어주본에는 '경俓'으로 되어 있다. '경俓'은 '경徑'의 속자俗字이다. '경徑'의 해석에는 '바르지 못한 길'과 '지름길'이라는 두 가지 설이 있다. 하상공은 "'경俓'은 삿되어 평탄하고 바르지 않은 것이다. 대도는 아주 평이하지만, 백성들은 삿된 길을 좇음을 좋아한다"(俓, 邪不平正也. 大道甚平易, 而民好從邪徑也)라고 하여 전자의 뜻으로 풀이하였다. 초횡은 "좁지만 빠른 길을 경徑이라고 한다"(路狹而捷爲徑)라고 하여 '지름길'로 풀이하였다.

서명응은 이 구절에서 '대도大道'를 '염정과욕恬靜寡欲'을 통한 '손상익하損上益下'라는 통치적 방법으로 해석하고 있다. 서명응 당시의 탕평책이 바로 여기서 말하는 대도가 아닐까 한다.

---

1) 욕심을 줄여서……아래에 더하는: 『周易』, 益卦「象傳」, "益이란 위를 덜어내어 아래에 더하는 것이니, 백성들의 즐거움이 끝이 없다"(益, 損上益下, 民說無疆) 참조

조정이 매우 깨끗하면 전답이 매우 황폐하고 창고가 매우 텅 빈다.
朝甚除, 田甚蕪, 倉甚虛.

'왕궁王宮'을 조정이라고 한다. 『주례』에 치조治朝2), 연조燕朝3), 외조外朝4)가 있다고 하니, 모두 천자가 거처하는 궁이다. '제除'는 수리하고 치장하며 깨끗이 하는 것이다. 이것은 대개, 천자가 거처하는 궁이 지극히 화려하고 깨끗하게 하면 백성들이 농사지을 여가가 없어져서 전답이 심하게 황폐해지고, 전답이 황폐해지면 또한 거두어들일 수입이 없어서 창고가 텅텅 비게 됨을 말한 것이다.

王宮曰朝. 周禮, 有治朝蕪5)朝外朝, 皆天子所居之宮也. 除, 修治靜潔也. 此, 蓋言天子所居之宮, 極其修治靜潔, 則民不暇治田. 故田甚荒蕪. 田甚荒蕪. 故倉舍又甚空虛, 以其無所收入故也.

【교감 및 주해】

'제除'에 대해 왕필은 "'제'란 깨끗하고 좋음이다"(除, 潔好也)라고 하였다.
서명응은 '제除'를 실질적으로 위정자가 궁을 깨끗이 하고자 백성들의 농사지을 여가를 빼앗는 것에 대하여 경계하는 말로 풀이하고 있다.

문채 나는 옷을 입고 날카로운 칼을 차며 먹고 마시기를 질리도록 하고 재화를 넉넉하게 지닌 자가 있다면, 이를 '도적의 우두머리'(盜誇)라고 한다. 도가 아니도다.

---

2) 치조 : 『周禮』 「天官·大宰」에 나온다. 왕이 정치를 듣는 곳으로, 路門의 밖에 있다.
3) 연조 : 『周禮』 「夏官·大僕」에 나온다. 천자가 휴식하는 御殿으로, 路門의 안에 있다.
4) 외조 : 『周禮』 「秋官·朝土」에 나온다. 왕이 정치를 듣는 곳으로, 庫門의 밖에 있고 최종 심판을 관장한다.
5) 蕪 : 이것은 '燕'의 오자이다.

服文采, 帶利劍, 厭飮食, 財貨有餘, 是謂盜夸. 非道哉.

봉양을 분수에 넘게 해도 재화가 남음이 있으니, 이 물건들은 어디에서 나온 것인가? 백성에게서 나온 것이다. 이는 다른 사람의 물건을 도둑질한 것으로써 스스로를 과장하는 것이니 어찌 '도'라 하겠는가?

奉養侈靡, 而財貨有餘, 此物從何處出乎. 出乎民也. 是謂盜人之物以自誇張, 豈云道哉.

【교감 및 주해】

'채采'가 왕필본에는 '채綵'로, 이현본에는 '채彩'로 되어 있다. '재화財貨'가 한비자본·고환본·초횡본에는 '자화資貨'로, 백서을본·휘종본·오징본에는 '자재資財'로, 부혁본·범응원본·소자유본에는 '화재貨財'로 되어 있다. '도과盜夸'가 왕필본·경룡비본·맹조본·부혁본에는 '과夸'로, 엄준본·소약우본·휘종본·팽사본에는 '과誇'로, 초횡본에는 '우竽'로 되어 있다.

서명응은 위정자의 배부름은 다 백성들에게서 나온 것이며 도둑질한 것이라고 진단한다. 노자의 말을 통하여 당시 위정자를 비판한 것이라고 하겠다.

위의 내용은 제53장이다.

右第五十三章.

【총설】

서명응은 이 장을 위정자의 통치술과 연관시켜 이해하면서 구체적인 실례를 들어 이 장의 의미를 설명하고 있다. 그는 노자가 말한 이상의 내용을 빌려 당시의 탕평책에 대한 바람을 말하고 관리들의 정치 행태를 비판하였던 것으로 보인다.

제54장

잘 세운 것은 뽑히지 않고 잘 껴안은 것은 빼앗기지 않으니, 자손의 제사가 그치지 아니한다.

善建者不拔, 善抱者不脱, 子孫以祭祀不輟.

그 세움을 잘한 것은 견고하여 남이 뽑을 수 없고, 그 껴안아 간직하기를 잘한 것은 견고하게 합쳐져 있어 남이 빼앗을 수 없다. 덕을 세운 근본 기반이 견고하고 완전하기가 이와 같으면 남에게 미치는 은택이 흘러 더욱 오래가니 자손이 제사를 그치지 아니한다.

善其建立者, 牢固而人不得拔之, 善其抱持者, 堅合而人不得脱之. 樹德之根基, 堅完如此, 則澤流彌長, 子孫祭祀不輟也.

【교감 및 주해】
백서을본에는 '불철不輟'이 '부절不絶'로 되어 있다.
서명응은 이 구절을 덕의 상태와 연계시켜서 이해한다.

몸을 닦으면 그 덕이 참되고, 집안을 닦으면 그 덕이 남음이 있고, 마을을 닦으면 그 덕이 오래도록 풍성하고, 나라를 닦으면 그 덕이 성대해지고, 천하를 닦으면 그 덕이 넓게 통한다.

修之身, 其德乃眞, 修之家, 其德乃餘, 修之鄕, 其德乃長, 修之邦, 其德乃豊,
修之天下, 其德乃普.

'진眞'은 실제로 있음이고, '여餘'는 남음이 있음이요, '장長'은 오래도록 풍성
함이요, '풍豊'은 융성하게 큼이요, '보普'는 넓게 통함이니, 모두 덕화가 융성
하여 충만하고 성대한 것에 이르게 됨을 말한 것이다.

眞, 實有也, 餘, 有餘也, 長, 長茂也, 豊, 盛大也, 普, 溥通也, 皆言德化隆盛, 馴致乎
充滿盛大也.

【교감 및 주해】

"수지신修之身", "수지가修之家", "수지향修之鄕", "수지방修之邦", "수지천하修之天
下"가 왕필본에는 "수지어신修之於身", "수지어가修之於家", "수지어향修之於鄕", "수
지어국修之於國", "수지어천하修之於天下"로 되어 있다.

서명응은 이 구절을 '덕화德化'에 초점을 맞추어 이해함으로써 유가적 색채를
강하게 풍기고 있다.

그러므로 그 몸으로 몸을 보고, 그 집안으로 집안을 보며, 그 마을로 마을을
보고, 그 나라로 나라를 보며, 그 천하로 천하를 본다.

故以身觀身, 以家觀家, 以鄕觀鄕, 以國觀國, 以天下觀天下.

'그 몸으로 몸을 본다'는 것은 남의 몸을 남의 몸으로 볼 뿐 그 몸을 자신의
사사로운 몸으로 삼지 않는다는 뜻이다. '그 집안으로 집안을 본다'는 것은
남의 집을 남의 집으로 볼 뿐 그 집을 자신의 사사로운 집으로 삼지 않는다는
뜻이다. 고을이나 나라, 천하도 모두 이와 같이 한다. 다만 사물은 각각 사물
에 맡길 뿐이니, 곧 일삼음 없음으로써 천하를 취한다1)는 뜻이다.

以身觀身, 以人身視人身, 而不自私其身也. 以家觀家, 以人家視人家, 而不自私其家也. 鄕邦天下放此. 只是物各付物, 以無事取天下之意也.

【교감 및 주해】

서명응은 이 구절을 앞과 마찬가지로 덕을 강조하면서 특히 사사로움이 없어야 함을 말하는 것으로 이해하고 있다. 전반적으로 유가적 차원의 이해이다.

내가 어떻게 천하가 그러함을 아는가, 이로써 안다.

吾何以知天下然哉, 以此.

온 천하가 나에게로 돌아와 향하고 나를 존경하여 사모하는 것은 어떻게 해서 그렇게 된 것인가를 말하였다. 사물 각각에 맡겨 일삼음이 없는 것으로 천하를 취하였기 때문이다. 정자가 말하기를 "순임금은 천하를 소유하고도 간여하지 않았다"라고 했으니, 이 장의 뜻과 합치된다.

言天下之歸嚮吾, 尊慕吾者, 何爲其然哉. 以吾之物各付, 無事取天下也. 程子曰, 舜有天下而不與焉, 與此章之旨合.

【교감 및 주해】

서명응은 이 구절을 '사물에 각각 맡겨 일삼음이 없음'으로써 천하를 취한다는 것으로 이해한다. 이것은 일종의 무위정치의 시각으로 이 장을 이해한 것이라고 할 수 있다.

---

1) 일삼음……취한다 : 『老子』, 57장, "올바름으로 나라를 다스리고, 기묘한 꾀로 군대를 운용하고며 일삼음 없음으로 천하를 취한다"(以正治國, 以奇用兵, 以無事取天下) 참조

위의 내용은 제54장이다.
右第五十四章.

【총설】

이 장은 기본적으로 『대학』에서 말하는 수신·제가·치국·평천하의 내용과 별반 차이가 없는 장으로 말해지는데, 서명응은 이를 특히 덕이나 덕화를 강조하여 풂으로써 유가적 색채를 강하게 풍기고 있다. 다음 장에서 말하는 서명응의 견해를 미리 빌리자면, 이 장은 '덕이 다른 사람에게 미치는 측면'에서 말한 것이라고 한다.

제55장

두텁게 덕을 품은 사람은 젖먹이에 비견되니,

含德之厚, 比於赤子,

앞의 장은 '덕이 다른 사람에 미치는 것'으로써 말하였고, 이 장은 '덕이 자기에게 있는 것'으로써 말하였다. '갓난아이에 비견된다'는 것은 맹자가 말한 "대인은 젖먹이의 마음을 잃지 않는다"[1]는 것과 같다. 노자의 말이 왕왕 우리 유학과 서로 근사한 것이 있는데, 바로 이러한 것들이다.

上章, 以德之及人者言之, 此章, 以德之在己者言之. 比於赤子, 猶孟子所謂, 大人者不失赤子之心也. 老子之言, 往往與吾儒相近者, 此類, 是也.

【교감 및 주해】

이 구절이 백서본에는 "함덕지후자含德之厚者, 비어적자比於赤子"로 되어 있고, 부혁본에는 "함덕지후자含德之厚者, 비어적자야比於赤子也"로 되어 있다.

서명응은 이 장은 기본적으로 '자기 자신에게 있어서의 덕'으로써 말한 것이라 하면서 앞의 장과 상응하는 것임을 밝히고 있다.

---

[1] 대인은……잃지 않는다 : 『孟子』, 「離婁下」, 12장, "大人者, 不失其赤子之心者也" 참조

독충이 쏘지 않고, 맹수가 할퀴지 않고, 송골매가 잡아채지 않는다.['석螫'은 음이 '석釋'이다. '곽攫'은 '궐厥'과 '박縛'의 반절이다. '박搏'은 음이 '박博'이다.]

毒蟲不螫, 猛獸不據, 攫鳥不搏.[螫音釋, 攫厥縛反, 搏音博]

'독충毒蟲'은 전갈 같은 등속이고, '맹수猛獸'는 범과 같은 등속이며, '곽조攫鳥'는 송골매 같은 등속이다. 꼬리로 찔러 독을 퍼트리는 것을 '석螫'이라 하고, 발톱으로 잡아 누르는 것을 '거據'라 하며, 새가 발톱으로 잡아채는 것을 '박搏'이라 한다. 젖먹이가 막 태어나는 처음은 천지가 막 생겨나는 것과 같아서 태극이 음의 고요함을 갖춘 때이니, 도가 여기에 있다. 그러므로 비록 갑옷과 투구, 활과 칼이 없어도 환란을 제압하고, 독충과 맹수, 송골매도 저절로 상처 입힐 수 없다. 진북계陳北溪[2]는 "호랑이는 계곡 옆의 아이를 잡아먹지 않는다"라고 했는데, 이 말이 증거로 삼을 수 있는 하나의 단서이다. 사람 중에 덕을 높이는 자가 만약 젖먹이의 마음을 잃지 않는다면 또한 도와 더불어 하나가 되어 사물들을 굴복시킬 수 있다.

'毒蟲', 蝮蛇之屬, '猛獸', 豹虎之屬, '攫鳥', 鷹隼之屬, 以尾肆毒曰螫, 以爪拏按曰據, 以距擊掣曰搏. 言赤子始生之初, 卽天地始生, 太極含具陰靜之時, 而道於是乎在. 故雖無甲冑弓刀爲之禦患者, 而毒蟲猛獸攫鳥自不得傷之. 陳北溪所謂虎不食溪邊兒, 亦可驗其一端. 人之尙德者, 若能不失赤子之心, 則亦可以與道爲一而伏物也.

【교감 및 주해】

'어린아이가 처음 태어날 때'를 '천지가 처음 생겨나는 때' 즉 '태극이 음정陰靜을 갖춘 때'로 풀이하는 것은 태극음양론적인 이해라고 할 수 있다. 이런 이해는 서명응『노자』이해의 한 특징이다. 서명응은 이 구절에서도 역시 덕을 강조하고 있는데, 특히 덕과 도의 합일점을 어린아이의 마음과 연결하여 이해하는 점이 주목된다.

---

2) 진북계 : 송대의 陳淳(1159~1223)을 말한다. 주희의 고제로, 자는 安卿이고 호는 北溪이다. 저서에 『北溪字義』가 있다.

뼈는 약하고 근육은 부드럽지만 손아귀 힘은 굳세고, 남녀의 교합은 모르지만 고추잠지가 발기하니, 정精이 지극하기 때문이다. 종일토록 울어도 목이 쉬지 않으니, 조화가 지극하기 때문이다.['주㕙'는 '자子'와 '수雖'의 반절이다. '호號'는 평성이다. '사嗄'는 '소所'와 '가嫁'의 반절이다. '익嗌'의 음은 '익益'이다.]

骨弱筋柔而握固, 未知牝牡之合而㕙作, 精之至也. 終日號而嗌不嗄, 和之至也.[㕙子雖反, 號平聲, 嗄所嫁反, 嗌音益]

'주㕙'는 젖먹이의 양물이다. '작作'은 양물이 발기함이다. '호號'는 우는 것이다. '익嗌'은 목구멍이다. '사嗄'는 쉰 목소리이다. 영빈소씨(소철)는 "손으로 잡지 않는데도 저절로 견고하고 욕구가 없는데도 저절로 발기하니, 이것은 정에 남음이 있더라도 마음이 요동하는 것이 아님을 알 수 있다. 마음이 요동하면 기氣가 상하고 기가 상하면 울어서 목소리가 쉬게 되니, 이것은 마음이 움직이지 않으면 기가 화함을 알 수 있다"라고 하였다. 내가 생각하건대, 젖먹이가 처음 태어나서 손아귀의 힘이 매우 견고한 것은 순양純陽으로써 지극한 정精을 품고 있기 때문이다. 순양으로써 지극한 정을 품고 있다는 것은 건乾의 체가 충화沖和한 중토中土의 금金을 얻은 것을 이른다.3) 그러므로 『참동계』에서는 15일에 건체乾體가 가득 찬 것을 한 달의 중中으로 말했으니,4) 양생을 추구하는 자로 하여금 젖먹이의 정을 손상시키지 않게 하면 또한 도와 더불어 하나가 되어 장생할 수 있다.

---

3) 순양으로써……이른다 : 『參同攷』의 "건이 세 번 얽힘에 하늘이 땅과 사귀어 세 양을 생성하고, 곤이 세 번 얽힘에 땅이 하늘과 사귀어 세 음을 생성한다. 양 속에 음이 감추어져 있으니 이것은 진음이고, 음 속에 양이 감추어져 있으니 이것은 진양이다. 양을 간직하는 것은 혼이고 음을 지키는 것은 백이니, 백이 응결하고 혼이 모여서 교합하여 도를 얻으면 자연히 장구한다. 이것이 『참동계』 속의 건곤정기의 설이다. 달이 해의 혼을 받고 해가 달의 백을 받는 것이 앞의 15일이다"(乾三索而天交於地乃生三陽, 坤三索而地交於天乃生三陰. 陽中藏陰, 是爲眞陰, 陰中藏陽, 是爲眞陽. 存陽惟魂, 守陰乃魄, 魄凝魂聚, 交合得道自然長久, 此卽參同中乾坤精氣之說也. 有日月受日魂, 日受月魄, 前十五日) 구절 참조 이때가 순건의 체를 회복하여 충화한 중토의 금을 얻는 때이기도 하다.
4) 『참동계』에서는……말했으니 : 『參同攷』의 "건괘의 세 획은 모두 양으로 달의 전체가 모두 빛나니, 그것은 하나를 상징한 것이다"(乾三畫皆陽, 月全體皆光, 其象一也) 구절 참조

峻.赤子陽也.作,起也.號,啼也.嗌,咽也.嗄,聲澌也.潁濱蘇氏曰,無執而自固,無欲而自作,是知精有餘而非動也.心動則氣傷,氣傷則號而嗄,故知心不動則氣和也.愚按赤子始生手握甚固者,以純陽含至精故也.以純陽含至精,是謂乾體而得冲和中土之金.故參同契,以十五乾體滿,言一月之中,而使養生者,不虧赤子之精,則亦可以與道爲一而長生也.

【교감 및 주해】

서명응은 이 구절을 기본적으로 양생론적 입장에서 해석한다. 어린아이의 양태를 '순양純陽'과 건괘로 이해하는 것은 이런 점을 잘 말해 준다.

'충화冲和'를 아는 것을 '항상됨'(常)이라 하고, '항상됨'을 아는 것을 '밝음'(明)이라 한다.

知和曰常, 知常曰明.

'화和'는 '충화冲和'이다. '충화'는 '중토中土'의 기이니, 도의 지도리가 되어 영원토록 한결같다. 그러므로 '항상됨'이라고 말한다. 이것을 안 연후에야 '밝음'이라 말할 수 있다.

和,冲和也.冲和者,中土之氣,所以爲道之樞紐,而萬古如一.故曰常.知此然後,可以謂之明也.

【교감 및 주해】

서명응은 이 구절의 '충화冲和'를 중토中土의 기와 도의 지도리로 보는 것은 양생론적 이해라고 할 수 있다.

생에 보탬을 주는 것을 '상서로움'(祥)이라 하고, 마음이 기를 부리는 것을 '억지로 함'(强)이라고 한다.

益生曰祥, 心使氣曰强.

'충화를 알고 항상됨을 아는 것'은 유가의 지知이고, '생에 보탬을 주는 것'은 유가의 행行이다. 충화와 항상됨을 아는 것으로써 그 생에 보탬을 주는 바탕으로 삼되 젖먹이의 청정무욕함과 같이 하면 오래 살고 수명을 연장할 수 있으니, 그 상서로움이 이보다 큰 것이 없다. 일설에 "'상상祥'은 '상상곡祥桑穀5)의 상상祥이니, 요얼요얼妖孽을 말한 것이다"라고 하여 상상祥을 요얼요얼妖孽로 해석하였는데, 이것은 난亂을 치治로 해석하는 것과 같다. 또 "'생에 보탬을 준다'는 것은 '사람의 인위를 하늘이 이룬 것에 붙이는 것'으로, 요얼이 생겨나는 바가 된다"라고 했는데, 역시 마찬가지이다. 기의 유약함이 자연이다. 마음으로 기를 부리는 것은 인위가 되니, 그러므로 그 기는 반드시 강해진다. 지금 『노자』의 이 장을 살펴보면 사람에게 양생의 비결을 제시한 것이 분명하니, 양생의 비결의 핵심을 절실하게 제시함으로써 마음을 충화·겸허하게 하여 희노애락애우욕喜怒哀樂愛憂欲에 움직이지 않게 하고자 한 것일 따름이다.

知和知常, 儒家之知也. 益生, 儒家之行也. 以此所知, 資益其生, 如赤子之淸靜無欲, 則可以長生延年, 其爲祥也, 莫大焉. 一說, 祥如祥桑穀之祥, 謂妖孽也. 以祥解妖孽, 猶以亂解治也. 益生者, 以人爲而附天成, 乃妖孽之所自生也, 亦通. 氣之柔弱, 天也. 若以心使氣則人矣. 故其氣必强也. 今按老子此章, 示人養生之訣至明, 且切養生之訣要, 使一心冲和謙虛, 不爲喜怒憂欲所動而已.

---

5) 상상곡 : 요사스러운 뽕나무와 곡식을 말한다. 『史記』, 「殷本紀」, "은나라 太戊는 伊陟을 재상으로 삼았다. 이때 조정에 요사스러운 뽕나무와 곡식이 함께 자랐는데, 하루저녁에 한 아름이 넘게 컸다. 태무가 두려워하여 이척에게 물으니, 이척이 말하기를 '신이 듣기로 요사스러운 것은 덕을 이기지 못합니다. 황제의 정치에 덕이 빠져 있는 것 같습니다. 덕을 닦으십시오' 하였다. 이에 태무가 덕을 닦으니 요사스러운 뽕나무와 곡식이 말라죽었다"(帝太戊立伊陟爲相, 亳有祥桑穀共生於朝, 一暮大拱. 帝太戊懼, 問伊陟. 伊陟曰, 臣聞妖不勝德. 帝之政其有闕與, 帝其修德. 太戊從之, 而祥桑枯死而去) 참조.

【교감 및 주해】

'상祥'은 본래 '상서롭다'의 뜻이지만, 『춘추좌씨전』희공僖公 16년조에 대한 두예杜預의 주에 "'상'이란 길흉을 미리 보는 것이다"(祥, 吉凶之先見者)고 하였듯이, 길흉에 대한 '징조'를 뜻하기도 한다. 따라서 '상서롭다'란 뜻과 함께 '재앙'이란 뜻으로도 사용된다.

서명응은 위의 구절과 이 구절을 유가적 지행론으로 풀이하고 있다. 즉 그는 '지화知和' · '지상知常'을 유가의 지知로, '익생益生'을 유가의 행行으로 보는데, 유가적 사유에서 『노자』를 이해한 것이라 할 수 있다. 또 이 문장을 전체적으로 양생을 말한 것으로 이해하면서, 특히 기의 유약한 것이 자연이라는 것을 강조한다.

사물은 기가 강하면 노쇠해지니 그것을 '도가 아닌 것'(不道)이라 한다. '도가 아닌 것'은 일찍 사멸한다.

物壯則老, 謂之不道, 不道早已.

'장壯'은 위 문장의 '강강强'이다. 거듭 말하여 기를 강하게 해서는 안 된다는 뜻을 매듭지었다.

壯, 則上文之强也. 申言以終氣之不可强也.

【교감 및 주해】

서명응은 이 구절을 거듭 기를 강하게 해서는 안 된다는 것을 강조한 말이라고 이해한다. 이런 것도 양생적 차원에서 이해한 것이라 할 수 있다.

위의 내용은 제55장이다.

右第五十五章.

【총설】

　서명응은 이 장은 기본적으로 '덕이 자기에 있는 것'으로 말하였고, 이런 점에서 유학과 유사한 내용이 있음을 말하고 있다. 서명응이 『노자』를 이해함에 있어 전반적으로 덕의 중요성을 강조하고 있다는 점을 이 장에서도 확인할 수 있다. 그는 이 장을 기본적으로 태극음양론과 양생술의 관점에서 풀이하면서 양생의 비결을 제시한 것이라고 본다.

제56장

참으로 아는 자는 말하지 않고, 말하는 자는 알지 못한다.
知者不言, 言者不知.

참으로 아는 자는 안으로 참되게 앎을 실제로 지니고 있기에 말하지 않고, 실없이 말하는 자는 외부로 내뱉기에 급급하니 알지 못하는 것이다.
眞知者, 實有於內, 故不言. 徒言者, 馳騖於外, 故不知.

【교감 및 주해】
죽간본에는 "지지자불언知之者弗言, 언지자불지언之者弗知"로 되어 있다.
서명응은 이 구절에서 '안으로 참되게 아는 것'을 강조한다.

그 입을 닫고 그 문을 닫으며, 그 날카로움을 꺾고 그 어지러움을 풀며, 그 빛을 누그러뜨리고 그 티끌을 같게 하니, 이를 일러 '그윽한 같음'(玄同)이라 한다.
塞其兌, 閉其門, 挫其銳, 解其紛, 和其光, 同其塵, 是謂玄同.

"그 입을 닫고 그 문을 닫는다"는 것은 『노자』 제52장에서도 언급하였는데,

이는 '체'로써 말한 것이다. "그 날카로움을 꺾고 그 어지러움을 풀며 그 빛을 누그러뜨리고 그 티끌을 같게 한다"는 것은 『노자』 제4장에서 언급하였는데, 이는 '용'으로써 말한 것이다. 여기서는 체와 용을 합하여 말하고 있다. '그윽한 같음'(玄同)이란 밖으로는 비록 다른 사물과 같더라도 안으로는 실제로 그 윽하고 깊은 것이 존재함을 말한다.

塞其兌, 閉其門, 第五十二章, 以體言. 挫其銳, 解其紛, 同其塵, 第四章, 以用言, 而此又合體用言之. 玄同, 謂外雖同於物, 內實有幽深者存也.

【교감 및 주해】

"색기태塞其兌, 폐기문閉其門"이 죽간본에는 "폐기태閉其兌, 색기문塞其門"으로 되어 있다.

서명응은 이 구절을 『노자』 4장의 '체'에 대한 내용과 52장의 '용'에 대한 내용을 합하여 말한 것으로 이해한다.

친할 수도 없고 소원할 수도 없으며, 이롭게 할 수도 없고 해롭게 할 수도 없으며, 귀하게 할 수도 없고 천하게 할 수도 없으니, 천하에 귀한 것이 된다.

不可得而親, 不可得而疏, 不可得而利, 不可得而害, 不可得而貴, 不可得而賤, 故爲天下貴.

도와 덕이 하나로 합하여 아득하고 가물하게 되면 조물자와 더불어 노닐며 초연히 홀로 세상을 벗어난다. 그러므로 이 여섯 가지의 공효가 있는 것이다. 청정하기 때문에 친할 수 없고, 충화하기 때문에 소원할 수 없고, 무욕하기 때문에 이롭게 할 수 없고, 잘 감추기 때문에 해칠 수 없고, 영화로움과 이로움을 사모하지 않기 때문에 귀하게 할 수 없고, 욕됨을 부끄러워하지 않기 때문에 천하게 할 수 없다.

道德合一,窈冥玄黙,與造物者游,而超然獨出於世.故有此六者之效.清靜故不可親,冲和故不可疎,無欲故不可利,善藏故不可害,不慕榮利故不可貴,不羞汚辱故不可賤.

【교감 및 주해】

서명응은 이 구절에서 여섯 가지 공효를 '도와 덕의 합일에 의한 그윽한 같음'과 연계하여 이해하는 특징을 보인다. 전체적으로 처세술의 형이상학적 사유를 볼 수 있다.

위의 내용은 제56장이다.
右第五十六章.

【총설】

서명응은 이 장과 4장 및 52장을 차별적으로 이해하여, 이 장은 체와 용을 합하여 말한 것이라고 본다. 4장과 52장에서는 이러한 체용론을 통해 분석하지 않았다. 이러한 차이점은 그냥 지나칠 수도 있는 부분이지만, 서명응은 이 부분을 특히 체용론을 통해 엄밀하게 이해하고 있다. 또한 서명응은 현실에서의 다양한 인간 삶의 모습을 현동玄同과 관련지어 도와 덕의 합일이란 측면으로 풀이하고 있는데, 처세술의 형이상학적 사유를 볼 수 있다.

제57장

올바름으로 나라를 다스리고, 기묘한 꾀로 군대를 운용하고, 일삼음 없음으로 천하를 취한다.

以正治國, 以奇用兵, 以無事取天下.

다스림의 요체는 그 항상됨이 있고자 하기 때문에 올바른 도로써 나라를 다스리는 것이다. 군대의 일에는 그 변통을 다하고자 하기 때문에 기묘한 꾀로써 군대를 운용하는 것이다. 천하사람의 마음을 취함에는 그 무위를 써서 하고자 하기 때문에 일삼음 없음으로써 천하를 취하는 것이다.

治體欲其有常, 故以正道治國. 兵事欲其盡變, 故以奇謀用兵. 取天下之人心欲其無爲, 故以無事取天下.

【교감 및 주해】

'정正'이 형현본邢玄本·반계본·부혁본에는 '정政'으로 되어 있다. '국國'이 죽간본·백서갑본에는 '방邦'으로 되어 있다.

서명응은 정正·기奇·무사無事 각각을 구체적으로 항상됨·변통·무위로 풀이함으로써 이해의 편의를 돕고 있다.

나는 무엇으로써 천하가 그러함을 아는가?

吾何以知天下之然哉.

다시 질문하여 아래의 문장을 일으켰다.
復設問以起下文.

【교감 및 주해】
　왕필본을 비롯한 현행본에는 "오하이지기연재吾何以知其然哉, 이차以此"로 되어 있다.

천하에 꺼리는 것이 많을수록 백성이 더욱 가난해지고, 사람들이 날카로운 무기를 많이 가질수록 나라가 더욱 혼란해지고, 사람들이 간교한 기교를 많이 지닐수록 기이한 물건들이 더욱 생겨나고, 법령이 많을수록 도적이 더욱 많이 있게 된다.
天下多忌諱, 而民彌貧, 人多利器, 國家滋昏, 民多伎巧, 奇物滋起, 法令滋彰, 盜賊多有.

'이기利器'는 무기의 날카로움을 말하니, '리利'란 곧 "초나라의 철검이 날카롭다"(楚之鐵釖利)라고 할 때의 '리'자이다. 꺼리는 것이 많으면 금지하는 법망에 저촉되어 직업을 잃어버리는 자가 많아지기 때문에 가난하게 된다. 날카로운 무기가 많아지면 강함을 믿고 군대에 힘을 쏟아 덕을 닦을 수 없기 때문에 어둡게 된다. 기교가 많아지면 기이하고 삿된 것을 만들어 내는 것이 날로 많아지기 때문에 기이한 물건이 생겨난다. 법령이 번거로워지면 백성이 손 둘 곳이 없어서 법칙을 어김이 점차 많아지기 때문에 도적이 많아진다. 이것은 모두 '일삼음이 없는 것'(無事)으로 천하를 취하지 않았을 때 생겨나는 폐단을 뒤집어 말한 것이다.

利器, 謂兵器之銛. 利者, 如楚之鐵釖利, 是也. 忌諱多, 則觸網抵禁, 失業者衆, 故貧. 利器多, 則恃强窮兵, 不能修德, 故昏. 技巧多, 則造爲奇邪, 日就靡麗, 故奇物起. 法令煩, 則民無措手, 姦軌浸長, 故盜賊多. 此皆反言不以無事取天下之弊也.

【교감 및 주해】

"인다리기人多利器, 국가자혼國家滋昏"이 왕필본에는 "민다리기民多利器, 국가자혼國家滋昏"으로, 백서갑본에는 "민다리기民多利器, 이방가자혼而邦家滋昏"으로, 죽간본에는 "민다리기民多利器, 이방자혼而邦滋昏"으로 되어 있다. "법령자창法令滋彰"이 죽간본·백서본·하상공본·상이본·경룡비본·경복본에는 "법물자창法物滋彰"으로 되어 있다.

서명응은 이 구절을 '일삼음이 없음으로써 천하를 취하지 않았을 때 생겨나는 폐단'을 뒤집어 말한 것이라 하여 '일삼음이 없음'(無事)을 강조하고 있는데, 실제 정치에서도 '일삼음 없음'이 행해져야 한다는 뜻을 은연중에 드러내고 있다.

그러므로 성인은 말한다. 내가 무위하니 백성이 저절로 변화하고, 내가 고요함을 좋아하니 백성이 저절로 바르게 되고, 내가 일삼음이 없으니 백성이 저절로 부귀해지고, 내가 하고자 함이 없으니 백성이 저절로 소박해진다.

故聖人云, 我無爲而民自化, 我好靜而民自正, 我無事而民自富, 我無欲而民自樸.

'이而'자의 앞은 성인이 몸소 행하는 것을 말하였고, '이而'자의 뒤는 백성의 삶이 저절로 변화하는 것을 말하였다. 이것은 모두 바로 '일삼음이 없음'(無事)으로써 천하를 취하게 되는 효과를 말한 것이다.

自而字以上, 聖人之躬行也. 自而字以下, 民生之自化也. 此皆正言以無事取天下之效也.

【교감 및 주해】

"고성인운故聖人云"이 죽간본과 백서본에는 '시이성인지언왈是以聖人之言曰'로 되어 있다. 오징본에도 "고성인운故聖人云"의 '고故'가 '시이是以'로 되어 있다. 죽간본에는 "아무위이민자화我無爲而民自化" 이하의 문장이 "아무사이민자부我無事而民自富, 아망위이민자화我亡爲而民自化, 아호정이민자정我好靜而民自正, 아욕불욕이민자박我欲不欲而民自樸"의 순서로 되어 있다.

서명응은 이 구절도 앞의 구절과 마찬가지로 '일삼음이 없음'(無事)으로써 천하를 취하는 효과를 강조하고 있다.

위의 내용은 제57장이다.
右第五十七章.

【총설】

서명응은 이 장에 대한 해석에서 특히 '일삼음이 없는 것'(無事)으로 천하를 취함에 대한 폐단과 효용성을 말하고 있는데, 이런 점을 통해 바람직한 위정자의 모습과 통치술을 암암리에 강조하고 있다고 할 수 있다.

제58장

그 정치가 어지러운데도 그 백성은 순수하고, 그 정치가 세세하게 살핌이 있는데도 그 백성은 이지러지고 모자란다.

其政悶悶, 其民淳淳, 其政察察, 其民缺缺,

정치가 비록 어지럽더라도 백성이 순수하고 아름다운 것은 이치상 알 수 없는 일 중의 첫 번째이고, 비록 세세하게 살피는 정치를 하는데도 백성이 이지러지고 모자라게 되는 것은 이치상 알 수 없는 일 중의 두 번째이다.

有政雖憒憒,而民則淳懿者,理之不可知一也. 有政雖察察,而民則殘缺者,理之不可知二也.

【교감 및 주해】

여길보는 "바름으로써 나라를 다스리고 일없음으로써 천하를 취한다면 그 정치는 어두워진다. '민민悶悶'(어둑어둑함)이란 백성들을 살피는 것을 즐거움으로 삼지 않음을 말하니, 그렇게 되면 그 백성들은 순박해진다. '순순淳淳'(순박함)이란 천박한 것에 의해서 엷어지지 않음을 말한다. 지혜로써 나라를 다스리고 일이 있음으로써 천하를 위한다면 그 정치는 세밀히 살피게 된다. '찰찰察察'(세밀히 살핌)이란 '민민'의 반대이니, 그렇게 되면 그 백성들은 이지러지게 된다. '결결缺缺'(이지러짐)이란 엷어진 것에 의해서 온전하지 못함을 말한다"(以正治國, 以無事取天下, 則其政悶悶. 悶悶者, 言其不以察爲快也. 故其民淳淳. 淳淳者, 言其不澆於薄也. 以智治國, 以有事爲天下, 則其

政察察. 察察者, 反悶悶者也. 故其民缺缺. 缺缺者, 言其不全於薄也)라고 하였다.

　서명응은 행하는 정치의 양태에 따라 도리어 반대의 결과가 나타나는 것을 이치상 알 수 없다는 식으로 이해한다. 다음 구절 역시 동일한 사유이다.

화란 복이 의지하는 바이고, 복이란 화가 숨는 바이다.

禍兮, 福所倚, 福兮, 禍所伏.

처음에는 비록 재앙이었지만 마침내 도리어 복이 되는 것은 이치상 알 수 없는 일 중의 세 번째이고, 처음에는 비록 복이었지만 마침내 도리어 재앙이 되는 것은 이치상 알 수 없는 일 중의 네 번째이다.

有始雖爲禍,而終反爲福者,理之不可知三也.有始雖爲福,而終反爲禍者,理之不可知四也.

【교감 및 주해】

　하상공은 "'의倚'는 기인함이다. '복'이란 '재앙'에 기인하여 생겨나는 것이니, 사람들이 재앙을 만날 경우 잘못을 뉘우치고 자기를 책망하며 선을 닦아 도를 행할 수만 있다면 재앙이 사라지게 되고 복이 찾아들 것이다. 재앙은 복 가운데 잠복되어 있으니, 사람들이 복을 얻고서 교만하고 방자해진다면 복이 떠나가고 재앙만이 초래된다"(倚, 因. 夫福因禍而生. 人遭禍而能悔過責己, 修善行道, 則禍去而福來. 禍伏匿於福中, 人得福而爲驕恣, 則福去禍來)라고 하였다.

누가 그 끝을 알리요, 바른 것이란 없는 것인가?

孰知其極, 其無正邪.

'극極'은 끝이다. 위의 내용, 즉 다스림과 그 공효가 상반되고 화와 복이 서로 원인이 된다는 것을 이어서, "누가 능히 그 처음에서 그 끝을 알겠는가, 처음과 끝의 어긋남이 이와 같으니 천하에 그 '정당한 상리'란 없는 것인가"라고 말하였다.

極, 終也. 承上文治效之相反, 禍福之相因, 而言孰能卽其始, 而知其終乎. 始終之參差如此, 則天下其無正當之常理也耶.

【교감 및 주해】

"기무정야其無正邪"가 하상공본·왕필본·초횡본에는 "기무정其無正"으로 되어 있어 '야邪'자가 빠져 있다.

서명응은 이 구절의 '정正'을 '정당한 상리常理'로 이해하는데, 이것은 "언제나 옳은 것으로 받아들여질 수 없는 도덕원리가 없다는 것인가?" 하는 의문과 통하는 것으로, 이것은 불변의 원칙인 인·의·예·지 등을 인간 삶에서의 상리로 받아들이는 유가적 사유에서 충분히 제기될 수 있는 질문이다. 서명응은 아래에서 '상리'의 내용에 대해 좀더 구체적으로 설명하고 있다.

바른 것이 다시 기이한 것이 되고, 선한 것이 다시 요망한 것이 되니, 사람들이 미혹하게 된 지 이미 오래이다.

正復爲奇, 善復爲妖, 民之迷, 其日固久.

바르고 합당한 것이 다시 기이하게 변하고 착하고 아름다운 것이 다시 요망한 것이 되니, 백성이 이 '이치'에서 미혹된 것이 이미 오래되었다는 말이다. 이는 음양이 서로 돌이켜 회복되는 저절로 그러한 기틀을 극언함으로써, 사람들로 하여금 밖을 덜어서 안을 더하고 뿌리와 근본으로 돌아가서 도덕의 참됨과 조물의 근원을 일삼게 하여 스스로 화와 복, 기이함과 정당함을 제재

할 수 있게 되기를 바란 것이다.

正當者, 復爲奇變, 善美者, 復爲妖孼, 民之昏迷於此理者, 爲日固已久矣. 極言陰陽反復, 自然之機, 欲使人損外益內, 歸根反本, 從事於道德之眞, 造物之原, 則自我可以制禍福奇正也.

【교감 및 주해】

'민民'이 왕필본에는 '인人'으로 되어 있다.

서명응은 이 구절에서 앞서 문제 삼은 '정당한 상리'에 대해 설명하고 있다. 그는 '정당한 상리'의 의미를 '음양이 서로 돌이켜 회복되는 저절로 그러한 기틀' 및 '뿌리와 근본으로 돌아가서 도덕의 참됨과 조물의 근원을 일삼을 것'과 관련된 인간의 수양 및 제재능력과 연계하여 이해함으로써 원형으로의 복귀를 말하고 있다.

이 때문에 성인은 방정하면서도 다른 사물을 자르지 않으며, 모가 나면서도 다른 사물을 베어 내지 않으며, 강직하면서도 다른 사람에게 방자하게 한 적이 없으며, 두루 꿰뚫는 밝음이 있어도 다른 사물을 비추지 않는다.['귀劌'는 '고姑'와 '위衞'의 반절이다.]

是以聖人方而不割, 廉而不劌, 直而不肆, 光而不燿.[劌姑衞反]

'렴廉'은 (날카로운) 모서리이다. '귀劌' 또한 베는(割) 것이다. '사肆'는 강직함이 지나친 것이다. '요燿'는 빛이 퍼져 나감이다. 성인의 도와 덕은 조물주와 부합한다. 그러므로 (성인 스스로가) 비록 방정하여 날카로운 모퉁이가 있더라도 또한 물건을 상하게 한 적이 없으며, 비록 날카로워서 비스듬히 벤 나무 끝처럼 날카로운 모서리가 있지만 또한 물건을 찌른 적이 없으며, 비록 곧아서 깎아지른 듯한 절개가 있지만 또한 사물을 방자하게 대한 적이 없으며, 비록 빛이 나서 두루 꿰뚫어 보는 밝음이 있지만 사물을 꿰뚫어 비춘 적이 없다. (성인의 도덕이 곧) 조물주의 오묘한 작용이니, 물어서 무엇 하겠는가?

廉, 稜也. 劌, 亦割也. 肆, 直之過也. 耀, 光之舒也. 聖人道德與造物合. 故雖方而有銛利之隅, 亦未嘗傷物, 雖廉而有槎枒之稜, 亦未嘗刺物, 雖直而有嶄截之節, 亦未嘗肆物, 雖光而有照澈之明, 亦未嘗耀物, 是皆造物之妙用也. 夫何問哉.

【교감 및 주해】

서명응은 이 구절을 성인의 도와 덕은 조물주와 부합한다는 관점에서 풀이하여 '도'와 '덕'을 중시하는 관점을 엿볼 수 있다. 전체적인 의미를 조물주의 오묘한 작용으로 이해하고 있다.

위의 내용은 제58장이다.

右第五十八章.

【총설】

서명응은 '이치상 알 수 없다'라는 독특한 표현을 사용하여 이 장을 풀이하면서, 특히 정당한 '상리常理'에 대한 의문을 제시하고 있다. 전체적으로 서명응의 도와 덕에 대한 인식을 엿볼 수 있는 장이다. 아울러 서명응의 천지자연에 대한 이해를 잘 보여 주고 있기도 하다.

제59장

사람을 다스리고 하늘을 섬기는 데는 '검소함'만한 것이 없다.

治人事天, 莫若嗇.

'색嗇'은 검소함이다. 주자는 "다만 거두어들여야(收斂) 할 따름이지 놓아 버려서는 안 된다"¹⁾라고 말했다. 대녕설씨(설혜)는 "'절도(節)의 원리로써 법도를 제정하여 재물을 손상하지 않고 백성을 해하지 않는다'²⁾라는 말이 있는데, 이것이 바로 백성을 다스릴 때의 검소함이다. 교제사郊祭祀에서는 한 마리의 희생을 쓰고 땅을 쓸며 제기는 질그릇과 바가지를 쓰고 자리는 볏짚과 곡초穀草를 쓰는데,³⁾ 이것이 하늘을 섬길 때의 검소함이다"라고 하였다. 내가 생각

---

1) 다만……안 된다 : 『朱子語類』 권125 「老氏」의 '治人事天章第五十九'에 나오는 말이다.
2) 절도의 원리로써……않는다 : 『周易』, 節卦 「象傳」의 "천지가 절도가 있어 사계절이 이루어진다. 절도의 원리로써 법도를 제정하여 재물을 손상하지 않고 백성을 해하지 않는다"(天地節而四時成, 節以制度, 不傷財, 不害民) 참조.
3) 교제사에서는……쓰는데 : 『禮記』, 「交特牲」, "하늘에 제사지낼 때 땅을 쓸고 제사하는 것은 그 질소한 데서 하는 것일 따름이다"(祭天, 掃地而祭焉, 於其質而已矣), "교제사는 하늘에 크게 보답하고 긴 날이 이르는 것을 맞이하는 데 주안점이 있으니, 양의 위치에 나아감이다. 땅을 쓸고 제사하는 것은 질소함이요, 제기로 질그릇과 바가지를 사용하는 것은 천지의 본성이 질박함을 상징하는 것이다"(大報天而主日也. 兆於南郊, 就陽位也. 掃地而祭, 於其質也. 器用陶匏, 以象天地之性也), "옛날 예에 따라 부부가 도마를 함께 하여 먹는다. 그것은 존비를 같이한다는 것이다. 그러므로 부인은 따로 작이 없이 남편의 작을 따르며, 앉는 차례도 남편의 나이 차례로 한다. 그릇은 질그릇과 바가지를 쓴다. 예로부터의 예가 그러하다"(共牢而食, 同尊卑也. 故婦人無爵, 從夫之爵, 坐以夫之齒, 其用陶匏, 尙禮然也), "고운 왕골자리와 대자리가 편안하건만 부들자리와 볏짚과 곡초를 높이 여기는 것은 그 예가 다 그렇다는 것을 밝히는 것이다"(莞簟之安, 而蒲越稾鞂之尙, 明之也) 참조.

하건대, 설대녕의 말 중 교제사 운운한 부분(「交特牲」)은 아마도 노자의 본뜻이 아닌 것 같다.

嗇, 儉也. 朱子曰, 只要收斂, 不要放出也. 大寧薛氏曰, 節以制度, 不傷財, 不害民, 此治人之嗇也. 郊用特牲掃地, 而祭器用陶匏, 席用藁秸[4], 此事天之嗇也. 愚按薛氏所引特牲之文, 恐非老子本旨也.

【교감 및 주해】

형현본에는 '인人'자가 '민民'자로 되어 있고, 휘종본·오징본·팽사본에는 '약若'자가 '여如'자로 되어 있다. 하상공은 "'색'은 아낌이다. 나라를 다스리는 자는 마땅히 백성의 재물을 아끼어 사치스럽지 않아야 하고, 자신을 다스리는 자는 마땅히 정기를 아끼어 방탕하지 않아야 한다"(嗇, 愛也. 治國者, 當愛民財, 不爲奢泰. 治身者, 當愛精氣, 不爲放逸)라고 하였다.

서명응은 '색嗇'을 검소함으로 이해하면서, 이 문장을 전반적으로 주희의 해석을 통한 수양론이나 설혜의 절괘節卦에 관한 글에서 드러나는 통치술의 입장에서 풀이하고 있다.

오직 검소함, 이것을 '조복早服'이라 한다. '조복'이란 덕을 거듭 쌓음을 말한다. 덕을 거듭 쌓으면 이기지 못할 것이 없다. 이기지 못할 것이 없으면 그 다함을 알지 못한다. 그 다함을 알지 못하면 나라를 소유할 수 있다.

夫唯嗇, 是謂早服. 早服, 謂之重積德. 重積德, 則無不克. 無不克, 則莫知其極. 莫知其極, 可以有國.

'조복早服'은 '일보다 앞서한다'는 뜻이다. 대개 아직 부족하다는 걱정이 있지 않은데도 미리 부족한 경우를 대비해 계책을 세움이 있으니, 그러므로 '일보

---

[4] 藁秸: '槀稭'로도 쓴다. 『예기』「교특생」에는 '藁秸'로 되어 있다.

다 앞서한다'(早服)고 하는 것이다. 주자는 "'조복早服'이란 능히 검소할 수 있다면 이에 '머지않아 회복됨'이 있게 됨을 말한다. '덕을 거듭 쌓음'(積德)이란 먼저 그 몸에 쌓은 것이 있게 한 다음 다시 이를 길러서 거두어들이는 것이니, 이것이 '다시 더하여 쌓는다'는 말이다"5)라고 하였다. 대녕설씨는 "'극克'은 이김이다. 덕을 거듭 쌓으면 집집마다 사람마다 넉넉하고 풍족하다. 그러므로 이기지 못할 것이 없다. 이기지 못할 것이 없으니 그 나라의 역량을 재어 볼 수 없다. 그러므로 그 끝을 알 수 없다. 그 끝을 알 수 없으면 그 사직을 오래 보존할 수 있다. 그러므로 나라를 소유할 수 있다"라고 하였다.

早服, 猶言先事. 盖未有不足之患, 而豫爲不足之計. 故曰早服. 朱子曰, 早服者, 言能嗇則不遠而復, 便在此也. 重積德, 言先己有所積, 復養以嗇, 是又加積之也. 大寧薛氏曰, 克, 勝也. 重積德, 則家給人足. 故無所不克, 無所不克, 其國未可量也. 故莫知其極. 莫知其極, 則能長保其社稷, 故可以有國.

【교감 및 주해】

'무불극無不克'의 '극克'이 경룡비본·엄준본·경복본에는 '극尅'으로 되어 있다.

서명응은 '조복早服'을 '일이 있기 전에 미리 행한다'는 뜻으로 이해하였다. '조복'에 대해서는 이이李珥도 『순언醇言』에서 수양의 개념으로 풀이한 주희의 해석을 취하고 있다.

나라를 소유한 어미는 오랠 수 있으니, 이를 일러 뿌리가 깊고 단단하며 오래 살고 오래 보는 도라 한다.

有國之母, 可以長久, 是謂, 深根固柢長生久視之道.

---

5) 조복이란……말이다: 『朱子語類』, 권125, 「老氏」, "早服者, 言能嗇, 則不遠而復, 便在此也. 重積德, 言先己有所積, 復養以嗇, 是又加積之也" 참조. '不遠而復'은 『周易』 復卦 初九의 효사이다.

이 장의 첫 번째 구절에서는 백성을 다스리고 하늘을 섬기는 직분을 말함으로써 전체의 벼리를 세웠다. 다음 두 번째 구절에서는 백성을 다스리는 검소함에 대해 말하였고, 이 세 번째 구절에서는 하늘 섬김의 검소함에 대해 말하고 있다. 대개 '양생'을 '하늘 섬김'으로 삼는 것은 맹자의 "그 마음을 간직하고 그 본성을 기르는 것이 하늘을 섬기는 것이다"[6]라는 말과 같다. '유국지모有國之母'는 앞에 나온 '만물의 어미', '천하의 어미'와 같으니, '한 몸이 곧 한 나라의 근본'이라는 데서 나온 말이다. 사람의 정精과 기氣는 하늘에서 얻은 것이니, 정과 기의 유행과 운용은 하늘의 도와 항상 상응한다. 만약 일에 앞서 검소함을 보존하여 그 생을 오래 유지하는 것이 마치 나라를 지닌 자가 덕을 거듭 쌓는 것처럼 할 수 있다면, 이것이 곧 하늘을 섬기는 도가 됨을 말하였다. '구시久視'의 '시視'는 또한 '안으로 봄'(內視)을 말한다. 주자는 "수양은 이 몸이 아직 손실되지 않았을 때 또한 거두어들임으로써 기름을 더하는 것이니, 이를 '일을 미리 하여 거듭 쌓음'이라 한다. 만약 이미 손실된 이후에 기르는 것이라면 바야흐로 그 손실을 보충할 수는 있지만 '거듭 쌓는 것'이라고는 할 수 없다. '조복'을 귀하게 여기는 이유는 잃기 전에 일찍 깨달아서 그것을 거두어들이기 때문이다. 만약 내 몸이 이미 쇠함이 마치 동쪽을 지탱하면 서쪽이 무너져 내리는 집과 같은 상태라면, 수양을 하고자 한들 또한 무슨 이익이 있겠는가? 금년에 채계통蔡季通(채원정)의 책을 얻어 보았더니 그가 '근래 양생의 이치를 깊이 깨달아서 그 법을 완전히 얻었으나 단지 성곽이 완전하지 않아 그 공을 베풀 수 없다'고 말한 것이 있었는데, 바로 이와 같은 경우이다"[7]라고 하였다. 생각건대 주자처럼 이단을 분별하는 엄격한 사람조차도 수양에 관해서는 노자를 취함이 이와 같으니, 성현이 다른 사람의 좋은 점을 취함에 있어서의 광대공평한 마음을 볼 수 있다.

第一節, 旣以治人事天之分言之, 以立其綱, 然後以第二節, 言治人之嗇. 第三節, 言事天之嗇. 盖以養生爲事天, 猶孟子所謂存其心養其性, 所以事天也. 有國

---

6) 그 마음을……섬기는 것이다 : 『孟子』「盡心上」 1장에 나오는 말이다.
7) 수양은……경우이다 : 『朱子語類』 권125 「老氏」에 나오는 말이다.

之母, 如上文萬物之母, 天下之母, 言一身爲一國之本也. 人之精氣, 得之於天, 其流行運用, 與天道常相應, 若能先事保嗇長久其生, 如有國之重積德, 則是亦事天之道也. 久視之視, 亦內視也. 朱子曰, 修養者, 此身未有所損失, 而又加以嗇養, 是謂早服而重積, 若待其已損而後養, 則養之方足以補其所損, 不得謂之重積矣. 所以貴早服者, 早覺未隕[8]而嗇之也. 如某此身已衰[9], 如破屋東扶西倒[10], 雖欲修養, 亦何能有益邪. 今年得季通書, 說近來深曉養生之理, 盡得其法. 只是城郭不完, 無所施其功,[11] 看來是如此, 愚按以朱子辨異之嚴也, 而其於修養, 取老子如此. 此可見聖賢取人爲善, 廣大公平之心也.

【교감 및 주해】

서명응은 이 구절을 '하늘 섬김의 검소함'을 말한 것이라 본다. 서명응에 있어서 '하늘 섬김'(事天)은 개인의 경우 양생이 된다. 이 장은, 주희의 예를 들어 성현이 다른 사람의 좋은 점을 취하는 광대공평한 마음을 알 수 있다고 함으로써 서명응 자신이 『노자』를 주석하는 태도를 단적으로 드러내고 있는 중요한 장이다.

위의 내용은 제59장이다.

右第五十九章.

【총설】

서명응은 『노자』를 주석하면서 학문에서의 공평한 마음가짐을 거론하는데, 이 장의 해석에서 그 단면을 찾아볼 수 있다. 서명응은 이 장을 '백성을 다스리고 하늘을 섬기는 직분을 말하여 전체의 벼리를 세운 구절', '백성을 다스리는 검소함을

---

8) 隕: 『朱子語類』 권125 「老氏」에는 '損'자로 되어 있다.
9) 衰: 『朱子語類』 권125 「老氏」에는 '衰耗'라 되어 있다.
10) 破屋東扶西倒: 『朱子語類』 권125 「老氏」에는 '破屋相似東扶西倒'라 되어 있다.
11) 無所施其功: 『朱子語類』 권125 「老氏」에는 이 구절 뒤에 '也'자가 있다.

말한 구절', '하늘을 섬기는 검소함을 말한 구절'의 셋으로 정리하여 각각의 구절에 대해 그 의미를 분명하게 밝히고 있다. 전반적으로 그의 양생론적 입장을 볼 수 있는 장이기도 하다.

제60장

큰 나라를 다스리는 것을 마치 작은 고기를 삶듯이 한다.

治大國, 若烹小鮮.

'소선小鮮'은 작은 물고기이다. 큰 물고기를 삶으려면 반드시 지느러미를 자르고 비늘을 제거하며 뱃속을 도려내어 손질의 공을 다해야 하지만 작은 물고기를 삶을 때는 손질할 것 없이 통짜로 다만 물로써 삶을 뿐이니, 이러한 비유를 통해 큰 나라라 해서 번거롭고 요란하게 다스려서는 안 되고 반드시 청정과 무위로써 백성을 안정시켜야 함을 말한 것이다. 옛날 주석에서는 '작은 물고기를 삶는다'는 것은 '문드러질까 두려워 감히 어지러이 뒤집지 않는 것'이라 했는데, 비록 작은 물고기라 하더라도 어찌 반드시 어지러이 뒤집는다고 해서 문드러지겠는가? 아마도 이치에 통하지 않음이 있는 듯하다.

小鮮, 小魚也. 烹大魚, 則必截去鬐鬣, 剪去鱗甲, 刳去腸肚, 備盡修治之功, 烹小魚, 則不然. 舉全體之所未有者, 但以水烹之而已, 以喩人不可以大國而煩撓爲治, 必須淸靜無爲以安百姓也. 舊註謂烹小鮮者, 不敢撓動, 恐其糜爛. 雖曰小鮮, 豈必糜爛於撓動耶. 恐於理有未通也.

【교감 및 주해】

'팽烹'이 백서본·범응원본·경룡비본·돈황신본敦煌辛本에는 '형亨'으로 되어 있는데, '팽烹'과 '형亨'은 옛날에 통용되었다. '선鮮'이 범응원본에는 '린鱗'으로, 돈황신본·수주비본에는 '성성'으로 되어 있다.

　서명응은 이 구절을 '청정'과 '무위'로 백성을 안정시켜야 한다는 식으로 이해하면서, 기존의 이해가 적절하지 못하다고 지적하고 있다.

도로써 천하에 임하면 그 귀鬼가 신령(神)하지 않다.
以道莅天下, 其鬼不神.

'리莅'는 '임한다'는 뜻이니, 도로써 천하에 임하는 것은 바로 '작은 물고기를 삶듯이' 하는 것과 같다는 말이다. 도는 음양 두 기의 주장主將이고 귀신은 음양 두 기의 양능良能이다.[1] 두 기의 양능은 두 기의 주장에게서 명령을 들으므로 그 귀가 신령하지 않다고 한 것이다. 신령하지 않다는 것은 스스로 위세와 복을 짓지 않음을 말한다.

莅, 臨也. 以道莅天下, 卽若烹小鮮, 是也. 道爲陰陽二氣之主, 鬼神是陰陽二氣之良能. 二氣之良能, 聽命於二氣之主, 故其鬼不神. 不神謂不自作威福也.

【교감 및 주해】

　'리莅'가 백서을본에는 '립立'으로, 부혁본에는 '리涖'로, 임희일본에는 '리蒞'로 되어 있다. '귀신'에 대해 범응원은 '"귀신'은 음양 속의 영험함을 말한다. '귀'란 돌아감이요, '신'이란 폄이다. 장횡거는 '귀신이란 (음양) 두 기가 타고날 때부터 갖는 능력이다' 하였고, 주자는 '두 기로써 말한다면 귀란 음의 영험함이요 신이란 양의 영험함이며 하나의 기로써 말한다면 이르러 펴는 것이 신이요 돌이켜 되돌아가는 것이 귀이니, 실제에 있어서는 일물일 따름이다' 하였다'(鬼神, 陰陽中之靈也.

---

[1] 귀신은······양능이다 : 이것은 성리학의 정통적 입장이다. 『중용』 제16장에는 "귀신의 덕됨이 융성하도다"(鬼神之爲德. 其盛矣乎)라는 공자의 말이 있는데, 이에 대해 張載는 "귀신은 음양이기의 양능이다"(鬼神者, 二氣之良能也)라고 풀이하였다.

鬼, 歸也, 神, 伸也. 張子曰, 鬼神者, 二氣之良能也. 朱文公曰, 以二氣言, 則鬼者, 陰之靈也, 神者, 陽之靈也. 以一氣言, 則至而伸者爲神. 反而歸者爲鬼, 其實一物已)라고 말하였다.

서명응은 도와 귀신의 관계를 성리학의 도와 음양의 관계와 동일시하고 있다.

그 귀가 신령하지 않은 것이 아니라 그 신령함이 사람을 다치게 함이 없는 것이다. 그 신령함이 사람을 다치게 함이 없는 것이 아니라 성인 또한 사람을 다치게 함이 없다.

非其鬼不神, 其神不傷人, 非其神不傷人, 聖人亦不傷人.

'신神'이라는 것은 '귀鬼'의 정상精爽이다. '귀신이 감히 사람을 다치게 함이 없다'는 것은 성인이 주인이 되었기 때문이며, 성인이 주인이 되었기 때문이 아니라 도가 또한 주인이 되었기 때문이다. 『열자』의 이른바 "사계절이 늘 같고 비바람이 늘 고르며 자식처럼 여겨 기름이 늘 때에 맞고 매해 곡식이 늘 풍성하다. 사람은 다침이 없고 사물은 병듦이 없으며 역귀는 신령한 메아리가 없다"2)라는 것이 모두 '그 신령함이 없고 다치게 함이 없음'의 예이다.

神者, 鬼之精爽也. 言鬼神不敢傷人, 以有聖人者爲之主也. 非聖人爲之主也, 道爲之主也. 列子所謂四時常若, 風雨常均, 字育常時, 年穀常豊. 人無於傷, 物無疵, 厲鬼無靈響者, 皆其不神不傷之事也.

【교감 및 주해】

서명응은 이 구절에서 귀신이나 성인이 사람을 해치지 않는 것을 도와 연결시켜 해석함으로써 도의 위대함을 말하고 있다.

---

2) 사계절이……메아리가 없다: 『列子』「黃帝」편에 나오는 말이다. 원래는 "陰陽常調, 日月常明, 四時常若, 風雨常均, 字育常時, 年穀常豊, 而土無札傷, 人無夭惡, 物無疵癘, 鬼無靈響焉"로 되어 있다.

대저 둘(귀신과 성인)이 서로 사람을 다치게 하지 않는다. 그러므로 덕이 사귀어 돌아간다.

夫兩不相傷, 故德交歸焉.

귀신과 성인, 이 둘이 사람을 다치게 하지 않으니, 지극한 조화로움의 덕이 사귀어 '일一'로 돌아가서 지초나 기린, 봉황이나 거북, 용과 같은 무리를 낳는다. 동중서董仲舒가 말한 "여러 복된 물건과 지극한 상서로움이 모두 출현하지 않음이 없다"라는 것이 이것이다.

鬼神聖人兩不傷人, 則至和之德交歸於一, 而産生芝草麟鳳龜龍之屬. 董子所謂諸福之物, 可致之祥. 莫不畢至, 是也.

【교감 및 주해】
서명응은 귀신과 성인이 사람을 다치지 않게 하는 결과를 조화로운 '덕'과 관련지어 말함으로써 덕을 강조하는 특징을 보인다.

위의 내용은 제60장이다.

右第六十章.

【총설】
서명응은 이 장에서 청정·무위로 정치를 해야 함을 말하고, 음양과 귀신의 관계를 성리학의 음양과 귀신의 관계를 운용하여 풀이하고 있다. 그가 유가의 우주론을 통해 『노자』를 이해하였음을 엿볼 수 있는 장이기도 하다.

제61장

큰 나라는 아래로 흘러간다.

大國者下流.

'아래로 흘러가는 것'(下流)은 강과 바다이다. 온갖 나라들이 큰 나라에 바큇살이 모이듯 하는 것이 마치 온갖 냇물이 강과 바다로 분주히 달려가 아래로 흐르는 것과 같음을 말한 것이다.

下流, 江海也. 言萬國輻輳於大國, 猶百川奔趨於江海之下流也.

【교감 및 주해】

이 구절이 백서갑본에는 "대방자하류야大邦者下流也"로, 백서을본에는 "대국자하류야大國者下流也"로 되어 있다. 범응원본에는 "대국자천하지하류大國者天下之下流"로, 엄준본에는 "대국자천하지소류大國者天下之所流"로 되어 있다.

천하의 사귐은 천하의 암컷이다.

天下之交, 天下之牝.

'교交'는 길이 만나는 곳이다. '빈牝'은 사물의 암컷이다. 길이 항상 교차하는 곳으로 달리는 것이나 수컷이 항상 암컷으로 달리는 것은 온갖 냇물이 강과 바다로 내달리는 것과 같다.

交, 塗之會也. 牝, 物之雌也. 行常趨於交, 雄常趨於牝, 猶百川之趨江海也.

【교감 및 주해】
'교交'가 백서갑본・성현영소・돈황신본에는 '교郊'로 되어 있다. 백서갑본에는 "천하지빈天下之牝, 천하지교야天下之郊也"로, 백서을본에는 "천하지빈야天下之牝也, 천하지교야天下之交也"로 되어 있다.

암컷은 늘 고요함으로 수컷을 이기고, 수컷은 그 고요함을 기반으로 삼는다.
牝常以靜勝牡, 以靜爲下.

암컷의 성질은 고요함이다. 그러므로 고요함으로 수컷을 이긴다. 수컷의 성질은 움직임이다. 그러므로 스스로 기반이 될 수 없어서 반드시 암컷의 고요함을 기반으로 삼는다.
牝之性靜, 故以靜勝牡. 牡之性動, 故不能自爲之基, 必以牝之靜爲之下也.

【교감 및 주해】
서명응은 이 구절을 암수의 동정 관계로 이해하되, 암컷의 고요함이 수컷의 기반이 됨을 말하여 암컷의 중요성을 강조하고 있다.

큰 나라가 낮춤으로써 작은 나라를 대하면 그 작은 나라를 얻고, 작은 나라가 낮춤으로써 큰 나라를 대하면 그 큰 나라를 얻는다. 어떤 경우는

낮춤으로써 취하고, 어떤 경우는 낮기 때문에 취해지는 것이다.[1][‘하下'는 모두 거성이다.]

大國以下小國, 則取小國, 小國以下大國, 則取大國. 故或下以取, 或下而取.[下幷去聲]

'하下'는 겸손하게 낮추는 것을 말한다. 겸손하게 낮추는 것은 뭇사람들이 돌아오게 되는 바이다. 그러므로 나라의 크고 작음에 관계없이 오직 겸손하게 낮추는 자가 취하게 된다. '이취以取'란 다른 사람을 취하는 것을 말하고, '이취而取'란 다른 사람에게서 취해지는 것을 말한다.

下謂謙下也. 謙下者, 衆心之所歸. 故國無大小, 唯謙下者取之也. 以取謂取人也. 而取謂取於人也.

【교감 및 주해】
왕필본에는 이 구절의 앞에 '고故'자가 붙어 있다. 백서갑본에는 '국國'자가 모두 '방邦'자로 되어 있다.
서명응은 이 구절을 일종의 처세술의 입장에서 '겸손하게 낮추는 것'의 효용성으로 풀이하고 있다.

큰 나라는 작은 나라를 아울러서 사람을 기르고자 하는 것에 지나지 않고, 작은 나라는 큰 나라에 들어가서 사람을 섬기고자 하는 것에 지나지 않는다. 대저 두 나라가 각기 그 하고자 하는 바를 이루려고 한다면 마땅히 큰 나라

---

1) 큰 나라가……취해지는 것이다 : 『孟子』, 「梁惠王下」 3장, "큰 것으로써 작은 것을 섬김은 하늘의 뜻을 즐기는 것이요, 작은 것으로써 큰 것을 섬김은 하늘의 뜻을 두려워하는 것이다. 하늘의 뜻을 즐기는 자는 천하를 편안케 하고, 하늘의 뜻을 두려워하는 자는 일국을 편안케 한다"(以大事小者, 樂天者也. 以小事大者, 畏天也. 樂天者, 保天下, 畏天者, 保其國) 참조

가 낮추어야 한다.

大國不過欲兼畜人, 小國不過欲入事人. 夫兩者各得其所欲, 大者宜爲下.

큰 나라의 실정은 남의 나라를 아울러 기르고자 하는 것에 지나지 않을 뿐이요, 작은 나라의 실정은 남의 나라에 들어가 섬기고자 하는 것에 지나지 않을 뿐이다. 그러니 지금 작은 나라로 하여금 큰 나라를 섬기게 한다면 큰 나라와 작은 나라는 각각 그 하고자 하는 바를 얻는 셈이다. 이와 같이 되려면, 큰 나라는 마땅히 작은 나라에 겸손하게 낮추어야 한다. 대개 작은 나라가 큰 나라에게 겸손하게 낮추는 것은 곧 자연스러운 형세이므로 귀함이 되기에는 부족하니, 오직 큰 나라가 작은 나라에 겸손하게 낮춘 뒤에야 그 겸손하게 낮춤이 바야흐로 진짜 겸손하게 낮추는 것이 될 수 있는 것이다. 이렇게 되면 천하사람이 모두 조만간 그 나라에로 돌아가게 될 것이니, 어찌 단지 작은 나라에 그칠 뿐이겠는가?

大國之情, 不過欲兼畜人國而已. 小國之情, 不過欲入事人國而已. 今以小國事大國, 則大國小國各得其所欲矣. 如是者, 大國當謙下於小國. 盖小國之謙下大國, 乃是自然之勢, 不足爲貴. 惟大國謙下小國然後, 其謙下方爲眞謙下也. 天下之歸有日矣, 奚特小國而已哉.

【교감 및 주해】

서명응은 이 구절에서 큰 나라가 작은 나라에게 겸손하게 낮추는 것이 참으로 겸손하게 낮추는 것이라고 말한다.

위의 내용은 제61장이다.

右第六十一章.

【총설】

　서명응은 이 장에서 대국이나 소국 할 것 없이 적용될 수 있는 '겸손하게 낮추는 것'의 효용성을 설명하고 있다.

제62장

도는 만물의 깊은 거처이니, 선한 사람의 보배이며 선하지 않은 사람도 간직하는 것이다.

道者, 萬物之奧, 善人之寶, 不善人之所保.

방의 서남쪽 모퉁이가 '오奧'이니, 거처하는 곳의 깊은 곳이다. '만물'은 사람과 사물을 아울러 말한 것이다. 도는 만물 가운데 아득하고 깊고 은미한 곳에 갖추어져 있으나 사물은 이미 이를 알 수 없다. 오직 사람만이 이를 알아, 선한 자는 귀한 보배를 품은 듯이 알뜰히 여겨 잃지 않고, 선하지 않은 자조차도 화를 두려워하고 죄를 무서워하여 또한 도를 스스로 간직함이 있다.

室西南隅爲奧, 居之深處也. 萬物, 兼人物言之. 道具於萬物之中幽深隱微, 然物旣不能知之, 惟人知之, 而其善者, 則如懷至寶眷眷不失, 其不善者, 則懼禍畏罪, 亦有以自保也.

【교감 및 주해】

백서본·휘종본·소약우본邵若愚本·팽사본에는 "도자道者, 만물지오야萬物之奧也, 선인지보善人之寶, 불선인지소보야不善人之所保"로 되어 있다. 오징은 "'만물지오'란 만물 중에서 가장 귀한 것이다. '오'는 집에 있어서의 서남쪽 모퉁이로,…… '오'는 존귀한 자가 거처하는 곳이다. 따라서 '오'란 '귀함'의 뜻이다"(萬物之奧, 萬物之最貴也. 奧, 室之西南隅……奧, 尊者所居, 故奧爲貴)라고 하였다. 하상공河上公은 "'오'

는 저장함이다'(奧, 藏也)라고 하여 '저장함'의 뜻으로 보았고, 왕필王弼은 "'오'는 가린다는 의미이니, (만물을) 감쌀 수 있다는 말이다"(奧, 猶曖也. 可得庇蔭之辭)라고 하여 '가리어 감싸다'의 뜻으로 보았다. 백서본에는 '오奧'가 '주注'로 되어 있다. '소보所保'가 『윤문자尹文子』「대도大道」편에는 '소보所寶'로 되어 있고, 돈황신본・경룡비본・수주비본・엄준본에는 '소불보所不保'로, 조지견본趙志堅本에는 '소불보所不寶'로 되어 있다. '소불보所不保'로 볼 경우에는 '선하지 않은 사람은 보존할 수 없다'의 뜻이 되어 기존의 해석과는 정반대가 된다. 주겸지는 "선은 사람의 보배로 삼지만, 불선은 사람이 보존할 수 없다"(善, 人之寶, 不善, 人之所不保)라고 하였다.

서명응은 이 구절의 '만물'을 사람과 사물을 아울러 말한 것으로 이해하되, 사람만이 도를 간직할 수 있다고 보아 사람과 사물의 차이점을 드러내고 있다.

아름다운 말은 시장에서 팔릴 수 있고, 존경받는 행실은 다른 사람에 비해 두드러질 수 있다.['행行'은 거성이다.]

美言可以市, 尊行可以加人.[行去聲]

위 문장의 '선한 사람의 보배'(善人之寶)라는 말에 관해 결론 맺은 것이다. 임천오씨(오징)가 말하기를 "아름다운 말은 가히 아낄 만하니 마치 아름다운 물건이 팔릴 수 있는 것과 같고, 뛰어난 행실은 존중하여 높일 만하니 뭇사람들의 행실 위에 우뚝 솟아 있다"라고 하였다.

終上文善人之寶也. 臨川吳氏曰, 嘉言可愛, 如美物之可鬻, 卓行可宗高, 出衆人之上.

【교감 및 주해】

이 문장이 『회남자』의 「도응훈」・「인간훈」에는 "미언가이시존美言可以市尊, 미행가이가인美行可以加人"으로 되어 있는데, 유월은 "지금 판본들은 아래 구절의 '미자가 탈각한 것이다"(今本脫下美字)라고 하였다.

일반적으로는 '가인加人'을 다른 사람에게 혜택을 베푸는 것으로 풀이하는데, 서명응은 오징의 말을 인용하여 이것을 '존경받는 행실은 다른 사람에 비해 두드러질 수 있다'는 뜻으로 풀이하고 있다.

사람 중에 선하지 않은 자라 하더라도 어찌 버리는 경우가 있겠는가? 그러므로 천자를 세우고 삼공을 두었다.
人之不善, 何棄之有. 故立天下, 置三公.

위 문장의 "선하지 않는 사람도 도를 간직한다"(不善人之保)라는 말에 관해 결론을 맺은 것이다. 사람에게 선하지 않음이 있으면 이를 고쳐서 선하게 할 수 있는 경우도 있으니, 어찌 선하지 않다고 곧바로 버릴 수 있겠는가? 그러므로 예로부터 천자를 세우고 삼공三公¹⁾을 두어서 선하지 않은 사람들을 교화하였다.

終上文不善人之保也. 人有不善改則爲善, 豈可以不善而遽棄之乎. 故自古立天子置三公, 以敎化不善之人也.

【교감 및 주해】
서명응은 이 구절을 유가적 교화의 차원에서 이해하고 있다. 위정자에게 요구되는 바람직한 정치 행태에 대한 서명응의 생각이 담겨 있는 구절이라 하겠다.

비록 두 손으로 공손히 보옥을 드린 뒤 네 필의 말이 이끄는 수레를 바치는

---
1) 삼공 : 太師·太傅·太保를 지칭한다.

예가 있다 하더라도 무릎 꿇고 이 도를 진상하는 것보다는 못하다.
雖有拱璧以先駟馬, 不如坐進此道.

'공벽拱璧'은 두 손으로 구슬을 맞잡는 것이다. '사마駟馬'는 네 마리의 말이 끄는 수레이다. 옛날에 선물을 진상할 때는 반드시 먼저 폐백으로써 하였으니, '사마'는 밖에 매어 두고 우선 두 손으로 구슬을 바치는 것으로 예를 삼았다.2) '좌坐'는 꿇어앉는 것을 말한다. 옛사람의 앉음은 모두 꿇어앉음이기 때문에 '궤跪'를 '좌坐'로 쓴 것이다. 구슬을 두 손으로 바치고 네 마리의 말이 끄는 수레를 바치는 것이 꿇어앉아 이 도를 진상하는 것보다 못하다고 한 것은, 대개 사물 중에 도보다 귀한 것이 없기 때문이다.

拱璧, 合拱之璧. 駟馬, 一乘之馬. 古者進物, 必先以幣. 故駟馬陳於外, 先執拱璧以爲禮也. 坐, 跪也. 古人之坐, 皆跪. 故謂跪爲坐也. 言以拱璧駟馬, 獻之於人, 不如跪進此道, 盖物莫有貴於道也.

【교감 및 주해】

장석창은 "옛날에 물건을 헌납할 때에는 가벼운 물건을 먼저하고 귀중한 물건을 뒤에 하였다. '공벽이선사마拱璧以先駟馬'란 공벽을 사마보다 앞서 바침을 말한 것이다"라고 하였다.

서명응은 이 구절의 해석에서 어떠한 보화보다도 도가 더 중요하다는 사실을 강조하고 있다.

---

2) 사마는……예를 삼았다 : 고대의 禮에서는 예물을 바칠 때 두 가지로 나누어서 바쳤는데, 가벼운 것을 먼저 선사하고 귀중한 것을 나중에 선사하는 것이 당시에 통용되는 예법이었다. 가령 『春秋左氏傳』 僖公 33년조에서는 "네 마리의 가죽을 먼저 헌납하고, 이어 소 열두 마리를 군사에게 주어 위로하였다"(以乘韋先, 牛十二犒師)라고 하였으며, 襄公 19년조에서도 "荀偃에게 다섯 필 길이의 비단과 비단 옷에 붙이는 구슬과 네 필의 말을 주었는데, 먼저 오나라 수몽에게서 선물 받은 솥을 주었다"(賄荀偃束錦加璧乘馬, 先吳壽夢之鼎)라고 하였다. 따라서 큰 옥을 먼저 바치고 나중에 네 필의 말을 바친다는 것은 예의 극치를 말한 것이라고 할 수 있다.

옛날에 이 도를 귀하게 여긴 까닭은 무엇인가? 구하면 이 도에 의해 얻어지고, 죄 있어도 이 도에 의해 면하게 된다고 말하지 않았던가? 그러므로 천하의 귀함이 되는 것이다.

古之所以貴此道者何, 句3) 不曰, 求以得, 有罪以免邪, 故爲天下貴.

'불왈不曰'이란 『사기』 「한신전」의 이른바 "병법에서 사지에 빠뜨린 이후에야 살아난다고 말하지 않았는가?"4)라는 용례이니, "어찌 말하지 않았는가"라는 뜻이다. "옛날에 이 도를 귀하게 여긴 까닭이 무엇인가? 어찌 구하면 반드시 얻고 죄 있어도 반드시 면한다고 말하지 않았더냐!"라는 말이다. 오호라! 이 도가 천하에서 귀하게 되는 까닭이여. 대녕설씨(설혜)는 "구하는 것은 항상 얻기 어렵고, 죄가 있으면 저절로 항상 벌을 면하기 어렵다. 그러므로 왕공의 존귀함과 진나라와 초나라의 부유함을 지녔다 하더라도 본디 그 구하는 것을 모두 이루어 줄 수는 없고 그 죄로 인해 벌 받는 것을 모두 다 면해 줄 수는 없다. 오직 이 도를 통해 하고자 하는 것을 구하면 반드시 얻게 되고 죄로 인한 벌을 면하고자 하면 반드시 면할 수 있으니, 이 도야말로 어찌 천하의 지극히 귀한 것이 아니겠는가"라고 하였다.

'不曰'語意, 若史記韓信傳, 所謂兵法不曰陷之死地而後生, 猶云豈不曰也. 言古之所以貴此道者, 何也. 豈不曰求則必得, 罪則必免也耶. 嗚呼. 此道之所以爲天下貴也. 大寧薛氏曰, 求者恒難得, 有罪自恒難免. 故雖王公之貴, 晉楚之富, 固未能遂其所求, 免其有罪也. 惟此道以求所欲則必得之, 以免有罪則必免之, 豈非天下之至貴耶.

【교감 및 주해】

'불왈不曰'이 백서본에는 '불위不謂'로 되어 있다. '구이득求以得'이 왕필본에는

---

3) 句 : '苟'자의 오자가 아닌가 싶은데, 『도덕지귀』 이외의 판본들에는 이 글자가 없다.
4) 병법에서……않았는가 : 『史記』 「淮陰侯列傳」에서 背水之陣에 대해 말한 구절이다. 원문은 "兵法不曰, 陷之死地而後生, 置之亡地而後存"이다.

'이구득以求得'으로 되어 있다.

서명응은 '불왈不曰'을 '기불왈豈不曰'로 보아 '어찌'라는 의미를 집어넣어 풀이 할 것을 말한다.

위의 내용은 제62장이다.
右第六十二章.

【총설】
서명응은 이 장의 해석에서 만물이란 인간과 사물을 모두 가리키는데 오직 인간만이 도를 체득할 수 있다는 점을 강조한다. 또한 그는 도의 귀중함에 대한 다양한 언급을 통해 당시 위정자에게 요구되는 바람직한 정치 행태에 대해 말하고 있다.

제63장

'함이 없음'(無爲)을 하고, '일삼음 없음'(無事)을 일삼고, '맛이 없음'(無味)을 맛본다.

爲無爲, 事無事, 味無味.

행하지만 함이 없고 일삼지만 일삼음이 없고 맛보지만 맛이 없는 것은 모두 편안하고 고요하며 자연스러워 작위함이 없는 것이다. 작위하면 사사로운 뜻이 일어나 마음에는 천리가 깃들이지 못하고 일에서는 천리가 도리어 요동치게 된다. 엄군평(엄준)은 "신명이 몸에 거처하는 것은 우물물이 우물에 있는 것과 같으니, 물은 유위로써 맑게 할 수 없고 정신은 사려로써 편안하게 할 수 없다"라고 하였다. 대녕설씨(설혜)는 "마음은 작위하면 할수록 더욱 어지러워지고, 나라는 작위하면 할수록 더욱 어지러워지고, 덕은 작위하면 할수록 더욱 참되지 않고, 도는 작위하면 할수록 더욱 모이지 않는다. 오직 무위로 대체한 이후에 수數가 각각 '저절로 그러함'으로 되돌아가니 (만사를 가만히) 앉아서도 이룰 수 있다"라고 하였다.

爲之而無爲, 事之而無事, 味之而無味, 皆恬靜自然無有作爲也. 作爲則私意起, 而以心則天理無所湊泊, 以事則天理反爲泊撓矣. 嚴氏君平曰, 神明之居身, 猶井水之在井, 水不可以有爲淸也, 神不可以思慮寧也. 大寧薛氏曰, 心愈爲則心愈亂, 國愈爲則國愈擾, 德愈爲則德愈不眞, 道愈爲則道愈不凝矣. 惟易之以無爲然後, 數者各反自然, 可坐而得矣.

【교감 및 주해】
서명응은 이 구절의 세 가지 의미를 편안하고 고요하며 자연스러워서 작위함이 없는 것으로 이해하면서, 작위의 결과를 특히 천리와 함께 연계하여 이해한다. 천리와 관련지어 하는 이런 이해는 유가적 이해라고 할 수 있다.

큰 것을 작게 여기고, 많은 것을 적게 여기며, 원망 갚기를 덕으로써 한다.
大小多少, 報怨以德.

큰 것은 마치 작은 것처럼 보아 처리하고 많은 것은 마치 적은 것처럼 보아 처리하며 원망은 마치 덕스러운 것처럼 보아 처리하니, 모두가 무위無爲 · 무사無事 · 무미無味의 요체이다. 이상의 두 구절은 덕의 체를 말한 것이다.
大者, 視之以若小而處之, 多者, 視之以若少而處之, 怨者, 視之以若德而處之, 皆無爲無事無味之要也. 以上兩節言德之體.

【교감 및 주해】
죽간본에는 "대소지다이필다난大小之多易必多難"으로 되어 있다. '대소다소大小多少'에 대해서는 다양한 견해들이 제기되었다. 첫째, 글자가 탈락되어 있어서 뜻을 해석할 수가 없다고 보는 견해이다. 요내姚鼐는 "'대소다소'의 아래에 탈락된 글자가 있어서 억지로 해석할 수 없다"(大小多少, 下有脫字, 不可强解)라고 하였다. 둘째, '크든 작든 많든 적든 간에'로 풀이하는 견해이다. 소철은 "크든 작든 많든 적든 간에 한결같이 도로써 짝할 따름이다"(其于大小多少, 一以道遇之而已)라고 하였다. 셋째, '큰 것은 작은 것에서 생겨나고, 많은 것은 적은 것에서 생겨난다'로 풀이하는 견해가 있다. 『한비자』「유로」편에서는 "형태가 있는 종류들 중 큰 것은 반드시 작은 것에서부터 생겨나고, 오래 가는 사물들 중 많은 것은 반드시 적은 것에서 생겨난다. 그러므로 '천하의 어려운 일은 반드시 쉬운 것에서부터 시작하고, 천하의 큰일은 반드시 작은 일에서부터 시작한다'고 말한 것이다"(有形之類, 大必起於小, 行久之物, 族必起於少. 故曰, 天下之難事必作於易, 天下之大事必作於細)라고 하였다. 넷째, '작은 것을 크다고 여기고, 적은 것을 많다고 여긴다'로 풀이하는 견해가 있다. 고형은 "대소란 작은 것을 크게 함이니, 작지만 크다고 여기는 것이다. 다소란 적은 것을 많게 함이니, 적지만 많다고 여기는 것이다"(大小者, 大其小, 小而以爲大也. 多少者, 多其少也, 少而以爲多也)라고 하였다.

서명응은 이 구절의 세 가지의 의미를 각각 '무위'·'무사'·'무미'의 요체라는 입장에서 이해하고 있다. 체용론을 응용하여 여기까지의 두 구절은 덕의 체를 말한 것이라 한 데서 덕을 강조하는 것을 볼 수 있다.

어려움은 그 쉬움에서 도모하고 큰 것은 그 미세한 데서 처리한다. 천하의 모든 어려운 일은 반드시 쉬운 데서 생겨나고, 천하의 모든 큰일은 반드시 미세한 데서 생겨나기 때문이다.

圖難於其易, 爲大於其細. 天下難事, 必作於易, 天下大事, 必作於細.

어려운 일은 갑자기 어려워진 것이 아니라 반드시 쉬운 데서 일어나 점차로 어려워진 것이다. 그러므로 어려움은 반드시 그 쉬움에서 도모한다고 한 것이다. 큰일은 갑자기 커진 것이 아니라 반드시 미세한 데서 일어나 점차로 커진 것이다. 그러므로 큰일은 반드시 그 미세한 데서 처리한다고 한 것이다.

難非遽難, 必起於易而積漸以至於難. 故圖難必於其易也. 大非遽大, 必起於細而積漸以至於大. 故爲大必於其細也.

【교감 및 주해】

소철은 "쉬운 것을 도모하기는 쉽고 어려운 것을 도모하기는 어렵다. 따라서 도모하기 쉬운 처음에서 도모하지 않고 어려운 데서 도모한다면 일이 어려울 따름이다"(易而圖之則易也. 難而圖之則難矣. 不圖之于易圖之始, 而圖之於難, 則難矣)라고 하였다.

서명응은 전반적으로 '갑자기'(遽)라는 표현을 통해 이 구절의 의미를 더욱 명확하게 풀이하고 있다.

이 때문에 성인은 결코 큰일을 하지 않는다. 그러므로 그 큰일을 이룰 수 있다.
是以聖人終不爲大, 故能成其大.

큰일의 경우에는 그것이 미세할 때 미리 처리하기 때문이다.
爲大於其細也.

【교감 및 주해】
서명응은 이 구절에 대해 일반적인 풀이를 취하고 있다.

가벼운 승낙에는 반드시 믿음이 적고, 쉬움이 많으면 반드시 어려움도 많다. 이 때문에 성인은 오히려 모든 일을 어렵게 여긴다. 그러므로 마침에 어려움이 없게 된다.
夫輕諾必寡信, 多易必多難. 是以聖人猶難之, 故終無難矣.

어려운 일은 그것이 아직 쉬운 단계에 있을 때 도모한다는 것이다. 허락을 가벼이 하면 마침내 그 허락한 말을 실천하기 어렵게 되므로, 저 허락한 말에 대해 믿음이 적을 수밖에 없다. 그 일을 쉽게 함에 따라 마침내 어려움이 많게 되는 것이 또한 이것과 무엇이 다르겠는가? 이것이 바로 성인이 어려운 일에 대해서는 항상 쉬운 단계에서 미리 처리하여 그 마침에 어려움이 없도록 하는 이유이다. 여기까지의 세 구절은 '덕의 용'에 대해 말한 것이다.

圖難於其易也. 輕其許諾, 則其終也難於踐言. 故寡信彼, 易其事而其終多難者, 亦何以異乎此哉. 此聖人所以常難於處易, 而終必無難矣. 以上三節言德之用.

【교감 및 주해】

서명응은 "도난어기이"圖難於其易 이하의 세 구절을 '덕의 용'에 대해 말한 것으로 이해하여, 역시 덕의 중요성을 강조하고 있다.

위의 내용은 제63장이다.

右第六十三章.

【총설】

서명응은 체용론에 응용, 이 장을 덕의 체와 용으로 나누어 풀이하면서 덕의 중요성을 강조하고 있다. 그리고 작위의 부정적인 측면을 천리와 연계하여 이해하는 것에서 유가적 수양론의 흔적을 엿볼 수 있다.

제64장

안정된 것은 지니기 쉽고, 조짐이 나타나지 않은 것은 도모하기 쉽고, 여린 것은 깨뜨리기 쉽고, 미세한 것은 흩어버리기 쉬우니, 일이 있기 전에 처리하고 어지러워지기 전에 다스린다.

其安易持, 其未兆易謀, 其脆易破, 其微易散, 爲之於未有, 治之於未亂.

'취脆'는 여리거나 무른 것을 뜻한다. 이 문장은 모두 '어려움은 그 쉬움에서 도모한다'는 것에 대해 말하였다.

脆, 軟也. 皆圖難於其易也.

【교감 및 주해】
　죽간본·백서갑본에는 "기안이지야其安易持也"와 같이 각 문구들의 끝에 '야也' 자가 있다. "기취이파其脆易破"의 '파破'가 죽간본에는 '판判'으로, 왕필본에는 '반泮'으로, 부혁본·초횡본에는 '판判'으로 되어 있다.
　서명응은 이 문장을 앞의 장에 나온 "어려움은 그 쉬움에서 도모한다"는 문구에 대해 설명한 말로 이해한다.

두 팔로 껴안을 만한 둘레의 나무도 터럭만한 싹에서부터 자라나고, 구층의 누대도 땅에서부터 쌓여 일어나며, 천릿길도 발밑에서부터 시작한다.
合抱之木, 生於豪末, 九層之臺, 起於累土, 千里之行, 始於足下.

'호豪'(웅대함)와 '호毫'(터럭)는 통한다. 이 문장은 모두 '큰 것은 그 미세한 데서 처리한다'는 것에 대해 말하였다.
豪與毫通, 皆爲大於其細也.

【교감 및 주해】
"구층지대九層之臺"의 '층層'이 백서갑본·죽간본에는 '성成'으로 되어 있다. "천리지행千里之行"이 수주비본·조지견본에는 "백인지고百刃之高"로, 엄준본에는 "백인지고百仞之高"로 되어 있다. '누토累土'에 대해 하상공은 "낮음으로부터 높음에 이른다"(從卑至高)라고 하여 '쌓임'(積)의 뜻으로 보았고, 임희일은 "한 삼태기의 흙이다"(一籠之土)라고 하여 '한 삼태기의 흙'으로 보았다.

하려는 자는 패하고 잡으려는 자는 잃는다.
爲者敗之, 執者失之.

'행함'(爲)과 '잡음'(執)은 작위함이 있고 일삼음이 있기 때문에 실패하고 잃게 되는 것이다.
爲與執, 以其有爲有事, 故敗失之.

【교감 및 주해】
죽간본·백서을본에는 "위지자패지爲之者敗之, 집자실지執者失之"로 되어 있다. 해동奚侗·마서륜馬敍倫·엄영봉嚴靈峰 등은 의미상으로 볼 때 이 문장은 위의 문장과 관련이 없다고 하면서, 아마도 『노자』 29장의 문장이 잘못 들어온 것 같다고 하였다. 앞의 28장(현행본 29장)에 이미 나온 내용이다.

그러므로 성인은 행함이 없기 때문에 실패가 없고, 잡음이 없기 때문에 잃음이 없다.
是以聖人, 無爲故無敗, 無執故無失.

성인은 행함이나 잡음이 없기 때문에 실패나 잃음이 없는 것이다.
聖人無爲無執. 故無敗失.

【교감 및 주해】
서명응은 이 구절의 본뜻을 살려 평범하게 풀이하고 있다.

백성이 일을 하는 데 있어서는 항상 거의 이루어질 즈음에 실패한다. 끝에서도 신중하기를 처음처럼만 하면 실패하는 일이 없다.['기幾'는 평성이다.]
民之從事, 常於幾成而敗之. 愼終如始, 則無敗事.[幾平聲]

백성의 앎은 더욱 낮다. 그러므로 항상 일이 거의 이루어질 즈음에 그 마음을 유지할 수 없어 도리어 실패하는 데 이르니, 작위하고 붙잡는 데 있어서는 말할 필요도 없다. 그러므로 이러한 폐단을 구함에 있어서는 '끝에서도 신중하기를 처음처럼 함'만한 것이 없다. '신중함'(愼)은 또한 겸손함이요 고요함이요 덕이다.
凡民之知又益下. 故常於事之幾成者, 亦不能操持其心, 以至覆敗, 則爲與執, 又不足言矣.故救此獘,則莫如愼終如始.愼, 亦謙也, 靜也, 德也.

【교감 및 주해】

"민지종사民之從事"가 죽간본에는 "임사지기臨事之紀"로 되어 있다.

서명응은 이 구절의 '신중함'(愼)을 겸손함·고요함·덕이라고 보아 다양하게 해석하는데, 특히 덕과 함께 이해하는 것에 주목할 필요가 있다. 거듭해서 덕을 강조하고 있음을 확인할 수 있는 대목이기 때문이다.

그러므로 성인은 '하려 하지 않음'(不欲)을 하고자 하고, '얻기 어려운 재화'(難得之貨)를 귀하게 여기지 않으며, '배우지 않음'(不學)을 배운다. 뭇사람의 잘못을 되돌려서 만물의 자연스러움을 도울 뿐 감히 작위하지 않는다.

是以聖人欲不欲, 不貴難得之貨, 學不學, 復衆人之所過, 以輔萬物之自然, 而不敢爲.

'하려 하지 않음을 하고자 한다'는 것은 '하고자 하지 않음'을 '하고자 함'의 대상으로 삼는다는 뜻이니, '하고자 하지 않음'이란 그 뜻이 『맹자』의 "하고자 하는 것을 선이라 한다"[1]라는 말의 의미와 같다. 대개 도란 뭇사람이 하고자 하지 않는 것이다. 오직 (뭇사람이 하고자 하지 않는) 도를 하고자 하기 때문에 (뭇사람이 원하는) 재화를 원하지 않을 수 있다. '배우지 않음을 배운다'는 것은 '배우지 않음'을 배움의 대상으로 삼는다는 뜻이니, '배우지 않음'이란 곧 배움에 대한 '무위함'이다. 대개 뭇사람들은 항상 많이 듣고 두루 알아서 가가家家와 국국國國에 '함'이 있는 것을 배움이라 여긴다. 그러므로 그 체體로

---

[1] 하고자……선이라 한다: 『孟子』, 「盡心下」, "호생불해가 '악정자는 어떤 사람입니까' 하고 묻자 맹자는 '착한 사람이고 믿을 만한 사람이다' 하였다. '무엇을 일러 착하다 하고 믿을 만하다 합니까' 하고 묻자 이렇게 답하였다. '하고자 하는 것을 선이라 하고……'"(浩生不害問曰, 樂正子何人也. 孟子曰, 善人也信人也. 何謂善何謂信. 可欲之謂善……) 참조

말하면, 교만하고 인색하며 자랑하는 잘못을 더함으로써 상천上天의 소리도 없고 냄새도 없는 기상을 어긴다. 그 용用으로 말하면, 그 작위하고 붙잡아서 실패하는 잘못을 더함으로써 상천의 자재하고 자연스러운 기상을 어긴다. '복復'은 되돌림이니, 허물없는 상태로 되돌림을 말한다. '불감위不敢爲'는 감히 작위하지 않고 만물의 자연스러운 이치를 따름을 말한다.

欲不欲, 以不欲爲欲也. 不欲, 語意如孟子所云, 可欲之謂善, 盖道者, 衆人所不欲也. 惟其欲於道. 故能不欲於貨也. 學不學, 以不學爲學也. 不學, 學之無爲者也. 盖衆人常以多聞博識, 有爲於家國爲學. 故以其體言之, 則益其驕吝矜伐之過, 違上天無聲無臭之氣象也. 以其用言之, 則益其爲執敗失之過, 違上天自在自然之氣象也. 復, 反也, 言反復乎無過之地也. 不敢爲, 謂不敢作爲, 而循萬物自然之理也.

【교감 및 주해】

서명응은 이 구절의 해석에서 '도란 뭇사람이 하고자 하지 않는 것'임을 말하는 한편, 다문多聞·박식博識의 유가적 배움의 문제점을 체용론을 운용하여 지적하면서 만물의 자연스런 이치를 따를 것을 강조한다.

위의 내용은 제64장이다.

右第六十四章.

【총설】

이 장의 '신중함'에 대한 해석에서도 역시 서명응의 덕에 대한 강조를 엿볼 수 있다. 체용론을 통해 '다문多聞'과 '박식博識'으로 이해되는 유가식 배움의 문제점을 언급하면서 상천上天과 관련시킨 것은 유가식 우주론을 운용한 것으로 이해된다.

제65장

옛날에 도를 잘 행한 자는 백성을 총명하게 하지 않고 어리석게 만들었다.
古之善爲道者, 非以明民, 將以愚之.

'어리석음'(愚)은 '소박함'(樸)이다. 사람들의 앎을 열어 주는 것은 그 지혜를 밝히는 것이 아니라 장차 그들로 하여금 소박한 상태로 되돌아가게 하는 것임을 말하였다.
愚, 樸也. 言所以開人知者, 非爲明其智慧, 將欲使之反其樸愚也.

【교감 및 주해】
이 구절은 우민정치를 말한 것으로 이해하는 경우가 많은데, 서명응은 그러한 이해를 취하지 않고 '우愚'를 소박함으로 이해한다.

백성을 다스리기 어려운 것은 그 다스림에 간교한 꾀가 많기 때문이다.
民之難治, 以其智多.

'지智'와 '지知'는 같지 않다. '지智'는 『한서』 「조조전鼂錯傳」에서 '꾀주머니' (智囊)[1]라고 할 때의 '꾀'(智)와 같으니, 간교한 꾀로써 속이는 것이다.

智與知不同, 智如漢書鼌措傳智囊之智, 謂機械樵譎也.

【교감 및 주해】

"이기지다以其智多"가 백서본에는 "이기지야以其智也"로 되어 있다. 왕필은 "'명明'이란 많이 보고 교묘하게 속여서 순박함을 가리는 것을 말하고, '우愚'란 앎을 없게 하고 참됨을 지키어 자연에 따르는 것을 말한다"(明謂多見巧詐, 蔽其樸也. 愚謂無知守眞, 順自然也)라고 하였다.

서명응은 '지智'와 '지知'를 구별하여 '지智'를 간교한 꾀로 이해하고, 이러한 '지智'를 소유한 주체를 '통치자'로 본다. 이런 식으로 이해하는 이유는 실질적인 정치에서 '지智'가 부정적으로 쓰이게 되는 상황을 경계하기 위한 것으로 보인다.

그러므로 꾀로써 나라를 다스리는 사람은 나라의 도적이 되고, 꾀로써 나라를 다스리지 않는 사람은 나라의 복이 된다.
故以智治國, 國之賊. 不以智治國, 國之福.

꾀를 써서 나라를 다스리면 백성이 꾀를 숭상하게 되어 거짓을 짓고 속이는 말로써 꾸미니, 거짓을 짓고 속이는 말로써 꾸미는 풍속이 어찌 나라의 해가 아니겠는가? 꾀를 써서 나라를 다스리지 않으면 백성이 질박하게 변하여 순후하고 삼가며 질박하고 진실하게 되니, 순후하고 삼가며 질박하고 진실한 풍속이 어찌 나라의 복이 아니겠는가?
用智治國, 則民化爲智, 而造僞飾詐, 造僞飾詐之俗, 豈非國之害乎. 不用智治國, 則民化爲樸, 而淳謹質實. 淳謹質實之俗, 豈非國之福乎.

---

1) 꾀주머니 : 『漢書』 권49 「爰盎鼂錯傳」에 나오는 말이다.

【교감 및 주해】

백서갑본에는 모든 '국國'자가 '방邦'자로 되어 있다.

서명응은 꾀로써 나라를 다스렸을 때와 그 반대의 경우를 구체적인 예, 특히 '풍속'과 연계하여 설명하고 있다. 이런 것을 통하여 제대로 된 정치란 과연 무엇인가에 대한 견해를 밝히고 있다고 하겠다.

이 두 가지를 아는 것이야말로 모범되는 법이요, 모범되는 법을 항상 아는 것을 일러 '그윽한 덕'(玄德)이라 한다. '그윽한 덕'은 깊고도 멀다. 세상의 꾀와는 반대이지만 결국 성명의 도에 크게 따름에 이른다.

知此兩者, 亦楷式. 常知楷式, 是謂玄德, 玄德深矣遠矣. 與物反矣, 然後乃至大順.

'해楷'는 모범이다. '식式'은 법이다. 위 글의 두 가지가 이로움과 해로움의 실질임을 알 수 있다면 그것이 곧 천하의 모범되는 법인 셈이다. 그것이 곧 천하의 모범되는 법임을 알 수 있다면 그 덕이 깊고 멀어서 세상 사람들이 사용하는 꾀와는 반대가 된다. 대저 그렇게 된 이후에 크게 성명의 도를 따르는 데 이를 수 있다. 염계선생은 「졸부拙賦」를 지어 "기교 있는 자는 말을 잘하고 졸렬한 자는 침묵하며, 기교 있는 자는 수고롭고 졸렬한 자는 편안하며, 기교 있는 자는 해치고 졸렬한 자는 덕스러우며, 기교 있는 자는 흉하고 졸렬한 자는 길하네. 오호라. 천하에 형벌을 졸렬하게 하고 정사를 폐지해버리면 윗사람은 편안하고 아랫사람은 순종함에 따라 풍습은 맑아지고 폐단은 끊어지네"라고 하였으니, 주자는 "염계의 「졸부」는 그 말이 마치 노자의 말과 같다" 하였다. 내가 생각하건대, 염계선생은 도를 지키고자 하는 마음이 절실하고 도에 대한 책임이 무거웠기에 노자에 대해서도 좋은 말이라면 즐겨 취하여 마치 미치지 못한 듯이 했던 것이다. 그리고 주자는 설사 유교 종사(주돈이)의 말일지라도 그 연원을 더듬어서 흠결이 있을 경우에는 그것을 은폐하고자 하는 뜻이 없었던 것이니, 여기에서 성현의 지극히 공평한 마음을 볼 수 있다. 그러나 염계선생의 말 가운데 노자와 비슷한 것이 어찌 다만 「졸부」뿐이겠는가? 「태극도설」에서 말하는 '무극無極'과 '주정主靜'2)이 곧 도의 큰 근원이자 큰 근본이 된다는 입장 또한 『노자』에서 취한 것이 있으니, 이 무슨 까닭인가? 염계선생은 하늘처럼 되기를 바라는 것으로써 배움의 목표를 삼았으니, 만일 그 말이 하늘에 부합한다면 노자의 말이라 하더라도 어찌 우리의 스승이 아니라고 하여 버렸겠는가? 하늘은 우리의 스승이다.

楷,模也.式,法也.能知上文兩者,利害之實,則爲天下之楷式.能知爲天下之楷式,則其德深遠,與夫世人之用智者反矣.夫然後可以至於大順性命之道也.濂溪周子作拙賦曰巧者言,拙者黙,巧者勞,拙者佚,巧者賊,拙者德,巧者凶,拙者吉.嗚呼.天下拙刑政撤,上安下順,風清弊絕.朱子曰,濂溪拙賦,其言似老子.愚案以周子衛道之切,任道之重,其於老子之善言,樂取之,如將不及,而朱子於淵源宗師之言,未嘗有一毫掩諱之意,聖賢至公之心法,可以見之矣.然周子之言,似老子者,豈特拙賦而已哉.如無極主靜,乃是道之大原大本,而亦有取於老子.是何爲哉.周子以希天爲學之準的,苟其言合天,豈可以非吾師而舍之乎.天吾師也.

【교감 및 주해】

'상지常知'가 백서본에는 '항지恒知'로 되어 있다. '해식楷式'이 왕필본에는 '계식稽式'으로 되어 있다. "여물반의與物反矣, 연후내지어대순然後乃至於大順"에 대해 하상공은 "그윽한 덕은 사물과 상반되어 다르기 때문에 크게 따름에 이를 수 있다. 천리에 따름을 말한다"(玄德與萬物反異, 故能至大順. 順天理也)라고 하였다.

서명응은 위의 문장을 특히 풍습과 관련지어 이해하였는데, 이 구절에서 인용한 주돈이의 「졸부」에서도 이런 점을 확인할 수 있다. 여기서는 주돈이의 사상을 특히 '도'와 연계하여 이해하는 동시에 진리에 대한 주희의 공평무사한 마음을 높이고

---

2) 주정:「太極圖說」, "무극이면서 태극이다.······성인은 중정과 인의로써 그것들을 안정시키고 고요함을 위주로 하여 사람의 법도를 세웠다"(無極而太極······聖人定之以中正仁義, 而主靜立人極也) 참조.

있는데, 이처럼 유가 성현들의 공평한 진리인식에 대해 말하고 있는 대목은 결국 자신 또한 열린 진리관과 공평한 입장에서 『노자』를 주석하였음을 드러내고자 한 것이라고 할 수 있다.

위의 내용은 제65장이다.
右第六十五章.

【총설】
흔히 이 장을 '우愚'자와 관련하여 우민정치를 말한 것으로 이해하기도 하는데, 서명응은 그런 해석을 따르지 않고 '우'를 소박함으로 본다. 특히 이 장에서 진리를 하늘과 연계시키고 있는 부분은 서명응이 『노자』를 어떤 입장에서 주석하였는가를 엿볼 수 있게 하는 장이다. 즉 그는 이단적 사유일지라도 하늘의 뜻에 부합하는 것이라면 긍정적으로 받아들이는 열린 진리관을 높이 평가하면서, 이러한 자세야말로 학문에 대한 올바른 자세라는 점을 강조하고 있다.

제66장

강과 바다로 온갖 골짜기의 물들이 흘러갈 수 있는 것은 그것들(강과 바다)이 스스로를 잘 낮추기 때문이다. 그러므로 온갖 골짜기의 물들이 흘러갈 수 있는 것이다.

江海所以能爲百谷王者, 以其善下之. 故能爲百谷王.

'왕王'이란 '간다'(往)는 뜻이니, 그 겸손함과 낮춤으로 인해 천하만물이 그리로 돌아가게 됨을 말한 것이다. 강과 바다는 천하의 아래에 처하고 있으니, 온갖 골짜기의 흐름을 받아들이는 것 또한 이 때문이다.

王之爲言, 往也. 謂其謙下爲天下之所歸往也. 江海處天下之下, 受百谷之流, 亦由是也.

【교감 및 주해】

"강해소이능위백곡왕자江海所以能爲百谷王者" 구절 가운데 경룡비본에는 '자者' 자가 없고 죽간본에는 '능能'자와 '자者'자가 없다. '왕王'자에 대해 주겸지는 "'왕'이란 가는 것이다. '백곡왕'이란 온갖 냇물들이 돌아가는 바여서 온갖 계곡의 우두머리가 될 수 있음을 말한다"(王, 往也. 百谷王, 謂爲百川之所歸往, 故能爲百谷長也)라고 하였다. 한편 '왕王'자를 '임금'이나 '우두머리'의 뜻으로 해석하는 경우도 있다.『회남자』「설산훈說山訓」의 "강과 바다가 온갖 계곡의 왕이 될 수 있는 까닭은 아래에 처함을 잘하였기 때문이다. 오직 아래에 있을 수 있기 때문에 능히 위에 있을 수 있다"(江海所以能長百谷者, 能下之也, 夫唯能下, 是以能爲上之)라는 구절이 그것이다.

서명응은 '왕王'을 가는 것(往)으로 보되 특히 '겸손하여 낮춘다'는 처세적 입장과 연계하여 풀이하고 있다.

이 때문에 백성의 윗자리에 오르려는 사람은 반드시 그 말을 겸손하게 하고, 백성에 앞서려는 사람은 반드시 그 몸을 백성들의 뒤에 처하게 한다.

是以欲上民, 必以言下之. 欲先民, 必以身後之.

임천오씨(오징)가 말하기를, "이 구절은 성인의 겸손하고 양보하는 덕에 대해 말한 것인데, 결코 남의 위에 서거나 남보다 앞서려는 사사로운 마음이 있다는 뜻이 아니다. 독자는 말로써 뜻을 해치지 않아야 한다"라고 하였다.

臨川吳氏曰, 此, 聖人謙讓之德, 非有心於上人先人, 讀者, 不以辭害意, 可也.

【교감 및 주해】

이 구절이 죽간본에는 "성인지재민전야聖人之在民前也, , 이신후지以身後之, 기재민상야其在民上也, 이언하지以言下之"로 되어 있다. 백서본·하상공본·수주비본·팽사본·부혁본·범응원본 등에는 '시이是以' 다음에 '성인聖人' 두 자가 더 있다. 경룡비본·어주본·돈황경본·돈황신본에는 '민民'이 '인人'으로 되어 있다.

서명응은 이 구절을 권모술수로 이해함을 경계하는 오징의 해석을 취하고 있다.

이 때문에 성인은 윗자리에 처해도 백성이 무겁게 여기지 않고, 앞에 처해도 백성이 해롭게 여기지 않는다.

是以聖人處上而民不重, 處前而民不害.

무릇 어떤 물건이 위에 있으면 아래에 있는 자는 무겁다고 여기고, 앞에 있으면 뒤에 있는 자는 나를 가린다고 해서 싫어한다. 그러나 성인은 '겸손함과 텅 빔'으로 백성들의 위에 처하고 앞에 처하므로 백성이 무겁게 여기거나 해롭게 여기지 않는다.

凡物在上, 則在下者, 覺其重焉, 在前, 則在後者, 惡其蔽焉. 聖人以謙虛在上在前. 故民不以爲重爲害也.

【교감 및 주해】
서명응은 이 구절을 성인의 '겸손'과 '텅 빔'의 효용성과 연계하여 해석하고 있다.

이 때문에 천하사람이 즐거이 추대하고 싫어하지 않는다.

是以天下樂推而不厭.

사람의 도는 가득 찬 것을 싫어하고 겸손하면 더해 준다. 그러므로 즐거이 추대하여 그와 함께하면서 싫어하지 않으니, 무겁게 여기거나 해롭게 여기지 않는 것은 말할 필요도 없다.

人道惡盈而益謙. 故樂推與之, 不厭斁焉, 不重不害, 又不足言矣.

【교감 및 주해】
서명응은 이 구절을 '가득 찬 것'과 '겸손한 것'을 대비하여 해석하고 있다.

성인은 다투지 않는다. 그러므로 천하사람이 그와 더불어 다툴 수 없다.

以其不爭, 故天下莫能與之爭.

'다투지 않는다'(不爭)'는 것은 '겸손함'이다. 마침내 그 실질적인 내용을 지적하여 위의 글들의 뜻을 끝맺었다.

不爭, 謙也. 卒乃指其實, 以結上文之意.

【교감 및 주해】
죽간본·돈황경본에는 이 구절의 끝에 '야(也)'자가 있다.
서명응은 '다투지 않음'을 실생활에 요구되는 겸손함의 실질적 내용으로 본다.

위의 내용은 제66장이다.
右第六十六章.

【총설】
서명응은 이 장에서 위정자의 겸손함이 중요하다는 것을 다시 한 번 강조하면서, 이 장의 전체의미를 권모술수로 해석하는 것을 취하지 않는다. 처세술에 관한 견해를 엿볼 수 있는 장이다.

52장에서 여기에 이르는 15장이 한 절이 된다.
自第五十二章至此, 凡十五章爲一節.

【교감 및 주해】
앞(51장 말미)에서 말했듯이 『노자』의 체계를 하도의 수를 통해 이해한 것이다.

제67장

천하사람 모두는 나의 도는 커서 마치 닮은 것이 없는 듯하다고 말한다. 오직 크기 때문에 닮지 않은 듯한 것이다. 만약 닮았다면 오래됨에 미쳐서는 미세하게 될 뿐인저.

天下皆謂我道大, 似不肖. 夫唯大, 故似不肖. 若肖, 久矣, 其細也夫.

'불초不肖'는 비슷한 것이 없다는 말이다. 천하사람 모두는 나의 도가 너무나 커서 이와 닮은 것이 없다고 말하는데, 그것은 대개 그 황홀하여 붙잡을 수 없고 드넓어서 적막한 것을 꺼리기 때문이다. 그러나 오직 크기 때문에 닮거나 비슷한 것이 없으니, 만약 닮거나 비슷한 것이 있다면 이는 반드시 모양을 가진 그릇과 같이 될 뿐이어서 오래됨에 미쳐서는 반드시 쇠약하고 녹아서 미세함에 이르게 된다는 것을 말하였다.

不肖, 謂無所象類也. 言天下皆謂我道甚大, 無所肖似, 盖嫌其恍惚寥廓也. 然惟其大, 故無所肖似. 若有所肖似, 則是特形器而已, 及其久也, 必消鑠以至於細也.

【교감 및 주해】

'아도我道'가 백서본·하상공본에는 '이아我'로 되어 있다. 소철은 "도는 넓어서 형태가 없고 쓰러져 있는 듯하여 이름이 없으면서도 만물에 두루 미치기 때문에, 만물과 하나라도 비슷한 데가 없다. 이것이 크게 된 까닭인 것이다"(夫道曠然無形, 頹然無

名, 充徧萬物, 而與物無一相似. 此其所以爲大也)라고 하였다.

　서명응은 '비슷함이 없다'는 것을 '황홀하고 드넓어서 형상 있는 그릇과 같지 않다'로 풀이함으로써 도의 무형성과 무한성을 말하고 있다.

나는 세 가지 보배가 있으니, 보배로이 여겨서 그것을 지킨다. 하나는 '자애로움'이고 둘은 '검소함'이며 셋은 '감히 천하에 앞서려 하지 않는 것'이다.
我有三寶, 寶而保之, 一曰慈, 二曰儉, 三曰不敢爲天下先.

　'감히 천하에 앞서려 하지 않는다'는 것은 겸손함을 말한다.
　不敢爲天下先, 謙也.

【교감 및 주해】

　"보이보지寶而保之"가 왕필본에는 "지이보지持而保之"로, 『한비자』(「해로」)·하상공본·경룡본에는 "지이보지持而寶之"로 되어 있다. "불감위천하선不敢爲天下先"에 대해 하상공은 "겸허하게 물러남을 고수하여, 먼저 앞장서서 시작하지 않는다"(執讓退, 不爲倡始也)라고 하였다.

　서명응은 이 구절에서 삼보 가운데 '자慈'와 '검儉'에 대해서는 해석하지 않고 '불감위천하선不敢爲天下先'만을 겸손함과 관련지어 풀이하고 있다. 이런 주석 형태는 겸손함을 더욱 강조하기 위한 것으로 보인다.

자애롭기 때문에 용감할 수 있고, 검소하기 때문에 넓게 베풀 수 있고, 감히 천하에 앞서고자 하지 않기 때문에 그릇을 이루어 우두머리가 될 수 있다. 지금 자애로움을 버리고서 용감하고자 하고, 검소함을 버리고서 넓게 베풀고자 하고, 뒤에 서는 것을 버리고서 천하에 앞서고자 하는 것은 죽음에 이르는 것이다.['長'과 '舍'는 모두 상성이다.]

慈故能勇, 儉故能廣, 不敢爲天下先, 故能成器長. 今舍慈且勇, 舍儉且廣, 舍後且先, 死矣.[長舍並上聲]

'자애로움에 바탕한 용감함'이란 '어진 자는 대적할 사람이 없다'[1]는 것이다. '검소함에 바탕한 널리 베풂'이란 베푸는 것이 절도에 맞아 여유가 있다는 것이다. '그릇을 이루어 우두머리가 된다'는 것은 또한 감히 천하에 앞서고자 하지 않아도 천하가 추대하여 앞세운다는 말이다. 이제 이와 같이 하지 않고 혹 자애로움을 버린 채 용감하기를 구하거나 검약함을 버린 채 넓게 베풀려고 하거나 뒤에 서려는 태도를 버린 채 앞서기만을 구한다면 그 마침에는 죽음에 이를 뿐이다.

慈之勇, 仁者之無敵也. 儉之廣博, 節之有餘也. 爲成器, 爲人長, 則又不敢爲天下先, 而天下推先之也. 今或舍慈而求勇, 舍儉而求廣, 舍後而求先, 則其終也, 至於死而已矣.

【교감 및 주해】

'사舍'자가 하상공본·소약우본邵若愚本에는 '사捨'로 되어 있다. '차且'에 대해 왕필은 "'차且'란 '취하다'(取)의 뜻이다"(且, 取也)라고 하였다.

서명응은 이 구절을 유가적 사유로 풀이하고 있다. '자고능용慈故能勇'을 '인자무적仁者無敵'으로, '검고능광儉故能廣'을 '절지유여節之有餘'로 풀이하는 것이 바로 그것이다. 처세술의 입장을 엿볼 수 있다.

---

1) 어진 자는……사람이 없다 : 『孟子』「梁惠王上」 5, "어진 자는 대적할 사람이 없다"(仁者無敵) 및 「盡心下」 3, "맹자가 말하기를, 어진 자는 천하에서 대적할 사람이 없다 하였다"(孟子曰, 仁人無敵於天下) 참조.

무릇 자애로움으로써 싸우면 이기고, 자애로움으로써 지키면 단단하다. 하늘이 장차 구해주고자 할 때 사람들이 자애로움으로 보위한다.

夫慈以戰則勝, 以守則固, 天將救之, 以慈衛之.

자애로움은 세 가지 보물의 으뜸이다. 그래서 이 장의 끝에서는 자애로움을 거듭 말하여 검소함과 겸손함을 아우른 것이다. '위(衛)'는 보호함이다. 윗사람을 친히 하고 어른을 위해 죽기 때문에[2] 싸우면 이기게 되고, 인으로 돌아가서 떠나지 않기 때문에 지키면 단단하게 되는 것이다. 어짊과 자애로움은 하늘의 덕이다. 하늘과 덕을 함께하기 때문에[3] 위태로움과 어지러움이 있어도 하늘이 반드시 구하여 도와주는데, 하늘이 구하여 도와주는 방식은 반드시 뭇사람들이 자애롭고 어질며 안타까워하는 마음으로 보호해 주는 그런 방식이다. 대개 어질고 자애로운 사람과 상대하면 어질고 자애로운 마음이 뭉게뭉게 생겨나게 되니[4], 마치 하늘이 시켜서 그러한 듯하다.

慈爲三寶之首. 故覆言之於終, 以包儉與謙也. 衛, 護也. 親上死長, 故戰則勝. 歸仁不去, 故守則固. 夫仁慈, 天德也. 與天合德. 故凡有危難, 天必救助之. 而其爲救助也, 亦必以衆人慈諒惻怛之心爲之護衛. 盖與仁慈之人相對, 則仁慈之心, 油然而生, 若天使之然也.

【교감 및 주해】

서명응은 자애로움이 삼보의 머리가 되기 때문에 그 자애로움은 검소함과 겸손함을 아우른다 보고, 또 어짊과 자애로움은 하늘의 덕이라고 보고 있는데, 이러한

---

2) 윗사람을……때문에:『孟子』,「梁惠王下」 12장, "맹자가 말하기를, 임금께서 어진 정치를 행하시면 이 백성들은 그 윗사람을 친히 하고 그 어른을 위해 죽을 것입니다"(君行仁政, 斯民親其上, 死其長矣) 참조.
3) 하늘과……때문에:『周易』乾卦,「文言」, "대인은 하늘과 그 덕을 합한다"(大人者, 與天地合其德) 참조.
4) 뭉게뭉게 생겨나게 되니:『孟子』,「梁惠王上」 6, "대답하여 말하기를, 칠팔월 사이에 가뭄이 들면 모가 말라죽을 것인데, 하늘이 뭉게뭉게 구름을 만들고……"(對曰,……七八月之間旱, 則苗槁矣, 天油然而作雲) 참조.

이해는 사덕의 하나인 인이 의·예·지의 나머지 사덕을 포괄하고 있기도 하다는 주자학의 인설仁說을 연상시킨다.

위의 내용은 제67장이다.
右第六十七章.

【총설】
서명응은 이 장의 중심 단어인 '삼보三寶'를 풀이하는 데 있어 '자애로움'(慈) 즉 '인仁'이 나머지 두 가지를 아우르고 있다고 하여 '인'을 중시하는 면을 보여 준다. 따라서 이 장은 전반적으로 유가적 차원에서의 풀이라고 할 수 있다. '불초不肖'를 도의 인식불가능성과 관련지어 이해하는 점도 주목된다.

제68장

장수 노릇을 잘하는 장수는 스스로 그 무력을 사용하지 않고, 잘 싸우는 자는 성내지 않는다.

善爲士者不武, 善戰者不怒.

'사士'는 병사와 수레가 호위하는 무장한 장수이다. '불무不武'는 스스로 그 무력을 사용하지 않는다는 말이니, 깃발과 북소리로써 귀와 눈을 삼아 동쪽으로 가고 서쪽으로 가도록 오직 명령할 뿐이다. 성냄은 곧 기氣가 어긋나게 되는 것이니, 그 지혜와 꾀를 쓸 수가 없다. 이른바 "성난 병사는 싸움에서 진다"는 것이 이것이다. 이와 같은 말로써 아래의 문장을 일으켰다.

士, 兵車所衞之甲士也. 不武, 謂不自用其武, 而以旗鼓爲耳目, 東西唯命也. 怒則氣咈, 不能行其智謀, 所謂忿兵者敗, 是也. 言此以起下文.

【교감 및 주해】

왕필은 "'사'는 병졸들의 장수이다. '무'는 다른 사람을 먼저 침범함을 선호한다"(士, 卒之帥也. 武, 尙先陵人也)라고 말하고, '선전자불노善戰者不怒'에 대해서는 "뒤로 할 뿐 먼저 하지 않고, 응수만 할 뿐 주도하지 않기 때문에 노여워함이 있지 않다"(後而不先, 應而不唱, 故不在怒)라고 말한다.

서명응은 성내면 기가 어긋나 지혜와 꾀를 쓸 수 없다고 하여 이 구절을 '기'와 연관시켜 풀이하고 있다. 양생적 관점에서의 『노자』 주석과도 관련이 있는 듯하다.

적을 잘 이기는 자는 적과 싸우지 않고,

善勝敵者不爭,

적을 잘 이기는 자는 묘당의 위에서 수양만 하는데도 적군이 스스로 복종한다. 군사를 일으키고 무리를 움직이며 지력을 겨루어서 싸움에서 이기는 것과 같은 경우는 이른바 잘 이기는 것이 아니다.

善勝敵者, 修之於廟堂之上, 而敵人自服. 若夫興師動衆角智力而爭勝, 非所謂善勝也.

【교감 및 주해】
서명응은 자신을 닦는 것이 도리어 적을 이기는 길임을 말하여, 수양론적 차원에서 이 구절을 풀이하고 있다.

남을 잘 부리는 자는 그들을 위해 자신을 낮춘다.

善用人者爲之下.

자신을 낮춘 이후에야 그들의 환심을 얻어 그들을 충분히 부릴 수 있다. 은나라 탕왕이 이윤(伊尹)1)에게 자신을 낮추고, 주나라 문왕이 태공망(太公望)2)에게 자신을 낮춘 것이 그것이다. 장수가 전쟁터에 임해서도 반드시 다른 사람에게 자신을 낮추어야 한다. 마치 전단(田單)이 늙은 병졸에게 자신을 낮추어 절한 이후에 그들의 힘을 얻게 된 것3)과 같다.

---

1) 이윤 : 은나라의 재상으로서 탕왕으로 하여금 하나라 桀왕을 치고 천하의 왕이 되게 한 인물. 탕으로부터 세 번의 초빙을 받고 드디어 그의 재상이 되었다.
2) 태공망 : 본성은 姜씨로 周의 東海 사람. 주 문왕의 스승. 呂에 봉했으므로 呂尙이라 하고 太公望이라고도 한다. 무왕을 도와 은나라 紂왕을 치고 周를 일으킨 공으로 齊에 봉해졌다.
3) 전단이……얻게 된 것 : 『史記』「田單列傳」 참조. 전단은 전국시대 제나라의 장군이다.

以己下之然後,得其歡心,而盡其用.殷湯之下於伊尹,周文之下於呂望尙矣.將帥臨陣,亦必下於人,如田單之下拜老卒,然後得其力也.

【교감 및 주해】
하상공본·경복본·수주비본·돈황신본·고환본에는 '之'자가 없다.
서명응은 위정자에게 겸허한 처세가 요구됨을 역사적 사례를 들어 말하고 있다.

이를 싸우지 않고 이기는 덕이라 하고,
是謂不爭之德,

위 문장의 '적을 잘 이기는 것'을 맺은 것이다.
終上文善勝敵也.

【교감 및 주해】
서명응은 이 구절을 '적을 잘 이기는 것'과 관련지어 풀이하고 있다.

이를 남의 힘을 쓰는 것이라 하니,
是謂用人之力.

위 문장의 '남을 잘 부리는 것'을 맺은 것이다.
終上文善用人也.

【교감 및 주해】

서명응은 이 구절을 '남을 잘 부리는 것'과 관련지어 풀이하고 있다.

이를 하늘과 짝하는 옛날의 지극함이라 한다.
是謂配天古之極.

『역』겸괘 단사象辭에서는 "하늘의 도는 아래로 이루어 주는데도 그 도는 밝다"라고 하였다. 대개 천도는 겸손하게 낮추어 다투지 않으면서도 이기고 함이 없이도 이루니, 성인의 덕 또한 그러하다. 그러므로 하늘과 짝한다고 했다. '옛날의 지극함'이란 옛날에 지극히 이룬 도를 말한다.

易謙之象曰, 天道下濟而光明. 盖天道謙下, 不爭而勝, 無爲而成. 聖人之德亦然. 故曰配天也. 古之極, 謂古者, 極致之道也.

【교감 및 주해】

서명응은 이 구절을 『주역』겸괘 「단전」의 말을 빌려 풀이하면서 처세에 겸손이 중요하다는 사실을 역설하고 있다.

위의 내용은 제68장이다.
右第六十八章.

【총설】

서명응은 이 장의 '적을 잘 이기는 것'과 '다른 사람을 잘 부리는 것'을 자신의 기를 다스리고 수양하는 수양론적 차원과 겸손하고 낮추라는 처세적 입장을 통해 풀이하고 있다. 그는 『노자』를 풀이하는 데 있어서 여러 군데에서 '겸손하고 낮추는 것'을 강조하고 있는데, 이 장에서도 그런 점을 볼 수 있다. 특히 그는 역사의 구체적인 사례와 『주역』 겸괘의 인용을 통해 이 장의 의미를 이해하는 데 도움을 주고 있다.

제69장

병법에 "나는 감히 싸움의 주체가 되지 않고 전쟁에 끌려들어간 객체가 되며, 감히 한 치도 나아가지 않고 한 척을 물러난다"라는 말이 있다.

用兵有言, 吾不敢爲主而爲客, 不敢進寸而退尺,

'유언有言'이라는 것은 '옛날에 이런 말이 있었다'라는 뜻이다. 임천오씨(오징)는, "'감히 싸움의 주체가 되지 않는다'는 것은 먼저 싸움을 걸어 다른 사람을 치지 않는 것을 말하고, '전쟁에 끌려들어간 객체가 된다'는 것은 부득이하여 적에 대응하는 것을 말한다. '감히 한 치도 나아가지 않는다'는 것은 진압함을 어렵게 하는 것이고, '한 척을 물러난다'는 것은 물러남을 쉽게 하는 것이다. 대개 싸움에 앞장서지 않고 다만 싸움에 응할 뿐이며, 싸움에 응하더라도 또한 힘을 다해 싸우지 않고 차라리 멀리 물러나 적을 피한다는 것이다"라고 하였다.

有言, 謂古有是言也. 臨川吳氏曰, 不敢爲主者, 不先肇兵以伐人也. 爲客者, 不得已而後應敵也. 不敢進寸者, 難鎭也. 退尺者, 易退也. 盖不爲兵首, 但爲應兵, 雖爲應兵, 亦不欲窮戰, 寧遠退而避敵也.

【교감 및 주해】

하상공은 '오불감위주이위객吾不敢爲主而爲客'에 대해 "'주'는 앞섬이니, 감히 먼저 군대를 일으키지 않음이다"(主, 先也. 不敢先擧兵)라고 하였다.

서명응은 이 구절의 해설은 오징의 풀이를 전적으로 인용하고 있다.

이를 일러 줄 없는 행군, 팔 없이 팔을 흔듦, 없는 적을 쫓음, 없는 병사를 잡음이라 한다.[앞의 '행行'자는 음이 글자 그대로 '행'이고 뒤의 글자는 '항'이다.]
是謂行無行, 攘無臂, 仍無敵, 執無兵.[上行如字, 下行音抗]

'잉仍'은 '쫓음'이다. 『시경』의 "쫓아 적을 포로로 잡는다"[1]라는 말이 이것이다. 비록 행군을 하였지만 진을 펼친 흔적이 보이지 않고, 비록 팔을 흔들었지만 흔든 팔이 보이지 않고, 비록 쫓아가 싸웠지만 무찌른 적이 보이지 않고, 비록 포로를 잡았지만 잡은 병사가 보이지 않는다는 것은 모두 혈전을 치르거나 칼을 맞대지 않고도 적이 스스로 물러갔다는 말이다.

仍, 就也. 詩曰, 仍執醜虜, 是也. 雖有行而不見行陣之跡, 雖攘臂而不見所攘之臂, 雖仍就而不見鏖戰之敵, 雖有執而不見所執之兵, 皆言其不血刃而敵自退也.

【교감 및 주해】

"잉무적仍無敵, 집무병執無兵"이 백서본에는 "집무병執無兵, 내무적乃無敵"으로 되어 있다. '항행'에 대해 왕필은 "'항'은 진을 펼침을 말한다"(行, 謂行陣也)라고 하였다. 오징은 "싸우려고 나가는 자는 그 진을 펼쳐 정비하고서 나아가며, 팔을 휘둘러서 무기를 잡고, 전진하여 적과 맞서 싸운다. 펼친 진이 없기에 비록 진을 펼쳤더라도 나아감이 없는 것 같고, 휘두름이 없기에 비록 팔이 있지만 어깨가 없는 것 같고, 무기를 잡음이 없기에 비록 무기가 있더라도 무기가 없는 것 같고, 맞서 싸움이 없기에 비록 적이 앞에 있지만 적이 없는 것 같다"(進戰者, 整其行陣而行, 攘臂以執兵, 前進以仍敵. 不行則雖有行如無行, 不攘則雖有臂如無臂, 不執則雖有兵如無兵, 不仍之則雖有敵

---

1) 쫓아……잡는다 : 『詩經』「大雅・蕩之什」에 나오는 말이다.

在前如無敵也)라고 하였다.

서명응은 이 문장을 참된 승리가 무엇인지를 말한 것으로 풀이하고 있다.

'화禍'는 적을 가벼이 보는 것보다 큰 것이 없으니, 적을 가벼이 보면 거의 나의 보배를 잃을 것이다. 그러므로 싸움에 대항하여 서로 맞붙게 되면 슬퍼하는 자가 이긴다.['기幾'는 평성이다.]

禍莫大於輕敵, 輕敵幾喪吾寶. 故抗兵相加, 哀者勝矣.[幾平聲]

영빈소씨(소철)는, "성인은 자애로움으로 보배를 삼는다. 적을 가벼이 보면 전쟁을 좋아하게 되고, 전쟁을 좋아하면 사람 죽이는 것을 즐기게 되니, 나의 보배를 잃게 되기 십상인 까닭이다. 그러므로 두 적이 병사를 일으켜 서로 맞붙을 때 내가 부득이하여 나서는 것은 곧 살상을 안타까워하는 마음이 있어서이니, 슬퍼하는 마음이 나타나면 하늘과 사람들이 도와서 비록 이기지 않으려 해도 어찌할 수 없다"라고 하였다.

穎濱蘇氏曰, 聖人以慈爲寶, 輕敵則好戰, 好戰則樂殺人, 所以幾喪吾寶也. 故兩敵擧兵相加, 而吾出於不得已, 則有哀悶殺傷之心, 哀心見, 而天人助之, 雖欲不勝, 不可得已.

【교감 및 주해】

왕필은 "'항抗'은 '들다'의 뜻이며, '대적하다'의 뜻이다. 슬퍼하는 자는 반드시 상대방을 아껴서 이득을 도모하지 않고 해로움을 피하지 않기 때문에 반드시 이기게 되는 것이다"(抗, 擧也, 當也. 哀者必相惜而不趣利避害, 故必勝)라고 하였다. 하상공은 '항병항병抗兵抗兵'을 "두 적이 서로 싸우는 것이다"(兩敵戰也)라고 풀이하였다.

서명응은 이 구절을 소철의 이해에 따라 '자애로움'(慈)에 바탕한 부득이한 전쟁은 반드시 승리하게 됨을 말하고 있다.

위의 내용은 제69장이다.

右第六十九章.

【총설】

서명응은 이 장에 대한 해석에서는 오징과 소철의 이해를 주로 따르고 있다.

제70장

나의 말은 아주 알기 쉽고 아주 행하기 쉬운데도, 천하사람들은 알지도 못하고 행하지도 못한다.

吾言甚易知, 甚易行, 天下莫能知, 莫能行.

『시경』의 이른바 "덕은 가볍기가 터럭과 같지만, 백성들 중에 그 덕을 들 수 있는 사람은 드물다"[1]라는 말과 같다.

猶詩所謂德輶如毛, 民鮮克擧之也.

【교감 및 주해】

백서을본에는 이 구절이 "오언심이지야吾言甚易知也, 심이행야甚易行也, 이천하막지능지야而天下莫之能知也, 막지능행야莫之能行也"로 되어 있다.

서명응은 이 구절을 『시경』의 문구를 통해 이해하는데, 유가적 차원에서 이해한 것이라고 할 수 있다.

그 말에 '종지'가 있고 그 일에 '주된 것'이 있는데, 무릇 종지와 주된 것을 알지 못하기 때문에 나를 알지 못하는 것이다.

---

1) 덕은……드물다 : 『詩經』「大雅·烝民」에 나오는 말이다.

言有宗, 事有君, 夫唯無知, 是以不我知.

위의 문장을 이어서 말한 것이다. '나의 말에 종지가 있다'는 것은 태극의 도가 그것이고, '나의 일에 주된 것이 있다'는 것은 음양의 덕이 그것이다. 천하사람이 오직 도와 덕에 대해 아는 바가 없으므로, 이 때문에 나를 알지 못한다고 말한 것이다.

承上文, 言吾之言有宗, 太極之道, 是也, 吾之事有君, 陰陽之德, 是也. 天下之人, 惟無所知於道德, 此其所以不我知也.

【교감 및 주해】
"언유종言有宗, 사유군事有君"이 왕필본에는 "언유종言有宗, 사유군事有君"으로, 백서갑본에는 "언유종言有宗, 사유종事有宗"으로 되어 있다. 부혁본·범응원본에는 '군君'이 '주主'로 되어 있다.

서명응은 이 구절을 태극의 도와 음양의 덕을 도와 덕으로 연계하여 이해하는 특징을 보이고 있다.

나를 아는 자가 드무니, 곧 내가 귀한 것이다. 이러한 까닭에 성인은 거친 베옷을 입지만 옥을 품는다.

知我者希, 則我貴矣. 是以聖人被褐而懷玉.

다시 어세를 뒤집어 스스로를 위로하며, "무릇 사물은 적은 것이 곧 귀한 것이 되는데, 나를 아는 자가 적다면 나를 짝할 자가 또한 없다는 것이니 어찌 귀하지 않겠는가? 대개 진귀한 보배는 사람들에게 업신여겨지거나 장난감으로 여겨지지 않는다. 그러므로 성인은 거친 베옷을 입고서 옥과 같은 덕을 품고 있는 것이다"라고 말하였다.

又反其語而自慰曰, 凡物以少爲貴, 知我者寡, 則我其無匹, 豈不貴哉. 盖凡珍寶之物, 不爲人褻玩, 故聖人以褐衣之麤, 懷如玉之德也.

【교감 및 주해】

"아귀의我貴矣"가 왕필본·박세당본에는 "아자귀我者貴"로 되어 있다. 하상공은 "'희希'란 적다는 뜻이다. 오직 도에 통달한 자만이 나를 알 수가 있기 때문에 내가 귀한 것이다. 베옷을 입는 것은 밖을 엷게 함이며, 옥을 품는 것은 안을 두텁게 함이다"(希, 小也. 唯達道者乃能知我, 故爲貴也. 被褐者薄外, 懷玉者厚內)라고 하였다.

서명응은 성인의 내면의 덕에 대해 말하고 있는데, 여기서도 덕을 강조하는 일면을 볼 수 있다.

위의 내용은 제70장이다.
右第七十章.

【총설】

이 장에서는 태극과 음양을 도와 덕과 관련지어 풀이하고 있는데, 이 점은 서명응의 『노자』이해 가운데 대단히 특징적인 요소의 하나이다. 성인의 내면의 덕을 강조하는 것에서는 '덕'을 중시하는 그의 입장을 다시 한 번 확인할 수 있다.

제71장

알면서도 알지 못하는 듯이 하는 것이 최상이고, 알지 못하면서 아는 듯이 하는 것이 병통이니,

知不知, 上, 不知知, 病,

알면서도 알지 못하는 듯이 하는 것이 최상이니, 유가에서 말하는 "있어도 없는 것처럼 여기고, 가득해도 빈 것처럼 여긴다"[1]라는 것과 같다. 알지 못하면서 아는 듯이 하는 것이 병통이니, 유가에서 말하는 "없으면서 있는 것처럼 하고 비어 있으면서 풍부한 체하면 (곤란함에서) 벗어나기 어렵다"[2]라는 것과 같다.

有知而如不知者, 上也, 猶儒家所謂有若無實若虛也. 不知而如有知者, 病也, 猶儒家所謂無而爲有, 虛而爲泰, 難乎免也.

【교감 및 주해】

이 구절이 백서을본·부혁본·범응원본·팽사본에는 "지부지知不知, 상의尙矣, 부지지不知知, 병의病矣"로 되어 있고, 『회남자』「도응훈」에는 "지이부지知而不知, 상의尙矣, 부지이지不知而知, 병야病也"로 되어 있다.

서명응은 『논어』의 구절을 끌어들임으로써 유가와 도가의 소통점을 찾고 있다.

---

1) 있어도……여긴다 : 『論語』「泰伯」의 "曾子曰……有若無, 實若虛" 구절 참조.
2) 없으면서……어렵다 : 『論語』「述而」의 "子曰……亡而爲有, 虛而爲盈" 구절 참조.

오직 병통을 병통으로 여기기 때문에 병통이 없는 것이다.

夫惟病病, 是以不病.

자기의 병통을 잘 알아서 그것을 병통으로 여기는 것, 이것이 병통에 이르지 않는 방법이다.

能知其病而病之, 斯不至於病也.

【교감 및 주해】
서명응은 이 구절을 문자적 의미 그대로 풀이하고 있다.

성인에게 병통이 없는 것은 그 병통을 병통으로 여기기 때문이다. 그렇기 때문에 병통이 없다.

聖人不病, 以其病病. 是以不病.

성인에게 병통이 없는 까닭은, 그 병통이 곧 병통이 됨을 알기 때문이다. 이 때문에 병통에 이르지 않는 것이다.

聖人之所以不病者, 以其知病之爲病. 是以不至於病也.

【교감 및 주해】
"성인불병聖人不病"이 경룡비본·돈황신본에는 "시이성인불병是以聖人不病"으로, 백서갑본에는 "시이성인지불병是以聖人之不病"으로 되어 있다.

위의 내용은 제71장이다.

右第七十一章.

【총설】

서명응은 이 장의 해석에서 중요한 구절을 『논어』의 어구를 빌려 풀이함으로써 유가와 도가의 상통점을 찾고 있는데, 특히 유가의 지知와 삶의 태도에 관한 사유를 중심으로 하고 있다.

제72장

백성들이 위엄을 두려워하지 않으면 큰 위엄이 이른다.
民不畏威, 則大威至.

'위엄'(威)이란 또한 두려운 것이니, 앞의 '위威'자는 법으로 금지하는 것이고 뒤의 '위威'자는 죽이는 것이다. 백성들이 평소에 두려운 것을 두려워할 줄 몰라서 정을 제멋대로 드러내고 욕망을 좇게 되면, 악이 쌓여 가릴 수 없게 되고 죄가 커져 풀 수 없게 되어 더 큰 두려움이 이르게 됨을 말하였다.
威亦畏也, 上威, 法禁也, 下威, 死亡也. 言民平日不知畏其可畏, 而放情縱欲, 則惡積不可揜, 罪大不可解, 而大畏者至也.

【교감 및 주해】
이 구절이 백서본에는 "민지불외외民之不畏畏, 즉대외장지의則大畏將至矣"로 되어 있다. 이현본과 수주비본에는 '민民'자가 '인人'자로 되어 있다.
서명응은 이 구절을 백성들의 '방정종욕放情縱欲'에 따른 부정적인 결과로 풀이하고 있다.

그 거처를 좁다고 여기지 말고, 그 삶을 싫어하지 말라.
無狹其所居, 無厭其所生.

'무無'는 '무毋'와 통하니, 금지의 말이다. '소거所居'란 거처하는 곳을 말한다. '스스로 좁다고 여기지 말라'는 것은 '천하의 넓은 집(廣居: 仁)[1]에 거처하라'는 뜻이다. '소생所生'은 타고난 본성을 가리킨다. '스스로 삶을 싫어하지 말라'는 것은 '천도의 본래 그러함을 즐기라'는 뜻이다. 대녕설씨(설혜)는 "노자가 이를 말한 것은, 다만 세상의 백성들을 깨어나게 하여 그들로 하여금 가난을 편안히 여기고 명에 맡겨서 천지 사이에서 뜻을 거리낌 없이 하게끔 하려는 것이다. 하물며 왕·공·경·사와 같이 품부받은 바가 넉넉하고 거처가 고귀한 자들이 어찌 끝없는 욕망[2]을 경계하지 않을 수 있겠는가?" 하였다.

無,毋通,禁止辭.所居,謂所處之地.毋自狹者,居天下之廣居也.所生,謂所生之性.毋自厭者,樂天道之本然也.大寧薛氏曰,老子言此,特以寤夫世之齊民,使之安貧委命,而肆志於天地之間也.況於 王公卿士稟賦優,而居處崇者,可無戒谿壑之慾乎.

【교감 및 주해】

'무협無狹'의 '협'이 왕필본에는 '압狎'으로 되어 있다. '압'의 경우 '업신여기다'의 뜻으로 풀이된다.

서명응은 이 구절을 풀이하면서 특히 설혜의 말을 인용하고 있는데, 이와 연계해서 본다면 암암리에 왕·공·경·사들이 어떤 삶을 살아야 하는가를 말한 것이라고 할 수 있다.

오직 (스스로) 싫어하지 않으므로 (다른 사람도) 싫어하지 않는다.

夫惟不厭, 是以不厭.

---

1) 천하의 넓은 집 :『孟子』「滕文公下」의 "居天下之廣居" 및「盡心上」의 "況居天下之廣居者乎" 참조
2) 끝없는 욕망 : 시내와 골짜기는 물을 받아 마르지 않는다는 것에서부터 그 의미가 끝없는 욕망으로 비유된다.『南齊書』,「垣崇祖傳」, "시내와 골짜기는 물을 받는 것을 싫증냄이 없으니, 더욱 욕망을 넓히게 될까 두렵습니다"(谿壑靡厭, 恐以彌廣) 참조

오직 그 스스로 싫어하고 미워하지 않으므로 다른 사람도 또한 싫어하고 미워하지 않는다. 좁지 않음을 말하지 않지만 이미 좁지 않게 되는 것, 이것이 바로 '싫어하지 않음'(不厭)의 체體이다.

惟其不自厭惡, 故他人亦不厭惡也. 不言不狹以不狹, 乃不厭之體也.

【교감 및 주해】

고형은 "앞의 '염厭'자는 곧 위 문장의 '그 삶을 싫어하지 말라'(無厭其所生)에서의 '염'이고, 뒤의 '염厭'자는 66장의 '천하가 흔쾌히 추대하여 싫어하지 않는다'(天下樂推而不厭)에서의 '염'이다. 임금이 백성들을 압박하지 않으니 백성들이 그 임금을 싫어하지 않음을 말한 것이다"(上厭字卽上文無厭其所生之厭, 下厭字乃六十六章, '天下樂推而不厭'之厭. 言夫唯君不厭迫其民, 是以民不厭惡其君也)라고 하였다.

이러한 까닭에 성인은 스스로 잘 알면서도 자기를 드러내지 않으며, 스스로 아끼면서도 스스로 귀하게 여기지 않는다. 그러므로 저것을 버리고 이것을 취한다.['현견'은 '현賢'과 '편遍'의 반절이다.]

是以聖人自知不自見, 自愛不自貴. 故去彼取此.[見賢遍反]

'스스로를 안다'는 것은 각자의 성분이 본래 그러함을 안다는 말이다. '자기를 드러내지 않는다'는 것은 자기의 재능을 자랑하거나 팔아서 겉으로 드러내지 않음을 말한다. '스스로 아낀다'는 것은 스스로 도와 덕이 가득 차 있음을 아낀다는 말이다. '스스로 귀하게 여기지 않는다'는 것은 스스로 영화롭고 귀하게 여겨 분주히 돌아다니지 않음을 말한다. '저것'(彼)이란 자기의 재능을 자랑하고 팔거나 스스로 영화롭고 귀하게 여기는 것이고, '이것'(此)이란 각자의 본성과 도와 덕이다.

自知者, 自知性分之本然也. 不自見者, 不自衒鬻而表見也. 自愛者, 自愛道德之充實也. 不自貴者, 不自榮貴而馳騖也. 彼則衒鬻榮貴也. 此則性分道德也.

【교감 및 주해】
왕방王雱은 "스스로를 안다면 본성에 밝아져 망녕되이 행하지 않게 된다. 스스로를 아낀다면 자신을 보존하여 잘못을 행하지 않게 된다"(自知, 則明乎性, 而不爲妄. 自愛, 則保其身, 而不爲非)라고 하였다.
서명응은 이 구절을 각자의 본성과 도덕 및 재능 과시와 귀하게 여기는 것으로 구분지어 풀이하여 의미를 풀이하되, 각자의 본성과 덕을 중시함을 말하고 있다.

위의 내용은 제72장이다.
右第七十二章.

【총설】
서명응이 이 장을 해석하면서, 백성들이 잘못을 저지르게 되는 원인을 그들 스스로 방종하고 욕망에 따랐기 때문으로 이해한다. 그런데 그는 이런 잘못된 현상은 백성만의 잘못이 아니라 왕·공·경·사들의 끝없는 욕망 추구에 따른 결과이기도 하다고 보아서, 성인의 바람직한 행태를 제시하고 그것과 비교되는 잘못된 욕망 추구에 대한 비판적인 시각을 드러냄으로써 왕·공·경·사들이 어떤 마음으로 정치에 임해야 하는가를 암암리에 말하고 있다.

제73장

과감함에 용감하면 죽고, 과감하지 않음에 용감하면 산다.
勇於敢則殺, 勇於不敢則活.

모든 일은 과감히 행함에 용감하면 반드시 죽음에 이르고, 과감히 행함에 용감하지 않으면 반드시 온전한 삶에 이른다.
凡事勇於敢爲, 則必致殺死, 勇於不敢, 則必致全活也.

【교감 및 주해】
장석창은 "76장에서 '견강한 것은 죽음의 무리요 유약한 것은 삶의 무리이다'(堅强者死之徒, 柔弱者生之徒)라고 말했는데, '감敢'은 곧 견강이요 '불감不敢'은 곧 유약이다"라고 하였다.
서명응은 이 구절을 문자 그대로 평이하게 해석하고 있다.

이 두 가지는 이롭기도 하고 해롭기도 하니, 하늘이 미워하는 바를 누가 그 까닭을 알겠는가?['오惡'는 거성이다.]
此兩者, 或利或害, 天之所惡, 孰知其故.[惡去聲]

삶은 이로운 것이고 죽음은 해로운 것이니, 하늘은 어째서 용감히 행함을 미워하여 죽이는지 알 수가 없다. 참으로 그 까닭을 모르겠다. 이 또한 약하면 살고 강하면 죽는 이치인데, 암시만 하고 해답을 분명하게 적시하지 않아서 사람들이 스스로 생각하게 하려는 것이다.

活爲利, 殺爲害, 不知天何惡於勇敢而殺之. 誠莫知其故也. 此亦弱生强死之理, 而引而不發, 欲人自思之也.

【교감 및 주해】
하상공은 "차양자此兩者란 '감감敢'과 '불감不敢'을 가리킨다. 자신을 살리는 것을 이로움으로 삼고 자신을 죽이는 것을 해로움으로 삼는 것이다"(此兩者, 謂敢與不敢也. 活身爲利, 殺身爲害)라고 하였다.
서명응은 이 구절의 두 가지를 삶과 죽음과 연계하여 이해한다.

이러한 까닭으로 성인도 오히려 그것을 어려워한다.

是以聖人猶難之.

성인은 의당 일에 있어 어려워함이 없을 것 같은데도 오히려 어려워하는 것은, 그 '과감히 행함에 용감한 것'이 하늘이 미워하는 바임을 알기 때문이다.

聖人宜若無難於事, 而猶且難之者, 以其知勇敢之爲天所惡也.

【교감 및 주해】
서명응은 과감히 행하는 것의 문제점을 지적하고 있다.

하늘의 도는 다투지 않고도 잘 이기고, 말하지 않아도 잘 응하며, 부르지 않아도 스스로 오고, 느긋하면서도 잘 도모한다.['천繟'은 음이 '천闡'이다.]

天之道, 不爭而善勝, 不言而善應, 不召而自來, 繟然而善謀.[繟音闡]

'천연繟然'은 느긋한 모양이니, 느긋하여 급박하지 않으면서도 실로 그 도모함을 잘하는 것을 말한다. 모두 '과감히 행하지 않음에 용감한 것'이야말로 하늘과 덕이 합치됨을 말한 것이다.

繟然緩貌, 言其舒緩不迫, 而實善其謀猷也. 皆言勇於不敢, 與天合德也.

【교감 및 주해】

『광아』「석고」에서는 "'천繟'이란 느릿함이다"(繟, 緩)라고 하였다. 하상공은 "'천'이란 관대함이다"(繟, 寬也)라고 하였다.

서명응은 이 구절을 하늘과 덕이 합치된다는 것으로 이해하여 덕을 강조하고 있다. 이상에서 서명응이 말한 것은 일종의 처세적 이해에 속한다고 할 수 있다.

하늘의 그물은 넓고 넓어 성긴 듯하나 놓치지 않는다.

天網恢恢, 疏而不失.

하늘이 금지하는 그물(법망)은 성긴 듯하지만 악을 행하는 사람이 여기서 도망칠 수 없고, 인간세상이 금지하는 그물은 촘촘한 듯하지만 악을 행하는 사람이 다행스럽게 벗어날 수 있다. 인간의 일이 하늘의 덕에 대응할 수 없음이 이와 같다. 성인은 그 까닭을 알고 있으므로 과감히 행하지 않음에 용감한 것이다.

天之禁網若疏, 而爲惡之人無能逃焉, 世之禁網若密, 而爲惡之人多幸免焉. 人爲之不能當天德乃如此. 聖人知其故, 故勇於不敢也.

【교감 및 주해】

"소이불실疏而不失"이 경룡비본에는 "소이불루疏而不漏"로 되어 있다.
서명응은 이 구절 역시 앞에서와 마찬가지로 하늘의 덕과 연계하여 풀이한다.

위의 내용은 제73장이다.
右第七十三章.

【총설】

서명응이 이 장에 대한 해석에서 '과감히 행함에 용감하지 않은 것'을 '하늘의 덕'과 연계하여 이해한 것은 주목할 만 하다. 이런 점은 『노자』를 처세술로 이해하는 입장이라고 할 수 있다.

제74장

백성들이 죽음을 두려워하지 않는데, 어찌 죽음으로 그들을 두려워하게 할 수 있겠는가?

民不畏死, 奈何以死懼之.

위정자나 형벌을 담당하는 자는 죽음으로써 백성들에게 두려움을 주려 하지만, (그들은) 도리어 어리석은 백성들이 본래 죽음을 두려워할 줄 모름을 알지 못한다. 백성들이 죽음을 두려워할 줄 모르는데 죽음으로써 백성들을 겁주려 하니, 또한 동떨어짐이 심하지 않은가?

爲政任刑者, 欲以死懼民, 而殊不知愚民本不知畏死也. 不知畏死, 而以死懼之, 不亦疎甚矣乎.

【교감 및 주해】

소철은 "정사가 번거롭고 형벌이 무거우면 백성들은 (편안히) 수족을 둘 곳이 없어져서 한결같이 죽음을 두려워하지 않게 된다. 그러므로 비록 죽임으로써 그들을 두렵게 만들고자 해도 소용없는 짓이다"(政煩刑重, 民無所措手足, 則常不畏死, 雖以死懼之, 無益也)라고 하였다.

여기서는 '민民'을 '우민愚民'으로 이해한 것이 특징적이다. 서명응은 위정자들이 '우민'은 본래 죽음을 두려워할 줄 모름을 알지 못한다고 하여 가혹한 형벌로 백성들을 위협하는 정치 행태를 비판한다. 당시의 현실에 대한 비판으로도 여겨진다.

만약 백성들로 하여금 항상 죽음을 두려워하게 한다면, 기이한 짓을 하는 자를 잡아 죽이면 누가 감히 그런 짓을 하겠는가?

若使民常畏死, 而爲奇者, 吾得執而殺之, 孰敢.

'기이한 짓'(奇)은 '사악함'(邪)이다. 이 문장은 "만약 백성들로 하여금 항상 죽음을 두려워하게 한다면, 무릇 기이하고 사악하며 바르지 못한 짓을 하는 자를 한 차례 본보기로 잡아 죽일 경우 누가 감히 다시 그런 기이하고 사악한 짓을 저지르겠는가?"라는 뜻이다. 그러나 지금은 혹 잡아서 죽이더라도 기이하고 사악한 짓을 하는 자들이 그치지 않으니, 어찌 죽음을 두려워함이 있다고 할 수 있겠는가?

奇, 邪也. 言若使民常畏死, 則凡爲奇邪不正者, 吾得一番執而殺之, 誰敢復爲奇邪哉. 今或執殺, 而爲奇邪者不止, 惡在其畏死哉.

【교감 및 주해】

소철은 "백성들이 정치를 편안하게 여긴다면 항상 삶을 즐거워하고 죽음을 두려워한다. 그러한 뒤에 괴이한 짓거리로 무리를 어지럽히는 자를 잡아다가 죽이면 누가 감히 복종하지 않겠는가?"(民安于政, 常樂生畏死. 然後執其詭異亂羣者而殺之, 孰敢不服哉)라고 하였다.

서명응은 '기이한 것'을 '사악한 것'으로 이해한다. 그리고 백성들이 계속해서 사악한 짓을 하는 것은 곧 그들이 죽음을 두려워하지 않는 반증이라고 말한다. 이 모든 원인은 결국 위정자가 정치를 잘못한 데 있다는 것이다. 당시 위정자들의 잘못된 정치 행태에 대한 비판적 의식을 엿볼 수 있다.

항상 죽임을 맡은 자가 있어 죽이는 것이니,

常有司殺者殺,

죽임을 맡은 자는 하늘이다. 오직 하늘만이 사람을 죽일 수 있고 사람은 사람을 죽일 수 없다.

司殺者天也, 唯天爲能殺人, 人不得殺人也.

【교감 및 주해】
소철은 "죽임을 맡은 자는 하늘이다"(司殺者, 天也)라고 하였다.
서명응 또한 '죽임을 맡은 자는 하늘'이라고 보면서, 사람은 사람을 죽일 수 없다고 하였다.

무릇 '죽임을 맡은 자를 대신하여 죽이는 것', 이를 일러 '큰 목수를 대신하여 나무를 찍는 것'이라고 한다.

夫代司殺者殺, 是謂代大匠斲.

오직 큰 목수만이 큰 나무를 찍을 수 있으니, 큰 나무는 평범한 사람이 대신 찍을 수 있는 것이 아니다. 하늘을 대신하여 사람을 죽이는 일 또한 여기에서 말미암을 뿐이다.

唯大匠爲能斲大木, 而大木非凡人之所可代斲. 夫代天殺人, 亦由是已.

【교감 및 주해】
서명응은 '큰 목수만이 큰 나무를 찍는다'는 것을 사형과 같은 큰 형벌로 비유하여 이 구절의 실질적인 이해를 돕고 있다.

큰 목수를 대신해서 나무를 찍는 자 중에는 나무를 잡은 자의 손을 다치게 하지 않는 이가 드물다.

夫代大匠斲者, 希有不傷其手矣.

큰 목수를 대신하여 나무를 찍는 자는 도끼를 사용하는 방법도 모르고 손에 익숙하지도 않다. 그러므로 나무를 찍을 때 잘못하여 나무를 잡은 사람의 손을 상하게 만드는 것이다.

代大匠斲者, 不知用斧之法, 不習手. 故斲木之時, 誤傷執木之人之手也.

【교감 및 주해】

서명응은 이 구절을 나무를 잡은 다른 사람의 손을 손상시키는 것으로 이해함으로써 자기 자신의 손을 손상시킨다는 일반적인 해석과 차별을 보이면서 법을 집행하는 위정자들의 허위・허식을 비판하고 있다. 서명응 당시에도 적용 가능한 언급이라고 여겨진다.

위의 내용은 제74장이다.

右第七十四章.

【총설】

서명응은 이 장에서 기이한 짓을 하는 자를 죽이는데도 그 기이한 짓을 하는 자들이 그치지 않는 것은 결국 그들로 하여금 죽음을 두려워하지 않게 만든 위정자의 책임이라고 본다. 특히 죽임을 맡은 자는 하늘뿐이라는 견해는 당시 하늘을 대신하여 형벌을 집행한다는 위정자들의 잘못된 인식을 비판한 것이라고 볼 수 있다. 서명응의 깨인 사고를 엿볼 수 있는 부분이다.

제75장

백성들이 굶주리는 것은 위에서 세금을 많이 포탈하기 때문이다. 이 때문에 굶주린다.

民之饑, 以其上食稅之多. 是以饑.

'세税'는 조세이다. 세금을 많이 거두는 것은 본래 먹을 것을 풍족히 하려는 것인데 도리어 백성들이 굶주림에 이르게 되니, (백성들은) 어쩔 수 없이 자기의 먹을 것을 덜어 그것에 보태야만 하기 때문이다.

稅, 租稅也. 多稅者, 本欲足其食, 而反致民饑. 不得不損己食以救之也.

【교감 및 주해】

백서본・이현본・돈황신본・수주비본에는 '민民'이 '인人'으로 되어 있다.

서명응은 세금을 많이 거두게 되면 결국은 백성들의 삶을 피폐하게 만든다는 점을 지적하고 있다.

백성들을 다스리기 어려운 것은 위에서 유위하기 때문이다. 이 때문에 다스리기 어렵다.

民之難治, 以其上之有爲. 是以難治.

'유위有爲'는 본래 쉽게 다스리기 위한 것인데 오히려 다스리게 어렵게 되니, 그것이 번거롭고 어지럽고 잡스럽고 혼란하기 때문이다.

有爲者, 本欲易治, 而反爲難治者, 以其煩擾雜亂也.

【교감 및 주해】

하상공은 "백성들이 다스려지지 않는 까닭은 임금이 많은 욕심을 부리고 유위를 좋아하기 때문이다"(民之不可治者, 以其君上多欲, 好有爲也)라고 하였다.

서명응은 일단 '유위'의 내용에 대해 쉽게 다스리기 위한 것이라고 하여 유위정치의 동기를 긍정적으로 평가한다. 이런 사유는 노자가 유위를 무조건 부정적으로 이해한 것과는 차별을 보인다. 다만 서명응은 유위를 통해 쉽게 다스리고자 한 것이 오히려 다스리기 어렵게 된 것은 그 유위의 번거로움·어지러움·잡스러움·혼란함 때문이라고 하여 유위에 담긴 내용의 측면을 문제삼고 있다.

백성들이 죽음을 가볍게 여기는 것은 그 살고자 하는 마음이 너무 두텁기 때문이다. 이 때문에 죽음을 가볍게 여긴다.

民之輕死, 以其生生之厚. 是以輕死.

백성들의 살려는 마음이 두터운 것은 본래 그 삶을 오래도록 하려는 것이었지만 도리어 죽음을 가벼이 여기는 데 이르게 되니, 그 즐김과 욕망으로 생을 해치고 이익을 도모하다 화를 불러들였기 때문이다.

民之厚生者, 本欲久其生, 而反致輕死者, 以其嗜欲傷生, 營利媒禍也.

【교감 및 주해】

이 구절의 '기其'를 '민民'으로 보느냐 '상上'으로 보느냐에 따라 그 해석이 달라진다. 소철은 '기'를 '민民'으로 보아, "위정자가 개인의 이욕을 백성보다 우선시하게 되면 백성들 역시 다투어 자신의 삶을 두텁게 하려 한다. 그러므로 비록 죽음이 이르더라도 이로움을 추구하는 데 싫증냄이 없다"(上以利欲先民, 民亦爭厚其生, 故雖死而求利不厭)라고 하였다. 감산은 '기'를 '상上'으로 보아, "이로써 미루어 보건대, 백성들이 죽음을 가벼이 여기는 까닭은 진실로 위정자가 자신의 삶을 두텁게 하려는 데서 말미암은 것이지, 다른 까닭이 있어서가 아니다. '후'는 '중히 여긴다'는 뜻이다. 이 구는 앞에 비추어 볼 때 마땅히 '상上'이라는 한 글자가 있어야 그 묘미를 다할 수 있다"(由是推之, 民之輕死, 良由在上求生之厚以致之, 非別故也. 厚, 重也. 此句影前, 當有一上字, 方盡其妙)라고 하였다.

서명응이 '기其'를 백성으로 보아서 백성들이 욕망과 이익을 드러내는 것의 문제점을 지적한 것은 이 구절을 양생의 측면에서 이해한 것이라고 할 수 있다.

오직 그 삶을 도모함이 없는 자는 삶을 귀하게 여기는 자보다 현명하다.
夫惟無以生爲者, 是賢於貴生.

위에 있는 세 단락의 문장은 모두 이 한 단락을 끌어다 비유하기 위한 것이다. 대개 그 몸을 돌보지 않으면 몸을 보존할 수 있고, 스스로 살고자 하지 않으면 능히 살 수 있다. 그러므로 삶을 삶으로 여김이 없는 자가 삶을 귀하게 여기는 자보다 훨씬 더 현명한 것이다. 오직 이와 같은 후에야 백성들의 윗자리에 거처할 수 있고 그 다스리기 어려운 것을 다스릴 수 있다.

上文三段, 皆所以引喩此一段. 盖外其身而身存, 不自生而能生, 故無以生爲生者, 賢於貴生, 遠矣. 惟如此, 然後可以居民之上, 而治其難治也.

【교감 및 주해】
서명응은 이 구절을 75장의 결론으로 보면서, 위정자가 윗자리에서 백성들을 다스리려면 어떻게 해야 하는지를 말한 것으로 이해한다.

위의 내용은 제75장이다.
右第七十五章.

【총설】

　서명응은 이 장에서 위정자가 어떤 식의 정치 행태를 취하고 마음가짐을 가져야 하는가를 밝히고 있다. 『노자』에 빗대어 당시 위정자의 정치 행태와 마음가짐을 비판한 것이라고 할 수 있다. 특히 그가 '유위'를 그 동기적 측면에서 긍정적으로 이해함으로써 노자의 무조건적인 부정적 이해와 차별성을 보인 것은 유위를 통해 정치적 효용성을 얻을 수 있다는 확신을 담고 있는 것으로 보인다. 사실 서명응 같은 유학자라면 무위 아닌 유위의 정치행위를 통해 바람직한 사회를 이룩하고자 하는 고민이 없을 수 없을 것이다. 이 장의 유위에 대한 이해는 그러한 고민이 암암리에 당시 현실정치에 대한 비판적 시각으로 나타난 것이라고 할 수 있다.

제76장

사람은 살아 있을 때에는 부드럽고 약하지만 죽으면 단단하고 억세어지며, 초목은 살아 있을 때에는 부드럽고 연하지만 죽으면 마르고 딱딱해진다.

人之生也柔弱, 其死也堅强, 草木之生也柔脆, 其死也枯槁.

'취취脆'는 '부드럽다'는 뜻이다. 사람이 죽으면 단단하고 억세어지며 초목이 죽으면 마르고 딱딱해지는 것은 어째서인가? 대개 사람이 살아 있을 때 부드럽고 약하여 굽히고 펼 수 있는 것과 초목이 살았을 때 부드럽고 유연하여 요동칠 수 있는 것은 모두 '충화沖和의 기'가 그렇게 될 수 있게 해 주었기 때문이다. 죽음에 이르면 '충화의 기'가 모두 사라지게 된다. 그러므로 이러한 단단하고 억셈과 마르고 딱딱함이 있게 된 것이다. 먼저 이러한 만물의 이치를 이끌어 와서 아래의 문장들을 풀었다.

脆, 軟也. 人死則堅强, 草木死則枯槁, 何也. 盖人生而柔弱, 可以屈伸, 草木生而柔脆, 可以動搖者, 皆因沖和之氣使然. 及其死也, 沖和之氣盡去, 故有此堅强枯槁也. 先引物理下文釋之.

【교감 및 주해】

"초목지생야草木之生也"가 왕필본에는 "만물초목지생야萬物草木之生也"로 되어 있다. 수주비본에는 '취脆'가 '취脃'로 되어 있다.

서명응은 이 구절을 이 장 전체를 이끌어 오는 성격의 글로 파악하면서 생명성을

'충화의 기'를 통해 설명하고 있다.

그러므로 단단하고 억센 것은 죽음의 무리이고, 부드럽고 약한 것은 삶의 무리이다.

故堅强者死之徒, 柔弱者生之徒.

'도도徒'는 무리라는 뜻이다.

徒, 類也.

【교감 및 주해】

이 문장이 백서본에는 "고왈故曰, 견강자사지도야堅强者死之徒也, 유약자생지도야柔弱者生之徒也"로 되어 있다. 돈황경본에는 '고故'가 '고왈故曰'로 되어 있고, 부혁본에는 '견강堅强'이 '강강剛彊'로 되어 있다.

이러한 까닭으로 군대가 강하면 이기지 못하고, 나무가 강하면 버팀목이 된다. 강하고 큰 것은 아래에 자리하고, 부드럽고 약한 것은 위에 자리한다.

是以兵强則不勝, 木强則共. 强大處下, 柔弱處上.

'공共'은 '공拱'과 통하니 버팀목이다. '강하고 큰 것'(强大)이란 나무의 줄기를 말하고 '부드럽고 약한 것'(柔弱)이란 가지와 잎을 말한다. 순자는 "군대가 강하면 패망하니 항상 약소한 자들에게 깔리는 바가 되고, 나무가 강하면 버팀목(支柱)이 되니, 항상 여러 나무들에게 눌리는 바가 된다"라고 하였다. 엄군평(엄존)은 "작은 것이 큰 것을 실을 수 없고 가벼운 것이 무거운 것을 실을 수 없는 것은 천지의 이치이다. 그러므로 강한 사람은 왕이 될 수 없고 나무가 강하면 위에 자리할 수 없다"라고 하였다.

共與拱通, 支柱木也. 强大謂木榦, 柔弱謂枝葉也. 荀子曰, 兵强者則敗亡, 常爲弱小之所乘, 木强者則支柱, 常爲衆木之所壓. 嚴氏君平曰, 天地之理, 小不載大, 輕不載重. 故强人不得爲王, 木强不得處上.

【교감 및 주해】

황무재黃茂材는 "『열자』에 수록된 노담의 말에 '병강즉멸兵强則滅, 목강즉절木强則折'이라 하였다. 『열자』라는 책은 대체로 노자의 뜻을 기술하였으며, 또한 그 시기가 노자의 시대와 서로 멀지 않다. '목강즉절木强則折'로 보는 것이 문의에 적합하다"(列子載老聃之言曰, '兵强則滅, 木强則折'. 列子之書, 大抵祖述老子之意, 且其世相去不遠. 木强則折, 其文爲順)라고 하였다.

서명응은 나무를 통해 이 구절의 의미를 구체적으로 설명하고 있다.

위의 내용은 제76장이다.

右第七十六章.

【총설】

서명응이 이 장을 해석하면서 생명성과 관련된 것을 모두 '충화沖和의 기' 때문이라고 한 점은 주목할 만하다.

제77장

하늘의 도는 마치 활을 당기는 것과 같다. 높은 것은 누르고, 낮은 것은 들어 올리며, 남음이 있는 것은 덜어 내고, 부족한 것은 보충해 준다.

天之道, 其猶張弓乎. 高者抑之, 下者擧之, 有餘者損之, 不足者補之.

활을 쏠 때는 느슨한 것을 당겨 팽팽하게 되면 그 시위를 놓는다. 높은 곳은 눌러 낮게 하고, 낮은 곳은 들어서 높게 하며, 가득 찬 것은 기울여 비게 하고, 빈 것은 우묵하게 하여 가득 차게 한다. 무릇 하늘의 도가 사물에 베풀어지는 것도 또한 이런 원리에서 말미암을 따름이다.[1]

弓之自弛爲張, 而施其弦也. 高處抑之使下, 下處擧之使高, 盈者捺之使虛, 虛者窪之使盈. 夫天道之施於物也, 亦由是已.

【교감 및 주해】

'장궁호張弓乎'가 왕필본에는 '장궁여張弓與'로, 백서본에는 '장궁야張弓也'로, 경룡비본·돈황신본·엄준본에는 '장궁張弓'으로, 부혁본·범응원본에는 '장궁자여張弓者歟'로 되어 있다.

서명응은 이 구절에서 '활을 운용하는 것'을 통하여 하늘의 도가 베풀어지는 원리를 구체적으로 말하고 있다.

---

1) 무릇……따름이다 : 『周易』, 謙卦「彖傳」, "천도는 가득 찬 것을 덜어 내어 겸손한 것에게 보태어 준다"(天道虧盈而益謙) 참조.

하늘의 도는 남음이 있는 데서 덜어 내어 부족한 것을 보충해 준다. 사람의 도는 그렇지 않으니, 부족한 데서 덜어 내어 남음이 있는 것을 받든다. 누가 남음이 있는 것으로써 천하를 받들 수 있는가? 오직 도를 가진 자일 뿐이다.

天之道損有餘而補不足, 人之道則不然, 損不足以奉有餘. 孰能有餘以奉天下. 惟有道者.

하늘의 도는 한결같이 균등하고 공평할 따름인데, 사람의 도는 공평하지 않으니 하늘을 거스름이 심하다! 오직 도를 가진 자는 그렇지 않아서, 자기에게 남는 것을 미루어 천하를 받드니 하늘의 도에 순일純一한 것이다.

天道一於均平而已, 人道之不平, 其逆天甚矣. 惟有道者則不然, 推己之有餘以奉天下, 而純乎天道也.

【교감 및 주해】
하상공은 "하늘의 도는 남음이 있는 것을 덜어서 겸손한 것에게 보태어 주니, 항상 중화를 최상으로 삼는 것이다. 사람의 도는 하늘의 도와는 반대이니, 세속의 사람들은 가난한 자들의 것을 덜어서 부유한 자를 받들며 약한 자의 것을 빼앗아 강한 자에게 더해 준다"(天道損有餘而益謙, 常以中和爲上. 人道則與天道反, 世俗之人損貧以奉富, 奪弱以益强也)라고 하였다.

서명응은 이 구절을 하늘의 도의 '균등하고 공평한 것'을 통해 풀이하면서, 하늘의 도에 순일한 것과 거스르는 것을 대비하여 말한다. 이러한 일종의 균평주의는 유가의 차별주의적 사유에 따른 행태와 비교된다고 할 수 있다.

그러므로 성인은 행하되 자랑하지 않고 공을 이루어도 거처하지 않으니, 그 현명함을 드러내고자 하지 않음인가?['현見'은 '현賢'과 '편遍'의 반절이다.]

是以聖人爲而不恃, 功成而不處, 其不欲見賢邪.[見賢遍反]

'현명함을 드러내고자 하지 않음인가'라는 것은 '스스로 그 현명함을 겉으로 드러내고자 하지 않으려는 것인가'라는 말이다. 그 사양함이 현명함을 드러내기를 신중히 해야 하기 때문인가 묻고 있는 것이다. 대녕설씨(설혜)는 말하기를, "옛날사람들 가운데 재질이 남보다 뛰어난 사람은 그 재질로써 사물을 구제할 것만을 생각했기에, 일찍이 재주가 있다 하여 스스로 위대하다고 여기지는 않았다. 그러므로 그 현명함과 지혜로움을 써서 남을 기르는 것이다. 그런데 후인 가운데 현명하고 지혜로운 자는 스스로 그 지닌 바를 헤아려서, 자신이 누리고 즐기는 것을 당연하다고 여겼다. 그러므로 어리석거나 불초한 자를 부려서 자기를 기르는 것이다. 성인이 행하되 자랑하지 않아서 마치 능력이 없는 듯 보이는 것이나 공을 이루되 거기에 거처하지 않아서 마치 공이 없는 듯 보이는 것은, 바로 스스로 그 현명함을 드러내고자 하지 않았기 때문이다. 이것은 성인이 사사로운 뜻을 품고 지나치게 겸손해서가 아니다. 하늘의 도가 마땅히 이와 같을 따름이다"라고 하였다.

不欲見賢邪, 言無乃不欲自表見其賢乎. 疑其辭所以深許見賢也. 大寧薛氏曰, 古之人其才過人者, 則思以其才而濟物, 未嘗挾而自大也. 故役其賢智以養人. 後人之賢智者, 則自計其有, 以躬享佚樂爲適然. 故役乎愚不肖者以養己. 聖人爲而不恃, 若無能者, 功成而不居, 若無功者, 正不欲自見其賢也. 此非聖人以私意過謙, 天道當如是爾.

【교감 및 주해】

현행본에는 문장의 끝에 의문을 나타내는 조사 '야邪'자가 없다.

서명응은 이 구절을 '야邪'자를 붙여서 의문형으로 해석한다.

위의 내용은 제77장이다.

右第七十七章.

【총설】

서명응은 이 장에서 하늘의 도를 체득하여 자기에게 있는 남는 것을 덜어 천하를 도와주어야 함을 강조하는데, 하늘의 도를 본받는 이와 같은 인간상을 통해 암암리에 그가 당시 위정자의 행태를 비판적으로 보았음을 드러낸다.

제78장

천하에 부드럽고 약한 것으로는 물보다 더한 것이 없고 단단하고 강한 것을 공격하는 것으로는 물보다 나은 것이 없으니, 그 무엇으로도 바꿀 수 없다.

天下柔弱莫過於水, 而攻堅强者, 莫之能勝, 其無以易之.

물이 단단하고 강한 것을 공격하는 것은, 돌을 휘몰아치면 돌이 닳고 산을 휩쓸면 산이 무너지고 성으로 흘러가면 성이 잠기는 것을 통해서 모두 징험할 수 있다. '무엇으로도 바꿀 수 없다'는 것은 천하의 어떤 사물도 물과 바꿀 수 없다는 뜻이다.

水之攻堅强, 觀於注石而石爲之磨, 駕山而山爲之摧, 灌城而城爲之陷, 皆可驗也. 無以易之, 謂天下之物, 無以易水也.

【교감 및 주해】
서명응은 부드럽고 약한 물이 단단하고 강한 것을 공격하여 이긴다는 것이 무엇을 의미하는지 구체적인 예를 들어 설명하고 있다.

약함이 강함을 이기고 부드러움이 굳셈을 이기는 것을 천하사람들 가운데 모르는 이가 없지만 행하는 사람 또한 없다. 이러한 까닭에 성인은 "나라의 치욕을 받아들이는 것을 일러 사직의 주인이라 하고, 나라의 상서롭지 못함을 받아들이는 것을 일러 천하의 왕이라 한다" 하였으니, 바른 말은 마치 반대되는 것 같다.

弱之勝强, 柔之勝剛, 天下莫不知, 莫能行. 是以聖人云, 受國之垢, 是謂社稷主, 受國之不祥, 是謂天下王, 正言若反.

'구후(垢)'는 치욕이니, 『춘추좌씨전』에서 "나라의 임금이 치욕을 받아들임은 하늘의 도이다"[1]라고 한 것이 이와 합치된다. 대개 '나라의 치욕을 받아들임'이란, 한나라 문제(文帝)가 남월(南越)의 위타(尉佗)에게 말을 공손히 하고 자기를 낮추는 예를 행하자 남월의 위타가 신하라 칭한 것[2]과 같은 경우이다. '나라의 상서롭지 못함을 받아들임'이란, 송나라 경공(景公)이 형혹(熒惑)[3]의 재앙을 자기에게 옮기려 하자 형혹이 세 번 옮겨 간 것과 같은 경우이다. '바른 말은 마치 반대되는 것 같다'는 것은, 성인이 말하는 바는 곧 바른 이치이지만 세속의 알지 못하는 자들이 볼 때는 거의 바른 이치에 반대되는 듯하다는 뜻이다.

垢恥辱也. 傳曰, 國君含垢, 天之道也, 意與此合. 盖受國之垢, 如漢文遜辭卑禮於越陀, 而越陀稱臣, 是也. 受國之不祥, 如宋景以熒惑之災, 欲移於己, 而熒惑徙三度, 是也. 正言若反, 謂聖人所言, 乃是正理, 而自世俗之不知者觀之, 殆若反于正理也.

【교감 및 주해】

"약지승강(弱之勝强), 유지승강(柔之勝剛)"이 『회남자』「도응」편에는 "유지승강야(柔之勝剛也), 약지승강야(弱之勝强也)"로, 부혁본·범응원본·팽사본에는 "유지승강(柔之勝剛), 약지승강(弱之勝强)"으로, 백서을본에는 "수지승강야(水柔之勝剛也), 약지승강야(弱之勝强也)"로 되어 있다. "시이성인운(是以聖人云)"의 '시이(是以)'가 백서갑본·하상공

---

1) 나라의……하늘의 도이다 : 『春秋左氏傳』 宣公 15년조에 나온다.
2) 한나라 문제……신하라 칭한 것 : 『한서』 권4 「文帝紀」에 나온다.
3) 형혹 : 火星의 다른 이름. 재화나 병란의 징조를 드러낸다고 한다. 『史記』「天官書」에 "형혹성이 나오면 전쟁이 있다"(熒惑出則有兵)라는 구절이 있다.

본·경룡비본에는 '고시이故是以'로 되어 있다.

　서명응이 "정언약반正言若反"의 '정언'을 '이치'와 관련지어 이해한 것은 유가적 차원의 이해라고 할 수 있다.

위의 내용은 제78장이다.
右第七十八章.

【총설】

　서명응은 이 장을 해석하는 데 있어 일반적인 견해를 따르고 있다. 흔히 "정언약반正言若反"의 '정언'을 '도가에서 말하고자 하는 진리'라는 의미로 풀이하는 데 비해 그는 '바른 이치'로 풀이하는데, 이처럼 더욱 구체적으로 이치(理)라는 표현을 통해 이해하는 것은 리를 강조하는 유가적 차원의 이해라고 할 수 있다.

제79장

큰 원한은 화해를 하더라도 반드시 남는 원한이 있으니, 어찌 선이 될 수 있겠는가?

和大怨, 必有餘怨, 安可以爲善.

'화和'는 『주례』에서 "조인調人1)이 모든 백성의 환난을 맡아 그들을 해和諧和 시킨다"라고 할 때의 '화和'와 같은 뜻이니, 화해시킨다는 말이다. 이미 큰 원한이 있으면 비록 그것을 화해시킨다 하더라도 반드시 남은 원한이 그 마음에 있게 될 것이니 어찌 선이 될 수 있겠는가? 애초에 큰 원한이 없어서 선이 될 수 있다는 것보다는 못함을 말한 것이다.

和, 如周禮調人掌司萬民之難, 而諧和之之和, 謂和解之也. 言旣有大怨, 則雖和解之, 必有餘怨在其心, 安可以爲善乎. 未若初無大怨之爲善也.

【교감 및 주해】

'안安'이 백서본에는 '언焉'으로 되어 있다. 『문자文子』 「미명微明」편에는 "안가이위선安可以爲善"이 "내하기위불선奈何其爲不善"으로 되어 있다.

서명응은 '화和'를 '화해'의 뜻으로 본다.

---

1) 조인 : 周나라의 관직명으로 인민의 투쟁을 화해하는 일을 담당하였다. 『周禮』, 권14, 「調人」 참조

이러한 까닭에 성인은 계약문의 왼쪽 어음을 잡고 남에게 조르지 않는다.
是以聖人執左契, 而不責於人.

'계契'는 두 사람이 계약한 내용을 기록하여 그 문서를 쪼개어 나눈 것이니, '좌계左契'는 합함을 기다리는 것이고 '우계右契'는 취取함을 조르는 것이다. 성인은 오직 다른 사람에게 베풀기만 할 뿐 자신에게 보답하기를 조르지는 않는다는 것을 말하였다. 대개 자신이 남에게 덕을 베푼 것이 있더라도 그것을 잊어버린다는 것으로써 사람들이 자기에게 원망이 있더라도 그것을 잊어버려야 함을 밝힌 것이다.

契者, 兩書一札, 割而分之, 左契所以待合, 右契所以責取也. 言聖人惟施與於人, 而不責取其報己. 盖以己有德於人而忘之, 明人有怨於己而忘之也.

【교감 및 주해】

'계契'에 대해 오징은 "'계契'란 나무에 새겨 증서로 삼은 것으로, 가운데를 나누어 각각 그 하나씩을 갖고 있다가 훗날 그것을 합하여 신의를 표시하는 것이다"(契者刻木爲券, 中分之, 各執其一而合之以表信)라고 하였다. '좌계左契'는 채무에 대한 증서 즉 어음으로 쓰이는 부절符節의 왼쪽을 말한다. 당시에는 채무에 대한 증서를 나무판지에다 쓰고서 반으로 자른 다음, 왼쪽은 채권자에게 주었고 오른쪽은 채무자에게 주었다. 『예기』「곡례상曲禮上」에서도 "곡식을 되돌려 주는 자는 어음의 오른쪽을 갖는다"(獻粟者, 執右契)라고 하였다. 고형은 "무릇 남에게 빌려 준 자는 어음의 왼쪽을 갖고, 남에게서 빌린 자는 어음의 오른쪽을 갖는다. 남에게 빌려 준 자는 어음의 왼쪽을 가지고 남에게 졸라 빌려 준 것을 상환케 한다. 성인은 어음의 왼쪽을 잡고 남에게서 조르지 않으니, 곧 베풀기만 할 뿐 그 보답을 구하지 않는 것이다"라고 하였다.

서명응은 이 구절을 '성인의 덕'과 관련지어 풀이함으로써 덕을 강조하고 있는데, 뒤의 구절도 같은 맥락에서 이해한 것으로 보인다.

덕이 있는 자는 문서를 맡고, 덕이 없는 자는 세금을 맡는다.

有德司契, 無德司徹.

'철徹'은 '철법徹法'²⁾을 말한다. 주나라 사람들은 '우물 정'(井)자 모양으로 땅을 만들어 가운데를 공전으로 하고 10분의 1을 세금으로 거두었으니, 이를 '조법助法'이라 한다. 하나라 사람들은 공전이 없이 70무畝마다 10분의 1을 세금으로 거두었으니, 이를 '철법徹法'이라 한다. 덕이 있는 사람은 남에게 주고 남에게서 취하지 않으므로 '사계司契'라 하니, '사계'는 곧 '사도司徒'³⁾의 일이다. 덕이 없는 사람은 남에게서 취할 줄만 알고 남에게 줄 줄을 모르므로 '사철司徹'이라 하니, '사철'은 곧 '가인稼人'의 일이다. 말의 뜻이 『맹자』의 이른바 "어진 자가 지위에 있으며, 능력이 있는 자가 직책을 맡는다"⁴⁾라는 말과 같다.

徹謂徹法. 周人, 爲井地, 而中爲公田, 什一取之謂之助法. 夏人, 則無公田, 通七十畝, 什一取之謂之徹法. 有德者, 與人而不取於人, 故司契. 司契, 卽司徒之事也. 無德者, 但知取人而不知與人, 故司徹. 司徹卽稼人之事也. 語意, 若孟子所云賢者在位, 能者在職也.

【교감 및 주해】

왕필은 "'철徹'이란 사람들의 잘못을 관리하는 것이다"(徹, 司人之過也)라고 하였

---

2) 철법 : 주나라 때의 조세법. 매년의 수확을 조사하여 1/10을 징수함. 사방 1리의 농지를 9등분하여 여덟 가구에 100畝씩 나누어 주고 나머지 100무는 公田으로 한 것을 말한다. 徹에 대하여 『맹자』 「滕文公上」에서는 "주나라 사람은 100무에 徹하였다"(周人, 百畝而徹) 라고 하였다. 徹은 본래 주나라 稅法의 하나로서 100무의 땅에서 나온 곡물 중에 십분의 일을 세금으로 내는 것을 뜻하였는데, 후일 전성하여 '취하다'(取)의 뜻이 되었다. 趙岐는 "밭가는 자는 100무에서 10무를 취하여 이로써 세금으로 바쳤으니, 徹은 取와 같다"(耕者百畝徹取十畝以爲賦, 徹猶取也)라고 주석하였다.
3) 사도 : 관직명. 주대 六卿의 하나로 地官大司徒라 한다. 禮敎로 백성들을 지도하는 일을 담당하였다.
4) 어진 자가……맡는다 : 『孟子』, 「公孫丑上」 4, "孟子曰……賢者在位" 참조

490

다. 마서륜은 "'사司'는 '사찰伺察'이라 할 때의 '사'로 독해해야 한다"(司, 讀爲伺察之司)라고 하였다.

서명응은 이 구절을 원문에 충실하게 덕의 유무와 관련지으면서 '계契'와 '철徹'의 의미를 구체적으로 풀고 있다.

하늘의 도는 사사로이 친함이 없이 항상 선한 사람과 함께한다.
天道無親, 常與善人.

하늘의 도는 항상 선한 사람과 함께하므로, 성인도 마음을 결정할 때 항상 선한 일만을 하기로 마음먹는다. (성인이) 남에게 조르지 않는 까닭은 하늘과 더불어 덕이 합하기5) 때문이다.
天道常與善人, 故聖人立心, 常爲善事. 不責於人者, 以其與天合德故也.

【교감 및 주해】

하상공은 "하늘의 도는 친함과 소원함이 없이 오로지 선한 사람과 함께하니, 이것은 곧 (앞 구절의) '문서를 맡은 이'(司契)와 함께함이다"(天道無有親疏, 唯與善人, 則與司契者也)라고 하였다.

서명응은 이 구절을 성인의 행동양식을 규정하는 데 초점을 맞추어 하늘의 도를 성인이 본받는 것으로 보고 있다. 그리고 "상여선인常與善人"을 앞 구절의 "불책어인不責於人"과 연계하여 풀이하되, 『주역』 건괘 「문언」의 "대인은 천지와 그 덕을 합한다"(大人者, 與天地合其德)라는 사유와 관련지어 풀이한다.

---

5) 하늘과……합하기 : 『周易』, 乾卦 「文言」, "대인은 천지와 덕을 합한다"(夫大人者, 與天地合其德) 참조

위의 내용은 제79장이다.

右第七十九章.

【총설】

서명응은 이 장에서 성인의 덕이나 선한 행위는 바로 하늘의 도를 따른 것이며, 그렇기 때문의 성인의 덕은 하늘의 도와 합치됨을 말하고 있다. 일종의 천인합덕설 天人合德說이라고 할 수 있다.

제80장

나라를 작게 하고 백성을 적게 하여, 여러 가지 기물이 있더라도 쓰이지 않게 하고 백성들이 죽음을 무겁게 여겨서 멀리 옮겨 가지 않게 한다.

小國寡民. 使有什伯之器而不用, 使民重死而不遠徙.

나라가 좁고 백성이 적으면 나라 안에서 소통케 할 수 있다. 많은 기물이 있더라도 또한 그것을 사용할 곳이 없으니, 일이 간략하고 풍속이 질박함을 알 수 있다. 하물며 백성들로 하여금 삶을 즐거워하고 죽음을 무겁게 여기도록 하여 그 사는 땅을 편안히 여기고 옮겨 다니지 않게 한다면 백성들의 마음이 화락하고 한가로운 것이 복희伏羲나 신농神農 때의 백성과 무엇이 다르겠는가!

狹小之國, 寡少之民, 可使通國中. 但有什百之器, 而亦無所用之, 則其事簡俗質可知也. 況使之樂其生而重死, 安其土而不徙, 則其心之熙熙呿呿, 何異羲農之民乎.

【교감 및 주해】

"소국과민小國寡民"의 '국國'이 백서갑본에는 '방邦'자로 되어 있다. '십백지기什佰之器'에 대해 하상공은 "백성들로 하여금 각각의 마을을 열 명 백 명으로 짝지어서, 귀함이나 천함이 서로 침범할 수 없도록 한 것이다"(使民各有部曲什伯, 貴賤不相犯也)라고 하였다. 소철은 "백성들이 각각 자신의 분수에 편안하다면 약간의 재능이 있더라도 세상에서 쓰임을 구하지 않는다. '십백지기'란 재주가 뛰어나 (보통사람보다) 열 배 백 배로 더 나은 자를 말한다"(民各安其分, 則小有材者不求用于世. 什佰之器, 則材堪什夫佰夫之長者也)라고 하였다.

서명응은 '소국과민小國寡民'을 복희나 신농 때와 같은 태평성대의 삶과 연계하여 이해함으로써 일종의 유토피아적 사유를 보인다.

비록 배와 수레가 있더라도 탈 일이 없고, 갑옷과 병기가 있더라도 펼칠 곳이 없으며, 사람들로 하여금 다시 새끼를 엮어서 쓰게 하니,

雖有舟輿, 無所乘之, 雖有甲兵, 無所陳之, 使人復結繩而用之,

말단의 작은 이익을 일삼지 않으므로 배와 수레를 쓸 일이 없고, 정벌을 일삼지 않으므로 갑옷과 병기를 쓸 일이 없다. 무릇 이와 같나녀 백성들을 부리는 일에서도 새끼를 엮어 쓰던 상고시대의 정치1)를 다시 쓸 수 있다.

不事末利, 故舟輿無用, 不事征伐, 故甲兵無用. 夫如是, 則其使民也, 可以復用上古結繩之政也.

【교감 및 주해】

'결승結繩'이란 끈으로 매듭을 지어서 의사를 표현하던 가장 원시적인 문자 형태이다. 서명응은 이 구절에서 배와 수레를 쓸 일이 없다는 것을 특히 '말단적인 이익'과 연계하여 이해한다.

---

1) 새끼를……정치 : 아직 문자가 있지 않던 상고시대에는 큰 일에는 큰 새끼를 엮고 작은 일에는 작은 새끼를 엮어 종류별로 기억으로 삼았는데, 이것이 轉하여 고대의 정사를 의미하는 말이 되었다. 『周易』 「繫辭傳下」, "상고시대에는 새끼를 엮어 다스렸는데 후세에 성인이 書契로 바꾸었다"(上古結繩而治, 後世聖人, 易之以書契); 『史記』, 「三皇本紀」, "서계를 만들어서 새끼를 엮어 하는 정치를 대신하였다"(造書契以代結繩之政); 『莊子』, 「胠篋」, "백성은 새끼를 엮어서 쓰고"(民結繩而用之) 등 참조.

그 밥을 달게 여기고, 그 옷을 아름답게 여기며, 그 사는 곳을 편안하게 여기고, 그 풍속을 즐거워한다.

甘其食, 美其服, 安其居, 樂其俗.

비록 거친 밥2)이라 하더라도 또한 스스로 달게 여기고, 비록 나쁜 옷이라 하더라도 또한 스스로 아름답게 여기며, 비록 누추한 방이라 하더라도 또한 스스로 편안하게 여기고, 비록 질박한 풍속이라 하더라도 또한 스스로 즐겁게 여긴다는 것이다.

雖疏食, 亦自以爲甘, 雖惡衣, 亦自以爲美, 雖陋室, 亦自以爲安, 雖樸俗, 亦自以爲樂也.

【교감 및 주해】

소철은 "안으로 만족해한다면 밖으로 원하는 것이 없게 된다. 따라서 소유한 것을 좋게 여기고 처한 곳에서 서로 즐겨서, 다시 구하지 않는다"(內足而外無所慕. 故以其所有爲美, 以其所處相樂, 而不復求也)라고 하였다.

서명응은 이 구절을 전체적으로 유가의 '안빈낙도安貧樂道'적인 삶으로 이해한다. 앞서 본 바와 같이 유가와 도가의 상통처를 찾은 이해로 보인다.

이웃나라가 마주보이고 닭과 개의 소리가 마주 들려도 백성들은 늙어죽을 때까지 서로 왕래하지 않는다.

隣國相望, 鷄犬之聲相聞, 民至老死, 不相往來.

---

2) 거친 밥 : 『論語』, 「述而」, "공자가 말하기를, 거친 밥을 먹고 물을 마시고 팔을 베고 자더라도 즐거움이 또한 그 가운데에 있으니, 의가 아닌 부귀는 나에게 뜬 구름과 같은 것이다"(子曰, 飯疏食, 飮水, 曲肱而寢之, 樂亦在其中矣. 不義而富且貴, 於我如浮雲) 참조

'마주보이고 마주 들린다'(相望相聞)는 것은 백성이 많고 집들이 번성한 것에 대해서 말한 것이다. '서로 왕래하지 않는다'(不相往來)는 것은 작위함도 없고 애서 구함도 없는 것을 말한다. 영빈소씨(소철)가 말하기를, "노자는 주나라가 쇠퇴하고 풍속이 피폐해졌을 때에 태어나서 장차 무위의 정치를 통해 세상을 구제하려고 하였던 것이다. 그러므로 책의 끝에서는 자신이 작은 나라를 얻어서 그것을 시도해 보려고 하였으나 뜻을 이루지 못했음을 말하고 있다"라고 하였다.

相望相聞, 言民衆戶盛也. 不相往來, 言無爲無求也. 潁濱蘇氏曰 老子生於周衰俗弊, 將以無爲救之, 故書終言其志願得小國以試焉, 而不可得也.

【교감 및 주해】
서명응은 '상망相望'과 '상문相聞'을 번성한 이웃나라가 마주보이고 그곳의 소식이 들려오는 것으로 이해하여, 백성들이 풍요로운 삶을 추구하지도 않고 작위함도 없는 무위의 이상세계를 말하고 있다.

위의 내용은 제80장이다.
右第八十章.

【총설】
서명응은 이 장을 해석하는 데 있어 전반적으로는 일반적인 견해를 취하고 있지만 한두 구절에서는 그만의 독특한 해석을 보여 주고 있다. '배와 수레를 쓸 일이 없다'는 것을 '말단적인 이익'과 연계하여 이해한다든지 "그 밥을 달게 여기고, 그 옷을 아름답게 여기며, 그 사는 곳을 편안하게 여기고, 그 풍속을 즐거워한다"는 것을 유가적인 안빈낙도의 삶으로 이해한 것이 그것이다. 특히 마지막 구절의 풀이에 인용된, 무위정치를 통한 세상 구제를 말하는 소철의 해석에는 서명응이 『노자』

를 해석한 의도가 잘 드러나 있다. 암암리에 자기 시대의 현실에 대한 정치적 입장을 담고 있다고 본다.

제81장

미더운 말은 아름답지 않고, 아름다운 말은 미덥지 않으며, 선한 이는 말을 잘하지 못하고, 말을 잘하는 이는 선하지 않으며, 아는 자는 박식하지 않고, 박식한 자는 알지 못한다.

信者不美, 美言不信, 善者不辯, 辯者不善, 知者不博, 博者不知.

실한 말은 허식이나 꾸밈을 빌리지 않으므로 '아름답지 않다'(不美)고 하였고, 아름다운 말이 반드시 실함이 있는 것은 아니므로 '미덥지 않다'(不信)고 하였다. 선한 일은 과장되어서는 안 되므로 '말을 잘하지 못한다'(不辯)고 하였고, 말로 잘 표현된 일이 반드시 그 말과 같은 것은 아니므로 '선하지 않다'(不善)고 하였다. 참된 앎은 그 실질을 넘어서는 안 되므로 '박식하지 않다'(不博)고 하였고, 박식한 앎이 반드시 그 요처를 얻은 것은 아니므로 '알지 못한다'(不知)고 하였다.

言之實者, 不假華藻, 故不美. 言之美者, 未必有其實, 故不信. 事之善者, 不可夸張, 故不辯. 事之辯者, 未必如其言, 故不善. 知之眞者, 不可泛溢, 故不博. 知之博者, 未必得其要, 故不知.

【교감 및 주해】

"신자불미信者不美, 미언불신美言不信"에 대해 왕필은 "실질은 질박함에 있고, 근본은 소박함에 있다"(實在質也, 本在樸也)라고 하였다. 왕필본에는 '신자불미信者不美'

가 '신언불미信言不美'로 되어 있다. "선자불변善者不辯, 변자불선辯者不善"의 '변辯'에 대해 하상공은 "'변'이란 '잘 꾸민 말'을 말한다"(辯者, 謂巧言也)라고 하였다. "지자불박知者不博, 박자부지博者不知"에 대해 소철은 "하나로 관통하면 박식함을 사용할 필요가 없다. 널리 배워서 나날이 지식이 늘어난 자라고 해서 반드시 도를 아는 것은 아니다"(有一以貫之則無所用博. 博學而日益者, 未必知道也)라고 하였다

서명응은 이 구절들의 풀이에서 전체적으로 '미필未必'과 '불가不可'라는 두 가지 표현을 통해 미묘한 차이점을 드러내고 있다. 이런 점으로 볼 때 "불가화조不假華藻"의 '가假'자도 '가可'자의 오자가 아닌가 하는 생각이 든다.

성인은 쌓아 둠이 없으니, 이미 자기에게 있는 것으로써 남을 위하지만 자기는 더욱 가지게 되고, 이미 자기에게 있는 것으로써 남에게 주지만 자기는 더욱 많아지게 된다.

聖人無積, 旣以爲人, 己愈有, 旣以與人, 己愈多.

'적積'은 저장함이다. 성인은 따로 저장하거나 쌓아 두는 일이 없으니, 무릇 남을 위하고 남에게 주는 것을 곧 자기에게 저장하고 쌓아 두는 것으로 여긴다. 그렇기 때문에 그 베풂이 천하에 미치고 후세에 이르면 자기에게 저장하고 쌓아 둔 것이 아님이 없어서, 더욱 있게 되고 더욱 많아지게 되는 것이다.

積, 藏也. 聖人無藏積. 凡其爲人與人, 乃己之藏積. 故施及天下, 覃于後世, 莫非己之藏積, 而愈有愈多也.

【교감 및 주해】

'무적無積'이 통행본에는 '부적不積'으로 되어 있다.

서명응은 이 구절을 구체적으로, 성인의 덕이 천하에 이르고 후세에 미칠 수 있는 것은 성인이 자신을 위해서 일하는 것이 없기 때문이라고 이해하고 있다.

하늘의 도는 이롭게만 하고 해를 끼치지 않으며, 성인의 도는 위해 주되 다투지 않는다.

天之道, 利而不害, 聖人之道, 爲而不爭.

하늘은 만물을 기름에 있어서 이롭게만 할 뿐 해를 끼치지는 않으며, 성인은 천하를 구제함에 있어서 베풀기는 할 뿐 다투지는 않는다. 오직 이와 같으므로 위의 문장에서 말한 '더욱 있게 되고 더욱 많아지게 됨'(愈有愈多)이 있게 되는 것이다. 대개 여기에 이르러 비로소 "미더운 말은 아름답지 않고, 선한 이는 말을 잘 하지 못하고, 아는 자는 박식하지 않다"는 것의 '실질'을 지적하여 말한 것이다. 대녕설씨(설혜)는 "(노자는) 상하 2편의 글 속에서 자주 이러한 뜻을 말하였고, 마지막 81장에 이르러 다시 이로써 책을 끝마쳤다. 대개 이것이 『노자』라는 책의 큰 취지이다"라고 하였다.

天育萬物, 利而無害, 聖濟天下, 施而不爭. 惟其如是, 所以有上文之愈有愈多. 盖至此, 始指言信不美, 善不辯, 知不博之實也. 大寧薛氏曰, 二篇之中, 屢伸此意, 至於卒章, 復以是終之. 盖老子爲書之大指也.

【교감 및 주해】

서명응은 이 구절을 일단 앞 구절의 '유유유다(愈有愈多)'와 관련짓고 이어서 첫 구절과도 관련지어 이해하는데, 여기서 그의 『노자』 이해의 정치함을 엿볼 수 있다. 그는 '성인지도聖人之道'를 천하구제와 연계하여 이해하고 있으며, 아울러 '실질'(實)을 강조하고 있다.

위의 내용은 제81장이다.

右第八十一章.

【총설】
　서명응은 이 장 각 구절들의 의미를 유기적인 관계성에서 파악함으로써 그의 『노자』이해의 정치함을 보여 준다. 전반적으로 '실질'(實)을 강조하고 있다.

　67장부터 여기(81장)까지의 15장이 하나의 절이 되는데, '지'(知)와 '신'(信)으로 끝맺었다. 대개 '지'(知)는 (오행의) 겨울(冬)과 물(水)에 해당되고 '신'(信)은 중앙(中)과 흙(土)에 해당되니, '지'와 '신'으로 도와 덕의 시작과 끝을 이루도록 한 것은 곧 황종黃鍾[1]과 궁토宮土[2]가 겨울(冬)과 물(水)에서 생겨난 상象과 같다. 그런데 상편에서는 '지'와 '신'이 (각각) 오토五土의 시작과 끝에 위치하는데 하편에서는 지와 신이 함께 한 책의 마지막이 되어 있으니, 이는 어째서인가? 무릇 조화는 반드시 끝에 둘이 있으니, 사방의 북쪽에 '거북'(龜)과 '뱀'(蛇)이 짝을 이루는 것과 같은 부류가 바로 이것이다. 그러므로 옛날 성인이 말을 세울 때에는 모두 둘로써 끝마친 것이다. 『주역』의 끝에 '기제旣濟'와 '미제未濟'의 두 괘가 있고, 『서경』의 끝에 「진서秦書」와 「비서費書」의 두 편이 있고, 『시경』의 끝에 「노송魯頌」과 「상송商頌」이 두 편이 있고, 『서경』「요전」의 끝에 두 번의 '공경할지어다'(欽哉)로써 둘을 이루고,[3] 『대학』의 끝에 두 '의義'와 '리利'로써 둘을 이루니,[4] 이것들은 모두 조화를 상징하는 것이다. 하물며 노자는 동지에 양이 회복하는 것으로 도를 삼았으니, 이는 올해의 일이 이미 이루어져서 다시 내년의 일을 시작함이며, 또한 하나의 거북과 뱀이 둘을

---

1) 황종 : 12율의 하나인 陽律, 음력11월의 별칭
2) 궁토 : 궁은 오음(宮・商・角・徵・羽)의 하나. 『禮記』, 「月令」, "중앙은 토로서, 그 날은 무이요, 그 제는 황제요, 그 신은 후토요…… 그 음은 궁이다"(中央土, 其日戊己, 其帝黃帝, 其神后土……其音宮) 참조.
3) 『서경』……둘을 이루고 : 『書經』, 「堯典」, "帝가 말하기를, 가서 공경할지어다……가서 공경할지어다"(帝曰, 往欽哉……帝曰, 往欽哉) 참조.
4) 『대학』의……둘을 이루니 : 『大學』, 전10장, "맹헌자가 말하기를……이것을 일러 나라는 이로써 이로움을 삼지 않고 의로써 이로움을 삼는 것이라 한다……이것을 일러 나라는 이로써 이로움을 삼지 않고 의로써 이로움을 삼는 것이라 한다"(孟獻子曰……此謂國不以利爲利, 以義爲利也……此謂國不以利爲利, 以義爲利也) 참조.

이루고 있는 것이다. 그러므로 '지'와 '신' 두 가지로써 한 책의 끝을 삼은 것은 그 취지가 은미하도다.

自第六十七章至此,凡十五章爲一節,而以知信結之於終焉.盖知是冬水,信是中土,以知信爲道德之成始成終,卽黃鍾宮土生於冬水之象也.然上篇則知信居五土之始終,而下篇則知信幷爲一書之終,何也.大凡造化,必有兩於終,如四方之北,龜蛇爲兩之類,是也.故古聖立言,皆以兩終之.易之終,旣未濟爲兩,書之終,秦費誓爲兩,詩之終,魯商頌爲兩,堯典之終,兩欽哉爲兩,大學之終,兩義利爲兩,皆所以象造化也.況老子以冬至陽復爲之道,則是其旣成今歲之事,又始來歲之事,亦一龜蛇之兩也.故以知信兩終於一書,其旨微矣.

【교감 및 주해】

이것은 하도河圖의 수를 통한 이해라고 할 수 있다. 위의 인용문에서 주의 깊게 살펴보아야 할 것은, '지知'와 '신信'이 '도'와 '덕'의 처음과 끝을 이룬다는 언명과 『도덕지귀』 상편은 '지'와 '신'을 각각 '오토五土'의 처음과 끝에 거하게 하고, 하편은 '지'와 '신'으로 한 책의 끝을 삼았다는 말이다. 여기서 먼저 '지'와 '신'이 '도'와 '덕'의 처음과 끝을 이룬다는 언명은, 조화의 처음은 '수水'인 '지'에서 시작하기 때문에, 이때에 태극의 진체를 볼 수 있기 때문에 이를 도로 이해한 것이고, 조화의 시작은 '토土'인 '신'에서 끝나기 때문에, 이를 덕으로 이해한 것이다. 『도덕지귀』 8장에서는 "옛날의 성인은 도를 물에 비유한 경우가 많았다. 대개 물은 '천일天一'에서 생겨나니, 그 성질이 가볍고 맑아서 도체의 가로막힘이 없다"5)라고 하여, '천일'에서 '수水'가 생겨난다는 것은 곧 조화의 처음이 '수'에서 비롯된다는 뜻임을 밝혔다. 또한 '수'인 '지'에서 태극의 진체를 볼 수 있으니, 『도덕지귀』 6장에서는 "대저 노자의 생각은, 태극이 비록 음양 가운데서 운행되지만, 양이면 기의 기틀이 요동하여 태극의 진정한 체를 볼 수 없고, 오직 음으로서 그 지극히 고요하고 지극히 비어 있는 것이 마치 물이 담담하여 한결같은 것과 같이 된 이후라야 태극의 진정한 체가 바야흐로 드러날 수 있다는 것이다"6)라고 하였다. 그리고 '토'인 '신'에서 단丹

---

5) 『道德指歸』, 8장, "古之聖人, 多以水喩道, 盖水生於天一, 其質輕淸而, 道體無所遮隔故也."

의 형성을 이루고 태극의 진체眞體를 얻을 수 있다. 그래서 『도덕지귀』 55장에서는 "내가 생각하건대, 젖먹이가 처음 태어나서 손아귀의 힘이 매우 견고한 것은 순양純陽으로써 지극한 정精을 품고 있기 때문이다. 순양으로써 지극한 정을 품고 있다는 것은 건乾의 체가 충화冲和한 중토中土의 금금을 얻은 것을 이른다. 그러므로 『참동계』에서는 15일에 건체乾體가 가득 찬 것을 한달의 중中으로 말했으니, 양생을 추구하는 자로 하여금 젖먹이의 정을 손상시키지 않게 하면 또한 도와 더불어 하나가 되어 장생할 수 있다"[7]라고 하여 젖먹이를 상태를 들어 단의 형성과 태극의 진체를 설명하고 있다. '토'는 '신'에 속하고 '중'이며, 음양에서는 충기冲氣이며, 만물의 운행을 제어하는 것이라고 본 것이다. 이런 점에서 『도덕지귀』 22장에서는 "대개 신信은 성誠이고 중中이고 토土이다. '토'는 음과 양의 두 기를 충화하고, '중'은 만물의 운행을 제어하며, '성'은 만물의 변화를 다스리고, '신'은 네 가지 덕(仁義禮智)을 꿰뚫는다"[8]라고 말하고 있다. 서명응에 따르면 조화는 천일생수天一生水에서 시작하여 중토中土에서 완결되고 내단양생은 연정의 단계인 신수腎水에서 시작하여 중토中土에서 금금을 얻는다고 하여, 도와 덕의 처음과 끝으로 '지'와 '신'을 이해하고 있다. 하편에서 '지'와 '신'을 한 책의 끝으로 삼았다고 한 것은 조화는 항상 둘의 상태를 이룬다는 의미이다. 기화의 유행은 음과 양의 양단에 있고 기의 기틀은 동과 정의 양단을 포함하며 선천이 후천을 포함하고 후천의 근원이 되는 것이 모두 조화가 둘임을 보여 준다는 것이다. 이런 것은, 서명응은 노자가 선천역 및 오행 중의 '토'만을 취하여 조화調和를 일치시켰다고 이해하였음을 보여 주고 있다.

---

6) 『道德指歸』, 6장, "大抵老子之意, 以爲太極雖行於陰陽, 然陽則氣機動盪, 不見太極之眞體, 惟陰之至靜至虛, 如水湛一然後, 太極之眞體, 方能呈露."
7) 『道德指歸』, 55장, "愚按赤子始生手握甚固者, 以純陽含至精故也. 以純陽含至精, 是謂乾體而得冲和中土之金. 故參同契, 以十五乾體滿, 言一月之中, 而使養生者, 不斷赤子之精, 則亦可以與道爲一而長生也."
8) 『道德指歸』, 22장, "盖信者, 誠也, 中也, 土也, 土冲二氣, 中制萬運, 誠統萬化, 信貫四德."

발문跋文 1

『노자』는 상하 2편으로 모두 81장이다. 전해짐이 하상공河上公[1]으로부터 유향劉向[2]에 이르렀는데, 엄군평嚴君平(嚴尊)이 72장으로 장을 나누었으며, 왕필은 일찍이 장을 나누지 않았다. 사마온공司馬溫公(司馬光)은 비록 왕필본을 따르고 있으나, 그가 주석한 뜻은 81장으로 하는 이들과 합치된다. 임천오씨臨川吾氏(吳澄)는 68장으로 장을 나누었다. 무릇 81이라는 수는 9를 9번 곱한 것으로서 양이 회복하는 시작이고 건원乾元의 수이며 황종黃鐘이 나뉜 것이니, 미세하고 유약하고 소박한 것이 모두 이 수에 근본한다. 노자로 하여금 장을 나누게 한 것은 아니지만 이미 과감하게 장을 나누게 했다면 반드시 도의 근본을 형상했을 것이다. 이제 유향본을 따라 81장을 정본으로 한다.

老子上下二篇, 共八十一章. 傳自河上公以及劉氏向, 而嚴氏君平分爲七十二章, 王氏弼未嘗分章. 司馬溫公雖從王本, 然其註意, 與八十一章者合. 臨川吳氏分爲六十八章. 夫八十一者, 乃九九之積, 陽復之始, 乾元之數, 黃鍾之分, 而細

---

* 『노자』의 역대 분장체제를 간략히 설명하면서 유향의 본을 정본으로 삼는 뜻을 밝힌 서명응의 글이다. 이 내용은 『도덕지귀』 원본에는 아무런 제목이 없이 81장 말미에 바로 이어져 있으나 여기서는 편의상 분장하고 임의로 '발문'이라는 제목을 붙였다.
1) 하상공 : 한대 문제 때 황하 가에 살던 은자. 葛弘의 『신선전』 송본 「하상공주서」에 하상공설화가 전하는데, 내용은 다음과 같다. 한대의 문제는 『노자』를 애독하였으나 잘 이해가 되지 않았다. 그때 하상공이라는 은자가 『노자』에 정통했다는 소문을 듣고 사자를 파견하였지만 하상공은 무례하게도 답하지 않았다. 이에 문제가 친히 말을 타고 방문해서 주해서 2권을 얻었다고 한다.
2) 유향 : 전한 시대의 사상가. 자는 子政이고 초명은 更生이다. 成帝의 명에 의해 그 자식인 劉歆과 함께 궁중의 도서를 정리·교정하고 해제를 가했다. 이것을 『別錄』이라고 한다. 『新序』, 『說苑』, 『列女傳』 등이 있다.

微柔弱樸素,皆本於此數.使老子而不分章,則已果分章也,其必象道之本乎.今 從劉本,以八十一爲正云.

【교감 및 주해】

서명응은 『도덕지귀』를 주해하면서 자신은 유향본을 따라서 81장을 정본으로 한다는 것을 말한다. 그는 자신이 81장을 정본으로 취하는 이유에 대해, 81이란 수는 9를 아홉 번 반복한 수 즉 9×9로서 양이 회복하는 시작이고 건원의 수이며 황종의 나눔이어서 미세하고 유약하고 소박한 것이 모두 이 수에 근본하기 때문이라고 밝힌다. 이는 『노자』를 역수易數로써 이해하는 것이다. 여기서 '9와 9의 곱이 양이 회복하는 시작'이라는 것은 관管의 길이가 9촌寸이고 구멍의 둘레가 9푼分인 황종黃鐘을 기준으로 해서 각 율律의 비례를 구함을 말한다. 황종은 『주역』 12벽괘辟卦 가운데서는 복괘復卦에, 오음에서는 궁宮에, 간지로는 자子에 해당한다. 황종을 기준으로 했을 때의 각 율의 비례는 다음 표와 같다.

황종을 기준으로 한 각 율의 비례[3]	12律	12次	12卦	干支	月數
① 9×9=81	黃鐘	星紀	復	子	11月
⑧ $56^8/_9 \times 4/3 = 75^{23}/_{27}(≒76)$	大呂	玄枵	臨	丑	12
③ 54×4/3=72	太蔟	娵訾	泰	寅	1
⑩ $50^{46}/_{81} \times 4/3 = 67^{103}/_{243}(≒68)$	夾鐘	降婁	大壯	卯	2
⑤ 48×4/3=64	姑洗	大梁	夬	辰	3
⑫ $44^{692}/_{727} \times 4/3 = 59^{2039}/_{2187}(≒60)$	仲呂	實沈	乾	巳	4
⑦ $42^2/_3 \times 4/3 = 56^8/_9(≒57)$	蕤賓	鶉首	姤	午	5
② 81×2/3=54	林鐘	鶉火	遯	未	6
⑨ $75^{23}/_{27} \times 2/3 = 50^{46}/_{81}(≒51)$	夷則	鶉尾	否	申	7
④ 72×2/3=48	南呂	壽星	觀	酉	8
⑪ $67^{103}/_{243} \times 2/3 = 44^{692}/_{727}(≒45)$	無射	大火	剝	戌	9
⑥ $64 \times 2/3 = 42^2/_3(≒43)$	應鐘	析木	坤	亥	10

---

3) 『呂氏春秋』, 「十二紀」, "黃鐘生林鐘, 林鐘生太蔟, 太蔟生南呂, 南呂生姑洗, 姑洗生應鐘, 應鐘生蕤賓, 蕤賓生大呂, 大呂生夷則, 夷則生夾鐘, 夾鐘生無射, 無射生仲呂. 三分所生, 益之一分以上生, 三分所生, 去其一分以下生."

서명응은 『도덕지귀』 6장에서 '9와 9의 곱이 양이 회복하는 시작'이라는 것을 "동지 때에는 기의 기미가 잠겨 있고 고요하여 천지가 텅 비고 적막하니, 또한 '현묘하고 현묘하며' '텅 비고 텅 비었다'고 말할 만하다. 그러나 한 양의 기운(복괘의 초효)이 이것으로부터 말미암아 처음 움직이니, 허정이야말로 한 양의 문이다. 이 하나의 양은 춘하추동의 생겨남·자라남·이룸·완성이 되니, 한 양이야말로 천지의 뿌리이다"[4]라고 말하여 천지의 조화가 시작하는 때로 이해한다. 또한 그는 일양의 회복을 내단양생에서의 포일抱一의 도로 설명하기도 한다. 『도덕지귀』 10장에서는 "혹자가 말하기를 '노자는 몸을 물러난 뒤 곧 이어서 포일한 자이다'라고 하였는데, 그 뜻은 포일의 도는 오직 거두어 물러난 후에 쉽게 이룰 수 있음을 의미한다. 마치 지극한 고요 속으로 일양이 이르러 와서 회복됨과 같다"[5]라고 말한다. 이러한 관점에서 보자면, 서명응이 『노자』의 분장을 설명하면서 "노자가 장을 나누지 않았다 하더라도 이미 과감히 장을 나누었다면 반드시 도의 근본을 형상했을 것이다"라고 말하는 것은 『노자』를 천지의 조화造化와 내단양생의 조화調和라는 입장에서 설명하고 있는 것이다.

---

4) 『道德指歸』, 6장, "冬至之時, 氣機潛靜, 天地空寂, 亦可謂玄之又玄, 虛之又虛矣. 然一陽之氣, 由是初動, 則靜虛者, 乃一陽之門也. 是一陽爲春夏秋冬之生長遂成, 則一陽者, 乃天地之根也."

5) 『道德指歸』, 10장, "或曰, 老子於身退之後, 卽繼之以抱一者, 其意, 抱一之道, 惟斂退之後, 可以易成. 正如一陽來復至靜之中也."

발문跋文 2

오호라, 이것은 나(徐有榘)의 할아버지 문정공께서 손수 지으신 『도덕지귀』 두 권이다. 기축년(1769)에 지으시고 정유년(1777)에 정리하셨다. 그러나 중간에 다시 잃어버리시어 공께서 매우 애석해 하시면서 마음에서 잊어버리지 못하셨다. 정미년(1787) 겨울에 공이 돌아가시니, 다음해인 무신년(1788)에 (공의 유품을 정리하기 위해) 우연히 옛 궤짝을 열었다가 한 권의 헤진 책을 얻었다. 그 뒷면에 『도덕지귀』의 전문全文이 있었으니, 곧 공께서 정유년(1777)에 정리한 초고였다. 장과 구를 차례대로 배치하여 다시 옛날 본을 온전하게 하였지만 어찌 다시 옛 본에 미치겠는가? 슬프도다. 나는 매일 조용한 방에 홀로 앉아 공께서 평소에 사용하시던 안석과 술잔, 지필묵 등과 일상생활의 자잘한 도구들을 한참 동안 쳐다보다가는 문득 소리 없이 눈물을 흘리곤 하였다. 하물며 공께서 책을 편찬한 것이 이미 수고로웠고 그것을 잃어버려 심히 애석해 하셨는데, 지금 비록 책의 종이가 헤지고 가장자리가 삭은 상태로 무덤 풀이 이미 무성한 뒤에 다시 나왔지만 쓴 글씨는 오히려 선명하고 손때(手澤)가 여전히 남아 있는 것에 있어서랴. 아아, 소자는 차마 다시 이 책을 읽지 못하겠다. 삼가 잘 베끼고 묶어서 보배롭게 이어받아 세세토록 모든 자손에게 물려 간직토록 하노라.

기유년(1789) 입추일에 손자 유구有榘[1]가 공경히 쓰다.

---

* 서명응의 손자 서유구가 지은 글로, 『도덕지귀』가 저술된 내력을 밝히고 있다. 역시 『도덕지귀』 원본에는 아무런 제목이 없다. 원래 이 글은 「도덕경고이」의 뒤에 놓여 있었으나 여기서는 이 글을 앞세우고 「도덕경고이」를 뒤에 놓았다.
1) 유구 : 서명응의 손자 서유구이다. 1764~1845. 자는 準平, 호는 楓石으로, 이조판서 徐浩修의 아들이다. 정약용과 함께 18~19세기 실학 계열의 농업개혁론을 대표하는 학자이다.

嗚呼.此我祖父文靖公,手著道德指歸二卷也.編於己丑,删整於丁酉,而中復遺失,公甚惜之,不能釋也.丁未冬,公棄背,翌年戊申,偶撥舊篋,得一敗卷,背有指歸全文,卽丁酉删整之草藁也.排次章句,復完舊本,然亦何及哉.悲夫.有榘,每靜室獨坐,見案几杯匜書硏,以至日用細器之類,凡公之平日所御者,對之良久,輒已潛然淚下,況是卷之編之旣勤,失之甚惜,而今其敗紙殘藩,復出於墓草已宿之後,朱墨猶殷,手澤尙存.嗚呼,小子不忍復讀此矣,謹繕寫裝池,而珍襲之,留與世世萬子孫.己酉立秋日,孫有榘敬識.

【교감 및 주해】

 이 글은 서명응의 손자인 서유구가『도덕지귀』가 출간되기까지의 내력을 적은 것이다. 이것을 보면, 서명응은『도덕지귀』를 기축년(1769)에 짓고 정유년(1777)에 정리하였지만 중간에 잃어버린 다음 찾지 못하고 죽었는데, 손자 서유구가 서명응의 유품 속에서 1777년의 초고본을 발견하여 그것의 장과 구를 차례대로 배치함으로써 다시 옛날 본을 온전하게 하였음을 알 수 있다.

도덕경고이 道德經考異

【주해】 이 부분은 서명응이 『도덕경』 판본을 교감한 것이다. 대체로 그는 명대 설혜薛蕙의 판본을 참조한 듯한데, 이 부분을 『도덕지귀』 말미에 첨부한 이유는 『노자도덕경』이 판단에 따라 다양하게 해석될 수 있다는 것을 보여 주기 위해서라고 생각된다. 서명응의 학문적 엄격성을 볼 수 있는 부분이다.

제2장

○ 만물작이불사萬物作而不辭 ⇒ '작作' 다음에 어떤 책에는 '언焉'자가 있다.
　萬物作而不辭 ⇒ 作下一有焉字

제3장

○ 성인지치聖人之治 ⇒ 어떤 책에는 '지치之治' 두 글자가 없다.
　聖人之治 ⇒ 一無之治二字

○ 위무위즉무불치의爲無爲則無不治矣 ⇒ 어떤 책에는 '의矣'자가 없다.
　爲無爲則無不治矣 ⇒ 一無矣字

제4장

○ 혹불영或不盈 ⇒ '혹或' 다음에 어떤 책에는 '사似'자가 있다.
　或不盈 ⇒ 或下一有似字

제7장

○ 고능장구故能長久 ⇒ '구久'가 어떤 책에는 '생生'으로 되어 있다.
故能1)長久 ⇒ 久一作生

제8장

○ 고기어도의故幾於道矣 ⇒ 어떤 책에는 '의矣'자가 없다.
故幾於道矣 ⇒ 一無矣字

제9장

○ 공성명수신퇴功成名遂身退 ⇒ '명名'이 어떤 책에는 '사事'로 되어 있다. 어떤 책에는 '성명成名' 두 글자가 없다.
功成名遂身退 ⇒ 名一作事. 一無成名二字

제10장

○ 능무리호能無離乎 ⇒ 어떤 책에는 '호乎'자가 없다. 아래 다섯 구도 같다.
能無離乎 ⇒ 一無乎字. 下五句幷同

○ 생지휵지生之畜之 ⇒ 어떤 책에는 이 두 구절(生之, 畜之)이 없다.
生之畜之 ⇒ 一無此二句

제13장

○ 시위총욕약경是謂寵辱若驚 ⇒ 어떤 책에는 이 구절이 없다.
是謂寵辱若驚 ⇒ 一無此句

○ 고귀이신위천하자故貴以身爲天下者, 가이기천하可以寄天下, 애이신위천하자愛以身爲天下者, 가이탁천하可以托天下 ⇒ 어떤 책에는 두 개의 '자者'자가 없다. '가이可以'가

---

1) 能:「도덕경고이」에는 '無'로 되어 있으나 『도덕지귀』 7장에는 '能'으로 되어 있다. 아마도 '能'자를 '無'자로 잘못 쓴 것 같다. 여기서는 '能'으로 고친다.

어떤 책에는 모두 '약가若可'로 되어 있고, 어떤 책에는 모두 '약가이若可以'로 되어 있으며, 어떤 책에는 모두 '즉가이則可以'로 되어 있다. 어떤 책에는 '기寄'자와 '탁托'자의 두 글자 다음에 모두 '어於'자가 있다.

故貴以身爲天下者可以寄天下愛以身爲天下者可以托天下 ⇒ 一無二者字. 可以一幷作若可, 一幷作若可以, 一幷作則可以. 寄托二字下一幷有於字

제14장

○ 승승불가명繩繩不可名 ⇒ '승繩' 다음에 어떤 책에는 '혜兮'자가 있다.

繩繩不可名 ⇒ 繩下一有兮字

제15장

○ 예혜약동섭천豫兮若冬涉川, 유혜약외사린猶兮若畏四隣 ⇒ 어떤 책에는 두 '혜兮'자가 없다.

豫兮若冬涉川猶兮若畏四隣 ⇒ 一無二兮字

○ 엄약객儼若客, 환약빙장석渙若氷將釋 ⇒ 어떤 책에는 "엄혜기약객儼兮其若客, 환혜약빙지장석渙兮若氷之將釋"이라 되어 있다.

儼若客渙若氷將釋 ⇒ 一作儼兮其若客渙兮若氷之將釋

○ 안이구지安以久之 ⇒ '구久'가 어떤 책에는 '동動'이라 되어 있고, 어떤 책에는 이 구절이 "안이구동지安以久動之"라 되어 있다.

安以久之 ⇒ 久一作動, 一作安以久動之

○ 고능폐불신성故能蔽不新成 ⇒ '고故'가 어떤 책에는 '시이是以'로 되어 있고, 어떤 책에는 이 구절이 "시이능폐부성是以能蔽復成"이라 되어 있다.

故能蔽不新成 ⇒ 故一作是, 以一作是以能蔽復成

제16장

○ 각귀기근各歸其根 ⇒ '각各' 다음에 어떤 책에는 '복復'자가 있다.

各歸其根 ⇒ 各有一復字

제17장

○ 기차친지예지其次親之譽之 ⇒ '친지親之'가 어떤 책에는 '친이親而'로 되어 있다.
其次親之譽之 ⇒ 親之一作親而

○ 기차외지기차모지其次畏之其次侮之 ⇒ 어떤 책에는 뒤에 나오는 '기차其次' 두 글자가 없다.
其次畏之其次侮之 ⇒ 一無下其次二字

○ 신부족유불신信不足有不信 ⇒ '신불信不' 앞에 어떤 책에는 '고故'자가 있고, '족足' 다음에 어떤 책에는 '언焉'자가 있다.
信不足有不信 ⇒ 信不上一有故字. 足下一有焉字

○ 유혜기귀언猶兮其貴言 ⇒ 어떤 책에는 '혜兮'자가 없다.
猶兮其貴言 ⇒ 一無兮字

○ 백성개왈아자연百姓皆曰我自然 ⇒ 어떤 책에는 '개皆'자가 없고, '왈曰'이 어떤 책에는 '위謂'로 되어 있다.
百姓皆曰我自然 ⇒ 一無皆字. 曰一作謂

제18장

○ 육친불화유효자六親不和有孝慈 ⇒ '자慈'가 어떤 책에는 '자子'로 되어 있다.
六親不和有孝慈 ⇒ 慈一作子

제20장

○ 여등춘대如登春臺 ⇒ 어떤 책에는 '춘春'자가 '등登' 다음에 있다.
如登春臺 ⇒ 一春字在登下

○ 승승혜약무소귀乘乘兮若無所歸 ⇒ '승승乘乘'이 어떤 책에는 '래래儽儽'로 되어 있다.
乘乘兮若無所歸 ⇒ 乘乘一作儽儽

○ 돈돈혜沌沌兮 ⇒ 어떤 책에는 '돈돈沌沌'으로 되어 있다.
沌沌兮 ⇒ 一作沌沌

○ 아독약혼我獨若昏 ⇒ '약혼若昏'이 어떤 책에는 '혼혼昏昏'으로 되어 있다.

我獨若昏 ⇒ 若昏一作昏昏

○ 홀약회忽若晦, 적약무소지寂若無所止 ⇒ '회晦'가 어떤 책에는 '해海'로 되어 있다. 이 구절이 어떤 책에는 "홀혜기약회忽兮其若晦, 표혜사무소지飄兮似無所之"라 되어 있고, 어떤 책에는 "담혜기약해澹兮其若海, 요혜약무지飂兮若無止"라 되어 있으며, 어떤 책에는 "표혜기약해漂兮其若海, 요혜약무소지飂兮若無所止"라 되어 있다.
忽若晦寂若無所止 ⇒ 晦一作海. 一作忽兮其若晦飄兮似無所之. 一作澹兮其若海飂兮若無止. 一作漂兮其若海飂兮若無所止

○ 아독이어인이귀식모我獨異於人而貴食母 ⇒ '식食' 다음에 어떤 책에는 '어於'자가 있다. 어떤 책에는 "이귀식모而貴食母"가 "이귀구식어모而求食於母"로 되어 있다.
我獨異於人而貴食母 ⇒ 食下有一於字. 一作而貴求食於母

제21장[2]

○ 홀혜황혜기중유상惚兮恍兮其中有象, 황혜홀혜기중유물恍兮惚兮其中有物, 요혜명혜기중유정窈兮冥兮其中有精 ⇒ 세 개의 '기其'자 앞에 어떤 책에는 모두 '혜兮'자가 없다. 어떤 책에는 세 개의 '기其'자가 없고 구 끝에 모두 '혜兮'자가 있다.
惚兮恍兮其中有象恍兮惚兮其中有物窈兮冥兮其中有精 ⇒ 三其字上一并無兮字. 一無三其字, 句末幷有兮字

제23장[3]

○ 표풍부종조飄風不終朝 ⇒ '표飄' 앞에 어떤 책에는 '고故'자가 있다.
飄風不終朝 ⇒ 飄上一有故字

○ 고종사어도자동어도故從事於道者同於道 ⇒ '자者' 다음에 어떤 책에는 '도자道者' 두 글자가 겹쳐서 나온다.
故從事於道者同於道 ⇒ 者下一重出道者二字

○ 동어도자도역득지同於道者道亦得之, 동어덕자덕역득지同於德者德亦得之, 동어실자실역득지同於失者失亦得之 ⇒ 어떤 책에는 세 개의 '역亦'자 다음에 모두 '락樂'자가

---
[2] 현행본 21장이다. 『도덕지귀』의 분장체제로는 37장에 해당한다.
[3] 현행본 23장이다. 『도덕지귀』의 분장체제로는 22장에 해당한다.

놓여 있다.
同於道者道亦得之同於德者德亦得之同於失者失亦得之 ⇒ 一三亦字下幷有樂字

제24장4)

○ 기어도야其於道也 ⇒ '어於'가 어떤 책에는 '재在'로 되어 있다.
其於道也 ⇒ 於一作在

제25장5)

○ 강위지명왈대强爲之名曰大 ⇒ 어떤 책에는 "강명지왈대强名之曰大"라 되어 있다.
强爲之名曰大 ⇒ 一作强名之曰大

○ 이왕거기일언而王居其一焉 ⇒ 어떤 책에는 '이而'자가 없다. 어떤 책에는 이 구절이 "이왕처일언而王處一焉"으로 되어 있다.
而王居其一焉 ⇒ 一無而字. 一作而王處一焉

제26장6)

○ 내하만승지주奈何萬乘之主 ⇒ '내奈'가 어떤 책에는 '여如'로 되어 있다.
奈何萬乘之主 ⇒ 奈一作如

○ 경즉실신輕則失臣 ⇒ '신臣'이 어떤 책에는 '근根'으로 되어 있고, 어떤 책에는 '본本'으로 되어 있다.
輕則失臣 ⇒ 臣一作根, 一作本

제27장7)

○ 선계불용주책善計不用籌策 ⇒ '계計'가 어떤 책에는 '수數'로 되어 있다.

---

4) 현행본 24장이다. 『도덕지귀』의 분장체제로는 23장에 해당한다.
5) 현행본 25장이다. 『도덕지귀』의 분장체제로는 24장에 해당한다.
6) 현행본 26장이다. 『도덕지귀』의 분장체제로는 25장에 해당한다.
7) 현행본 27장이다. 『도덕지귀』의 분장체제로는 26장에 해당한다.

善計不用籌策 ⇒ 計一作數

제29장[8]

○ 고물혹행혹수故物或行或隨 ⇒ '고故'가 어떤 책에는 '범凡'으로 되어 있다.
故物或行或隨 ⇒ 故一作凡

제30장[9]

○ 선자과이이善者果而已 ⇒ '선善' 앞에 어떤 책에는 '고故'자가 있다. '이已' 다음에 어떤 책에는 '의矣'자가 있다.
善者果而已 ⇒ 善上一有故字. 已下一有矣字

○ 불감이취강不敢以取强 ⇒ '강强' 다음에 어떤 책에는 '언焉'자가 있다.
不敢以取强 ⇒ 强下一有焉字

○ 과이물강果而勿强 ⇒ 어떤 책에는 "시과이물강是果而勿强"이라 되어 있고, 어떤 책에는 "시위과이물강是謂果而勿强"이라 되어 있다.
果而勿强 ⇒ 一作是果而勿强. 一作是謂果而勿强

제31장[10]

○ 부가병자불상지기夫佳兵者不祥之器 ⇒ 어떤 책에는 '지기之器' 두 글자가 없다.
夫佳兵者不祥之器 ⇒ 一無之器二字

○ 승이불미勝而不美, 이미지자而美之者, 시락살인야是樂殺人也 ⇒ '이미而美'가 어떤 책에는 '약미若美'로 되어 있다. 어떤 책에는 '이而'자가 없고, 어떤 책에는 '야也'자가 없다. 어떤 책에는 이 구절이 "고불미故不美也, 약미필락지若美必樂之, 낙지자樂之者, 시락살인야是樂殺人也"라 되어 있다.
勝而不美而美之者是樂殺人也 ⇒ 而美一作若美. 一無而字. 一無也字. 一作故不美也若美必樂之樂之者是樂殺人也

---

8) 현행본 29장이다. 『도덕지귀』의 분장체제로는 28장에 해당한다.
9) 현행본 30장이다. 『도덕지귀』의 분장체제로는 29장에 해당한다.
10) 현행본 31장이다. 『도덕지귀』의 분장체제로는 30장에 해당한다.

○ 불가득지어천하의不可得志於天下矣 ⇒ '가可' 다음에 어떤 책에는 '이以'자가 있다.
  어떤 책에는 '의矣'자가 없다.
  不可得志於天下矣 ⇒ 可下一有以字. 一無矣字

○ 편장군처좌偏將軍處左 ⇒ '편偏' 앞에 어떤 책에는 '시이是以'라는 글자가 있다.
  偏將軍處左 ⇒ 偏上一有是以字

○ 언이상례처지言以喪禮處之 ⇒ 어떤 책에는 "언거상세言居上勢, 즉이상례처지則以喪禮處之"라 되어 있다.
  言以喪禮處之 ⇒ 一作言居上勢則以喪禮處之

제33장11)

○ 박수소천하불감신樸雖小天下不敢臣 ⇒ 어떤 책에는 '박수소樸雖小'라는 한 구절이 없다. '불감신不敢臣'이 어떤 책에는 '막능신야莫能臣也'라 되어 있다.
  樸雖小天下不敢臣 ⇒ 一無樸雖小一句. 不敢臣, 一作莫能臣也

○ 만물장자빈萬物將自賓 ⇒ '만물萬物'이 어떤 책에는 '천하天下'로 되어 있다.
  萬物將自賓 ⇒ 萬物一作天下

○ 민막지령이자균民莫之令而自均 ⇒ '민民'이 어떤 책에는 '인人'으로 되어 있다.
  民莫之令而自均 ⇒ 民一作人

○ 유천곡지여강해猶川谷之與江海 ⇒ '여與'가 어떤 책에는 '어於'로 되어 있다.
  猶川谷之與江海 ⇒ 與一作於

제34장12)

○ 공성불명유功成不名有 ⇒ 어떤 책에는 이 구절이 없다. 어떤 책에는 '공성이불거功成而不居'라 되어 있다.
  功成不名有 ⇒ 一無此句. 一作功成而不居

○ 애양만물이불위주愛養萬物而不爲主 ⇒ 이 구절의 '애양愛養'이 어떤 책에는 '의피衣

---

11) 현행본 33장이다. 『도덕지귀』의 분장체제로는 32장에 해당한다.
12) 현행본 34장이다. 『도덕지귀』의 분장체제로는 33장에 해당한다.

被'로 되어 있다.
愛養萬物而不爲主 ⇒ 愛養一作衣被

○ 만물귀언이불위주萬物歸焉而不爲主 ⇒ '언焉'이 어떤 책에는 '지之'라 되어 있다. '위爲'가 어떤 책에는 '지知'라 되어 있다.
萬物歸焉而不爲主 ⇒ 焉一作之. 爲一作知

○ 시이성인종불위대是以聖人終不爲大, 고능성기대故能成其大 ⇒ 어떤 책에는 "이기종부자위대以其終不自爲大, 고능성기대故能成其大"라 되어 있다. 어떤 책에는 "시이성인능성기대야是以聖人能成其大也, 이기부자대以其不自大, 고능성기대故能成其大"라 되어 있다.
是以聖人終不爲大故能成其大 ⇒ 一作以其終不自爲大故能成其大. 一作是以聖人能成其大也以其不自大故能成其大

제36장[13)

○ 유승강약승강柔勝剛弱勝强 ⇒ '유柔'와 '약弱' 다음에 어떤 책에는 나란히 '지之'자가 있다. 어떤 책에는 '유약승강강柔弱勝剛强'이라 되어 있다.
柔勝剛弱勝强 ⇒ 柔弱下一幷有之字. 一作柔弱勝剛强

제37장[14)

○ 불욕이정不欲以靜 ⇒ '불욕不欲'이 어떤 책에는 '무욕無欲'이라 되어 있다.
不欲以靜 ⇒ 不欲一作無欲

○ 천하장자정天下將自正 ⇒ '정正'이 어떤 책에는 '정定'이라 되어 있다.
天下將自正 ⇒ 正一作定

제38장

○ 처기후處其厚, 불처기박不處其薄, 거기실居其實, 불거기화不居其華 ⇒ 어떤 책에는

---

13) 현행본 36장이다. 『도덕지귀』의 분장체제로는 35장에 해당한다.
14) 현행본 37장이다. 『도덕지귀』의 분장체제로는 36장에 해당한다.

"처기후處其厚, 불거기박不居其薄, 처기실處其實, 불거기화不居其華"라 되어 있다.
處其厚不處其薄居其實不居其華 ⇒ 一作處其厚不居其薄處其實不居其華

제39장

○ 곡득일이영谷得一以盈, 후왕득일이위천하정侯王得一以爲天下貞 ⇒ '영盈' 다음에 어떤 책에는 "만물득일이생萬物得一以生"이라는 한 구절이 있다. '정貞'이 어떤 책에는 '정正'이라 되어 있다.
谷得一以盈侯王得一以爲天下貞 ⇒ 盈下一有萬物得一以生一句. 貞一作正

○ 기치지일야其致之一也 ⇒ 어떤 책에는 '일야一也' 두 글자가 없다.
其致之一也 ⇒ 一無一也二字

○ 곡무이영谷無以盈, 장공갈將恐竭, 후왕무이위정이귀고侯王無以爲貞而貴高, 장공궐將恐蹶 ⇒ '갈竭' 다음에 어떤 책에는 "만물무이생萬物無以生, 장공멸將恐滅"이라는 두 구절이 있다. 뒤의 두 구절이 어떤 책에는 "후왕무이귀고侯王無以貴高, 장공궐將恐蹶"이라 되어 있다.
谷無以盈將恐竭侯王無以爲貞而貴高將恐蹶 ⇒ 竭下一有萬物無以生將恐滅二句. 下二句一作侯王無以貴高將恐蹶

○ 후왕자위과고불곡侯王自謂寡孤不穀 ⇒ '위謂'가 어떤 책에는 '칭稱'이라 되어 있다.
侯王自謂寡孤15)不穀 ⇒ 謂一作稱

○ 고치수여무여故致數輿無輿 ⇒ '수여무여數輿無輿'가 어떤 책에는 '수거무거數車無車'라 되어 있고, 어떤 책에는 '수예무예數譽無譽'라 되어 있다. 어떤 책에는 이 구절이 "고지예무예故至譽無譽"라 되어 있고 '치致'자가 없다.
故致數輿無輿 ⇒ 數輿無輿一作數車無車. 一作數譽無譽. 一作故至譽無譽無致字

제40장

○ 천하지물생어유天下之物生於有 ⇒ '지之'가 어떤 책에는 '만萬'으로 되어 있다.
天下之物生於有 ⇒ 之一作萬

---

15) 侯王自謂寡孤: 『도덕지귀』 39장에는 "是以侯王自謂孤寡不穀"이라 되어 있어 '孤'와 '寡'가 바뀌어 있다. 아마도 이곳(『도덕경고이』)이 잘못된 것 같다.

제41장

○ 이도약뢰夷道若纇 ⇒ '뢰纇'가 어떤 책에는 '류類'로 되어 있다.
夷道若纇 ⇒ 纇一作類

제42장

○ 혹익지이손或益之而損 ⇒ 어떤 책에는 '혹或'자가 없다.
或益之而損 ⇒ 一無或字

○ 아역교지我亦教之 ⇒ 어떤 책에는 '역아교지역아교지亦我教之'로 되어 있고, 어떤 책에는 '역아의교지亦我義教之'로 되어 있다.
我亦教之 ⇒ 一作亦我教之. 一作亦我義教之

제43장

○ 오시이지무위지유익吾是以知無爲之有益 ⇒ 어떤 책에는 '오吾'자가 없다. '익益' 다음에 어떤 책에는 '야也'자가 있다.
吾是以知無爲之有益 ⇒ 一無吾字. 益下一有也字

제46장

○ 각주마이분却走馬以糞 ⇒ '분糞' 다음에 어떤 책에는 '거車'자가 있다.
却走馬以糞 ⇒ 糞下一有車字

○ 죄막대어가욕罪莫大於可欲, 화막대어부지족禍莫大於不知足, 구막대어욕득咎莫大於欲得 ⇒ 어떤 책에는 "죄막대어가욕罪莫大於可欲"의 한 구절이 없다. 어떤 책에는 "화막대어부지족禍莫大於不知足"이 "막대어욕득莫大於欲得"의 다음에 있다.
罪莫大於可欲禍莫大於不知足咎莫大於欲得 ⇒ 一無罪莫大於可欲一句. 一禍莫大於不知足, 在莫大於欲得下

○ 고지족지족상족의故知足之足常足矣 ⇒ 어떤 책에는 '지족知足' 두 글자가 없다. 어떤 책에는 '의矣'자가 없다.
故知足之足常足矣 ⇒ 一無知足二字. 一無矣字

제47장

○ 불행이지不行而至 ⇒ '지至'가 어떤 책에는 '지知'로 되어 있다.
不行而至 ⇒ 至一作知

제48장

○ 손지우손損之又損 ⇒ 어떤 책에는 '손지우손지損之又損之로 되어 있다.
損之又損 ⇒ 一作損之又損之

○ 취천하상이무사取天下常以無事 ⇒ '취取' 앞에 어떤 책에는 '고故'자가 있다. '상常' 앞에 어떤 책에는 '자者'자가 있다.
取天下常以無事 ⇒ 取上一有故字. 常上一有者字

제49장

○ 덕선의德善矣 ⇒ '덕德'은 어떤 책에는 '득得'으로 되어 있다. 어떤 책에는 '의矣'자가 없다.
德善矣16) ⇒ 德一作得. 一無矣字

○ 덕신의德信矣 ⇒ '덕德'은 어떤 책에는 '득得'으로 되어 있다. 어떤 책에는 '의矣'자가 없다.
德信矣 ⇒ 德一作得. 一無矣字

○ 첩첩위천하혼기심慄慄爲天下渾其心 ⇒ '첩첩慄慄'은 어떤 책에는 '언焉'자가 붙어 있다. 어떤 책에는 '흡흡歙歙'이라 되어 있다.
慄慄爲天下渾其心 ⇒ 慄慄一有焉字. 一作歙歙

제50장

○ 인지생동지사지지자역십유삼人之生動之死之者亦十有三 ⇒ 어떤 책에는 '역亦'자가 없다.
人之生動之死之者亦十有三 ⇒ 一無亦字

---

16) 德善矣 : 이 문장은 본문에 없다. 아마도 아래에 나오는 '德信矣'를 잘못 착각하고 '덕선의' 라고 쓴 것 같다.

제51장

○ 부막지명이상자연夫莫之命而常自然 ⇒ 어떤 책에는 '부夫'자가 없다. '명命'이 어떤 책에는 '작爵'으로 되어 있다.
夫莫之命而常自然 ⇒ 一無夫字. 命一作爵

○ 성지숙지成之熟之 ⇒ 어떤 책에는 '정지독지亭之毒之'로 되어 있다.
成之熟之 ⇒ 一作亭之毒之

제52장

○ 기득기모旣得其母, 이지기자以知其子 ⇒ '득得'자가 어떤 책에는 '지知'자로 되어 있다.
旣得其母, 以知其子 ⇒ 得一作知

제53장

○ 대도심이이민호경大道甚夷而民好徑 ⇒ '이민而民'이 어떤 책에는 '민심民甚'으로 되어 있다.
大道甚夷而民好徑 ⇒ 而民一作民甚

○ 재화유여財貨有餘 ⇒ '재화財貨'가 어떤 책에는 '자재資財'로 되어 있다.
財貨有餘 ⇒ 財貨一作資財

○ 시위도과비도재是謂盜誇非道哉 ⇒ '도과盜誇' 다음에 어떤 책에는 '도과盜誇' 두 글자가 거듭 나온다. '도道' 다음에 어떤 책에는 '야也'자가 있다.
是謂盜誇非道哉 ⇒ 盜誇下一重出盜誇而字. 道下一有也字

제54장

○ 수지신기덕내진修之身其德乃眞 ⇒ '지之' 다음에 어떤 책에는 '어於'자가 있다. 아래의 네 구절도 모두 같다.
修之身其德乃眞 ⇒ 之下一有於字. 下四句幷同

제55장

○ 종일호이익불사終日號而嗌不嗄 ⇒ '이而' 다음에 어떤 책에는 '익嗌'자가 없다.
終日號而嗌不嗄 ⇒ 而下一無嗌字

제56장

○ 불가득이친不可得而親, 불가득이소不可得而疏, 불가득이리不可得而利, 불가득이해不可得而害, 불가득이귀不可得而貴, 불가득이천不可得而賤 ⇒ 뒤의 세 구절(不可得而疏, 不可得而害, 不可得而賤)의 앞에 한결같이 '역亦'자가 있다.
不可得而親不可得而疏不可得而利不可得而害不可得而貴不可得而賤 ⇒ 下三句上一幷有亦字

제57장

○ 오하이지천하지연재吾何以知天下之然哉 ⇒ 어떤 책에는 "오하이지기연재吾何以知其然哉"로 되어 있다. '재哉' 다음에 어떤 책에는 '이차以此' 두 글자가 있다.
吾何以知天下之然哉 ⇒ 一作吾何以知其然哉. 哉下一有以此二字

제58장

○ 순순淳淳 ⇒ 어떤 책에는 '순순醇醇'으로 되어 있다.
淳淳 ⇒ 一作醇醇

○ 화혜복소의禍兮福所倚, 복혜화소복福兮禍所伏 ⇒ 두 개의 '소所'자 앞에 어떤 책에는 모두 '지之'자가 있다.
禍兮福所倚福兮禍所伏 ⇒ 二所字上一幷有之字

○ 민지미기일고구民之迷其日固久 ⇒ '민民'이 어떤 책에는 '인人'으로 되어 있다. '미迷' 다음에 어떤 책에는 '야也'자가 있다. '고구固久'가 어떤 책에는 '고이구의固已久矣'로 되어 있다.
民之迷其日固久 ⇒ 民一作人. 迷下一有也字. 固久一作固已久矣

제59장

○ 시위조복是謂早服 ⇒ '위謂'가 어떤 책에는 '이以'로 되어 있다. '복服'이 어떤 책에는 '복復'으로 되어 있다.
是謂早服 ⇒ 謂一作以. 服一作復

○ 심근고저深根固柢 ⇒ '저柢'가 어떤 책에는 '체蔕'로 되어 있다.
深根固柢 ⇒ 柢一作蔕

제60장

○ 성인역불상인聖人亦不傷人 ⇒ 뒤의 '인人'자가 어떤 책에는 '지之'로 되어 있고, 어떤 책에는 '민民'으로 되어 있다.
聖人亦不傷人 ⇒ 下人字一作之, 一作民

제61장

○ 천하지빈天下之牝, 빈상이정승모牝常以靜勝牡 ⇒ 어떤 책에는 뒤의 '빈牝'자가 없다.
天下之牝牝常以靜勝牡 ⇒ 一無下牝字

○ 이정위하以靜爲下 ⇒ 어떤 책에는 이 구절이 없다. 어떤 책에는 "이기정위지하以其靜爲之下"로 되어 있다.
以靜爲下 ⇒ 一無此句. 一作以其靜爲之下

○ 부양자각득기소욕夫兩者各得其所欲, 대자의위하大者宜爲下 ⇒ 어떤 책에는 '부夫'자가 없다. '대大' 앞에 어떤 책에는 '고故'자가 있다.
夫兩者各得其所欲大者宜爲下 ⇒ 一無夫字. 大上一有故字

제62장

○ 선인지보善人之寶 ⇒ '보寶' 앞에 어떤 책에는 '소所'자가 있다.
善人之寶 ⇒ 寶上一有所字

○ 고지소이귀차도자하古之所以貴此道者何 ⇒ '하何' 다음에 어떤 책에는 '야也'자가 있다. 어떤 책에는 '하何'자가 없다.

古之所以貴此道者何 ⇒ 何下一有也字. 一無何字

○ 유죄이면야유죄이면사邪 ⇒ '죄罪' 다음에 어떤 책에는 '가可'자가 있다.
有罪以免邪 ⇒ 罪下一有可字

제63장

○ 도난어기이圖難於其易, 위대어기세爲大於其細 ⇒ 어떤 책에는 두 개의 '기其'자가 없다.
圖難於其易爲大於其細 ⇒ 一無二其字

○ 천하난사필작어이天下難事必作於易, 천하대사필작어세天下大事必作於細 ⇒ 두 개의 '하下'자 다음에 어떤 책에는 모두 '지之'자가 있다.
天下難事必作於易天下大事必作於細 ⇒ 二下字下一幷有之字

제64장

○ 기취이파其脆易破 ⇒ '파破'가 어떤 책에는 '반泮'으로 되어 있다.
其脆易破 ⇒ 破一作泮

○ 시이성인是以聖人, 무위고무패無爲故無敗, 무집고무실無執故無失 ⇒ 어떤 책에는 '시이是以' 두 글자가 없다. 어떤 책에는 '성인聖人' 두 글자가 없다.
是以聖人無爲故無敗無執故無失 ⇒ 一無是以二字. 一無聖人二字

제65장

○ 지차양자역해식知此兩者亦楷式, 능지해식시위현덕能知楷式是謂玄德 ⇒ '해楷'가 어떤 책에는 모두 '계稽'로 되어 있다. '능能'이 어떤 책에는 '상常'으로 되어 있다.
知此兩者亦楷式能知楷式是謂玄德 ⇒ 楷一幷作稽. 能一作常

○ 연후내지대순然後乃至大順 ⇒ 어떤 책에는 '내지어대순乃至於大順'으로 되어 있고, 어떤 책에는 '내복지어대순乃至復於大順'으로 되어 있다.
然後乃至大順 ⇒ 一作乃至於大順, 一作乃復至於大順

제66장

○ 욕상민필이언하지欲上民必以言下之, 욕선민필이신후지欲先民必以身後之 ⇒ '민民'이 어떤 책에는 '인人'으로 되어 있다. '필이必以'가 모두 '이기以其'로 되어 있다.
欲上民必以言下之欲先民必以身後之 ⇒ 民一作人. 必以幷作以其

○ 처상이민부중處上而民不重, 처전이민불해處前而民不害 ⇒ '민民'이 어떤 책에는 모두 '인人'으로 되어 있다.
處上而民不重處前而民不害 ⇒ 民一幷作人

제67장

○ 천하개위아도대天下皆謂我道大, 사불초사不肖 ⇒ 어떤 책에는 '도道'자가 없다.
天下皆謂我道大似不肖 ⇒ 一無道字

○ 약초구의若肖久矣, 기세야부其細也夫 ⇒ 어떤 책에는 '야부也夫' 두 글자가 없다.
若肖久矣其細也夫 ⇒ 一無也夫二字

○ 보이지지寶而持之 ⇒ '보寶'가 어떤 책에는 '보保'로 되어 있다. 어떤 책에는 이 구절이 '지이보지持而保之'로 되어 있다.
寶而持之 ⇒ 寶一作保. 一作持而保之

○ 고능성기장故能成器長 ⇒ '기器'가 어떤 책에는 '기其'로 되어 있다.
故能成器長 ⇒ 器一作其

제68장

○ 선승적자부쟁善勝敵者不爭 ⇒ 어떤 책에는 '적敵'자가 없다. '쟁爭'이 어떤 책에는 '여與'로 되어 있다.
善勝敵者不爭 ⇒ 一無敵字. 爭一作與

제69장

○ 잉무적仍無敵 ⇒ '잉仍'이 어떤 책에는 '잉扔'으로 되어 있다.
仍無敵 ⇒ 仍一作扔

○ 경적輕敵, 기상오보幾喪吾寶 ⇒ '적敵' 다음에 어떤 책에는 '즉則'자가 있다.
輕敵幾喪吾寶 ⇒ 敵下一有則字

○ 고항병상가故抗兵相加, 애자승의哀者勝矣 ⇒ '가加' 다음에 어떤 책에는 '즉則'자가 있다.
故抗兵相加哀者勝矣 ⇒ 加下一有則字

제70장

○ 즉아귀의則我貴矣 ⇒어떤 책에는 "즉아자귀則我者貴"로 되어 있다.
則我貴矣 ⇒ 一作則我者貴

제72장

○ 즉대위지則大威至 ⇒ '지至' 다음에 어떤 책에는 '의矣'자가 있다. 어떤 책에는 이 구절이 '대위지의大威至矣'로 되어 있고 '즉則'자가 없다.
則大威至 ⇒ 至下一有矣字. 一作大威至矣, 無則字

○ 무협기소거無狹其所居 ⇒ '협狹'이 어떤 책에는 '압狎'으로 되어 있다. '거居'가 어떤 책에는 '안安'으로 되어 있다.
無狹其所居 ⇒ 狹一作狎居一作安

제73장

○ 천연이선모繟然而善謀 ⇒ '천繟'이 어떤 책에는 '탄坦'으로 되어 있다.
繟然而善謀 ⇒ 繟一作坦

제74장

○ 민불외사民不畏死 ⇒ '민民' 다음에 어떤 책에는 '상常'자가 있다.
民不畏死 ⇒ 民下有一[17)]常字

---

17) 「도덕경고이」 전체의 체제로 보아 여기의 '有一'은 '一有'의 誤寫인 듯하다.

528

○ 상유사살자살常有司殺者殺 ⇒ 어떤 책에는 뒤의 '살殺'자가 없다.
　　常有司殺者殺 ⇒ 一無下殺字

○ 부대사살자살夫代司殺者殺, 시위대대장착是謂代大匠斲 ⇒ '부夫'가 어떤 책에는 '이而'로 되어 있다. 어떤 책에는 '위謂'자가 없다. 어떤 책에는 "부사살자夫司殺者, 시대장착是大匠斲"으로 되어 있다.
　　夫代司殺者殺是謂代大匠斲 ⇒ 夫一作而. 一無謂字. 一作夫司殺者是大匠斲

○ 부대대장착자夫代大匠斲者, 희유불상기수의希有不傷其手矣 ⇒ 어떤 책에는 '자者'자가 없다. 어떤 책에는 "희불자상기수의希不自傷其手矣"로 되어 있다.
　　夫代大匠斲者希有不傷其手矣 ⇒ 一無者字. 一作希不自傷其手矣

제75장

○ 이기생생지후以其生生之厚 ⇒ 앞의 '생生'자가 어떤 책에는 '구求'자로 되어 있다.
　　以其生生之厚 ⇒ 上生字一作求

제76장

○ 초목지생야유취草木之生也柔脆 ⇒ '초草' 앞에 어떤 책에는 '만물萬物' 두 글자가 있다.
　　草木之生也柔脆 ⇒ 草上一有萬物字

○ 강대처하强大處下 ⇒ '강强' 앞에 어떤 책에는 '고故'자가 있다. '강대强大'가 어떤 책에는 '견강堅强'으로 되어 있다.
　　强大處下 ⇒ 强上一有故字. 强大一作堅强

제77장

○ 부족자보지不足者補之 ⇒ '보補'가 어떤 책에는 '여與'로 되어 있다.
　　不足者補之 ⇒ 補一作與

○ 손유여이보부족損有餘而補不足 ⇒ 어떤 책에는 '이而'자가 없다.
　　損有餘而補不足 ⇒ 一無而字

○ 숙능유여이봉천하孰能有餘以奉天下 ⇒ 어떤 책에는 "숙능이유여봉천하孰能以有餘奉天下"로 되어 있다.

孰能有餘以奉天下 ⇒ 一作孰能以有餘奉天下

○ 기불욕현현야其不欲見賢邪 ⇒ 어떤 책에는 '야邪'자가 없다.

其不欲見賢邪 ⇒ 一無邪字

제78장

○ 막지능승莫之能勝 ⇒ '승勝'이 어떤 책에는 '선先'으로 되어 있다.

莫之能勝 ⇒ 勝一作先

○ 시이성인운是以聖人云 ⇒ '시이是以'가 어떤 책에는 '고故'로 되어 있다. '인人' 다음에 어떤 책에는 '지언之言' 두 글자가 있다.

是以聖人云 ⇒ 是以一作故. 人下一有之言二字

제79장

○ 유덕사계有德司契 ⇒ '유有' 앞에 어떤 책에는 '고故'자가 있다.

有德司契 ⇒ 有上一有故字

제80장

○ 사유십백지기이불용使有什伯之器而不用 ⇒ '백伯' 다음에 어떤 책에는 '인人'자가 있다.

使有什伯之器而不用 ⇒ 伯下一有人字

지은이

서명응徐命膺

1716(숙종 42)~1787(정조 11). 본관은 달성으로, 자는 군수君受이고, 호는 보만재保晚齋·담옹澹翁이다. 정조 때 홍문관 대제학, 수어사를 지냈다. 태극·음양오행 등의 역리와 사단칠정 등의 성리학설에 조예가 깊었으며, 특히 자연과학·음률·진법·언어·농업 등 다방면의 영역을 이용후생의 태도로 깊이 연구함으로써 북학파의 비조가 되었다. 저서로는 『보만재집』, 『보만재총서』, 『보만재잉간保晚齋剩簡』 등이 있다. 시호는 문정文靖이다.

역주자

조민환

성균관대학교 유학과를 졸업하고 동 대학교 대학원 동양철학과에서 석사 및 박사 학위를 받았다. 현재 춘천교육대학교 교수로 있다. 주요 저술로 『유학자들이 보는 노장철학』, 『중국철학과 예술정신』, 『노장철학으로 동아시아 문화를 읽는다』 등이 있다.

장원목

경북대학교 국어교육과를 졸업하고 서울대학교 대학원 철학과에서 석사 및 박사 학위를 받았다. 현재 홍역사상연구소 연구원으로 있다. 「성리학 본체론의 형성에 관한 연구 — 張載의 본체론과 二程의 비판을 중심으로」, 「조선전기 성리학 전통에서의 리와 기」, 「북한의 花潭哲學 해석에 대한 반성 — 太虛 개념을 중심으로」 등 다수의 논저가 있다.

김경수

경기대학교 사학과를 졸업하고 성균관대학교 대학원 동양철학과에서 석사 및 박사 학위를 받았다. 중국 산동사범대학 외국인교수를 지냈으며 성균관대학교에 출강하였다. 주요 논문으로는 「노자의 부정의 사상 연구」(박사학위논문), 「『도덕지귀』를 통해서 본 서명응의 『도덕경』 이해」 등이 있다.

예문서원의 책들

원전총서
박세당의 노자 (新註道德經) 박세당 지음, 김학목 옮김, 312쪽, 13,000원
율곡 이이의 노자 (醇言) 이이 지음, 김학목 옮김, 152쪽, 8,000원
홍석주의 노자 (訂老) 홍석주 지음, 김학목 옮김, 320쪽, 14,000원
북계자의 (北溪字義) 陳淳 지음, 김충열 감수, 김영민 옮김, 295쪽, 12,000원
주자가례 (朱子家禮) 朱熹 지음, 임민혁 옮김, 496쪽, 20,000원
서경잡기 (西京雜記) 劉歆 지음, 葛洪 엮음, 김장환 옮김, 416쪽, 18,000원
고사전 (高士傳) 皇甫謐 지음, 김장환 옮김, 368쪽, 16,000원
열선전 (列仙傳) 劉向 지음, 김장환 옮김, 392쪽, 15,000원
열녀전 (列女傳) 劉向 지음, 이숙인 옮김, 447쪽, 16,000원
선가귀감 (禪家龜鑑) 청허휴정 지음, 박재양・배규범 옮김, 584쪽, 23,000원
공자성적도 (孔子聖蹟圖) 김기주・황지원・이기훈 역주, 254쪽, 10,000원
공자세가・중니제자열전(孔子世家・仲尼弟子列傳) 司馬遷 지음, 김기주・황지원・이기훈 역주, 224쪽, 12,000원
천지서상지 (天地瑞祥志) 김용천・최현화 역주, 384쪽, 20,000원

성리총서
범주로 보는 주자학 (朱子の哲學) 오하마 아키라 지음, 이형성 옮김, 546쪽, 17,000원
송명성리학 (宋明理學) 陳來 지음, 안재호 옮김, 590쪽, 17,000원
주희의 철학 (朱熹哲學研究) 陳來 지음, 이종란 외 옮김, 544쪽, 22,000원
양명 철학 (有無之境-王陽明哲學的精神) 陳來 지음, 전병욱 옮김, 752쪽, 30,000원
주자와 기 그리고 몸 (朱子と氣と身體) 미우라 구니오 지음, 이승연 옮김, 416쪽, 20,000원
정명도의 철학 (程明道思想研究) 張德麟 지음, 박상리・이경남・정성희 옮김, 272쪽, 15,000원
주희의 자연철학 김영식 지음, 576쪽, 29,000원
송명유학사상사 (宋明時代儒學思想の研究) 구스모토 마사쓰구 (楠本正繼) 지음, 김병화・이혜경 옮김, 602쪽, 30,000원
북송도학사 (道學の形成) 쓰치다 겐지로 (土田健次郎) 지음, 성현창 옮김, 640쪽, 32,000원

불교(카르마)총서
파란눈 스님의 한국 선 수행기 Robert E. Buswell・Jr. 지음, 김종명 옮김, 376쪽, 10,000원
학파로 보는 인도 사상 S. C. Chatterjee・D. M. Datta 지음, 김형준 옮김, 424쪽, 13,000원
불교와 유교 ─ 성리학, 유교의 옷을 입은 불교 아라키 겐고 지음, 심경호 옮김, 526쪽, 18,000원
유식무경, 유식 불교에서의 인식과 존재 한자경 지음, 208쪽, 7,000원
박성배 교수의 불교철학강의: 깨침과 깨달음 박성배 지음, 윤원철 옮김, 313쪽, 9,800원
불교 철학의 전개, 인도에서 한국까지 한자경 지음, 252쪽, 9,000원
인물로 보는 한국의 불교사상 한국불교원전연구회 지음, 388쪽, 20,000원
한국 비구니의 수행과 삶 전국비구니회 엮음, 400쪽, 18,000원
은정희 교수의 대승기신론 강의 은정희 지음, 184쪽, 10,000원

노장총서
도가를 찾아가는 과학자들 ─ 현대신도가의 사상과 세계(當代新道家) 董光璧 지음, 이석명 옮김, 184쪽, 5,800원
유학자들이 보는 노장 철학 조민환 지음, 407쪽, 12,000원
노자에서 데리다까지 ─ 도가 철학과 서양 철학의 만남 한국도가철학회 엮음, 440쪽, 15,000원
이강수 교수의 노장철학이해 이강수 지음, 462쪽, 23,000원
不二 사상으로 읽는 노자 ─ 서양철학자의 노자 읽기 이찬훈 지음, 304쪽, 12,000원
김항배 교수의 노자철학 이해 김항배 지음, 280쪽, 15,000원

강의총서
김충열교수의 노자강의 김충열 지음, 434쪽, 20,000원
김충열교수의 중용대학강의 김충열 지음, 448쪽, 23,000원

퇴계원전총서
고경중마방古鏡重磨方 ─ 퇴계 선생의 마음공부 이황 편저, 박상주 역해, 204쪽, 12,000원
활인심방活人心方 ─ 퇴계 선생의 마음으로 하는 몸공부 이황 편저, 이윤희 역해, 308쪽, 16,000원

한국철학총서

조선 유학의 학파들 한국사상사연구회 편저, 688쪽, 24,000원
실학의 철학 한국사상사연구회 편저, 576쪽, 17,000원
윤사순 교수의 한국유학사상론 윤사순 지음, 528쪽, 15,000원
한국유학사 1 김충열 지음, 372쪽, 15,000원
퇴계의 생애와 학문 이상은 지음, 248쪽, 7,800원
율곡학의 선구와 후예 황의동 지음, 480쪽, 16,000원
다카하시 도루의 조선유학사 — 일제 황국사관의 빛과 그림자 다카하시 도루 지음, 이형성 편역, 416쪽, 15,000원
퇴계 이황, 예 잇고 뒤를 열어 고금을 꿰뚫으셨소 — 어느 서양철학자의 퇴계연구 30년 신귀현 지음, 328쪽, 12,000원
조선유학의 개념들 한국사상사연구회 지음, 648쪽, 26,000원
성리학자 기대승, 프로이트를 만나다 김용신 지음, 188쪽, 7,000원
유교개혁사상과 이병헌 금장태 지음, 336쪽, 17,000원
남명학파와 영남우도의 사림 박병련 외 지음, 464쪽, 23,000원
쉽게 읽는 퇴계의 성학십도 최제목 지음, 152쪽, 7,000원
홍대용의 실학과 18세기 북학사상 김문용 지음, 288쪽, 12,000원
남명 조식의 학문과 선비정신 김충열 지음, 512쪽, 26,000원
명재 윤증의 학문연원과 가학 충남대학교 유학연구소 편, 320쪽, 17,000원
조선유학의 주역사상 금장태 지음, 320쪽, 16,000원
율곡학과 한국유학 충남대학교 유학연구소 편, 464쪽, 23,000원
한국유학의 악론 금장태 지음, 240쪽, 13,000원

연구총서

논쟁으로 보는 중국철학 중국철학연구회 지음, 352쪽, 8,000원
김충열 교수의 중국철학사 1 — 중국철학의 원류 김충열 지음, 360쪽, 9,000원
논쟁으로 보는 한국철학 한국철학사상연구회 지음, 326쪽, 10,000원
반논어(論語新探) 趙紀彬 지음, 조남호·신정근 옮김, 768쪽, 25,000원
논쟁으로 보는 불교철학 이효걸·김형준 외 지음, 320쪽, 10,000원
중국철학과 인식의 문제(中國古代哲學問題發展史) 方立天 지음, 이기훈 옮김, 208쪽, 6,000원
문제로 보는 중국철학 — 우주, 본체의 문제(中國古代哲學問題發展史) 方立天 지음, 이기훈·황지원 옮김, 232쪽, 6,800원
중국철학과 인성의 문제(中國古代哲學問題發展史) 方立天 지음, 박경환 옮김, 191쪽, 6,800원
중국철학과 지행의 문제(中國古代哲學問題發展史) 方立天 지음, 김학재 옮김, 208쪽, 7,200원
현대의 위기 동양 철학의 모색 중국철학회 지음, 340쪽, 10,000원
역사 속의 중국철학 중국철학회 지음, 448쪽, 15,000원
일곱 주제로 만나는 동서비교철학(中西哲學比較面面觀) 陳衛平 편저, 고재욱·김철운·유성선 옮김, 320쪽, 11,000원
중국철학의 이단자들 중국철학회 지음, 240쪽, 8,200원
공자의 철학(孔孟荀哲學) 蔡仁厚 지음, 천병돈 옮김, 240쪽, 8,500원
맹자의 철학(孔孟荀哲學) 蔡仁厚 지음, 천병돈 옮김, 224쪽, 8,000원
순자의 철학(孔孟荀哲學) 蔡仁厚 지음, 천병돈 옮김, 272쪽, 10,000원
서양문학에 비친 동양의 사상 한림대학교 인문학연구소 엮음, 360쪽, 12,000원
유학은 어떻게 현실과 만났는가 — 선진 유학과 한대 경학 박원재 지음, 218쪽, 7,500원
유교와 현대의 대화 황의동 지음, 236쪽, 7,500원
동아시아의 사상 오이환 지음, 200쪽, 7,000원
역사 속에 살아있는 중국 사상(中國歷史に生きる思想) 시게자와 도시로 지음, 이혜경 옮김, 272쪽, 10,000원
덕치, 인치, 법치 — 노자, 공자, 한비자의 정치 사상 신동준 지음, 488쪽, 20,000원
육경과 공자 인학 남상호 지음, 312쪽, 15,000원
리의 철학(中國哲學範疇精髓叢書 — 理) 張立文 주편, 안유경 옮김, 524쪽, 25,000원
기의 철학(中國哲學範疇精髓叢書 — 氣) 張立文 주편, 김교빈 외 옮김, 572쪽, 27,000원
동양 천문사상, 하늘의 역사 김일권 지음, 480쪽, 24,000원
동양 천문사상, 인간의 역사 김일권 지음, 544쪽, 27,000원
공부론 임수무 외 지음, 544쪽, 27,000원

역학총서

주역철학사(周易研究史) 廖名春·康學偉·梁韋弦 지음, 심경호 옮김, 944쪽, 30,000원
주역, 유가의 사상인가 도가의 사상인가(易傳與道家思想) 陳鼓應 지음, 최진석·김갑수·이석명 옮김, 366쪽, 10,000원
송재국 교수의 주역 풀이 송재국 지음, 380쪽, 10,000원

일본사상총서

일본 신도사(神道史) 무라오카 츠네츠구 지음, 박규태 옮김, 312쪽, 10,000원
도쿠가와 시대의 철학사상(德川思想小史) 미나모토 료엔 지음, 박규태·이용수 옮김, 260쪽, 8,500원
일본인은 왜 종교가 없다고 말하는가(日本人はなぜ 無宗教のか) 아마 도시마로 지음, 정형 옮김, 208쪽, 6,500원
일본사상이야기 40(日本がわかる思想入門) 나가오 다케시 지음, 박규태 옮김, 312쪽, 9,500원
사상으로 보는 일본문화사(日本文化の歷史) 비토 마사히데 지음, 엄석인 옮김, 252쪽, 10,000원
일본도덕사상사(日本道德思想史) 이에나가 사부로 지음, 세키네 히데유키·윤종갑 옮김, 328쪽, 13,000원
천황의 나라 일본 — 일본의 역사와 천황제(天皇制と民衆) 고토 야스시 지음, 이남희 옮김, 312쪽, 13,000원
주자학과 근세일본사회(近世日本社會と宋學) 와타나베 히로시 지음, 박홍규 옮김, 304쪽, 16,000원

예술철학총서

중국철학과 예술정신 조민환 지음, 464쪽, 17,000원
풍류정신으로 보는 중국문학사 최병규 지음, 400쪽, 15,000원
율려와 동양사상 김병훈 지음, 272쪽, 15,000원
한국 고대 음악사상 한흥섭 지음, 392쪽, 20,000원

동양문화산책

공자와 노자, 그들은 물에서 무엇을 보았는가 사라 알란 지음, 오만종 옮김, 248쪽, 8,000원
주역산책(易學漫步) 朱伯崑 외 지음, 김학권 옮김, 260쪽, 7,800원
공자의 이름으로 죽은 여인들 田汝康 지음, 이재정 옮김, 248쪽, 7,500원
동양을 위하여, 동양을 넘어서 홍원식 외 지음, 264쪽, 8,000원
서원, 한국사상의 숨결을 찾아서 안동대학교 안동문화연구소 지음, 344쪽, 10,000원
녹차문화 홍차문화 츠노야마 사가에 지음, 서은미 옮김, 232쪽, 7,000원
거북의 비밀, 중국인의 우주와 신화 사라 알란 지음, 오만종 옮김, 296쪽, 9,000원
문학과 철학으로 데나는 중국 문화 기행 양회석 지음, 256쪽, 8,000원
류짜이푸의 얼굴 찌푸리게 하는 25가지 인간유형 류짜이푸(劉再復) 지음, 이기면·문성자 옮김, 320쪽, 10,000원
안동 금계마을 — 천년불패의 땅 안동대학교 안동문화연구소 지음, 272쪽, 8,500원
안동 풍수 기행, 와혈의 땅과 인물 이완규 지음, 256쪽, 7,500원
안동 풍수 기행, 돌혈의 땅과 인물 이완규 지음, 328쪽, 9,500원
영양 주실마을 안동대학교 안동문화연구소 지음, 332쪽, 9,800원
예천 금당실·맛질 마을 — 정감록이 꼽은 길지 안동대학교 안동문화연구소 지음, 284쪽, 10,000원
터를 안고 仁을 펴다 — 퇴계가 굽어보는 하계마을 안동대학교 안동문화연구소 지음, 360쪽, 13,000원
안동 가일 마을 — 풍산들가에 의연히 서다 안동대학교 안동문화연구소 지음, 344쪽, 13,000원
중국 속에 일떠서는 한민족 — 한겨레신문 차한필 기자의 중국 동포사회 리포트 차한필 지음, 336쪽, 15,000원
고려시대의 안동 안동시·안동대학교 안동문화연구소 편, 448쪽, 17,000원
신간도견문록 박진관 글·사진, 504쪽, 20,000원
안동 무실 마을 — 문헌의 향기로 남다 안동대학교 안동문화연구소 지음, 464쪽, 18,000원

민연총서 — 한국사상

자료와 해설, 한국의 철학사상 고려대 민족문화연구원 한국사상연구소 편, 880쪽, 34,000원
여헌 장현광의 학문 세계, 우주와 인간 고려대 민족문화연구원 한국사상연구소 편, 424쪽, 20,000원
퇴옹 성철의 깨달음과 수행 — 성철의 선사상과 불교사적 위치 조성택 편, 432쪽, 23,000원
여헌 장현광의 학문 세계 2, 자연과 인간 고려대 민족문화연구원 한국사상연구소 편, 432쪽, 25,000원

예문동양사상연구원총서

한국의 사상가 10人 — 원효 예문동양사상연구원/고영섭 편저, 572쪽, 23,000원
한국의 사상가 10人 — 의천 예문동양사상연구원/이병욱 편저, 464쪽, 20,000원
한국의 사상가 10人 — 지눌 예문동양사상연구원/이덕진 편저, 644쪽, 26,000원
한국의 사상가 10人 — 퇴계 이황 예문동양사상연구원/윤사순 편저, 464쪽, 20,000원
한국의 사상가 10人 — 남명 조식 예문동양사상연구원/오이환 편저, 576쪽, 23,000원
한국의 사상가 10人 — 율곡 이이 예문동양사상연구원/황의동 편저, 600쪽, 25,000원
한국의 사상가 10人 — 하곡 정제두 예문동양사상연구원/김교빈 편저, 432쪽, 22,000원
한국의 사상가 10人 — 다산 정약용 예문동양사상연구원/박홍식 편저, 572쪽, 29,000원
한국의 사상가 10人 — 혜강 최한기 예문동양사상연구원/김용헌 편저, 520쪽, 26,000원
한국의 사상가 10人 — 수운 최제우 예문동양사상연구원/오문환 편저, 464쪽, 23,000원